新股民炒股全攻略

黄 金◎编著

中国宇航出版社
·北京·

内容简介

本书以新股民为读者对象，以简单、实用为原则，全面系统地介绍了炒股的基本知识与实用技巧，内容讲解由浅入深，具有独特性、全面性和系统性等特点，既可以作为新股民学习股市操作技巧的入门向导，又可以帮助老股民系统、全面地掌握股票操作技巧，提高操盘水平，是一本非常实用的股票操练工具书。

图书在版编目（CIP）数据

新股民炒股全攻略 / 黄金编著. -- 北京 : 中国宇航出版社，2017.5
ISBN 978-7-5159-1303-2

Ⅰ. ①新… Ⅱ. ①黄… Ⅲ. ①股票投资－基本知识 Ⅳ. ①F830.91

中国版本图书馆CIP数据核字(2017)第085752号

策划编辑 田方卿
责任编辑 卢　珊　　**装帧设计** 宇星文化

出版发行 中国宇航出版社
社　址 北京市阜成路8号　**邮　编** 100830
(010)60286808　(010)68768548
网　址 www.caphbook.com
经　销 新华书店
发行部 (010)60286888　(010)68371900
(010)60286887　(010)60286804(传真)
零售店 读者服务部
(010)68371105
承　印 北京中新伟业印刷有限公司

版　次 2017年5月第1版
2017年5月第1次印刷
规　格 787×1092
开　本 1/16
印　张 28.25
字　数 521千字
书　号 ISBN 978-7-5159-1303-2
定　价 58.00元

本书如有印装质量问题，可与发行部联系调换

前　言

股市中有一个“二八法则”，即 20% 的人在赚钱，80% 的人在赔钱。这 80% 赔钱的人中，大部分都是新股民。

股市历来是充满智慧和挑战的竞技场，面对纷繁复杂的市场形势，新股民如何才能在股市中挖到自己的“第一桶金”呢？如何才能在股市中获得收益，同时还能规避风险呢？这就是编写本书的初衷。

本书以新股民为读者对象，以简单、实用为原则，全面系统地介绍了炒股的基本知识与实用技巧，所举实例均来源于沪深股市近年来的实战案例，具有很强的实用性与指导性。

本书内容讲解由浅入深，具有独特性、全面性和系统性等特点，便于读者接受和掌握。新股民朋友通过阅读本书，可以快速提高自己的实盘操作水平，早日达到稳定盈利的目的。

本书既可以作为新股民学习股市操作技巧的入门向导，也可以帮助老股民系统、全面地掌握股票操作技巧，提高操盘水平，是一本不可多得的股票操练实用工具书。

需要说明的是，在中国股市高速发展的过程中，对市场中出现的各类情况，这里不可能一一涵盖，本书所述也非尽善尽美，因此，希望读者能够灵活运用，提高实际应变能力。

一本书可以改变一个人的命运，这种奇迹也许会发生在你的身上。花一段时间认真学习书中的内容，你自然会感受到它的价值。

目　录

第一章

做好投资的准备

凡是进入股市炒股的投资者，都是想要通过股票投资赚取更多的财富。

那么，你真的做好准备了吗？你知道股票投资需要做哪些准备吗？

无论是一名初入股市的新股民，还是在股海沉浮多年的老股民，都必须清醒地认识到，任何事情都要提前做好准备，不打无准备之仗。

没有准备地做一件事，就像是在赌博，等到赌输了血本无归时，已经悔之晚矣！股票投资更是如此。

做好各方面的准备，明白什么是投资，为什么投资，投资前需要做好哪些准备，这样才有可能在血雨腥风的股市中获得收益。

第一节　投资的第一要义

偏爱成长股投资的金鹰基金管理部总监陈晓说："投资成功的第一要义是避免大亏，平庸和精彩交替的结果是惊人的复合收益率。"那么，大家对投资的第一要义是怎样理解的呢，知道投资的第一要义是什么吗？

一、巴菲特：安全是投资的第一要义

美国著名投资人巴菲特可谓家喻户晓，20 世纪 60 年代，他以低价收购了濒临破产的伯克希尔公司，通过投资美国运通、可口可乐、吉列、华盛顿邮报、富国银行以及中美洲能源公司的部分股权，企业资金迅速增长。1968 年，伯克希尔公司持有的股票收益取得了历史上最好的成绩：增长了 46%。出人意料的是，这一年巴菲特却从投资市场隐退了，随后股市出现灾难性暴跌。后来，他凭借自己的投资经验，在 1973 年美国的超级熊市中快速崛起，持有的资金稳步增长，创造了一个又一个投资神话，被人们称为"股神"。

投资就像赛车比赛，周围有各种各样的对手和危险。比赛中，赛车装备不是最重要的，选择驾驶路线不是最重要的，驾驶车辆的技术也不是最重要的，最重要的是安全地完成比赛。只有安全地完成比赛，才有可能赢得比赛。

2014 年，巴菲特在股东大会上强调，安全是投资的第一要义。他在 2014 年致股东的信中说："若立遗嘱，90% 的现金将让托管人购买指数基金。我死后，拥有的每一股都将被分配到 5 个基金会里超过 10 年之久。我告诉受托人不要出售任何伯克希尔的股票，直到他们必须这样做。"

巴菲特反复强调，安全是投资的第一要义。他在股东大会上告诫妻子，在没有他的日子里，要注意投资安全。

投资的目的是赚钱而不是赔钱。巴菲特经常被引用的一句话是："投资的第一条准则是不要赔钱；第二条准则是永远不要忘记第一条。"投资 1 美元，如果赔了 50 美分，手上只剩了一半的钱，这一半的钱除非有百分之百的收益，否则很难回到投资的起点。

二、怎样投资才是相对安全的

（1）需要进行科学的分析和理性决策。

要能够看懂股价走势中出现的各种K线形态，看懂股市的各种日线、周线、月线走势图，找准买卖点。要准确判断当前股价是处在高位还是低位，合理预测未来股市的走向。要了解股市中重要的投资理论、重要的技术指标，通过它们提供的信息作出科学的分析和决策。

投资既具有不确定性，又具有确定性。其中不确定性带来折价，确定性带来溢价。严格地说，投资与不确定性永远相伴，不确定性是投资的核心和魅力所在。确定性不是绝对的，但不确定性却是绝对的。在投资时，要对所投资的公司进行详细的调查和研究，对事实和数据进行细致的分析，依据基本的逻辑关系进行推理，以获得确切的结论，并严格根据结论进行买卖。

不盲目从众，不跟风，理性过滤股市中的各种信息，以找出真实有用的信息。做出选择后，要相信自己的选择是正确的、理性的，不要因为股市的短期波动而频繁地买进、卖出。

（2）认识到国家政策对股市投资具有重大影响。

政策对证券市场的干预，能够影响其运行节奏，这就使得投资者难以做出完全准确的预判。实体经济运行具有不确定性，投资者的心理特征同股市信息具有不对称性，使得股票价格经常出现大幅波动。

此外，政府干预还能够在短时间内改变市场运行的方向。在上市公司经营业绩普遍下滑时，往往会引起投资下降，国内需求不足，失业率居高不下。在这种情况下，政府会将注意力转向证券市场，出台对证券市场发展有利的政策，以吸引企业上市和投资者进入股市，政府各职能部门也会采取措施，扩大资金入市渠道，促进股市繁荣。

（3）不要试图在收益最大化时才抛掉手里的股票。

大多数股民都想抛在顶部，但那时大多数股票已经开始下跌了。如果你还继续观望，希望第二天醒来时股市大幅回升，那么很可能会被“套牢”，甚至血本无归。不要贪图股市上涨末期的收益，也不要贪图熊市下跌过程中的反弹收益，因为这时风险极大，一不小心就有可能被套牢。

巴菲特更喜欢用股本收益率来衡量企业的盈利状况。股本收益率是用公司净收入除以总股本，衡量的是公司利润占股东资本的百分比，该指标能够有效地反映公司的盈利增长情况。根据他的价值投资原则，公司的股本收益率应该不低于15%。在巴菲特持有的上市公司股票中，可口可乐的股本收益率超过30%，美国运通公司达到37%。

（4）研判股票大趋势时要着眼未来。

人们称巴菲特为“奥马哈的先知”。“奥马哈”意为“上游的人民”，“先知”一词无疑是对他杰出智慧的肯定和对股市精准预判的赞美，因为他总是有意识地去辨别公司是否有良好的发展前景，能不能在今后25年里继续保持成功。

巴菲特常说，要透过窗户向前看，不能看后视镜。预测公司未来发展的一个办法，是计算公司未来的预期现金收入在今天值多少钱。这也是巴菲特评估公司内在价值的办法，他会寻找那些严重偏离这一价值并低价出售的公司。投资不在于一城一池之得失，谁能放眼未来，谁就能在硝烟弥漫的股票投资战场上获得更多的收益。

（5）要克服人性的弱点。

人性的弱点有很多，比如贪婪、自私、嫉妒、好逸恶劳、优柔寡断、虚荣、胆小、刚愎自用、猜忌等。在股市中，无论是散户还是基金经理，每个人都会展现出人性的弱点。那些业绩稳健和突出的投资者，并不一定具备非常高超的能力和非凡的智商，但他们都能很好地克服自己的人性弱点。要想在这个充满陷阱和诱惑的市场中长期生存，就得从克服人性弱点做起。

安全的投资除上述内容外，还包含其他很多因素，如公司对投资收益的影响，公司所处行业对投资收益的影响，风险控制对投资收益的影响等。作为一名合格的投资者，不仅要拥有沉着冷静的性格，对市场走势具有敏锐的眼光和科学理性的分析，还要了解国家相关政策，上市公司经营情况，以及当前的市场行情等。

第二节　为什么炒股

俗话说，你不理财，财不理你。只有学会理财，才能让我们赚到更多的财富，提高家庭生活质量，选择更为优越的生活环境。赚取大量的财富之后，我们才能够选择自己喜欢做而以前没有能力做的事情。从某种程度上说，理财可以实现个人的人生价值，炒股则是理财活动的一种重要方式。

一、积累财富

投资是让财富快速增值的有效方式。投资方式有很多种，投资股市虽然风险较高，但是只要掌握了一定的投资技巧，投资收益也是相对较高的。

股票投资有如下几个优点。

（1）每年都有可能得到上市公司的回报，如分红利、送红股。

（2）能够在股票市场上交易，获取买卖价差收益。

（3）能够在上市公司业绩增长、经营规模扩大时享有股本扩张收益，主要是通过上市公司送红股、资本公积金转增股本、配股等来实现。

（4）投资金额具有较好的弹性。相对于房地产与期货投资，投资股票并不需要太多资金。股票价位具有多样化的优点，投资者可以选择自己财力足够负担的股票介入。

（5）变现性佳。投资者若急需用钱，通常都能在当天卖出股票，下一个交易日便可以收到股款。

二、对抗通货膨胀

很多不想为理财伤脑筋的人总是认为，把钱存在银行就行了，储蓄每年都有固定利息，又不用为理财忙东忙西，何乐而不为？这种想法真的正确吗？

从 2001 年开始，全球吹起降息风，利率越来越低，物价却节节升高。你以为把钱放在银行就没事了吗？实际上，持续的通货膨胀，导致你的财富在一天天地缩水，低利率根本无法抵抗高通胀。投资股市，通过一定的投资技巧获取较高的投资收益，是普通投资者抵御高通胀的一种有效方式。

三、炒股能磨炼人性

从某种程度上说，炒股就是磨炼人性。人性的各种弱点，都会在股市中表现得淋漓尽致。如果炒股能够取得成功，那么人性也能得到很大的锻炼，改掉很多缺点，养成很多优点。

股市长时间大涨，上涨到高位后，有的人依然还在追涨，非要挣足最后一分钱才肯罢休，结果股价大跌，资金被套，却又不肯及时割肉，幻想某一天股价还会涨起来，结果越套越深，这是人性中的贪婪在作祟。

在炒股的过程中，投资者要做到不为股价暴涨而得意忘形、骄傲自满，也不为股价大跌而怨天尤人、一蹶不振。经过长久磨炼，就会达到不以物喜、不以己悲的人生境界。

第三节　资金准备

俗话说，巧妇难为无米之炊。拥有资金是进入股市的前提，也是新股民入市必须具备的最基本条件。

一、用闲置资金投资股市

有多少钱才能到股市上进行股票投资呢？这要视个人的经济能力而定。

一般来说，投资股票应该用家中闲置的、暂时用不着的资金，这些资金可以占到全部积蓄的 1/3 ~ 1/2，这样才不至于在炒股失误时造成重大的家庭经济危机，导致生活出现很大的困难。孤注一掷地将全部积蓄投入股市，甚至借钱炒股，是很危险的。

一般而言，新股民刚开始时可以投入几千元或几万元感受一下股市，万一亏损也不会对生活造成太大的影响。等有了经验以后，再逐渐增加投入的资金规模。

二、合理分配投入资金

在血雨腥风的股票市场里，如何恰当地运用自己的资金，是一门大学问。将资金作最妥帖的规划，在各种复杂情况发生时，有充裕的空间来调度，不至于捉襟见肘，这是合理分配投入资金的好处。

新股民一般都将注意力集中在市场价格的涨跌上，花很多时间去打探各种利多或利空消息，研究基本面因素对价格的影响，对价格走势进行技术分析，希望能做出最贴近实际的价格预测，却常常忽略资金的调度管理和运用策略。

事实上，资金的调度管理和运用策略，都基于一项最基本的观念——分散风险。大家都听说过这样一句话：不要把鸡蛋放在一个篮子里。资金调度合理与否，计划运用正确与否，使用恰当与否，都可以用是否分散风险作为标准来进行衡量。只要能达到分散风险的目的，便是好的资金管理方法。

至于如何分配、管理和运用资金，那就是仁者见仁、智者见智的问题了。世界上有1000个人，就会有1000种性情、观念和做法，再高超、再有效的资金管理方法，也需要资金使用者融会贯通，才会起到立竿见影的效果，决不能生搬硬套，这一点请大家千万记住。

股民，尤其是初入市场的新股民，手中持有的股票种类应该尽量简单，不要选择不同市场、不同种类、不同性质的股票。这样在分析预测行情和应付意外情况时，才不会左支右绌，疲于应对。

在具体操作上，可以将资金分成三份。第一份作为建仓资金，第二份作为加码资金，第三份作为备用资金。例如10万元的资金可以分为4万元、3万元、3万元这样三份。进行价格行情分析后，选择适当的品种投入建仓资金4万元。当行情如预期一样发展时，即投入第二份资金加码买入，上升趋势时可以逐渐加码，并选定止盈点获利离场。当行情走反，朝着不利的方向发展时，此时第二份资金可以根据行情走势和投资策略，在合适的时机和价位加码买入，以摊低持股成本。最后一份资金为备用资金，原则上轻易不要动用。只有在行情快速拉升前，可以用作追买资金，或者在行情大坏时作为反攻部队用于抄底，以弥补前期下跌时遭受的损失。

值得注意的是，所有这些动作均须配合行情判断和资金策略使用。在股市投资中，投资者一定要保持清醒的头脑，行情好时要果断加码追进，行情不好时要冷静选择反攻的机会。

三、不要借钱炒股

在实体经济中，借鸡生蛋、借船出海的现象屡见不鲜。很多有项目、有技术但缺少资金的投资者，靠着“借贷”筹到了急需款项，走上了快速发展的道路。在股市中，借钱炒股却是投资者的大忌。沪深股市二十多年的发展历史中，借钱炒股的股民十有八九折戟沉沙，还有一些人因为亏损导致负债累累，甚至家破人亡。

同样是一个“借”字，为何在实体经济和虚拟经济中的作用有如此大的不同呢？原因就在于：实体经济玩的是“实”的，贷款项目都是看得见、摸得着的。当好的项目出现时，贷款方经过调查论证，确认借款方到期能够还贷后，资金才会贷出去，这样贷款风险自然大大降低了。

虚拟经济玩的是“虚”的，股价的上涨和下跌大多是投机促成的，财富来得快去得也快。借钱炒股，借贷的资金大多都是有还款期限的。如果投入的资金不能在规定的时间内实现盈利或足额收回，就会导致债台高筑。如果把实体经济中借鸡生蛋的风险当作“1”的话，那么，在虚拟经济中，借钱炒股的风险就被放大到“10”。

新股民如果借钱炒股，心理上也会感受到无形的压力，赚得起而赔不起。在这种压力下，对股票走势的分析研判和买卖点的确认，很可能考虑得不够全面，导致出现操作失误和交易亏损。

第四节　知识及心理准备

大家都知道，收益与风险是成正比的。炒股不仅具有高收益性，还具有高风险性。它能让人一夜暴富，也能让人一贫如洗；它能令人狂喜，也能让人沮丧。如果你打算投身股市并在股市中获利，就必须做好知识和心理准备，掌握必要的专业知识，认清投资环境，把握投资时机，确定合适的投资方式，选择合适的投资对象。只有这样，才能规避股市风险，稳定获利。

一、掌握必要的专业知识

股票投资是一门非常广泛而深奥的学问，普通股民很难研究透彻。若想成为一位稳健而成功的投资者，必须花费大量时间和精力学习、掌握基本的证券知识。

假如连一些基本的证券投资知识都不具备，只想碰运气赚大钱，即使一时运气好，误打误撞捞上一笔，最终也会赔进去。作为一名合格的投资者，必须认真学习股票投资基本知识和投资技巧。成功来不得半点虚假，只有脚踏实地，才能从股市中摘得成功的果实。

二、认清投资环境，把握投资时机

股市与经济环境、政治环境息息相关，经济衰退，股市萎靡，股价下跌；反之，经济复苏，股市繁荣，股价上涨。政治环境亦如此，人心安定，社会进步，股市繁荣，股价上涨；反之，社会动荡，经济萧条，股价下跌。

在股市中常听到这样一句话：选择买卖时机比选择股票种类更重要。也就是说，在投资前，要先认清投资环境，避免逆势买卖。许多人在未了解股市大势之前即盲目买入，结果买入即被套。多头市场时做空，空头市场时做多，买高卖低，怎能在股市中获利呢？

认清投资环境，把握投资时机，这一点非常重要，也是每一位投资者需要认真学习和研究的问题。

三、确定合适的投资方式

投资股票采用何种方式，与投资者的性格和能够投入的时间多少相关。一般而言，不以赚取差价为主要目的，想获得公司红利或参与公司经营的人，多采用长期投资的方式。本身有职业，没有太多时间跟踪股市短期波动，又有一定积蓄及投资经验的股民，适合采用中期投资方式。时间较空闲，有丰富炒股经验，反应灵活的投资者，可以采用短线交易方式。经验丰富，时间充足，且反应比较迅速，喜欢追求刺激的投资者，可以采用超短线交易方式。

理论上讲，短线交易利润最高，其次为中线投资，最后为长线投资。但经验证明，很少有人每次都能准确地在底部买进，顶部卖出，所以就平均获利能力来计算，中线与长线投资较短线投机利润反而更高。超短线交易投机性最强，风险最大，具有赌博性质，是赚是赔一半凭经验，一半靠运气，一般投资者最好不要轻易尝试。

四、正确选择股票

选择合适的股票，也是投资前应该考虑的重要问题。股票选对了，在短时间内就可以获得几倍的利润。选择错误时，眼见别的股票价格节节升高，自己所持股票的价格却“跌跌不休”。

选择哪只股票最好，要视当时的经济环境、板块热点、投资者个性和对股市的了解程度以及经验而定。通常，喜欢追求刺激且投资经验丰富的投资者，大多喜欢买卖涨跌幅度较大的热门投机股。初入股市的新进投资者，应该投资获利能力强、涨跌幅度稍缓而流通性佳的优良热门股。

五、合适的买卖点

炒股关键要把握住两点：买点和卖点。很多投资者都幻想买到最低点，卖到最高点，这是不现实的。只要能买到相对低点，卖到相对高点，就已经很不错了。

买股票主要是买“未来”，希望买到的股票有上涨空间，有上涨潜力。炒股有几个重要因素：量、价、时、空。其中，“量”是指成交量，它是观察股市的重要指标。通过观察成交量的变化，可以预测后市的行情走势。“价”就是股票的价格，也是股票最重要的信息之一。“时”即介入的时机，这一点也是非常重要的。介入时机选得好，哪怕股票选得差一些也能赚钱。如果介入时机选得不好，即便选对了股票，也可能出现亏损，甚至还可能被套牢。“空”就是指价格可能上涨或下跌的空间。谁都希望能买到一只有上涨潜力的股票，这一点也是购买股票首先需要考虑的因素。

“好的开始是成功的一半”，在合适的买点介入，可以坐享主力拉升的乐趣。在合适的卖点卖出，就是在获利的前提下卖在相对高位，或者在套牢的时候能及时止损，保住本金。要做到这一点，对投资者的交易技巧要求是相当高的。投资者要根据自己的经济能力购买不同价位的股票，根据股票价格在股市整个行情中的高低，决定是继续买进还是卖出股票。

通过对量、价、时、空这几个重要因素的分析，股票的选择和买卖原则便都包含在其中了。

六、树立风险意识

投资者要树立风险意识。只知道“股市有风险，入市须谨慎”是远远不够的，还要知道股市的风险究竟有多大，股市风险是怎样造成的，这样的风险你是否能够承受。

了解了风险之后，还要有合理的预防措施和应对突发风险的方法，以便在风险发生时将损失降到最低。

七、明确自己的风险承受能力

分析自己的家庭情况、收入稳定性、投资目的以及自己的投资能力和资源等因素，明确自己的风险承受能力，事先规划好投入股市的本金数额和投资风格。要有“利益共享，风险自担”的心理准备，当被“套牢”时，要有壮士断腕的勇气。

投资者要切记：绝不拿输不起的钱去炒股。

第二章

股票投资基本常识

初入股市，新股民的疑问一般集中在以下几个方面：股票究竟是什么？股票有哪些特点和种类？怎样买卖交易，有哪些规则？什么是证券交易所、证券公司和上市公司？影响股价走势的因素有哪些？什么是大盘指数？股票中有哪些我们必须知道的术语？你将会在本章学到这些知识。

第一节　什么是股票

股票是股份公司在筹集资金时向出资人公开或私下发行的，用以证明出资人的股东身份和权利，并根据持有人所持有的股份数享有相应的权益和承担相应义务的凭证。

一、股票的产生

股票是一种有价证券，它代表持有者（即股东）对股份公司的所有权。同一类别的每一份股票代表的公司所有权是相等的。每个股东拥有的公司所有权份额大小，取决于其持有的股票数量占公司总股本的比重。

按股东的权利不同，股票可分为普通股、优先股及两者的混合等多种。

现代社会，股票已经越来越为大家所熟悉，也越来越多地走入千家万户。股票是社会化大生产的产物，随着人类社会进入社会化大生产时期，企业经营规模扩大与资本需求不足的矛盾日益突出，于是产生了以股份公司形态出现的、股东共同出资经营的企业组织。

股份制就是以入股的方式把分散的、属于不同人和群体的生产要素集中起来，统一调用，合理经营，自负盈亏，按股分红的一种经济组织形式。股份制的基本特征是生产要素的所有权和使用权分离，在保持所有权不变的情况下，把分散的使用权转化为集中使用权。

股份公司是股份制最典型的公司。股份简称为“股”，把公司资本总额按相等的金额分成的单位叫做股份。股份制公司是通过发行股票及其他有价证券来筹集资金的一种企业形式。

股票诞生至今已有400多年的历史，它是伴随着股份公司的出现而出现的。股份公司的发展产生了股票形态的融资活动，股票融资的发展产生了股票交易的需求，股票交易需求促成了股票市场的形成和发展，股票市场的发展最终又促进了股票融资活动和股份公司的完善与发展。

股票最早出现于资本主义国家。世界上最早的股份有限公司，是1602年在荷兰成立的东印度公司。股份公司这种企业组织形态出现以后，很快为资本主义国家广泛采用，成为资本主义国家企业组织的重要形式之一。伴随着股份公司的诞生和发展，以股票形式集资入股的方式也得到发展，并且产生了买卖交易和转让股票的需求，这样就带动了股票市场的形成，并促使股票市场不断完善和发展。

早在1611年，东印度公司的股东们就在阿姆斯特丹股票交易所进行股票交易，后来又有了专门的经纪人撮合交易。阿姆斯特丹股票交易所是世界上第一个股票交易市场。现在，股份有限公司已经成为最基本的企业组织形式之一，股票成为大型企业筹资的重要渠道和方式，也是投资者投资的基本选择方式。股票市场（包括股票的发行和交易）与债券市场成为证券市场的基本内容。

二、股票的特征

股票主要有如下特征。

1. 流通性

股票的流通性是指股票在不同投资者之间的可交易性。流通性通常以可流通的股票数量、股票成交量以及股价对交易量的敏感程度来衡量。可流通股数越多，成交量越大，价格对成交量越不敏感（价格不会随着成交量一同变化），股票的流通性就越好，反之就越差。

股票的流通使投资者可以在市场上卖出所持有的股票以取得现金。通过股票的流通和股价变动，可以看出人们对相关行业和上市公司的发展前景以及盈利潜力的判断。那些在流通市场上吸引大量投资者、股价不断上涨的行业和公司，可以通过增发股票不断吸收大量社会资本，投入生产经营活动和扩大再生产，达到优化资源配置的效果。

2. 收益性

股东凭其持有的股票，有权从公司领取股息或红利，获取投资收益。股息或红利的多少，主要取决于公司的盈利水平和盈利分配政策。股票的收益性还表现在股票投资者可以获得价差收入或实现资产保值增值。通过低价买入和高价卖出股票，投资者可以赚取价差利润。

以美国可口可乐公司的股票为例。如果在1983年底投资1000美元买入该公司股票，到 1994 年 7 月便能以 11554 美元的市场价格卖出，赚取 10 倍多的利润。在通货膨胀时，股票价格会随着公司原有资产重置价格上升而上涨，从而避免了资产贬值。股票通常被视为在高通货膨胀期间优先选择的投资对象。

3. 风险性

在交易市场上，股票作为交易对象，同商品一样有自己的市场行情和市场价格。由于股票价格受到诸如公司经营状况、供求关系、银行利率、大众心理等多种因素的影响，其波动有很大的不确定性。正是这种不确定性，有可能使股票投资者获得巨大利润或者遭受重大损失。价格波动的不确定性越大，投资风险也越大，因此股票是一种高风险的金融产品。

例如，称雄于世界计算机产业的国际商用机器公司（IBM），当其业绩不凡时，每股价格曾高达 170 美元。但在其地位遭到重大挑战，经营出现失误并招致亏损时，股价又下跌到 40 美元。如果不合时宜地在高价位买进该股，就会遭受严重损失。

4. 不可偿还性

股票是一种无偿还期限的有价证券，投资者认购了股票之后，就不能再要求退股，只能到二级市场卖给第三者。转让股票只是意味着股份公司股东发生改变，并不减少公司的资本。从长期来看，只要公司存在，股票就存在。

5. 参与性

股东有权出席股东大会，选举公司董事会，参与公司重大决策。股票持有者的投资意志和享有的经济利益，通常通过出席股东大会和行使股东参与权来体现。

股东参与公司决策的权利大小，取决于其持有股份的多少。从实践来看，只要股东持有的股票数量达到决策结果所需的实际数量时，就能掌握公司的决策控制权。

6. 永久性

股票所载有的权利的有效期是始终不变的，因为它是一种无期限的法律凭证。股票的有效期同股份公司的存续期间相关，两者是并存的关系。

7. 价值与面值的不一致性

该特点其实隐藏在收益性中，之所以这里单独来说，是因为它很重要。大家知道，股票同人民币一样，其本身并没有价值，它只是真实资本的“纸质的副本”。但作为一种特殊的“金融商品”，在交易时它也有价格，这种价格实际上是一种资本化的收入。

股票价格受企业经营状况及其他社会、政治和经济诸方面因素的影响，往往与其面值并不一致，从而吸引大量谋求股票差价和赚取高额利润的投资者参与，并为活跃交易市场奠定了基础。

三、股票的分类

股票作为一种有价证券，本身虽然没有价值，但是通过股票的买卖可以让持有人获取股息，增加收入。股票按照不同的标准可以有不同的分类。

1. 按股东的权益和风险分类

（1）普通股

普通股是指在公司的经营管理和盈利及财产的分配上享有普通权利的股份，代表满足所有债权偿付要求及优先股股东的收益权与求偿权要求后对企业盈利和剩余财产的索取权。普通股构成公司资本的基础，是股票的一种基本形式。现在上海和深圳证券交易所进行交易的股票都是普通股。

普通股的基本特点是其投资收益（股息和分红）不是在购买时约定，而是事后根据股票发行公司的经营业绩来确定。公司的经营业绩好，普通股的收益高；反之，经营业绩差，普通股的收益就低。普通股是股份公司资本构成中最重要、最基本的股份，亦是风险最大的一种股份，但又是股票中最基本、最常见的一种。

普通股股东按其所持股份比例享有以下基本权利。

①公司表决权和决策参与权。普通股股东有权参与股东大会，并有建议权、表决权和选举权，也可以委托他人代表其行使股东权利。

②利润分配权。普通股股东有权从公司利润分配中得到股息。普通股的股息是不固定的，由公司盈利状况及其分配政策决定。普通股股东必须在优先股股东取得固定股息之后才有权享受股息分配权。

③优先购股权。如果公司需要扩张而增发普通股股票，现有普通股股东有权按其持股比例，以低于市价的某一特定价格优先购买一定数量的新发行股票，从而保持其对企业所有权的原有比例。

④剩余资产分配权。当公司破产或清算时，若公司的资产在偿还欠债后还有剩余，其剩余部分按先优先股股东、后普通股股东的顺序进行分配。

（2）优先股

优先股是相对普通股而言的，是股份公司发行的在分配红利和剩余财产时比普通股有优先权的股份。

优先股是一种没有期限的有权凭证，具有如下特点。

①优先分配权。在公司分配利润时，拥有优先股的股东比持有普通股票的股东分配在先，但是享受固定金额的股利，即优先股的股利是相对固定的。

②优先求偿权。若公司清算、分配剩余财产时，优先股在普通股之前分配。但当公司决定连续几年不分配股利时，优先股股东可以进入股东大会来表达他们的意见，保护他们的自身权利。

③优先股股东不参加公司的红利分配，无表决权和参与公司经营管理权。

2. 按照投资主体分类

（1）国有股

国有股指有权代表国家的投资部门或机构，以国有资产向公司投资形成的股份，包括公司现有国有资产折算的股份。

由于中国大部分股份制企业都是由原有大中型国有企业改制而来的，因此，国有股在公司股权中占有较大的比重。国有股的股权属于国家所有，其所有股权通过国有资产管理部门来行使。

（2）法人股

法人股指企业法人或具有法人资格的事业单位、社会团体以其依法可经营的资产向公司投资所形成的股份。

根据法人股的认购对象，可以将法人股进一步分为境内发起法人股、外资法人股和募集法人股三种。

（3）社会公众股

社会公众股是指股份公司采用募集方式设立时向社会公众（非公司内部职工）募集的股份。投资者在股票市场买卖的股票都是社会公众股。

中国国有股和法人股目前还不能直接上市交易。国有股和法人股要转让股权，可以在法律允许的范围内，经证券主管部门批准，与合格的机构投资者签订转让协议，一次性完成大宗股票的转移。目前要取得一家上市公司的控股权，一般收购方需要从国家股东和法人股东手中协议受让大宗股权。由于现有股份公司多数由原来的国有大中型企业改制而来，因而国家股和法人股所占比重较大。但随着兼并收购、买壳、借壳等资产重组活动的展开，国有股和法人股的转让活动逐渐增多。

3. 按股票上市地点分类

我国上市公司的股票有A股、B股、H股、N股和S股等区分。这一区分主要依据股票的上市地点和所面对的投资者而定。

A股，也称人民币普通股票、流通股、社会公众股、普通股，是指那些在中国大陆注册、在中国大陆上市，供境内机构、组织或个人（从2013年4月1日起，港、澳、台居民可开立A股账户）以人民币认购和交易的普通股股票。A股不是实物股票，以无纸化电子记账，实行“T+1”交割制度，有涨跌幅（10%）限制，参与投资者为中国大陆机构或个人。中国A股市场交易始于1990年，2015年4月8日，A股时隔7年重回4000点大关。2015年4月13日起，A股市场全面放开“一人一户”限制，自然人与机构投资者均可根据自身实际需要开立多个A股账户和封闭式基金账户，上限为20户。

B股，也称人民币特种股票，是指那些在中国大陆注册、在中国大陆上市的特种股票。B股不是实物股票，依靠无纸化电子记账，实行“T+3”交割制度，有涨跌幅（10%）限制，参与投资者为港、澳、台地区居民和外国人，持有合法外汇存款的大陆居民也可投资，并以人民币标明面值，只能以外币认购和交易，深圳市场以港币交易，上海市场以美元交易。中国第一支B股上海真空B股（900901）于1991年上市。

H股，即港股，H股也称国企股，指注册地在内地、上市地在香港的外资股。H股为实物股票，实行“T+0”交割制度，无涨跌幅限制。中国大陆地区机构投资者可以投资于H股，大陆地区个人目前可以通过沪港通、深港通投资于H股。国际资本投资者可以投资H股，以港币结算。

S股，是指那些主要生产或者经营等核心业务在中国大陆，企业的注册地在中国内地，但是在新加坡（Singapore）上市的外资股。

N股，是指在中国内地注册，在纽约（New York）上市的外资股。

T股，是指在中国内地注册，在东京（Tokyo）上市的外资股。

4. ST股与*ST股

ST股的英文全称为Special Treatment，即特别处理。ST股票是指因为经营不善等各种因素而发生连续亏损的股票，是基本面向坏的股票。

新股民在股市中经常看到很多ST股票，它们表现各异，有的可以在复牌当日出现高达1080%的涨幅，而有的却“跌跌不休”。一般来说，ST股票的上市公司不具备长期增长的能力，不属于该行业的强者，没有市场潜力。

ST 股是指境内上市公司连续两年亏损，进行特别处理的股票。

*ST 股是指境内上市公司连续三年亏损，退市预警的股票。

S*ST 股是指境内上市公司连续三年亏损，退市预警，还没有完成股改的股票。

SST 股是指境内公司连续两年亏损，进行特别处理，还没有完成股改的股票。

S 股是指还没有完成股改的股票。

5. 蓝筹股和红筹股

“蓝筹”一词源于西方赌场，在西方赌场筹码的颜色中，蓝色筹码是最值钱的，红色次之，白色筹码最差。投资者把“蓝筹”一词套用到股票上，便形成了“蓝筹股”这一说法。蓝筹股指的是那些在其所属行业内占有支配地位、业绩优良、成交活跃、红利丰厚的大公司所发行的股票。

蓝筹股并非是一成不变的，随着公司经营状况的改变和经济地位的升降，蓝筹股的排名也会随之变化。根据美国著名的《福布斯》杂志统计，1917 年美国的前 100 家公司中，目前只有 43 家公司在蓝筹股之列，如当初“最蓝”、行业最兴旺的铁路股票，如今已经丧失了被选为蓝筹股的资格。

红筹股这一概念诞生于上世纪 90 年代初期的香港股市。中国在国际上被称为红色中国，相应地，香港和国际投资者把在境外注册、在香港上市、带有中国大陆概念的股票称为红筹股。1997 年 4 月，恒生指数服务公司着手编制恒生红筹股指数时，就是按这一标准来划定红筹股的。

6. 概念股、业绩股和指标股

概念股是指具有某种特别内涵的股票，这一内涵通常被视为炒作的题材，成为股市的热点。如网络概念股、3G 概念股、资产重组股、整体上市概念股、奥运股、生物医药概念股、期货股等，都属于概念股。

业绩股是与概念股相对而言的，业绩股需要公司有良好的业绩支撑，而概念股则依靠某一题材支撑价格。

说起指标股，不得不说说股票价格指数。股票价格指数（Stock Index）是描述股票市场总的价格水平变化的指标。它是选取有代表性的一组股票，把它们的价格进行加权平均，通过一定的计算得到的，是代表整个市场走向的晴雨表。在计算指数时，其中的某只或某几只股票价格高、数量多、占的比重大，那么这几只股票的价格变动对指数的最后计算影响就很大。总股本大的股票，占据整个股市的比重就大，个股每上涨几个百分点，对整个指数上涨的贡献就很大。假定其他股票价格不跌不涨，只有一个指标股涨 10%，根据它的权重，就能使指数上涨 1 个百分点。国际大盘股和部分早期在上海市场上市的 A 股都是指标股。

指标股在股市中有聚集市场人气、推动价格涨升的作用。因为指标股对指数变动带来的影响较大，因此它的上涨很可能带动整体指数的上涨，给人一种整个市场都在上涨的感觉。

上海证券交易所和深圳证券交易所的大盘指数计算方法不同，所以指标股的具体所指是有差别的。上海证券交易所采用欧式算法，计算时以全部股本为对象，包括流通股本和非流通股本，所以总股本大的就是指标股；深圳证券交易所采用流通股本作权重，所以总股本大的不一定对指数产生较大影响，而要看流通盘的大小。

7. 一线股、二线股和三线股

根据股票市值的高低，可以将股票分为一线股、二线股和三线股。

一线股通常指股票市场上市值较高的一类股票，这些股票业绩优良或具有良好的发展前景，估值领先于其他股票。大致上，一线股等同于绩优股和蓝筹股。一些高成长股，如我国证券市场上的一些高科技股，由于投资者对其发展前景充满憧憬，通常被看做一线股。一线股享有良好的市场声誉，为投资者所熟知。

二线股是价格中等的股票，这类股票在市场上数量最多。二线股业绩参差不齐，但从整体上看，它们的业绩同股价一样处于行业中游位置。

三线股是指价格低廉的股票。这些公司大多业绩不好，前景堪忧，有的甚至已经到了亏损的境地。也有少数上市公司因为发行量太大，或身处夕阳行业，缺乏高速增长的可能，难以塑造更好的投资概念吸引投资者，这些公司业绩一般或低下，也被称为三线股。

8. 股票的其他分类

另外，股票还分为黑马股、白马股、周期性股、防守性股、投机性股、PT 股等。

黑马股是指长期不被看好却出人意料地走出大幅上扬或者股价翻几番的股票，其中最甚者被称为妖股。如果骑上一匹黑马股，不仅跑得快、盈利快，也会增加股民的炒股自信心。

白马股一般是指相关信息已公开的股票，由于业绩较为明朗，很少存在埋地雷、内幕交易、暗箱操作等风险，同时又兼有业绩优良、高成长性的特点，因而具备较高的投资价值，往往被大多数股民看好。如果把握住买卖时机，也能实现高利润，是股民套利不可缺少的利器。

周期性股是指收益周期波动的股票。例如，钢铁、机械制造、建材等公司的股票。

防守性股与周期性股相反，在商业条件恶化时，其收益比其他股票优厚，并且经营较为稳定。例如，水电、交通等事业公司的股票。

投机性股是指那些股价变化快、幅度大、经营前景不是很明朗的股票。其投机性大，能够吸引一些专门从事证券投机的人操作。建议新股民不要贸然尝试。

PT 是英文 Particular Transfer（特别转让）的缩写。根据公司法和证券法的规定，上市公司出现连续三年亏损等情况，其股票将暂停上市。沪深交易所从 1999 年 7 月 9 日起对这类暂停上市的股票提供特别转让服务，并且在其简称前冠以 PT，称之为 PT 股。

四、股票是如何涨跌的

大家在炒股之前，一定要弄清一个最基本的问题：股票是如何涨跌的？

股票价格的上涨是用资金推上去的。先有机构大胆买入，后有众多股民纷纷跟风买入，股票供不应求，股价就这样一步一步地被推上去。

股市交易的原则是“价格优先，时间优先”。价格优先是指对买方来说，申报价格越高，则成交顺序越靠前；对卖方来说，卖出的价格越低，优先成交的机会越大。时间优先指当一方有多人报价相同时，以交易所接受报价时间的先后顺序排列等待成交。买卖双方不断以对方最优价格（对你最有利的价格）成交，就会使价格不断地上下变化。

那么为什么大机构总能提前买入呢？这是因为大机构的研究能力强，对政策理解透彻，对行业发展情况把握得当，对个股价值挖掘得深入，所以总能提前买入。在广大股民还没有反应过来时，大机构已经在底部吸筹了，这样一只股票的底部就形成了。

懂得技术分析的股民或中小机构投资者一看形态走好，于是纷纷跟进买入。大机构在拉升的过程中反复打压震荡，在关键价位护盘，尽量使股民在低位抛出股票，同时利用媒体发表一些做多言论，不知不觉就把股价炒上去了。

同样，股价下跌首先是大机构抛出引发的。大机构抛售基本都是大数目，所以抛售当天就会收出大阴线。中小机构和一些股民一看大机构在抛，马上也卖出股票。一只股票如果没有或很少有人买入，只要很小的抛单就能把股价砸在跌停板。当股价走势形成下跌趋势时，大家都压低价格抛售，大机构则边拉边抛，股价就会出现阶段性下跌。

众多机构的操盘节奏并不是高度一致的，他们的认知有先有后，决策有快有慢，所以一波行情到来，各个行业股票的涨幅有大有小，涨势有快有慢。等到垃圾股都涨上来的时候，大机构的筹码也就抛得差不多了。

五、上市公司的特征

上市公司是指发行的股票经过国务院或者国务院授权的证券管理部门批准在证券交易所上市交易的股份有限公司。非上市公司是指其股票没有上市和没有在证券交易所交易的股份有限公司。

上市公司是股份有限公司。股份有限公司也可以是非上市公司，它们有股份有限公司的一般特点，如股东承担有限责任，拥有所有权和经营权，股东通过选举董事会和投票参与公司决策等。

上市公司要经过政府主管部门的批准。按照《公司法》规定，股份有限公司要上市交易，必须经过国务院或者国务院授权的证券管理部门批准，未经批准，不得上市。股份有限公司发行的股票不在证券交易所交易的，不是上市公司。

上市公司的主要特征如下。

（1）公司具有法人地位。

（2）按股分红。股东通过所持股份占公司股份的比例获取红利。

（3）成立董事会。

（4）股东大会是公司最高权力机构，它由全体股东组成，对公司重大事项进行决策，有权选任和解除董事，对公司的经营管理有广泛的决定权。

（5）成立监事会。

与一般公司相比，上市公司可利用证券市场进行筹资，广泛吸收社会上的闲散资金，从而迅速扩大企业规模，增强产品的竞争力和市场占有率。股份有限公司发展到一定规模后，往往将公司股票在交易所公开上市作为企业发展的重要战略步骤。从国际经验来看，世界知名的大企业几乎全是上市公司。

上市公司把公司的资产分成若干份，在股票交易市场进行交易，投资者可以买进这种公司的股票，从而成为该公司的股东。上市是公司融资的一种重要渠道，非上市公司的股份则不能在股票交易市场交易（注意，所有股份公司都有股份比例，如国家投资、个人投资、银行贷款、风险投资等）。上市公司需要定期向公众披露公司的资产、交易、年报等相关信息，非上市公司则不必披露。在获利能力方面，并不能绝对地说上市公司与非上市公司谁好谁差，上市并不代表获利能力强，不上市也不代表没有获利能力。当然，获利能力强的公司上市的话，会更容易受到追捧。

六、股票与股份公司的关系

股票持有者凭借股票从股份公司取得股息收入。股息的分配取决于股份公司的利润与股息分配政策，如果公司不派发股息，股东就没有获得股息的权利，而优先股股东却可以获得固定金额的股息。

普通股股东的股息与公司利润相关，其分配在优先股股东之后。普通股股东必须在所有的优先股股东满额获得股份公司承诺的股息后，才有权利获得股息。前面已经说过，股票只是持有人对一家股份公司拥有的实际资本的所有权证书，是参与公司决策和索取股息的凭证，不是实际资本。股价的涨跌对公司没有影响，但能间接地反映实际资本的运行状况，因此对公司来说，其表现为一种虚拟资本。

七、股利宣告日、股权登记日和股利发放日

因为股票可以自由买卖，所以公司股东是经常变动的。公司为了确定哪些人有资格领取股利，必须在发放股利之前确定有关日期。

1. 股利宣告日

股利宣告日是指公司董事会将股利支付情况予以公告的日期。公告中将宣布每股支付的股利、股权登记期限、除去股息的日期和股利支付日期。

2. 股权登记日

上市公司在送股、派息、配股或召开股东大会的时候，需要定出某一天，界定哪些主体可以参加分红、参与配股或具有投票权利，定出的这一天就是股权登记日。也就是说，在股权登记日这一天收盘时仍持有或买进该公司股票的投资者，是享有此次分红、参与此次配股或参加此次股东大会的股东，这部分股东名册由证券登记公司统计在案，届时将应送的红股、现金红利或者配股权划到这部分股东的账户上。

股权登记日当日收盘前的股票称为“含权股票”或“含息股票”。股权登记日后的下一个交易日就是除权日或除息日，这一天购入该公司股票的股东不再享有公司此次分红配股权。

3. 股利发放日

股利发放日又称付息日，指实际支付股利的日期。

八、除权除息价

当上市公司宣布年度分红派息方案并获得董事会及证监会批准后，即可确定股权登记日。在股权登记日（包括股东登记日）收盘后手中持有这种股票的投资者，均享有分红派息的权利。

沪深股市的上市公司进行利润分配，一般只采用股票红利和现金红利两种，即所说的送红股和派现金。当上市公司向股东分派股息时，就要对股票进行除息；当上市公司向股东送红股时，就要对股票进行除权。

当一家上市公司宣布年度有利润可供分配并准备予以实施时，则该只股票就称为含权股，持有该只股票就享有分红派息的权利。股权登记日当天收盘后，需要将股票除权除息，也就是将股票中含有的分红权利予以解除。一般股权登记日下一个交易日即是除权除息日，除权除息日买进的股票不再享有送配公告中所登载的各种权利。如果在股权登记日已拥有该股票，在除权除息日将该股票卖出，仍然享有现金红利、送红股及配股权利。

在股权登记日收盘前拥有的股票是含权的，除权除息日开盘后交易的股票将不再参加利润分配，因此在股票除权除息日，证券交易所要计算出股票的除权除息价，以作为股民在除权除息日开盘的参考。除权除息价实际上是将股权登记日的收盘价予以变换，这时行情显示的收盘价不再是前一天实际的收盘价，而是根据股权登记日收盘价与分红现金的数量、送配股的数量和配股价的高低等结合起来计算出的价格，因此除权除息前后股票价格会发生变化。除息价就是登记日收盘价减去每股股票应分得的现金红利。对于除权，股权登记日的收盘价格除去所含有的股权，就是除权报价。

在除权除息日，股票简称会出现相关符号，其中，XR 意为除权，XD 意为除息，DR 意为除权除息。如果是分红利现金，股票简称显示为 XD××；如果是送红股或者配股，显示为 XR××；如果是既分红利又配股，则显示为 DR××。

除息价的计算公式如下。

除息价 = 股权登记日收盘价—每股现金股息额

例如：某股票股权登记日的收盘价是 4.17 元，每股送红利现金 0.03 元，则除息后的股价为 4.17 元 -0.03 元 =4.14 元。

除权价的计算公式如下。

送红股后的除权价 = 股权登记日的收盘价 ÷（1+ 每股送红股数）

例如：某股票股权登记日的收盘价是 24.75 元，每 10 股送 3 股，即每股送红股数为 0.3 股，则除权后的股价为：24.75 元 ÷（1+0.3）=19.04 元。

配股后的除权价 =（股权登记日的收盘价 + 配股价 × 每股配股数）÷（1+ 每股配股数）

例如：某股票股权登记日的收盘价为 18.00 元，每 10 股配 3 股，即每股配股数为 0.3 股，配股价为每股 6.00 元，则次日股价为（18.00 元 +6.00 元 ×0.3）÷（1+0.3）=15.23 元。

如果上市公司既发放现金股息，同时又送红股和配股，这时就要计算除权除息价，其计算公式如下。

除权除息价 =（股权登记日的收盘价 – 每股所分红利现金额 – 配股价 × 每股配股数）÷（1+ 每股送红股数 + 每股配股数）

例如：某股票股权登记日的收盘价为 20.35 元，每 10 股派发现金红利 4.00 元，送 1 股配 2 股，配股价为 5.50 元 / 股，即每股分红 0.4 元，送 0.1 股配 0.2 股，则次日除权除息价为（20.35 元 –0.4 元 –5.50 元 ×0.2）÷（1+0.1+0.2）=16.19 元。

第二节　股份有限公司的管理

前面大家已经对股票和上市公司有了基本的了解，那么大家知道股票是怎样发行的吗？想知道股票的发行，就要了解股票的管埋机构。股票的管理机构包括股东大会、董事会、监事会，它们相辅相成，各司其职，共同管理股份公司的股票，从而使投资者获得最大的利益。

一、股东大会

股东大会是股份公司的最高权利机关，它由全体股东组成，对公司重大事项进行决策，有权选任和解除董事，对公司的经营管理有广泛的决定权。

股东大会既是一种定期或临时举行的、由全体股东出席的会议，亦是一种非常设的由全体股东所组成的公司制企业的最高权利机关。它是企业作为财产的所有者对企业行使财产管理权的组织。企业一切重大的人事任免和重大的经济决策，一般都由股东大会认可和批准方可有效。

1. 股东大会的职责

（1）审议批准董事会的报告。

（2）决定公司的经营方针和投资计划。

（3）审议批准公司年度的财务预算方案、决算方案。

（4）对公司合并、分立、解散、清算或者变更公司形式做出决议。

（5）审议批准公司的利润分配方案和弥补亏损方案。

（6）审议批准监事会或者监事会的报告。

（7）对公司增加或减少资本做出决议。

（8）选举和更换由股东代表担任的董事、监事，决定有关董事、监事的报酬事项。

（9）对发行公司债务做出决议。

（10）修改公司章程等其他重要职权。

2. 应召开临时董事会的各种情形

股东大会应当每年召开一次年会，有以下所列情形之一的，应当在两个月内召开临时股东大会。

（1）公司累计未弥补的亏损达实收股本总额的 1/3 时，应开会研讨对策。

（2）董事人数不足《中华人民共和国公司法》规定人数或者公司章程所定人数的 2/3 时，应召开公司临时大会选补。

（3）单独或者合计持有公司 10% 以上股份的股东请求召开股东临时会议时。

（4）监事会提议召开时。

（5）监事会认为必要时。

（6）公司章程规定的其他情形。

3. 股东大会会议的召集和会议通知

（1）股东大会会议由董事会召集，董事长主持。

（2）董事长不能履行职务或者不履行职务的，由副董事长主持。

（3）副董事长不能履行职务或不履行职务的，由半数以上董事共同推举一名董事主持。

（4）董事会不能履行或不履行召集股东大会会议职责的，监事会应当及时召集和主持。

（5）监事会不召集和主持的，连续 90 日以上单独或者合计持有 10% 以上股份的股东可以自行召集和主持。

召开股东大会会议，应当将会议召开的时间、地点和审议事项于会议召开 10 日前提出临时提案，提交股东大会审议。临时提案的内容应当属于股东大会职权的范围，并有明确议题和具体决议事项。

单独或者合计持有公司 3% 以上股份的股东，可以在股东大会召开 10 日前提出临时提案并书面提交董事会。董事会应当在收到提案后两日内通知其他股东，并将该临时提案提交股东大会审议。临时提案的内容应当属于股东大会职权范围，并有明确的议题和具体决议事项。股东大会不得对前两款通知中未列明的事项做出决议。无记名股票持有人出席股东大会会议的，应当在会议召开 5 日前至股东大会闭会时将股票交存于公司。

4. 股东大会的会议表决规定

股东出席股东大会会议，所持每一股份有一票表决权。但是，公司持有的本公司股份没有表决权。

股东大会做出决议，必须在出席会议的股东中持赞成票的股东所持表决权过半数时才能通过。但是，股东大会做出修改公司章程，增加或者减少公司注册资本，公司合并、分立、解散或者变更公司形式的决议，必须经出席会议的股东所持表决权的2/3以上通过。

《中华人民共和国公司法》和公司章程规定，公司转让、受让重大资产或者对外提供担保等事项必须经股东大会做出决议的，董事会应当及时召集股东大会会议，由股东大会就上述问题进行表决。

股东大会选举董事、监事，可依照公司章程的规定或者股东大会的决议，实行累积投票制。累积投票制是指股东大会选举董事或者监事时，每一股份拥有与应选董事或监事人数相同的表决权。股东大会应当对所议事项做成会议记录，主持人、出席会议的股东应当在会议记录上签名，会议记录应当与出席股东的签名册及代理出席的委托书一并保存。

二、董事会

董事会是依照有关法律、行政法规和行政规定，按公司或企业章程设立并由全体董事组成的业务执行机关。

1. 董事会及职权

股份有限公司设有董事会，其成员为5 ~ 19人。董事会成员中可以有公司职工代表，董事会中的职工代表由公司职工通过职工代表大会、职工大会或者其他形式民主选举产生。

董事任期由公司章程规定，每届任期不得超过3年。董事任期届满，可以通过选举连任。董事任期届满未及时改选，或者董事在任期内辞职导致董事会成员低于法定人数的，在改选的董事就任前，原董事仍应依照法律、行政法规和公司章程规定，履行董事职责。

董事会对股东大会负责，其行使的职权如下。

（1）制定公司的利润分配方案和弥补亏损方案。

（2）召集股东会议，并向股东大会报告工作。

（3）决定公司内部管理机构的设置。

（4）执行股东大会的决议。

（5）决定公司的经营计划和投资方案。

（6）制订公司合并、分立、解散或者变更公司形式的方案。

（7）制订公司的年度财务预算方案、决算方案。

（8）制订公司增加或减少注册资本以及发行公司债务的方案。

（9）决定聘任或者解聘公司经理及报酬事项，并根据经理的提名决定聘任或者解聘公司副经理、财务负责人以及报酬事项。

（10）制订公司的基本管理制度和公司章程规定的其他职权。

董事会设董事长一人，可以设副董事长。董事长和副董事长由董事会全体董事的过半数选举产生。

2. 董事会会议的召集和会议通知

董事长召集和主持董事会会议，检查董事会决议的实施情况。副董事长协助董事长工作，董事长不能履行职务或者不履行职务的，由副董事长履行职务。副董事长不能履行职务或者不履行职务的，由半数以上董事共同推举一名董事履行职务。

董事会每年度至少召开两次会议，每次会议应当于会议召开 10 日前通知全体董事和监事。

代表 1/10 以上表决权的股东、1/3 以上董事或者监事会成员，可以提议召开董事会临时会议。董事长应在接到提议 10 日内，召集和主持董事会会议。董事会召开临时会议，可以另定召集董事会的通知方式和通知时限。

3. 董事会会议的决议

董事会会议应有过半数的董事出席方可举行。董事会作出决议，必须经过全体董事的过半数通过。董事会决定的表决，实行一人一票制。董事会会议，应当由董事本人出席。董事因故不能出席，可以书面委托其他董事代为出席，委托书中应写明授权范围。

董事会应当把会议所议事项的决议做成会议记录，出席会议的董事应当在会议记录上签名。董事应当对董事会的决议承担责任。董事会的决议违反法律、行政法规或公司章程、股东大会决议，致使公司遭受严重损失的，参与决议的董事对公司负赔偿责任。但经证明在表决时曾表明异议记载于会议记录的，该董事可免除责任。

公司不得直接或通过子公司向董事、监事、高级管理人员提供借款。公司应当定期向股东披露董事、监事、高级管理人员从公司获得报酬的情况。

三、监事会

监事会是由全体监事组成的、对公司业务活动及会计事务等进行监督的机构。监事会也称为公司的监察委员会，是股份公司法定的必备监督机关，是在股东大会领导下，与董事会并列设置，对董事会和总经理行政管理系统行使监督的内部机构。

股份有限公司设监事会，其成员不得少于 3 人。监事会应当有股东代表和适当比例的公司职工代表，其中职工代表的比例不得低于1/3，具体比例由公司章程规定。监事会中的职工代表由公司职工通过职工代表大会、职工大会或其他形式民主产生。

监事会设主席一人，可设副主席。监事会主席和副主席由全体监事过半数选举产生。监事会主席召集和主持监事会会议；监事会主席不能履行职务或不履行职务的，由监事会副主席召集和主持监事会会议；监事会副主席不能履行职务或者不履行职务的，由半数以上监事共同推举一名监事召集和主持监事会会议。董事、高级管理人员不得兼任监事。

监事的任期为 3 年。监事任期届满，可以通过选举连任。监事任期届满未及时改选，或者监事在任期内辞职导致监事会成员低于法定人数的，在改选的监事就任前，原监事仍应当依照法律、行政法规和公司章程规定，履行监事职责。

监事会、不设监事会的公司的监事行使的职权如下。

（1）当董事、高级管理人员的行为损害公司利益时，要求董事、高级管理人员予以纠正。

（2）检查公司财务。

（3）依照《中华人民共和国公司法》第一百五十二条的规定，对董事、高级管理人员提起诉讼。

（4）对董事、高级管理人员执行公司职务的行为进行监督，对违反法律、行政法规、公司章程或者股东大会决议的董事、高级管理人员提出罢免的建议。

（5）向股东会议提出提案。

（6）提议召开临时股东会议，在董事会不履行《中华人民共和国公司法》规定的召集和主持股东大会会议职责时，召集和主持股东大会会议。

（7）公司规定的其他职权。

监事会行使职权所必须的费用由公司承担。监事会每 6 个月至少召开 1 次会议。监事会可以提议召开临时监事会会议。监事会的议事方式和表决程序，除相关法律有规定的外，由公司章程规定。监事会决议应当经半数以上监事通过。监事会应当对所议事项的决定做成会议记录，出席会议的监事应当在会议记录上签名。

四、公司合并

公司合并是指两个或两个以上的公司依照公司法规定的条件和程序，通过订立合并协议，共同组成一个公司的法律行为。

公司的合并可以采取吸收合并和新设合并两种形式。

1. 吸收合并

吸收合并又称存续合并，它是指通过将一个或一个以上的公司并入另一个公司的方式而进行公司合并的一种法律行为。并入的公司解散，其法人资格消失，接受合并的公司继续存在，并办理变更登记手续。

2. 新设合并

新设合并是指两个或两个以上的公司以消灭各自的法人资格为前提而合并成一个新的公司的法律行为。其合并结果，原有公司法人资格都消灭，新建公司办理设立登记手续取得法人资格。

《中华人民共和国公司法》（2006）第 174 条规定："公司合并，应当由合并各方签订合并协议，并编制资产负债表及财产清单。公司应当自做出合并之日起 10 日内通知债权人，并于 30 日内在报纸上公告。债权人自接到通知书之日起 30 日内，未接到通知书的自公告之日起 45 日内，可以要求公司清偿债务或者提供相应的担保。"《中华人民共和国公司法》第 175 条规定："公司合并时，合并各方的债权、债务，应当由合并后存续的公司或新设的公司继承。"

公司合并涉及公司、股东和债权人等相关人的权益，应当依法进行。根据《中华人民共和国公司法》的规定，公司合并的程序如下。

（1）董事会制订方案。

（2）签订公司合并协议。公司合并协议是指由两个或两个以上的公司就公司合并的有关事宜而订立的书面协议。协议的内容应当载明法律、法规规定的事项和双方当事人约定的事项，一般有如下内容。

①公司的名称与住所。这里所讲公司的名称和住所包括合并前公司的名称与住所和合并后存续公司或者新设公司的名称与住所。

②存续或者新设公司因合并而发行的股份总数、种类和数量，或者投资总额，每个出资人所占投资总额的比例等。

③合并各方现有的资本及对现有资本的处理方法。

④合并各方所有的债权、债务的处理方法。

⑤存续公司的公司章程是否变更，公司章程变更后的内容，新设公司的章程如何订立及其主要内容。

⑥公司合并各方认为应当载明的其他事项。

（3）编制公司资产负债表和财务清单。

资产负债表是反映公司资产及负债情况、股东权益的公司主要的会计报表，也是会计合并中必须编制的报表。合并各方应当真实、全面地编制此表，以真实地反映公司的财务情况，不得隐瞒公司的债权、债务。此外，公司还要编制财产清单，清晰地反映公司的财产状况。财产清单应当详实、准确。

（4）合并决议的形成。

公司合并应当由公司股东会或股东大会做出合并决议，之后方可进行其他工作。公司合并会影响到股东利益，如股东结构的变化。根据《中华人民共和国公司法》第 44 条、60 条和 103 条的规定，就有限责任公司来讲，其合并应当由股东会做特别的决议，即经代表 2/3 以上表决权的股东通过才能进行；就股份有限公司来讲，其合并应当由股东大会做出特别的决议，即必须经出席会议的股东所持表决权 2/3 以上决议通过才能进行；就国有独资公司来讲，其合并必须由国有资产监督管理机构决定，其中，重要的国有独资公司合并应当由国有资产监督管理机构审核后，报本级人民政府批准方能进行。

（5）向债权人通知和报告。

公司应当自做出合并决议之日起 10 日内通知债权人，并于 30 日内在报纸上公告。一般来说，对所有的已知债权人应当采用通知的方式告知，只有对那些未知的或者不能通过普通告知方式的债权人才采取公告的方式。通知和公告的目的主要是告知公司债权人，以便让他们做出决定，对公司的合并是否提出异议，此外，公告也可以起到通知未参加股东会的股东的作用。

（6）合并登记。

合并登记分为解散登记和变更登记。公司合并以后，解散的公司应到工商登记机关办理注销登记手续；存续公司应当到登记机关办理变更登记手续；新成立的公司应当到登记机关办理登记手续。公司只有进行登记后，才能得到法律上的承认和保护。

五、公司分立

公司分立是指一个公司按照公司法的规定，通过股东会议决议分成两个或两个以上的公司。

公司分立有两种基本方式。

（1）新设分立，即将原公司法律主体资格注销，新设两个或以上的具有法人资格的公司。

（2）派生分立，即原公司法律主体依然存在，但将其部分业务划分除去另建一个新公司。在派生分立方式下，本公司继续存在，原股东在本公司、新公司的股权比例可以不变。在实践中，总公司为了实现资产的扩张，降低投资风险，往往把其分公司改组成具有法人资格的全资子公司，此时总公司也转化为母公司。母公司仅以投资额为限，对新公司的债务负有限责任。

为防止企业借合并、分立转移债务、逃避责任，我国《民法通则》第44条规定："企业法人合并、分立，它的权利和义务由变更后的法人享有和承担。"《中华人民共和国合同法》第90条规定："当事人订立合同分立的，除债权人和债务人另有约定外，由分立公司的法人或其他组织对合同的权利和义务享有连带债权，承担连带债务。"因此，当事人分立后，不仅原有的债权和债务由分立后的法人或其他组织承担，而且原有财产所有权、经营权和知识产权等也转移到分立后的企业。如未和债权人达成协议，则分立后的各法人对原债务承担连带责任，具体数额根据分立时的财产分配情况及分立后各法人注册资金数额来确定。

六、公司解散

公司解散是指已成立的公司基于一定的合法事由而使公司消失的法律行为。

公司解散分三大类：一般性解散、强制性解散、股东请求解散。

1. 一般性解散

一般性解散是指只要出现了解散公司的事由，公司即可解散。

我国公司法规定的一般解散的原因有以下几点。

（1）公司章程规定的营业期届满或者公司章程规定的其他解散事由出现时。这种情况下，公司可以通过修改公司章程而使得公司继续存在，并不意味着公司必须解散。但在修改章程时，须经出席股东大会会议的股东所持表决权的2/3以上通过修改公司章程的决议，公司才可以继续存在。

（2）股东会或者股东大会决议解散。

（3）因公司合并或分立需要解散。

2. 强制性解散

强制性解散是指由于某种情况的出现，主管机关或人民法院命令公司解散。

公司法规定公司强制解散的原因如下。

（1）主管机关决定。国有独资公司由国家授权的投资机构或者国家授权的部门作出解散的决定，该国有独资公司应当解散。

（2）责令关闭。公司违反法律、行政法规，被主管机关依法责令关闭。

（3）被吊销营业执照。

3. 股东请求解散

当公司经营管理发生严重困难时，继续存在会使股东利益受到重大损失，通过其他途径也不能解决的，持有公司全部表决权 10% 以上的股东可以请求人民法院解散公司。

七、公司清算

公司清算是指公司解散后，为最终了结现存的财产和其他法律关系，依照法定程序，对公司的财产和债务关系进行清理、处分和分配，以了结债权和债务的关系，从而消灭公司法人资格的法人行为。公司除因合并、分立解散外，其余原因引起的解散均须经过清算程序。

公司应当在解散事由出现之日起 15 日内成立清算组，开始清算公司资产。股份有限公司的清算组由董事会或股东大会确定的人员组成，逾期不成立清算组清算的，债权人可以申请人民法院指定有关人员组成清算组进行清算。人民法院应当受理该申请，并及时组织清算组进行清算。

清算组在清算期间行使的职权如下。

（1）清理公司财产，分别编制资产负债表和财产清单。

（2）通知、公告债权人。清算组应当在成立 10 日内通知债权人，并于 60 日内在报纸上公告。债权人应当自接到通知书之日的 30 日内，未接到通知书的自公告之日起 45 日内，向清算组清算其债权。债权人申报债权，应当说明债权的有关事项，并提供证明材料。清算组应当对债权人进行登记。在申报债权期间，清算组不得对债权人进行清偿。

（3）处理与清算公司未了结的业务。

（4）清缴所欠税款以及清算过程中产生的税款。

（5）清理债权、债务。

（6）处理公司清偿债务后剩余的财产。

清算组在清理公司财产、编制资产负债表和财产清单后，应当制定清算方案，并报股东会、股东大会或者人民法院确认。

公司财产在分别支付清算费用和职工工资、社会保险费用和法定补偿金、缴纳所欠税款、清偿公司债务后的剩余财产，按股东持有股份的比例分配。

清算期间，公司存续，但不得展开与清算无关的经营活动。公司财产在未依照前款规定清偿前，不得分配给股东。

清算组在清理公司财产、编制资产负债表和财产清单后，发现公司财产不足清偿债务的，应当依法向人民法院申请宣告破产。公司经人民法院裁定宣布破产后，清算组应当将清算事务转移交给人民法院。

公司清算结束后，清算组应当制定清算报告，报股东会、股东大会或者人民法院确定，并报送登记机关，申请注销公司登记，公告公司终止。

公司被依法宣布破产的，依照有关企业破产的法律实施破产清算。

八、公司盈利分配的顺序

按照《中华人民共和国公司法》等法律、法规的规定，股份有限公司当年实现的利润总额，应按照国家有关规定作相应调整后，依法缴纳所得税，然后按下列顺序分配。

（1）弥补以前年度亏损（超过 5 年补亏期）。

（2）提取法定公积金，一般按企业净利润 10% 来提取，当法定盈余公积累计金额达到企业注册资本的 50% 时，可不再提取。

（3）向投资者分配利润或股利。

股份有限公司在提取了法定盈余公积金后，应按照下列顺序进行分配。

（1）支付优先股股利。

（2）提取任意盈余公积金。任意盈余公积金按照公司章程或者股东会决议提取和使用。

（3）支付普通股股利。

股份有限公司当年无利润时，不得向股东分配股利，但在盈余公积金弥补亏损后，经股东大会特别决议，可以按照不超过股票面值6%的比例用盈余公积金分配股利。在分配股利后，企业法定盈余公积金不得低于注册资本的25%。

另外，企业发生年度亏损，可以用下一年度实现的税前利润弥补；下一年度税前利润不足以弥补的，可以在5年内弥补；5年内不足以弥补的，应当用税后利润弥补。企业发生的年度亏损以及超过用利润抵补期限的，也可以用前年度提取的盈余公积金补偿。

需要指出的是，企业以前年度亏损未补偿完，不得提取法定盈余公积金和法定收益金。在提取法定盈余和法定收益之前，不得向投资者分配利润。

九、公司的信息披露制度

信息披露制度，也称公示制度、公开披露制度，是上市公司为保障投资者利益、接受社会公众的监督而依照法律规定必须将其自身的财务变化、经营状况等信息和资料向证券管理部门和证券交易所报告，并向社会公开或公告，使得投资者充分了解公司情况的制度。

上市公司应当披露的信息包括招股说明书、上市公告书和定期报告，其中定期报告又包括年度报告、中期报告和临时报告。

1. 招股说明书

招股说明书是供社会公众了解股票发起人和将要设立公司的情况，说明公司股份发行的有关事宜，指导公众购买公司股票的规范性文件。招股说明书的披露标志着股票发行工作的开始。

2. 上市公告书

上市公告书是股票上市前的重要信息披露材料，该信息的披露说明股票的发行工作已经结束，即将上市交易，主要内容包括股票标准上市交易日期、发行情况、股权结构和前10名股东的名单及持股数量，自招股说明书披露至上市公司公告书刊登期间所发生的重大事故、重大变化等。

3. 定期报告

（1）年度报告。上市公司在每会计年度结束时，向国务院证券监管机构和证券交易所提供的反映公司基本经营情况及与证券交易有关的重大信息的法律文件。包括公司概况、公司财务会计报告和经营情况，董事、监事、经理及高级管理人员简介及其他情况，已发行的股票、债券变动情况，包括持有公司股份最多的前10名股东名单和持股数额，国务院证券监管机构规定的其他事项。

（2）中期报告。上市公司向国务院证券监管机构和证券交易所提供的反映公司基本经营情况及与证券交易有关的重大信息的法律文件，包括半年度报告和季度报告。内容包括公司财务会计报告和经营情况，涉及公司的重大诉讼事项，已发行的股票、债券变动情况，提交股东大会审议的重要事项，国务院证券监管机构规定的其他事项。

（3）临时报告。指上市公司在发生重大事件后，立即将信息向社会公众披露，说明事件的实质，并报告证券监管机构和证券交易所的法定信息披露文件。

临时报告包括以下三种。

①重大事件报告。

重大事件报告是指可能对公司的经营、投资行为、资产的安全性、公司的股票价格产生重大影响的事件，主要包括：

a. 公司经营方针和经营范围的重大变化；

b. 公司的重大投资行为和重大财产购置决定；

c. 公司发生重大损失或重大亏损；

d. 公司订立的合同，可能对公司的资产、负债、权益和经营成果产生重要影响；

e. 公司的董事、1/3以上监事或者经理发生变动。

②收购报告书。

收购报告书是投资者公开要约收购、协议收购或者在证券交易所集中竞价收购上市公司的过程中，依法披露有关收购信息的文件。在上市公司的收购过程中，由于收购人为控制上市公司的股权，必然通过证券集中市场大规模收购股权，由此势必会对上市公司的股票交易及其价格产生重大的影响，为了使得广大中小投资者能够及时了解这种大规模股权收购的信息，防止虚假陈述、操纵市场等违法行为，必须确立在上市公司收购过程中的信息披露制度。披露的文件主要包括上市公司收购报告书、要约收购报告书、被收购公司董事会报告书。

③公司合并公告。

根据《中华人民共和国公司法》第一百七十四条规定，公司合并，应由合并各方签订合并协议，并编制资产负债及财产清单，合并应予公告且必须在年报中披露。

第三节　股票市场及其构成

股票市场是已经发行的股票转让、买卖和流通的场所，包括交易所市场和场外交易市场两大类别。由于它是建立在发行市场基础上的，因此又称作二级市场。股票市场的结构和交易活动比发行市场（一级市场）更为复杂，其作用和影响力也更大。股票投资人包括本国投资者、企业、各类金融机构、各种社会基金、外国投资者等。

一、股票市场的起源

股票市场源于1602年荷兰人在阿姆斯特河大桥上进行荷属东印度公司股票的买卖，而正规的股票市场最早出现在美国。股票市场是投机者和投资者活跃的地方，是一个国家或地区经济和金融活动的寒暑表，股票市场的不良现象，例如无货沽空等，可以导致股灾等各种危害的产生。股票市场唯一不变的就是：时时刻刻都是变化的。

二、股票市场的作用

股票市场包含了股票流通的一切活动。股票市场的存在和发展为股票发行者创造了有利的筹资环境，投资者可以根据自己的投资计划和市场变动情况随时买卖股票。由于解除了投资者的后顾之忧，他们可以放心地参加股票发行市场的认购活动，有利于公司筹措长期资金，股票流通的顺畅也为股票发行起到了积极的推动作用。对于投资者来说，通过股票市场的活动，可以使长期投资短期化，在股票和现金之间随时转换，增强了股票的流动性和安全性。

股票市场上的价格是反映经济动向的晴雨表，它能灵敏地反映出资金供求状况、市场供求状况、行业前景和政治形势的变化，是进行预测和分析的重要指标。对于企业来说，股权的转移和股票行情的涨落是其经营状况的指示器，还能为企业及时提供大量信息，有助于经营决策和改善经营管理。可见，股票市场具有重要的作用。

在股市中，由于股价的走向取决于资金的运动。资金实力雄厚的机构大户就能在一定程度上影响甚至操纵股价的涨跌。他们可以利用自身的资金实力，采取多种方式制造虚假的行情而从中获利，因而使得股票市场有投机的一面。但这并不能代表股票市场的全部，不能反映股票市场的实质，对股票市场上的投机行为要进行客观的评价。股票市场上的种种投机行为固然会对商品经济的发展产生很大的负作用，但不可忽视的是，投机活动也是资本集中的一个不可缺少的条件。我们应该认识到，正是由于投机活动有获得暴利的可能，才刺激了某些投资者，使其将资金投入股票市场，从而促进资本的大量集中，使货币资金转化为资本。

三、证券公司

证券公司是指依照《中华人民共和国公司法》和《中华人民共和国证券法》的规定设立并经国务院证券监督管理机构审查批准而成立的专门经营证券业务、具有独立法人地位的有限责任公司或股份有限公司。

证券公司主要分为证券经营公司和证券登记公司。狭义的证券公司是指证券经营公司，是经主管机关批准并到有关工商行政管理部门领取营业执照后专门经营证券业务的机构。它具有证券交易所的会员资格，可以承销发行、自营买卖或自营兼代理买卖证券。普通投资者的证券投资都要通过证券经营公司进行。

按证券经营公司的功能划分，可分为证券经销商、证券自营商和证券承销商。

（1）证券经销商，即证券经纪公司，是代理买卖证券的证券机构，接受投资人委托、代为买卖证券，并收取一定手续费即佣金。

（2）证券自营商，即综合性证券公司，除了证券经纪公司的权限外，还可以自行买卖证券的证券机构，它们资金雄厚，可直接进入交易所为自己买卖股票。

（3）证券承销商，即以包销、代销形式帮助发行人发售证券的机构。

实际上，许多证券公司是兼营这三种业务的。

证券经营公司的设立资格。

（1）经营下列业务的证券公司，注册资本最低限额为 5000 万元：证券经纪，证券投资咨询，与证券交易、证券投资活动有关的财务顾问。

（2）经营下列业务的证券公司，注册资本最低限额为 1 亿元：证券承销与保荐，证券自营，证券资产管理，其他证券业务。

（3）经营下列业务中两项以上的证券公司，注册资本最低限额为 5 亿元：证券承销与保荐，证券自营，证券资产管理，其他证券业务。

（4）证券登记结算机构的注册资本最低限额为 1 亿元。

（5）证券交易服务机构的最低注册资本最低限额为 100 万元。

四、证券交易所

证券交易所是依据国家有关法律，经政府证券管理机关批准设立的集中进行证券交易的有形场所。

证券交易所使证券买卖双方在固定的地点、固定的时间采取集中的方式进行交易。为了保证证券交易的公平、公正，交易所本身不能买卖证券，更不能决定证券交易的价格。我国有四个证券交易所：上海证券交易所、深圳证券交易所、香港交易所、台湾证券交易所。

证券交易所分为公司制和会员制两种。这两种交易所均可以是政府或公共团体出资经营（称为公营制证券交易所），也可以是私人出资经营（称为民营制证券交易所），还可以是政府与个人共同出资经营的（称为公私合营的证券交易所）。

1. 公司制证券交易所

公司制证券交易所是以营利为目的，提供交易场所和服务人员，以便利证券商的交易与交割的证券交易所。从股票交易实践中可以看出，这种证券交易所要收取发行公司的上市费和证券成交的佣金，其主要收入来自占买卖成交额一定比例的佣金。而且，经营这种交易所的人员不能参与证券买卖，从而在一定程度上保证交易的公平性。

2. 会员制证券交易所

会员制证券交易所是不以盈利为目的，由会员自治自律、互相交易，参与经营的会员可以参加股票交易中的股票买卖与交割的交易所。这种交易所的佣金和上市费用较低，从而在一定程度上可以放置上市股票的场外交易。但是，由于经营交易所的会员本身就是股票交易的参与者，因而在股票交易中难免出现交易的不公正性。同时，因为参与交易的买卖只限于证券交易所的会员，新会员的加入一般要经过原会员的一致同意，这就形成了一种事实上的垄断，不利于提高服务质量和降低收费标准。

不论是公司制的交易所还是会员制的交易所，其参加者都是证券经纪人和自营商。

证券交易所主要有以下几个方面的功能。

（1）提供证券交易场所。

由于这一市场的存在，证券买卖双方有集中的交易场所，可以随时把所持有的证券转移变现，保证证券流通的持续不断进行。

（2）集中社会各类资金进行投资。

随着交易所上市的股票日趋增多，成交数量日益增大，可以将极为广泛的资金吸引到股票投资上来，为企业发展提供所需资金。

（3）形成与公告价格。

在交易所内完成的证券交易形成了各种证券的价格。由于证券的买卖是集中、公开进行的，采用双边竞价的方式达成交易，其价格在理论上是近乎公平与合理的。这种价格及时向社会公告，并被作为各种相关经营活动的重要依据。

（4）制定交易规则。

有规矩才能成方圆，公平的交易规则才能达成公平的交易结果。交易规则主要包括上市规则、退市规则、报价竞价规则、信息披露规则以及交割结算规则等。不同交易所的区别主要在于交易规则上的差异，同一交易所不可能采用多种交易规则，从而形成细分市场，如纳斯达克按不同的上市条件分为全球精选市场、全球市场和资本市场。

（5）降低交易成本，促进股票的流通性。

如果不存在任何正式的经济组织或者有组织的证券集中交易场所，投资者之间就必须相互接触以确定交易价格和交易数量，以完成证券交易。这样的交易方式由于需要寻找交易对象，并且由于存在信息不对称、交易违约等因素，会增加交易成本，降低交易速度。因此，集中交易市场的存在可以增加交易机会，提高交易速度，降低信息不对称，增强交易信用，从而可以有效地降低交易成本。

（6）维护交易秩序。

任何交易规则都不可能十分完善，并且交易规则也不一定得到有效执行，因此，交易所的一大核心功能便是监管各种违反公平原则及交易规则的行为，使交易公平有序地进行。

（7）引导投资的合理流向。

交易所为资金的自有流动提供了方便，并通过每天公布的行情和上市公司的信息，反馈证券发行公司的获利能力与发展情况，使社会资金向最需要的、最有利的方向流动。

（8）提供交易信息。

证券交易依靠的是信息，包括上市公司的信息和证券交易信息。交易所对上市公司信息的提供负有监督和适当审查的责任，对交易行情有及时公布的义务。

五、证券登记结算机构

证券登记结算机构是指为证券的发行和交易活动办理证券登记、存管、结算业务的中介服务机构。证券登记结算机构为证券交易提供集中的登记、托管与结算服务，是不以营利为目的的法人。设立证券登记结算机构必须经国务院证券监督管理机构批准。

1. 证券登记结算机构的成立条件

（1）自有资金不少丁人民币 2 亿元。

（2）具有证券登记、托管和结算服务所必须的场所和设施。

（3）主要管理人员和业务人员必须具有证券从业资格。

（4）国务院证券监督管理机构规定的其他条件。

2. 证券登记结算机构的职能

（1）证券账户和结算账户的设立。

（2）证券的托管和过户。

（3）证券持有人名册登记。

（4）证券交易所上市证券交易的清算和交收。

（5）受发行人的委托派发证券权益。

（6）办理与上述业务有关的查询。

（7）国务院证券监督管理机构批准的其他业务。

证券登记结算采取全国集中统一的运营方式。证券持有人持有的证券在上市交易时，应当全部存管在证券登记结算机构。证券登记结算机构不得挪用客户的证券。

证券登记结算机构应当向证券发行人提供证券持有人名册及其有关资料。

证券登记结算机构应当根据证券登记计算的结果，确认证券持有人持有证券的事实，提供证券持有人登记资料。证券登记结算机构应当保证证券持有人名册和登记过户记录真实、准确、完整，不得隐匿、伪造、篡改或损毁。

投资者委托证券公司进行证券交易，应当申请开立证券账户。证券登记结算机构应当按照规定以投资者本人的名义为投资者开立证券账户。投资者申请开立证券账户，必须持有中国公民身份证或者中国法人资格的合格证件（国家另有规定的除外）。

证券登记结算机构为证券交易提供净额结算服务时，应当要求结算参与人按照银货对付的原则，足额交付证券和资金，并提供交收担保。在交收完成之前，任何人不得动用用于交收的证券、资金和担保物。

六、证券服务机构

证券服务机构是指为证券交易提供证券投资咨询和资信评估的机构，包括专业的证券服务机构和其他证券服务机构。专业的证券服务机构包括证券投资咨询机构、资信评估机构。其他证券机构主要是指经批准可以兼营证券投资服务的资产评估机构、会计师事务所以及法律事务所。

《中华人民共和国证券法》规定，包括证券投资咨询公司、财务顾问机构、资信评级机构、资产评估机构、会计师事务所从事证券服务业务，必须经国务院证券监督管理机构和有关主管部门批准。证券投资咨询公司、财务顾问机构、资信评级机构、资产评估机构、会计师事务所从事证券业服务人员，必须具备证券专业知识和从事证券业务或者证券服务业务两年以上经验。认定其证券从业资格的标准和管理办法，由国务院证券监督管理机构规定。

投资咨询机构及其从业人员从事证券服务业务不得有下列行为。

（1）买卖本咨询机构为其提供服务的上市公司股票。

（2）代理委托人从事证券投资。

（3）利用传播媒介或者其他方式提供、传播虚假或者误导投资者的信息。

（4）与委托人约定分享证券投资收益或者分担证券投资损失。

（5）法律、行政法规禁止的其他行为。

有上述所列行为之一，给投资者造成损失的，依法承担赔偿责任。

从事证券服务业务的投资咨询机构和资信评级机构，应当按照国务院有关主管部门规定的标准或者收费办法收取费用。证券服务机构为证券的发行、上市、交易等证券业务活动制作、出具审计报告、资产评估报告、财务顾问报告、资产评级报告或者法律意见书等文件，应当勤勉尽责，对所制作、出具的文件内容的真实性、准确性、完整性进行核查和验证。其制作出具的文件有虚假记载、误导性陈述或重大遗漏，给他人造成损失的，应当与发行人、上市公司承担连带赔偿责任，但是能够证明自己没有过错的除外。

七、证券业协会

证券业协会是证券业的自律性组织，是社会团体法人。协会的宗旨是根据发展社会主义市场经济的要求，贯彻执行国家有关方针、政策和法规，发挥政府与证券经营机构之间的桥梁和纽带作用，促进证券业的开拓发展，加强证券业的自律管理，维护会员的合法权益，建立和完善具有中国特色的证券市场体系。

中国证券业协会于 1991 年 8 月 28 日成立，总部设在北京。中国证券业协会的会员分为团体会员和个人会员，团体会员为证券公司。证券法规定，证券公司应当加入证券业协会。个人会员只限于证券市场管理部门有关领导以及从事证券研究及业务工作的专家，由协会根据需要吸收。

协会的最高权力机构是会员大会，会员大会由全体会员组成。

会员大会的职权如下。

（1）制定和修改章程。

（2）审议理事会工作报告和财务报告。

（3）审议监事会工作报告。

（4）选举和罢免会员理事、监事。

（5）决定会费收缴标准。

（6）决定协会的合并、分立、终止。

（7）决定其他应由会员大会审议的事项。

会员大会须有 2/3 以上有表决权的会员代表出席，其决议须经到会有表决权的会员代表半数以上表决通过。但制定和修改章程以及决定协会的合并、分立、终止，须经到会有表决权的会员代表 2/3 以上表决通过。

会员大会每四年至少召开一次，理事会认为有必要或由 1/3 以上会员联名提议时，可召开临时会员大会。

证券业协会履行下列职责。

（1）协助证券监督管理机构教育和组织会员执行法律、行政法规。

（2）依法维护会员的合法权益，向证券监督管理机构反映会员的建议和要求。

（3）收集整理信息，为会员提供服务。

（4）制定会员应遵守的规则，组织会员单位从业人员的业务培训，开展会员间的业务交流。

（5）调解会员之间、会员与客户之间发生的纠纷。

（6）组织会员就证券业的发展、运作及有关内容进行研究。

（7）监督、检查会员行为，对违反法律、行政法规或者协会章程的，按规定给予纪律处分。

（8）国务院证券监督管理机构赋予的其他职责。

八、证券监督管理机构

《中华人民共和国证券法》中所称国务院证券监督管理机构是指中国证券监督管理委员会。中国证券监督管理委员会是国务院直属事业单位，是全国证券期货市场的主管部门。《中华人民共和国证券法》规定："国务院证券监督管理机构依法对证券市场实行监督管理，维护证券市场秩序，保障其合法运行。"

在1992年以前，我国的证券市场监督管理职责由中国人民银行承担。1992年10月，国务院成立了国务院证券委员会和中国证券监督管理委员会。1998年，国务院决定保留设置中国证券监督管理委员会，将原国务院证券委员会的职能和中国人民银行履行的证券业务监管职能划入中国证券监督管理委员会，建立起全国统一的证券监督管理机构。国务院证券监督管理机构根据需要可以设立派出机构，按照授权履行监督管理职责。

国务院证券监督管理机构在对证券市场实施监督管理中履行下列职责。

（1）依法制定有关证券市场监督管理的规章、规则，并依法行使审批或者核准权。

（2）依法对证券的发行、上市、交易、登记、存管、结算进行监督管理。

（3）依法对证券发行人、上市公司、证券交易所、证券公司、证券登记结算机构、证券投资基金管理公司、证券服务机构的证券业务活动进行监督管理。

（4）依法制定从事证券业务人员的资格标准和行为准则并监督实施。

（5）依法监督检查证券发行、上市和交易的信息公开情况。

（6）依法对证券业协会的活动进行指导和监督。

（7）依法对违反证券市场监督管理法律、行政法规的行为进行查处。

（8）法律、行政法规规定的其他职责。

国务院证券监督管理机构可以和其他国家或者地区的证券监督管理机构建立监督管理合作机制，实施跨境监督管理。

国务院证券监督管理机构依法履行职责，有权采取下列措施。

（1）对证券发行人、上市公司、证券公司、证券投资基金管理公司、证券服务机构、证券交易所、证券登记结算机构进行现场检查。

（2）进入涉嫌违法行为发生场所调查取证。

（3）询问当事人和与被调查事件有关的单位和个人，要求其对与被调查事件有关的事项作出说明。

（4）查阅、复制与被调查事件有关的财产权登记、通讯记录等资料。

（5）查阅、复制当事人和与被调查事件有关的单位和个人的证券交易记录、登记过户记录、财务会计资料及其他相关文件和资料；对可能被转移、隐匿或者毁损的文件和资料，可以予以封存。

（6）查询当事人和与被调查事件有关的单位和个人的资金账户、证券账户和银行账户；对有证据证明已经或者可能转移或者隐匿违法资金、证券等涉案财产或者隐匿、伪造、毁损重要证据的，经国务院证券监督管理机构主要负责人批准，可以冻结或者查封。

（7）在调查操纵证券市场、内幕交易等重大证券违法行为时，经国务院证券监督管理机构主要负责人批准，可以限制被调查事件当事人的证券买卖，但限制的期限不得超过 15 个交易日；案情复杂的，可以延长 15 个交易日。

国务院证券监督管理机构依法履行职责，进行监督检查或者调查，其监督检查、调查的人员不得少于两人，并应当出示合法证件和监督检查、调查通知书。监督检查、调查的人员少于两人或者未出示合法证件和监督检查、调查通知书的，被检查、调查的单位有权拒绝。

国务院证券监督管理机构依法履行职责，进行监督检查或者调查时，被检查、调查的单位和个人应当配合，如实提供有关文件和资料，不得拒绝、阻碍和隐瞒。国务院证券监督管理机构依法履行职责，发现证券违法行为涉嫌犯罪的，应当将案件移送司法机关处理。

第四节　股票投资者

在股票市场上，凡是出资购买股票的个人或机构，统称为股票投资者。也就是说，股票投资者包括机构投资者和个人投资者两种。在证券市场发展初期，市场参与者主要是个人投资者，即以自然人的身份从事股票买卖的人。一般的股民就是以自然人的身份从事股票买卖的，因此被称为个人投资者。

一、股民

股民是一种俗称，指经常活跃在股市进行股票买卖、赚取股票差价的群体。股民和股东的差别是：股民流动性强，股东比较稳定。

从知识及能力的角度看，股票市场较为多见的是以下几类人。

一是股票行家。这些股票市场上的“老手”，具有较高的分析市场行情的能力，他们不因股价便宜就下手买进，行情低迷时也不一定卖出。这种人操作时有目的、有方向、有策略，获利也较为容易。

二是既非股票专家也非外行人。这些人不具备股票专家所具有的高超能力和水平，他们多将股票收益和银行存款收益相比较，如果觉得买入股票的收益比银行存款利息高，就会买进股票，以待将来股息升值时出售，对于短期股价起伏不是很在意。对于复杂的股市，他们大多看不懂，但由于谨慎，可以免于套牢，长期做下去，也有很多人获利。

三是散兵游勇式的零星客户。这些人对股票似懂非懂，或者“半路出家”，纯粹是因为看了关于股票赚钱的各种消息，或是见周围有人炒股赚取了暴利而买卖股票。他们对于股票没有深入的研究，缺乏明确的买卖目标，稍微赚了钱就沾沾自喜，长期下来损失多过收益。

二、机构投资者

机构投资者是指符合法律法规规定可以投资证券、基金的注册登记机构或经政府有关部门批准设立的机构。

机构投资者与个人投资者相比，具有以下几个特点。

（1）投资管理专业化。机构投资者一般具有较为雄厚的资金实力，在投资决策运作、信息搜集分析、上市公司研究、投资理财方式等方面都配备有专门的部门，由证券投资专家进行管理。1997 年以来，国内的主要证券经营机构，都先后成立了自己的证券研究所。个人投资者由于资金有限且高度分散，同时绝大部分都是小户投资者，缺乏足够的时间去搜集信息、分析行情、判断走势，也缺少足够的资料数据去分析上市公司的经营情况。因此，从理论上讲，机构投资者的投资行为相对理性化，投资规模相对较大，投资周期相对较长，从而有利于证券市场的健康稳定发展。

（2）投资结构组合化。证券市场是一个风险较高的市场，机构投资者入市资金越多，承受的风险就越大。为了尽可能降低风险，机构投资者在投资过程中会进行合理的投资组合。机构投资者庞大的资金、专业化的管理和多方位的市场研究，也为建立有效的投资组合提供了可能。个人投资者由于自身条件所限，难以进行投资组合，相对来说，承担的风险也较高。

（3）投资行为规范化。机构投资者是一个具有独立法人地位的经济实体，投资行为受到多方面的监管，相对来说也就较为规范。一方面，为了保证证券交易的“公开、公平、公正”原则，维护社会稳定，保障资金安全，国家和政府制定了一系列的法律、法规来规范和监督机构投资者的投资行为。另一方面，投资机构者本身通过自律管理，会从各个方面规范自己的投资行为，保护客户的利益，维护自己在社会上的信誉。

三、合格境内机构投资者

合格境内机构投资者，即 QDII，是英文 Qualified Domestic Institutional Investor 的首字母缩写，它是指符合《合格境内机构投资者境外证券投资管理试行办法》的规定，经中国证券监督管理委员会（简称“证监会”）批准，在中华人民共和国境内募集资金，运用所募集的部分或者全部资金以资产组合方式进行境外证券投资管理的境内基金管理公司和证券公司等证券经营机构。

QDII 是在资本账项尚未全面开放的情况下，个人投资者向环境外投资时产生的投资工具，目前市场中推出的主要是银行系和基金系的产品。按证券监管机构的规定，银行系QDII可投资境外股票等权益类产品，但投资于股票的资金不得超过单个理财产品总资产值的50%，因此银行系QDII总体上属于风险较低、收益也较低的稳健性产品。

基金系QDII投资不受限制，可以将全部资金投资于境外股票，因此其风险和收益都比银行系QDII高得多。由于采用基金的形式发行，因此其认购门槛比银行系低得多，往往1000元即可起步。

QDII产生的背景，让我们知道它的投资价值和风险价值。而各机构QDII的比较，则可以帮助投资者分析风险收益，进而与自己的投资目的、预期收益和风险承受能力相匹配，以便更好地选择QDII产品。比如为筹集养老金且短期没有大量资金需求的投资者，则可以选择基金系QDII产品。

四、合格境外机构投资者

合格境外机构投资者，即QFII，是英文Qualified Foreign Institutional Investor的简称，它是指中华人民共和国于2002年起推行的一项符合中国证监会、中国人民银行和国家外汇管理局发布的《合格境外机构投资者境内证券投资管理办法》规定条件，经中国证监会批准投资于中国证券市场，并取得国家外汇管理局额度批准的中国境外基金管理机构、保险公司、证券公司、其他资产管理机构。

QFII制度于1990年源于中国台湾。当时实行这一制度的目的在于解决资本项目管制条件下向外资开放本土证券市场的问题。这一制度在台湾收效良好，其后成为许多新兴市场国家采取的一种重要制度。

QFII限制的主要内容有资格条件、投资登记、投资额度、投资方向、投资范围、资金的汇入和汇出限制等。在中国，引入QFII机制的目的是吸引境外有资格的机构投资者，为中国资本市场带来大量新增的境外资金，这将会为中国资本市场注入新鲜血液，增强市场活力，促进我国市场发展。

第五节　指数

股价指数不仅是反映股票市场行情变动的重要指标，而且是观测经济形势和周期状况的参考指标，被视为股市行情的“指示器”和经济景气变化的“晴雨表”，对股市行情有着重要的指示作用。

一、股价指数

指数即股票价格指数，又称股价指数，是由证券交易所或金融服务机构编制的表明股票行市变动的一种供参考的指示数字。

由于股票市场股票种类繁多，计算全部市场股票的价格平均数或指数的工作是艰巨而复杂的，因此人们常常从上市股票中选择若干富有代表性的样本股票，并计算这些股票的价格平均数或指数，用以表示整个市场的股票价格总趋势及涨跌情况。

选择样本股票必须综合考虑行业分布、市场影响力、股票等级、适当数量等因素。股价指数的代表性主要是指股票市场众多的股票中，需要选择不同行业中具有典型性的几种股票。但如果选择的典型股票受到行业范围的局限，同样也不足以反映整个股市的交易总体变化情况。通常的做法是，选择不同行业中真正有典型性的股票作为样本，然后加以计算。即把采样的股票分门别类，分别计算并公布分类指数，然后进一步计算并公布其综合指数。

股价指数的计算，要考虑三个因素：一是抽样，即在众多股票中抽取少数具有代表性的成份股；二是加权，按单价或总值加权平均，或不加权平均；三是计算程序，计算算术平均数、几何平均数，或兼顾价格与总值。通常以某年某月某日为基期，以这个基期的股票价格作为100，用以后各时期股票价格和基期价格比较，计算出升降的百分比，就是该时期的股价指数。

二、国内股价指数

随着国内股市的繁荣，股价指数的种类也越来越多，主要有上海证券交易所的上证股价指数系列、深圳证券交易所的深证股价指数系列、中证指数公司编制的包括沪深300指数在内的中证股价指数以及香港恒生股价指数等。

1. 上证指数系列

上证指数系列主要包括上证综合指数、上证180指数、上证50指数、上证红利指数、A股指数、B股指数、分类指数、债券指数、基金指数等指数系列。

（1）上证综合指数。

上证综合指数是由上海证券交易所编制并发布的股票指数，它是国内外普遍采用的衡量中国证券市场表现的权威统计指标，于1990年12月19日正式开始发布。该股票指数的样本为所有在上海证券交易所挂牌上市的股票，其中新上市的股票在挂牌的第二天纳入股票指数的计算范围。该股票指数的权数为上市公司的总股本。上海证券交易所股票指数的发布几乎是和股票行情的变化同步的，它是我国股民和证券从业人员研究和判断股票价格变化趋势不可缺少的参考依据。

（2）上证180指数。

为推动债券市场基础建设的长远发展和规范化进程，2002年7月，上海证券交易所正式对外发布上证180指数，用以取代原来的上证30指数。新编制的上证180指数的样本数量扩大到180家，入选的个股均是一些规模大、流动性好、行业代表性强的股票。该指数不仅在编制方法的科学性、成分选择的代表性和成份的公开性上有所突破，同时也恢复和提升了成份指数的市场代表性，从而能更全面地反映股价的走势。它的推出有利于推出指数化投资，引导投资者理性投资，促进市场对蓝筹股的关注，如今已经成为投资评价尺度及金融衍生产品的基准指数。

（3）上证50指数。

上证50指数是根据科学客观的方法，挑选上海证券市场规模大、流通性好的具有代表性的50只股票作为样本编制的股票价格指数，能够反映上海证券市场最具市场影响力的一批龙头企业的整体状态。上证50指数自2004年1月2日正式发布，其目标是建立一个成交活跃，规模较大，主要作为衍生金融工具基础的投资指数。

（4）上证红利指数。

上证红利指数挑选上交所上市的现金股息率高、分红稳定、具有一定规模及流动性好的50只股票作为样本编制的股票价格指数，借以反映上海证券市场高红利股票的整体状态和走势。该指数于2005年1月4日发布。上证红利指数是上证成功推出上证180、上证50等指数后的又一次指数创新，是满足市场需求、服务投资者的重要举措。上证红利指数是一个有特色的重要指数，它不仅进一步完善了上证指数的体系和指数结构，丰富了指数种类，也为指数产品开发和金融工具创新创造了条件。

2. 深圳指数系列

深圳证券交易所并存着两只股票指数，即原来的深圳综合指数和现在的深圳成份股指数。原深圳综合指数即“深圳证券交易所股票价格综合指数”，于1991年4月4日公开编制和公布。深证成份股指数于1995年2月20日开始实施发布，基准日定为1994年7月20日，基数为1000点。

（1）深圳综合股票指数。

该指数由深圳证券交易所编制，以1991年4月3日为基期，与上证指数的计算方法相同，其样本为所有在深圳证券交易所挂牌上市的股票，权数为股票的总股本。由于以所有挂牌的上市公司为样本，其代表性非常广泛，且它与深圳股市行情同步发布，同样也是股民和证券从业人员研究和判断深圳股市股票价格变化趋势必不可少的参考依据。

（2）深圳成份股指数。

该指数由深圳证券交易所编制，通过对所有在深圳证券交易所上市的公司进行考察，按一定标准选出40家有代表性的上市公司作为成份股，以成份股的可流通股数为权数，采用加权平均法编制而成。成份股指数以1994年7月20日为基期，基日指数为1000点，起始计算日为1995年1月23日。

深圳证券交易所选取成份股的一般原则是：有一定的上市交易时间；有一定的上市规模，以每家公司一段时期内的平均可流通股市值和平均总市值作为衡量标准；交易活跃，以每家公司一段时期内的总成交金额和换手率作为衡量标准。再结合下列各项因素评选出成份股：公司股票在一段时间内的平均市盈率，公司的行业代表性及所属行业的发展前景，公司近年来的财务状况、盈利记录、发展前景及管理素质等，公司的地区、板块代表性等。

2015年5月20日，深交所对深证成份指数正式实施样本股扩容。扩容后，指数样本数量从现有的40只扩大到500只，指数代码、指数简称、选样规则保持不变。

经过本次扩容，深证成指的市场代表性大幅提升。新深证成指的总市值约13万亿元，市值覆盖率接近60%，与国内外市场标尺性指数的覆盖率水平相当。

3. 沪深 300 指数

沪深 300 指数是由沪深证券交易所于 2005 年 4 月 8 日联合发布的，用以反映中国证券市场股票价格变动的概貌和运行状况，该指数以 1000 点为基点，其计算是以调整股本为权重，采用派许加权综合价格指数公式进行计算。其成份股由 300 只规模大、流动性好的股票组成，样本覆盖了沪深市场六成左右的市值，并且相当稳定。沪深 300 指数能够很好地刻画整个 A 股市场全貌，并成为投资业绩的评价标准，为指数化投资和指数衍生产品创新提供基础条件。从沪深 300 指数行业贡献来看，目前占权重最大的三个行业分别是金属和非金属（15%）、金融和保险（10.94%），以及机械设备仪表（10.74%）。

4. 香港恒生指数

香港恒生指数是香港股票市场上历史最久、影响最大的股票价格指数，由香港恒生银行于 1969 年 11 月 24 日开始发表。它包括从香港 500 多家上市公司中挑选出来的 33 家有代表性且经济实力雄厚的大公司股票作为成份股，这些股票占香港股票市值的 63.8%，因为该股票指数涉及到香港的各个行业，所以具有较强的代表性。

恒生股票价格指数的编制是以 1964 年 7 月 31 日为基期，因为这一天香港股市运行正常，成交值均匀，可反映整个香港股市的基本情况，基点确定为 100 点。

其计算方法是将 33 种股票按每天的收盘价乘以各自的发行股数为计算日的市值，再与基期的市值相比较，乘以 100，就得出当天的股票价格指数。由于恒生股票价格指数选择的基期适当，因此，不论股票市场狂升或猛跌，还是处于正常交易水平，恒生股票价格指数基本上都能反映出整个股市的活动情况。

三、国外股价指数

国外大的股票交易所都有自己的股票指数，其中最著名的有以下几种。

1. 道琼斯股票价格平均指数

道琼斯股票价格平均指数是世界上影响最大、最有权威的一种股价指数，其起源要追溯到 1884 年。它以在纽约证券交易所挂牌上市的一部分有代表性的公司股票作为编制对象，由四组股价平均指数构成。这四组股价平均指数分别是：以 30 家著名的工业公司股票为编制对象的道琼斯工业股价平均指数；以 20 家著名的交通运输业公司股票为编制对象的道琼斯运输业股价平均指数；以 15 家著名的公用事业公司股票为编制对象的道琼斯公用事业股价平均指数；以上述三种股价平均指数所涉及的65家公司股票为编制对象的道琼斯股价综合平均指数。

2. 标准普尔股票价格指数

除了道琼斯股票价格指数外，标准普尔股票价格指数在美国也很有影响，它是美国最大的证券研究机构标准普尔公司编制的股票价格指数。该公司于1923年开始编制发表股票价格指数，最初采选了230种股票，编制两种股票价格指数。到1957年，这一股票价格指数的范围扩大到500种股票，分成95种组合，其中最重要的四种组合是工业股票组、铁路股票组、公用事业股票组和500种股票混合组。从1976年7月1日开始，改为400种工业股票、20种运输业股票、40种公用事业股票和40种金融业股票。几十年来，虽然有股票更迭，但始终保持为500种。

标准普尔股票价格指数以1941—1943年抽样股票的平均市价为基期，以上市股票数为权数，按基期进行加权计算，其基点数为10。以当前的股票市场价格乘以股票市场上发行的股票数量为分子，用基期的股票市场价格乘以基期股票数为分母，相除之数再乘以10就是股票价格指数。

3. 纽约证券交易所股票价格指数

纽约证券交易所股票价格指数，是由纽约证券交易所编制的股票价格指数。它起自1966年6月，先是普通股股票价格指数，后来改为混合指数，包括在纽约证券交易所上市的1500家公司的1570种股票。纽约股票价格指数是以1965年12月31日确定的50点为基数，采用的是综合指数形式。纽约证券交易所每半个小时公布一次指数的变动情况。因其全面及时地反映股票市场活动的综合状况，较受投资者欢迎。

4. 日本经济新闻社道琼斯股票平均价格指数

日本经济新闻社道琼斯股票平均价格指数，简称为“日经股价指数”，是由日本经济新闻社编制并公布的反映日本股票市场价格变动的股票价格平均数。该指数从1950年9月开始编制，最初根据东京证券交易所第一市场上市的225家公司的股票算出修正平均股价，当时称为“东证修正平均股价”。1975年5月1日，日本经济新闻社向道琼斯公司买进商标，采用美国道琼斯公司的修正法计算，这种股票指数也就改称“日经道琼斯平均股价”。1985年5月1日在合同期满10年时，经两家商议，将名称改为“日经平均股价”。

第六节　股市中常见的术语

每个行业都有其相关的术语，这些术语也是出现在网络、电视、报刊上最频繁的，往往只言片语就涵盖了当前股市重要而丰富的信息，所以对于炒股的股民来说，熟悉并了解相关术语非常重要。

绩优股：就是业绩优良公司的股票。

垃圾股：指的是业绩较差的公司的股票，与绩优股相对。

指标股：是指对大盘指数影响的较大的股票。一般来说，总股本大或流通盘大的股票就是所谓的指标股。

概念股：是指具有某种特别内涵的股票。

周期股：是指收益周期波动的股票。

投机股：是指那些股价变化快，幅度大，前景不是很明朗的股票。

牛市：也称多头市场或买空市场，是指股价的基本趋势持续上升时形成的投机者不断买进证券，需求大于供给的市场现象。

熊市：亦称空头市场，是指价格不断走低的市场。

猴市：是指股市大幅震荡的情况。

鹿市：是指有大量投机者从事投机活动的股票市场。

虎市：指股票价格大幅震荡，变化莫测，蕴藏着极大风险的股票市场。投资者视市如虎，不敢轻易入市。

实户：买卖股票的方法与股数不亚于主力作手，但不炒作，凭经济情况进出的投资人。

大户：是指那些资金实力雄厚、投资额巨大、交易量惊人、能够左右行情、控制市况的投资者。

散户：进行零星小额买卖的投资者，一般指小额投资者或个人投资者，与大户相对。

多头：即预计股价上升，看好股市前景的投资者。

空头：即预计股价下跌，不看好股市前景的投资者。

利多：即对于多头有利，能刺激股价上涨的各种因素和消息。

利空：即对于空头有利，能促使股价下跌的各种因素和消息。

多翻空：即多头确信股价已经涨到顶峰，因而大批量地抛出手中的股票而变为空头。

空翻多：即空头确信股价已经跌到谷底，因而大批量地买进市面的股票而变为多头。

短多：短线多头交易，长则三五天，短则一两天，操作依据是预计股价短期看好。

除权：除权是由于上市公司股本增加，每股股票所代表的企业实际价值（每股净资产）有所减少，需要在发生该事实后，从股票市场价格中剔除这部分因素的剔除行为。

除息：简单地说就是因发放现金股利而向下调整股价。

贴权：即在除权除息后的一段时间里，交易市价低于除权（除息）基准价，即股价比除权除息日的收盘价有所下降，则为贴权。

填权：即在除权除息后的一段时间里，该只股票交易市价高于除权（除息）基准价，这种行情称为填权。

重组：是指将企业的资产和负债重新进行划分和调整，经过合并和分立等方式，将企业资产和组织重新组合和设置。包括股份分拆、合并、资本缩减（部分偿还）以及名称改变。

合并：即两家或两家以上公司整合成为一个单独的经济体。

股票认购权发行：即公司股东购买该公司新股份的优先权利，购买价格通常低于市场价格。

股权：在股票市场，股权与股票是同义词，它们有别于公债和债券等债务性证券，都表示对一家公司的部分所有权。在工商业领域，股权表示有关方对工商实体财产的全部权益，贷款人和债权人拥有“特别股权”，而所有人拥有“剩余部分”的股权。

股权收益：在进行股权投资分析时，需要计算公司对股东的股权回报。股东的股权通常不包括无形资产（如公司信誉），计算股东权益时要在总资产中减去总负债和无形资产部分。股权收益 =（税后利润 / 股东权益）× 100%。

股息率：以占股票最后销售价格的百分数表示的年度股息，该指标是投资收益率的简化形式。

转户：是指将股票所有权从一个账户转移到另一个账户的交易活动，即转移股票所有权。

销户：即注销证券公司的账户。

回购：即公司将自己发行的股票或债券购回。回购的目的包括利用闲置现金，提高每股盈利，提高对公司的内部控制，获得股票以便用于员工股票期权计划或退休金计划。在这种情况下，也被称为公司回购。

收购：即一家公司通过购买目标公司多数或者全部股份的方式来控制另一家公司。不友好或“敌意”收购企图，一般表现为价格远高于目标公司股票的市场价值的收购要约，以诱使现有股东出售所持有股份。目标公司的管理层可以请求另一家公司提出竞争性的收购要约，以寄希望于可以用竞价战争来吓退恶意收购者。

退市：对在证券交易所报价交易的股票或证券予以摘牌的处理。

会员：是指经国家有关部门批准设立、具有法人资格、依法可从事证券交易及相关业务并取得上海、深圳证券交易所会籍的境内证券经营机构。

借壳上市：即一家私人公司通过把资产注入一家市值较低的已上市公司（壳），得到该公司一定程度的控股权，利用其上市公司地位，使母公司的资产得以上市。通常该壳公司会被改名。

仓位：是对投资者持股数量的形象称呼。

建仓：指开始购入股票。

清仓：指把持有的股票全部抛售。

补仓：指继续买入已经持有的股票。

斩仓：指在亏损的情况下卖出股票。

满仓：指将所有的资金都购买了股票。

半仓：指将大约一半的资金购买股票。

空仓：指没有购买任何股票。

重仓：指持有的股票价值超过剩余现金，即股票多、现金少。

轻仓：指持有股票的数值低于剩余现金，即股票少、现金多。

踏空：投资者判断股价会回落，于是选择将股票卖出或空仓，但是股价却持续上涨，这就是投资者踏空了行情。

套牢：当投资者买入股票后，股票的价格开始下跌，这时如果抛出股票就会亏损，这样投资者就被套牢了。

解套：投资者被套牢后，如果股价涨回到原来的买入价格，这时投资者就解套了。

割肉：也称止损，投资者被套牢后，不得不把股票按亏损的价格卖出，避免继续下跌以扩大损失。

止盈：也称停利、止赚，就是在投资者的目标价位挂单出货，即见好就收。

止损：同割肉，当投资者出现的亏损达到一定数额时，及时斩仓出局。

坐轿：预期股价将会大涨，或者知道有庄家在炒作而先买进股票，坐享别人抬升股价，等股票涨到高位后，不费力气就能赚大钱。

抬轿：认为目前股价正处于低位，上升空间很大，于是积极追高买进，结果股价涨了，自己没有多少盈利，却为低位买进的人创造了出货良机，给别人抬了轿子。

多杀多：普遍认为股价要上涨，于是纷纷买进，然而股价未能如期上涨，大家竞相卖出，结果造成股价大幅下跌。

对敲：这是庄家或大机构投资者的一种交易手法。具体操作方法为在多家营业部同时开户，以拉锯方式在营业部之间报价交易，以达到操纵股价的目的。

诱多：股价盘旋已久，下跌可能性较大，“空头”大多已卖出股票，突然“空方”将股价拉高，误使“对方”以为股价会继续上涨，于是纷纷加码，结果“空头”高价大力卖出以压低股价，使多头“掉入陷阱”而“套牢”，称为“诱多”。

诱空：即“主力多头”买进股票后，故意将股价做低，误使“空头”以为股价即将下跌，纷纷将股票抛出，错失获利机会，称为“诱空”。

敲出：直接按买入价格迅速卖出股票的行为。

高开：指开盘价超过上个交易日收盘价但未超过最高价的现象。

平开：某股票的当日开盘价与前一日收盘价持平的情况。

低开：指开盘价低于上个交易日收盘价但未超过最低价的现象。

跳空高开：指开盘价超过上个交易日最高价格的现象。

跳空低开：指开盘价低于上个交易日最低价格的现象。

跳空缺口：指开盘价超过上个交易日最高价格或者开盘价低于上个交易日最低价格。

崩盘：即证券市场上由于某种原因出现了证券大量抛出，导致证券市场价格无限度下跌，不知道什么程度可以停止。

护盘：股市低落，人气不足时，机构投资大户大量购进股票，防止股票继续下滑的行为。

盘档：一是当天股价波动幅度较小，最高价与最低价之间不超过2%；二是行情进入整理，上下波动幅度不大，持续时间在半个月以上。

抢帽子：指当天先低价买进，等股价上升后再卖出相同种类和相同数量的股票，或当大先卖出股票，然后再以低价买进相同数量和相同种类的股票。

吃货：指庄家在低价时不动声色地买进股票，与出货相对。

洗盘：是主力操纵股市，故意压低股价的一种手段。具体做法是，为了拉高股价顺利出货，先有意制造卖压，迫使低价买进者卖出股票，以减轻拉升压力。

出货：指庄家在高价时不动声色地卖出股票，与吃货相对。

第三章

炒股前的准备

做好股票交易的资金准备和心理准备，又学习了股票投资基本知识后，就面临着开户及交易了，本章重点介绍开户及交易准备，帮助投资者选择安全、有信誉的交易商，降低交易佣金等。

第一节　开户

大家都知道开户是炒股的第一个环节，那么开户有哪些流程，去哪里办理开户业务，开户时需要准备哪些资料呢?

一、什么叫开户

买卖股票时，投资者须办理两个账户：证券账户和资金账户。办理这两个账户的过程就叫开户。

证券账户是指证券登记结算机构为投资者设立的，用于准确记载投资者所持的证券种类、名称、数量及相应权益和变动情况的账册，是认证股东身份的重要凭证，具有证明股东身份的法律效力，是投资者进行证券交易的先决条件。

资金账户即证券交易结算资金账户，是投资者用于证券交易资金清算的专用账户。投资者只要在证券商或经纪人处开设资金账户并存入证券交易所需的资金，就具备了办理证券交易委托的条件。

开户的主要作用在于确定投资者信用，表明该投资者有能力支付买入股票的价款或佣金。投资者开设证券账户，是委托证券商或经纪人代为买卖股票时，与证券商或经纪人签订委托买卖股票的契约，确立双方为委托和受托的关系。

投资者委托买卖股票，须事先在证券经纪商处开立证券交易结算资金账户，资金账户用于投资者证券交易的资金结算，记录资金的币种、余额和变动情况。

开户是投资者进入股市的第一步。证券账户可以视为投资者进入股票交易市场的通行证，只有拥有了它，才能进场买卖证券。

二、开户需要准备的资料

准备开户之前，大家知道什么是证券账户卡吗？证券账户卡就是在证券交易所用以记录某个股东所有交易记录及股权的证券账户的有效凭证。

每个证券账户配发一个股东代码，每个代码（也就是每一个证券账户卡的号码）只对应一位投资者。由于每一笔交易都要将证券账户号码（或称股东代码）连同买卖委托一起报入证券交易所，证券交易所凭这个号码来识别到底谁持有、持有多少及持有何种股票。当然，办理证券账户卡的前提是投资者要年满 18 周岁。

个人投资者办理证券账户卡时需提供以下资料。

（1）本人身份证及复印件。

（2）开户许可证（由拟开户的银行代为办理）。

（3）由他人代办的，需提供代办人身份证及其复印件、授权委托书。

机构投资者办理证券账户卡时需提供以下资料。

（1）营业执照（副本）及其复印件（加盖有公章）。

（2）法人代码证。

（3）法人代表证明书。

（4）法人委托书（如果是法人本人前往办理则免）。

（5）开户许可证（由拟开户的银行代为办理）。

（6）开户银行名称及账号。

（7）法人身份证及其复印件（如果是经办人的话，还要带上经办人身份证及其复印件）。

三、开立股票账户

办理开户手续的一般步骤是：选择一家证券公司营业部→填写上交所《证券账户开户登记表》（办理深圳股票账户的，填写深交所《证券账户开户登记表》）→出示有效身份证件和复印件→缴纳开户费用→获取证券账户卡。

1. 个人开户流程

（1）办理证券开户，须由本人亲自到证券公司柜台办理。若委托他人代办开户的，须提供经公证的委托代办书、代办人有效身份证明原件及复印件。

（2）证券开户时须填写《证券交易开户文件签署表》和《证券客户风险承受能力测试问卷》。

（3）如果客户从未办理过证券开户，须填写《自然人证券账户注册申请表》。

（4）办理银行第三方存管，须填写《客户交易结算资金第三方存管协议》，同时证券开户人携带本人银行借记卡去银行网点柜台确认。没有银行借记卡者，需在银行柜台办理借记卡。

港澳台居民自2013年4月1日起可以开立A股账户，办理流程与境内个人投资者稍有不同，具体可以咨询有证券经纪资格的证券公司营业部。

2. 机构开户流程

（1）证券开户须填写《机构客户证券交易协议书》。

（2）如果机构客户从未办理证券开户的，须填写《机构证券账户注册申请表》。

（3）如果机构客户是投资代办股份市场的，须填写《股份转让风险揭示书》。

（4）证券开户费。中国证券登记结算公司上海分公司收取证券开户费400元/户，中国证券登记结算公司深圳分公司收取证券开户费500元/户，由证券公司统一代收。

（5）办理银行第三方存管须填写《客户交易结算资金第三方存管协议》，同时，证券开户须携带公司银行借记卡或公司银行账号去银行网点柜台确认。

四、开立资金账户

投资者在选择证券营业部后，即可在此家营业部开立资金账户。投资者开立资金账户要经过以下步骤。

（1）到证券营业部规定的银行开立一个活期的存折或银行卡，并将一定数量的资金存入存折或银行卡中，作为开设交易账户的保证金。

（2）带本人身份证（如果委托他人代办，代办人还需要带上自己的身份证）、证券账户卡、活期存折或银行卡到自己所选择的证券营业部。

（3）与证券营业部签署各一式两份的《代理证券交易合约》及《指定交易协议书》。如果办理电话转入、转出保证金，还要与证券营业部、开户银行三方签署一式三份的《证券保证金自助转账系统协议书》。

（4）证券营业部发给股民交易账户卡。

（5）填写《保证金转入凭证》，将一定数量的保证金从活期存折转入自己的交易账户卡中，取回存折。若要办理电话委托下单，一般要转入几万元以上的保证金到自己的账号上。如果转入了几十万元以上的保证金，就可以进入证券营业部的大户室，享受属于个人的空间专心炒股了。转入保证金的多寡视证券营业部而定，办妥这些手续后，就可以动用保证金炒股了。

五、开通网上交易

1. 网上交易的优点

网上证券交易，是指投资者通过互联网来进行证券买卖的一种方式。网上证券交易系统一般提供实时行情、金融资讯、下单、查询、成交、资金划转等一体化服务。

网上交易与传统交易的最大区别是：投资者发出的交易指令在到达证券营业部之前，是通过公共网络即互联网传输的。随着互联网的发展，网上证券交易基本上已经替代了传统证券交易。一方面是由于近年来国际互联网的发展以及与证券经济业务的有机结合；另一方面是因为网上证券交易相对于传统证券交易方式具有众多优越性。

网上证券交易以其无所不在的国际互联网为载体，通过高速、有效的信息流动，从根本上突破了地域上的限制，极大地缓解了我国券商地域分布不均的矛盾，将身处各地的投资者有机地聚集在无形的交易市场中，使得投资者能在全国甚至全球任何能上网的地方进行证券交易，并使那些有投资欲望却无暇或不便前往证券营业部交易的人士进行投资成为可能。

网上证券交易通过国际互联网，克服了传统市场上信息不充分的缺点，有利于提高证券市场的资源配置效率。

网上证券交易可以降低证券交易的交易成本和交易风险。网上交易的全国引入，使得客户彻底突破远程交易的制约，无须投入附加的远程信息接收硬件设备，在普通计算机上就可以全面把握市场行情和交易的最新动态。另外，网上活动包含了证券交易的方方面面，使得投资者足不出户就可以办理信息传递、交易、清算交割等事务，节约了大量的时间和金钱。对券商而言，网上交易的大规模开展，可以大幅度降低营业部的设备投入和日常的运营费用。

现在网上交易通常采用对称加密和不对称加密的双重数据加密方式，再加上证券公司本身的数据加密系统，使得网上证券交易的安全性大大提高。

2. 网上交易的办理步骤

（1）先到证券公司开户柜台开立股东账户。

（2）在开户柜台上签订《网上交易委托协议书》和《认可风险揭示书》。

（3）由开户柜台在交易系统中开通网上交易功能。

3. 网上买卖股票应注意的问题

上网炒股以其方便、快捷、安全的优势，深受投资者的青睐，但也有许多股民对网上交易还缺乏了解，对如何控制风险还很茫然。对于新股民而言，掌握网上交易的一些操作规则和应该注意的问题是十分必要的，这样可以确保正确地进行网上操作及资金和股票的安全。

（1）股民必须在具有网上交易资格的营业部开户，并仔细阅读营业部的网上交易手册。

（2）正确设置交易密码，并做到不定期地更换和修改。

与传统的证券交易系统一样，网上交易系统主要是通过客户号码（即股东号码）和交易密码作为交易的识别标志。所以投资者一定要注意交易密码的保密性。对于使用公用电脑进行交易的投资者，要更加小心，要不定期地更换密码。

（3）要注意券商的各种规定。

为了控制网上交易的风险，防止恶意程序破译客户密码，一些券商采取了一些防范措施，比如客户在进行网上委托身份认证时，如果连续三次输入密码错误，系统会对客户账户自动冻结，以保证客户账户的安全性，这时客户要携带身份证和其他有效证件，到开户营业部柜台进行解冻申请。

（4）在开通网上交易的同时，电话委托也要同时开通，这样有利于在网上交易系统出现故障时，还能不失时机地买卖股票。

（5）交易完成后及时退出交易系统。

交易者在使用完交易系统后，一定要注意及时退出交易系统。有的投资者由于不是在同一时间买卖股票，为图方便或是习惯性地按最小化按钮，此时交易中心和交易软件并没有断开连接，如果这时用户离开电脑，任何人都可以操作账户。尤其是公共场所，容易造成盗卖或盗买股票的现象，导致不必要的损失。

（6）准确操作，以确保发出的买卖信息准确无误。

投资者在输入买卖信息时，一定要谨慎操作，仔细核对买入或卖出股票的价格，确保准确无误时，方可输入。因为券商在和投资者签订网上交易协议时，明确规定：输入交易信息必须准确无误，否则造成的损失券商概不负责。

（7）注意及时挂失。

如果遗失了证券卡和相关证件，要及时到开户证券营业部办理挂失手续，以防股票被盗买或盗卖。

（8）注意及时查询。

买卖结束后，股民应及时利用网上查询功能进行查询，以确认自己的委托是否被券商受理，委托是否成功。由于网络运行的不稳定性，有时电脑界面没有显示委托已经成功，但当投资者再次委托时，券商却已收到两份委托，造成股票重复买卖，所以，及时查询非常必要。

（9）不要过分依赖系统数据。

由于各类证券商网上交易系统数据不同，有的券商网上交易系统图在涨停板计算中没有考虑新股、ST股之类，涨跌幅限制所有股票均按10%计算。另外，个股如遇有配股、转增或送股，交易统计的成本就会出现偏差，所以不要过分依赖系统提供的数据，要以券商交割单提供的实际数据为准。

六、开通电话交易

1. 办理电话委托开户手续

办理电话委托手续一般分为两步。

第一步，携带本人身份证、证券账户卡，到自己选择的证券营业部柜台办理开户手续。一般营业部都有开办电话委托的专柜。

第二步，在柜台上领取电话委托开户申请表，正确填写个人有关资料。然后在券商给你的两份电话委托协议书上签字，交齐证件材料的复印件，然后取回自己的一份《电话委托交易协议书》及操作说明书，就完成了电话委托开户的全过程。

2. 办理电话委托的具体操作

开户后，投资者可以方便地使用任何一部电话进行股票买卖操作。拨通证券营业部专门设置的电话委托号码后，投资者操作的每一步都有相关的语音提示，操作熟练的股民可中断语音提示直接输入代码。每输入一个项目都要摁一个“#”键，表示结束输入。输入委托内容时，输入数字的间隔时间一般不能超过10秒，否则被系统作超时处理，中断此笔委托。

例如，某股民上海股东代码为888888，交易密码是123456，拟委托买入1000股中兴商业（000715），价格为20元/股，其操作如下。

（1）拨通电话委托号码（该号码在开户证券营业部的操作说明书上可查到）。

（2）上海委托按1，深圳委托按2。

（3）输入上海股东代码：888888。

（4）输入交易密码：123456。

（5）按1买入，按2卖出。

（6）输入证券代码：000715。

（7）输入买入数量：1000。

（8）输入买入价格：20。

（9）语音复述：您委托买入中兴商业（000715）1000股，价格是20元，按1确认，按0挂线。

（10）请稍候，您的委托成功，委托号码是10088。

这时，投资者记下合同序号，以备成交查询和撤单，整个电话委托就完成了。

以上为一般证券营业部电话委托业务的基本操作流程。随着证券市场的发展，电话委托提供了更多的内容和功能，如增添了B股委托、配股委托、新股申购委托、新股中签查询、电话传真对账单、电话划款转账业务等。投资者在具体操作中应当以证券营业部提供的电话委托服务功能为准。

七、委托

1. 委托的内容

作为一个投资者，是不能直接进入证券交易所买卖股票的，只能通过证券交易所的会员买卖股票，证券交易所的会员通常就是证券经营机构，即券商。你可以向券商下达买进或卖出指令，称为委托。

委托时必须凭交易密码或证券账户。需要指出的是，在我国证券交易中的合法委托是当日有效的限价委托，这是指股民向券商下达的委托指令必须指明买进或卖出股票的名称（或代码）、数量、价格，并且这一委托只在下达委托的当日有效。

委托的内容如下。

（1）股东姓名。

（2）资金卡号。

（3）买卖方向（买入或卖出）。

（4）上海（或深圳）。

（5）股票名称。

（6）股票代码。

（7）委托价格。

从1996年12月16日开始，上海证券交易所和深圳证券交易所对所有的股票和基金都实行涨停板制度，其幅度为±10%（ST股是±5%）。当股价上涨达到+10%时，称为涨停板，价格下跌达到–10%时，称为跌停板。当日委托价格不得超过或低于前一交易日收盘价的10%，否则视为无效委托。有效价格范围就是该只证券最高限价、最低限价之间的所有价位。限价超出此范围视为无效委托，系统自动撤单处理。由于涨跌的幅度采用四舍五入的计算方法，处于涨跌停板状态的股价有时会出现 10% 左右的幅度，而不是精准的 10%，这是正常的。新股上市当天虽然不受 10% 涨跌停板的限制，但也要遵守其他的一些规则。

（8）委托数量。

根据证券交易所的有关规定，股民在委托买进股票时，必须购买整数股（即 100 的倍数），在委托卖出股票时，可以委托卖出零股，但零股必须一次性卖出，不能分批卖出。因此，在电脑竞价撮合系统中，常会有零股委托卖出的现象，相应的委托买入就可能以零股成交，而不是以整数股成交。同样，委托卖出股数也可以卖出零股。

投资者要注意，委托只在下达委托指令的当天有效。每只股票的简称通常为 3 ~ 4 个汉字，股票的代码为 6 位数，委托买卖时股票的代码和简称一定要一致。

此外，证券交易所还对股票买卖的最大申报数量做出相应的规定：上市流通公司股票数量在 3000 万股以下，每笔申报数量不得超过 10 万股；流通股票数量在 3000 万股（含 3000 万股）到 1 亿股以下，每笔申报数量不得超过 20 万股；流通股票数量在 1 亿股以上（含 1 亿股），每笔申报数量不限。

2. 委托的四种方式

委托的方式有四种：柜台递单委托、电脑自动委托、电话委托、远程终端委托。

（1）柜台递单委托就是投资者带上自己的身份证和账户卡，到开设资金账户的证券营业部柜台填写买进或卖出委托书，然后由柜台工作人员审核后执行。

（2）电脑自动委托就是投资者在证券营业部大厅的电脑上亲自输入买进或卖出股票的代码、数量和价格，由电脑来执行委托命令。

（3）电话委托就是用电话拨通开设资金账户的证券营业部柜台的电话委托系统，用电话上的数字和符号键入投资者想买进或卖出股票的代码、数量和价格，从而完成委托。

（4）远程终端委托就是投资者通过与柜台电脑系统联网的远程终端或互联网，下达买进或卖出指令。

除了柜台递单委托方式是由柜台工作人员确认投资者的身份外，其余三种委托方式都是通过投资者的交易账号和密码来确定投资者的身份，所以，投资者务必保管好自己的账号和密码，以免泄露，给自己带来不必要的损失。

当确认投资者的身份后，投资者的委托将被送到交易所电脑交易的撮合主机。交易所的撮合主机对接受的委托进行合法性检测，然后按竞价规则确定成交价，自动撮合成交，并立即将结果传送至证券商，这样投资者就能知道自己的委托是否成交。不能成交的委托按价格优先、时间优先的原则，等候与后来的委托成交。当天不能成交的委托自动失效，第二天用以上方法重新委托。

3. 限价委托

限价委托是指投资者要求券商在执行命令时，必须按限定的价格或比限定价格更有利的价格买卖证券，即必须以限价或低于限价买进证券，以限价或高于限价的价格卖出证券。

限价委托方式的优点是：股票可以按照投资者预期的价格或者更有利的价格成交，有利于投资者实现预期投资计划，谋求最大利益。但是，采用限价委托时，由于限价和市价之间可能有一定的差距，必须等市价和限价一致时才有可能成交，此时，如果有市价委托出现，市价委托将优先成交，因此限价委托的成交速度较慢，投资者采用限价委托容易错失良机，遭受不必要的损失。

4. 市价委托

市价委托是指投资者对委托券商成交的股票价格没有限制条件，只要求立即按当前的市价进行股票买卖的一种委托方式。

市价委托的优点是，没有价格上的限制，证券经纪商执行委托指令比较容易，成交迅速且成交率高。当投资者为了避免因股票价格波动遭受损失而急于求成时，经常采用这种委托方式。

但市价委托也有不如人意的时候，尤其是当市场上市价委托买入多而卖出少时，卖出报价会比较高。市价委托买入少而卖出多时，买入报价就会较低。

5. 撤单

当券商接受投资者买卖股票的委托后，就要按照投资者的要求买卖股票，因此，这部分资金当天就必须锁定在该用途上，即使不能成交，也只有等到第二天该委托自动废止后，这部分资金才能解冻出来。

如果投资者要当天动用被锁定的资金，就必须通过撤单撤销该委托，才能动用被锁定的资金或股票。如果投资者在完成撤单之前，原来的委托已经成交，则不能撤单。

发生撤单主要有以下三种情况。

第一种情况：追高，你必须以更高的价格买入，而你的手头没有多余的资金，只好把之前的委托撤销掉，用更好的价格追入。

第二种情况：割肉，股价下跌得厉害，你必须以更低的委托价才能成交，这时你需要撤掉之前的卖单。

第三种情况：有更好的价格买入或卖出，因此撤掉之前的委托，从而以更好的价格委托。

撤单通常是不收费的，但各地各证券公司都不一样。按规定，券商可以收 5 元的撤单费，但网上交易以及大多数营业部都是免费撤单的。

八、转托管

转托管，又称证券转托管。投资者要将其托管的股份从一个券商处转移到另一个券商处托管，需要办理一定的手续，实现股份委托管理的转移。转托管是专门针对深交所上市证券托管转移的一项业务，是投资者的一种自愿行为。

投资者在哪个券商处买进证券，就只能在该券商处卖出。如需将股份转到其他券商处委托卖出，则要到原托管券商处办理转托管手续。投资者在办理转托管手续时，可以将自己所有的证券一次性地全部转出，也可转出其中部分证券或同一券种中的部分证券。深交所的转托管业务与前几年有所不同，现行的转托管业务是通过深交所的交易系统进行办理的。但需要大家特别注意的是，利用交易系统办理转托管的证券品种，只包括在深交所挂牌的 A 股、基金、可转换债券等，权证、国债则不能转托管。

转托管包括同城转托管和异地转托管两种类型。其中原托管证券商被称为转出托管商，后被指定的证券托管商则被称为转入托管商。同城转托管是指投资者把自己托管的股票从当地一家证券公司转移到另外一家证券公司；异地转托管是投资者把自己托管的股票从某一家证券商转移到异地另外一家证券商。

1. 转托管的程序

投资者先向转出券商提出转托管申请，填写“转托管申请书”，在申请书中认真填写转出证券账户的代码、证券品种、数量等，务必注意填写转入券商的名称及与其相符的席位号。转出券商收到申请书后，认真核对投资者的身份证及申请书内容是否正确。核对无误后，在交易时间内，通过交易系统向深交所报盘转托管。当日停牌证券不可以转托管。转托管委托报盘后，在当日闭市前也可报盘申请撤单。

每个交易日收市后，深圳证券结算公司将处理后的转托管数据打入“结算数据包”，通过结算通讯系统发给券商，券商根据所接收的转托管数据及时修订相应的股份明细账。转出券商每次受理转托管业务时，向投资者收取30元人民币的转托管费。转托管成功后，投资者在原转出券商处的深圳账户如不销户，仍可继续使用，但还是要在哪儿买，哪儿卖，否则还要办理转托管。

2. 办理转托管需要注意的问题

（1）转托管只有深市有，沪市没有转托管问题。

（2）由于深市B股实行的是T+3交收，深市投资者若要转托管，须在买入成交的T+3日交收过后才能办理。

（3）转托管可以是一只股票或多只股票，也可以是一只证券的部分或全部。投资者可以选择转出其中部分股票或同股票中的一部分。

（4）投资者转托管报盘在当天交易时间内允许撤单。

（5）转托管证券T+1日（即次一交易日）到账，投资者可在转入证券商处委托卖出。

（6）权益派发日转托管的，红股和红利在原托管券商处领取。

（7）配股权证不允许转托管。

（8）通过交易系统报盘办理B股转托管业务，目前仅适用于境内结算会员。

（9）境内个人投资者的股份不允许转托管至境外券商处。

（10）投资者的转托管不成功的（转入券商接收不到转托管信息），应立即向转出券商询问，以便券商及时向深圳证券结算公司查询原因。

九、第三方存管

1. 什么是第三方存管

所谓第三方存管，即客户结算资金第三方存管。是按照有关法律、法规的规定，客户交易结算资金统一交由独立于券商的第三方存管机构来存管。第三方存管机构是指具备第三方存管资格的商业银行。

在第三方存管模式下，证券经纪公司不再向客户提供交易结算资金存取服务，只负责证券客户的证券交易、股份管理、清算交割等业务。存管银行负责管理客户的交易结算资金，管理账户和客户交易结算资金汇总账户。银行负责完成投资者专用存款账户与证券商银行交收账户之间清算资金的划转，将证券商的清算程序转移到银行，由银行代为完成。

实施保证金第三方存管制度的证券公司不接触客户保证金，而由存管银行负责投资者交易清算与交收。证券业之所以引入保证金第三方存管制度，主要是为了从根本上杜绝证券商挪用投资者资金的行为，它可以有效地在证券公司与所属客户交易结算资金之间建立隔离墙。有关统计资料显示，实施该制度之前，券商挪用客户保证金的现象屡禁不止，所以实行第三方存管制度很有必要。

2. 第三方存管的优点

（1）资金更放心。过去客户的保证金交由证券公司一家存管，被挪用的情况屡屡发生。客户交易结算资金交由第三方存管银行统一存管，客户的保证金由商业银行和券商的双重信用作为保障，确保客户资金的兑付，资金安全可以得到保障，客户更加放心。

（2）存取更省心。客户不仅可以通过券商原有的方式完成转账，还可以通过银行柜台、电话银行、网上银行等多种方式完成资金的存取、银行账户和保证金账户之间的划转。

（3）服务更贴心。客户成为券商和银行的共同客户，不仅可以继续享受原来券商提供的投资理财服务，还可以享受银行的各种综合理财服务。

（4）由于保证金交由商业银行统一存管，这样便于国家对违规资金进入证券市场进行监管。

十、竞价买卖股票

竞价买卖股票即股票交易，是指股票投资者按照市场价格对已发行上市的股票进行的买卖。

股票交易分为买进股票和卖出股票，它是炒股投资中必不可少的环节，缺一不可。

证券商经纪人在接到投资者买卖股票的指令后，即根据委托人的要求和交易情况，以最有利于委托人的成交价格进行申报竞价。

证券交易所的申报竞价方式如下。

（1）口头申报竞价。

（2）填单申报竞价。

（3）计算机终端申报竞价。

目前，证券交易所主要采用计算机申报竞价的方式进行买进或卖出股票。计算机终端申报竞价是证券商通过计算机交易系统进行股票交易。交易程序主要是：竞价申报输入→撮合成交→成交信息反馈→通知委托人成交完成。

证券交易所电脑主机会按照价格优先、时间优先的条件进行自动配对。一旦交易所电脑主机处理完股票买卖，就向双方的证券商发出信息，通知成交结果，买卖双方须立即到经纪人处，在“场内成交单”上签字盖章，并取回执联，场内竞价成交结束。

1. 集合竞价

集合竞价是指在当天还没有成交价的时候，交易者可根据前一天的收盘价和对当日股市的预测来输入股票价格。在这段时间输入计算机主机的所有价格都是平等的，不需要按照时间优先和价格优先的原则交易，而是按最大成交量的原则来定出股票的成交价位，这个价位就是被称为集合竞价的价位，这个过程就是集合竞价。

有时候因为买入人给出的价格低于卖出人给出的价格而不能成交，那么，9:25分后大盘上该股票成交价一栏就是空的。当然，有时有些公司因为要发布消息或召开股东大会而停止交易一段时间，那么集合竞价时该公司股票的成交价一栏也是空的。

因为集合竞价是按最大成交量来成交的，所以对于普通股民来说，在集合竞价时间，只要输入的股票价格高于实际成交价格就可以了。为了保证成交，在集合竞价时，通常把股价打的高一点也并没有什么危险。因为普通股民买入股票的数量不会很大，不会影响到该股票集合竞价的成交价格，只不过此时投资者的资金卡上必须有足够的金额。

集合竞价的时间。

上海市场：9:15–9:25（开盘集合竞价）。

深圳市场：9:15–9:25（开盘集合竞价），14:57–15:00（收盘集合竞价）。

申报规定。

（1）每个交易日 9:15–9:25 开盘集合竞价阶段（深圳交易所还包括 14:57–15:00），证券交易所主机可以接受参与竞价交易的申报，也可以接受撤销申报。

（2）每个交易日的 9:20–9:25 开盘集合竞价阶段（深圳交易所还包括 14:57–15:00），交易所主机只接受申报，但不对买卖申报或撤销申报作处理。

（3）交易所认为必要时，可以调整接受申报时间。

（4）在委托未成交之前，委托人有权变更委托和撤销委托，如有部分成交，则成交部分不得撤销。

集合竞价的主要目的是产生开盘价，接着股市要进行连续买卖阶段，因此有了连续竞价。集合竞价中没有成交的买卖指令继续有效，自动进入连续竞价，等待合适的价位成交。全国各地的股民连续不断地将各种有效买卖指令输入到沪深证交所电脑主机，沪深证交所电脑主机也在连续不断地将全国各地股民的各种有效买卖指令进行连续竞价撮合成交。无效的买卖指令主机不接受。具体来说，集合竞价是将数笔委托报价或一个时段内的全部委托报价集中在一起，根据不高于申买价和不低于申卖价的原则产生一个成交价格，且在这个价格下成交的股票数量最大，并将这个价格作为全部成交委托的交易价格。

竞价成交的四个步骤。

（1）确定有效委托。在有涨跌幅限制的情况下，有效委托是这样确定的：根据该只证券上一交易日收盘价以及确定的涨跌幅度来计算当日的最高限价、最低限价。有效价格范围就是该只证券最高限价、最低限价之间的所有价位。超出此范围的委托为无效委托，系统作自动撤单处理。

（2）选取成交价位。首先，在有效价格范围内选取使所有委托产生最大成交量的价位。如有两个以上这样的价位，则依以下规则选取成交价位。

①高于选取价格的所有买入委托和低于选取价格的所有卖出委托能够全部成交。

②与选取价格相同的委托的一方必须全部成交。如满足以上条件的价位仍有多个，则选取离昨日收盘价最近的价位。

（3）集中撮合处理所有的买入委托按照委托限价由高到低的顺序排列，限价相同者按照进入系统的时间先后排列；所有卖出委托按委托限价由低到高的顺序排列，限价相同者按照进入系统的时间先后排列。依序逐笔将排在前面的买入委托与卖出委托配对成交，即按照“价格优先，同等价格下时间优先”的成交顺序依次成交，直至成交条件不满足为止，即不存在限价高于或等于成交价的叫买委托，或不存在限价低于或等于成交价的叫卖委托。所有成交都以同一成交价成交。

（4）行情揭示。如该只证券的成交量为零，则将成交价位揭示为开盘价、最近成交价、最高价、最低价，并揭示出成交量、成交金额。

剩余有效委托中，实际的最高叫买价揭示为叫买揭示价，若最高叫买价不存在，则叫买揭示价揭示为空；实际的最低叫卖价揭示为叫卖揭示价，若最低叫卖价不存在，则叫卖揭示价揭示为空。集合竞价中未能成交的委托，自动进入连续竞价。

目前世界各国均采用集合竞价的方式来确定开盘价，因为这样可以在一定程度上防止人为操纵现象。在创业板交易规则中，对集合竞价的规定有两点与主板不同。

（1）集合竞价时间长。由原来的交易日上午 9:15–9:25 的集合竞价时间，改为交易日上午 9:00–9:25，延长了 15 分钟，这使得参与集合竞价的申报更多，竞价更充分，加大了人为控制难度，也使得开盘价更为合理，更能反映市场行情，体现了公平的原则。

（2）文件规定：每个交易日上午开盘集合竞价期间，自确定开盘价前 10 分钟起，每分钟揭示一次可能的开盘价。可能的开盘价是指截止揭示时所有申报按集合竞价规则撮合形成的价格，这条规则在主板上是没有的，主板只公布最后集合竞价的结果，中途不得揭示。这条规则的意义在于加强了对投资者的信息披露，使投资者能够更多、更细地掌握市场信息。特别是对于新股上市首日的集合竞价，意义更加重大，它使得投资者能够提前在集合竞价期间掌握较为准确的市场信息，从而做出决策，体现了市场的公开原则。

2. 集合竞价怎样确定开盘价

集合竞价由电脑交易处理系统对全部申报按照价格优先、时间优先的原则排序，并在此基础上确定一个基准价格，使它同时满足以下三个条件。

（1）成交量最大。

（2）高于基准价格的买入申报和低于基准价格的卖出申报全部满足（成交）。

（3）与基准价相同的买卖双方中有一方申报全部满足（成交）。

基准价格即被确定为成交价格。集合竞价方式产生成交价格的全部过程，完全由电脑交易系统进行程序化处理，将处理后产生的成交价格显示出来。下面通过举例，说明集合竞价是怎样产生成交价即开盘价的。

假设股票某日的委托买卖情况如表 3–1–1 所示。

表 3–1–1 某股票委托买卖情况

买入价（元）	申报股数	卖出价（元）	申报股数
17.10	500	17.10	700
16.95	700	16.95	300
16.84	700	16.84	300
16.80	1000	16.80	800
16.73	800	16.73	800

下面分析一下各个价位上的成交情况，如表 3-1-2 所示。

表 3-1-2 股票在各个价位上的成交情况

成交价（元）	卖出成交情况	成交量（股）	买入成交情况
16.73	16.73 元卖出 800 股	800	17.10 元买入 500 股 16.95 元买入 300 股
16.80	16.73 元卖出 800 股 16.80 元卖出 800 股	1600	17.10 元买入 500 股 16.95 元买入 700 股 16.84 元买入 400 股
16.84	16.73 元卖出 800 股 16.80 元卖出 800 股 16.84 元卖出 300 股	1900	17.10 元买入 500 股 16.95 元买入 700 股 16.84 元买入 700 股
16.95	16.73 元卖出 800 股 16.80 元卖出 400 股	1200	17.10 元买入 500 股 16.95 元买入 700 股
17.10	16.73 元卖出 500 股	500	17.10 元买入 500 股

这里 16.84 元同时满足了成交价的 3 个条件，因此 16.84 元即为开盘价。

3. 连续竞价

连续竞价，即是指对申报的每一笔买卖委托，由电脑交易系统按照以下两种情况产生成交价：最高买进申报与最低卖出申报相同，则该价格即为成交价格；买入申报高于卖出申报时，申报在先的价格即为成交价格。

上海证券交易所每周一至周五上午 9:30–11:30，下午 13:00 –15:00，为连续竞价时间。

深圳证券交易所每周一至周五上午 9:30–11:30，下午 13:00–14:57 为连续竞价时间，14:57–15:00 为收盘集合竞价时间，大宗交易时间延长至 15:30。

在连续竞价阶段，证券交易所的计算机开始对每一种股票按照价格优先、时间优先和数量优先的成交原则竞价成交。

价格优先是指在买的一方谁出的价格高就先卖给谁，在卖的一方谁出的价格低就先让谁卖掉。

时间优先就是指在同时买或同时卖的时候，在申报的价格高低一样的情况下，谁先出价就先让谁成交。

数量优先就是在价格和时间一致的情况下，谁的买卖数量大，就先让谁成交。

根据以上原则，投资者如果想买入某种股票，在竞价时一般应该选择略高于当时最低卖出申报的价位；当投资者想卖出某种股票，在竞价时应申报略低于当时最高买入的价位，这样可以确保买入或卖出。

十一、清算交割

1. 清算和交割

清算是将买卖股票的数量和金额分别予以抵消，然后通过证券交易所交割净差额股票或价款的一种程序。

清算的意义在于同时减少通过证券交易所实际交割的股票与价款，节省大量的人力、物力和财力。证券交易所如果没有清算，那么每位证券商都必须向对方逐笔交割股票与价款，手续相当繁琐，占用大量的人力、物力、财力和时间。

交割是投资人买卖股票后付清价款与转交股票的活动。投资者在委托购买的股票成交后，应在规定期限内付清价款并领取股票，也就是买卖双方结算系统实现一手交钱，一手交货。同理，卖出股票后应在规定的时间内交付股票并领取价款。这是股票买卖过程中的一个必要环节，一个必须履行的手续。

一般所说的清算交割分两个部分：一部分指证券商与交易所之间的清算交割，另一部分是指证券商与投资者之间的清算交割。双方在规定的时间内进行价款与证券的交收确认，即买入方付出价款，得到证券，卖出方付出证券获得价款。我国禁止信用交易，投资者在买进证券时，必须在资金账户存入足够可以买入相应股票的保证金。同样，在卖出证券时，证券账户必须要有相应的证券。

目前，我国市场采用“T+1”的交收制度，即当天买卖，次日交割。投资者 T+1 日可在证券商处打印、签订交割清单，以核定其 T 日的买卖活动。值得注意的是，投资者应妥善保管好交割单，如有疑义，可以向证券结算公司和证券登记机构查证。

场内竞价成交结束后，首先在证券交易所内进行一级清算，即证券交易的中介依据“场内成交单”将证券商之间买卖股票的总类数量和价款分别予以轧抵，其应收、应付的股票和差额在事先约定的时间内，在证券商的清算账户上办理交割。其次，场内经纪人把当时委托买卖成交的情况用电脑或传真报告各自的证券商，打印出“交割凭单”。再次，各证券商的柜台人员根据成交通知单，通知各自的委托人，让其凭本人身份证、股票账户和委托买进或卖出股票时的“委托单”，凭证前来办理清算交割手续，即二级交割，对其买卖的股票和价款进行收付了结，完成清算交割手续全过程。

2. 交割日期

交割日期是指当选择权的买方要求选择权的卖方履行契约后，买卖双方依约分别支付对方所购买货币的日期。

按交割日期不同，交割分为四种。

（1）当日交割，又称 T+0 交割。即买卖双方在成交当天完成付款交割手续，这种方式可以使买卖双方较快地得到股票或现金。在 T+0 交割方式下，投资者买进股票成交后，可以马上卖出；卖出股票成交后，可以马上买进。

（2）次日交割，也称 T+1 交割。即在成交后的下一个交易日才能办理成交的交割手续。

（3）例行交割，即买卖双方在成交之后，按照证券交易所的规定或惯例付款交割。

（4）选择交割，即买卖双方自主地选择交割日期，这种交割方式通常在场外交易中使用。

目前，我国实行 T+1 交割制度，股民所查询的账户上的资金余额及股票余额均为可用数，不包括因委托买入而冻结的现金余额、因委托卖出而冻结的股票数量和当日买入成交的股票数量。但股票卖出成交后的资金会及时存入资金所在的余额中，这部分资金可于当日使用。即当日买进的股票不能当日卖出；当日卖出后资金当日到账，可用于当日再次买进，从差价中获取利润。

十二、过户

股票过户是投资人从证券市场上买到股票后，依照法律法规，按照一定的程序，到该股票发行公司办理变更股东名簿记载的活动，是股票所有权的转移。股票有记名股票与不记名股票两种。不记名股票可以自由转让，记名股票的转让必须办理过户手续。在证券市场上流通的股票基本上都是记名股票，都应该办理过户手续才能生效。

办理清算交割后，就需要过户。对于记名证券来讲，只有办理了过户手续，整只股票交易才算是真正完成，新股东才可以享有发行公司的一切股东权益。

1. 过户流程

目前两个交易所都不需要股民亲自去办理过户手续，上海证券交易所的过户手续采用电脑自动过户，买卖双方一旦成交，过户手续就已经办完。深圳证券交易所也在采用先进的过户手续，买卖双方成交后，采用光缆把成交情况传到证券登记过户公司，将买卖记录在股东开设的账户上，其具体流程如下。

（1）原有股东在交割后，应填写股票过户通知书一份，加盖印章后连同股票一起送发行公司的过户机构。

公司的过户机构可以自行设置，也可以委托金融机构代办。一般发行公司在其注册住所自行设置过户机构，而在其他区域则委托金融机构代为办理。我国目前一般均为金融机构办理，深圳由证券公司负责，上海则为证券交易所办理。

如果股票的受让人不止一个，则转让方（卖方）应分别填写过户通知书。如果转让人的账户不止一个，则转让人也应分别填写通知书。

（2）新股东在交割后，应向发行公司索取印章卡两张并加盖印章后，送发行公司的过户机构。印章卡主要记载新股东的姓名、住址，新股东持股股数及号码、股票转让日期。

（3）过户机构收到旧股东的过户通知书、旧股东与新股东印章卡后，进行审核，若手续齐全，就立即注销旧股票，核发新股票，然后将新旧股票一起送签证机构，并变更股东名簿上的相应内容。签证机构的作用是检查公司有无超额发行及伪造股票等。发行公司一般不得自行设置签证机构，必须委托金融机构办理，并且负责该公司过户手续的金融机构不得充当签证机构。

（4）签证机构收到过户机构送去的新旧股票及有关材料，进行审检，若手续齐全，则在新旧股票正面签证，再送过户机构。

（5）过户机构收到经签证的新旧股票后，将新股票送达新股东，而旧股票则由过户机构存档备案。

2. 过户注意事项

（1）一切费用应由发行公司承担。

（2）股东如果是用邮寄方式申请过户，则应用挂号邮至过户机构，以平信邮寄，若有遗失，发行公司概不负责。

（3）股东股票遗失，若无法出具充足证明，则发行公司可拒绝补发新股票。

（4）若拣到遗失的股票，则无须归还。但如果原持有人在遗失股票背面已签字盖章，则发行公司拒绝办理过户手续，即除非原持有人同意不再拥有已遗失股票，否则公司就不承认新持有人为新股东，因而新持有人无法享有一切权利。

（5）发行公司一般在宣布股息时公告一个停止过户期，在停止过户期间，发行公司停止办理过户手续。发行公司将股息发给股东，也可直接划到股东银行账号上。旧股东在此期间转让股份，则新股东不能领取股息。所以在成交中，往往从出让价格中扣除股息作为成交价格，以示公平。

第二节　炒股需要交纳的费用

在炒股过程中，证券公司、登记结算公司等要向投资者收取一定的费用，如开户费、委托费、印花税、过户费、转托管费等。

一、开户费

开户费是指办理股东代码卡时应交纳的费用。

证券开户费最终收费单位是中国登记结算公司和开户代理机构，一般股票（A股、B股）交易的开户费最终收费单位是登记结算公司，证券交收主要由登记结算公司完成，开户费是登记结算公司的收入之一。

中国证券登记结算公司上海分公司收取机构证券开户费400元/户，个人证券开户费40元/户；中国证券登记结算公司深圳分公司收取机构证券开户费500元/户，个人证券开户费50元/户，由证券公司统一代收。

二、委托费

股票委托费用主要用于支付通讯等方面的开支。一般按笔计算，交易上海股票、基金时，上海本地券商按每笔1元收费，异地券商按每笔5元收费；交易深圳股票、基金时，券商按每笔1元收费。

三、印花税

印花税是对经济活动和经济交往中设立、领受具有法律效力凭证的行为所征收的一种税。因采用在应税凭证上粘贴印花税票作为完税的标志而得名。印花税的纳税人包括在中国境内设立、领受规定的经济凭证的企业、行政单位、事业单位、军事单位、社会团体、其他单位、个体工商户和其他个人。

印花税按出让方成交金额的 0.1% 征收，受让方不再征税。

四、过户费

过户费是指委托买卖的股票、基金成交后，买卖双方变更股权登记所支付的费用。这笔收入属于证券登记清算机构的收入，由证券经营机构在同投资者清算交割时代为扣收。

五、转托管费

投资者要将其股份从一个券商处转移到另一个券商处托管，必须办理转托管手续，实现股份委托管理的转移，这个费用就是转托管费，也是办理深圳股票、基金转托管业务时所支付的费用。

上海证券交易市场无转托管费。

深圳证券交易市场每户办理转托管时需向转出方券商支付 30 元费用。

六、佣金

在证券公司交易证券，证券公司都会从中收取一定比例的中间费或手续费，也称为佣金。佣金不是固定的，而是和交易额成正比，交易额越大，佣金也就越多。佣金费率有一个浮动区间，至于执行的具体标准，投资者需和账户所在的券商协商，散户一般是成交额的 1% ~ 2%。如果嫌自己所在的证券公司佣金过高，和证券公司无法协商一致，可以选择更换一家证券公司。

1. 什么是佣金

佣金是商业活动中的一种劳务报酬，是具有独立地位和经营资格的中间人在商业活动中为他人提供服务所得到的报酬。《反不正当竞争法》第 8 条第 2 款的规定，在法律上明确了合法的中间人可以通过合法的服务获得合法的佣金。

《暂行规定》第 7 条第 1 款更明确规定：经营者销售或者购买商品，可以以明示方式给中间人佣金。经营者给中间人佣金的，必须如实入账；中间人接受佣金的，必须如实入账。同时，为区别佣金和折扣、回扣的界限，第 2 款对佣金的概念做了规定，即本规定所称的佣金，是指经营者在市场交易中给予为其提供服务的具有合法经营资格的中间人的劳务报酬。

2. 佣金的特征

①佣金是商业活动中中间人所得的劳务报酬。

②经营者给予佣金必须以明示的方式，给予和接受佣金的，都必须如实入账，这里的明示和入账与关于折扣明示和入账规定的含义相同。

3. 当前佣金收取标准

在商品交易必须通过中间商的情况下，佣金是一种带有强制性的中间剥削。佣金大多由卖方付给，也有由买卖双方分别付给的。所付佣金的数额依商品的性质和货值多少而定，也有些地方是约定俗成的，形成了惯例。通常情况下，佣金不超过成交金额的 0.3%，也不得低于代收的证券交易监管费和证券交易经手费，起点 5 元。

佣金标准并不是固定的，随着股市的繁荣，炒股的人群越来越多，佣金也有逐渐减少的趋势。继国金证券收取 0.02% 佣金后，中山证券又推出零佣金手机开户，通过低佣金或者免佣金吸引大量的投资者。证券公司收取佣金后，除提供居间交易服务外，还向投资者提供其他的股市服务，如行情判断、行情指示、风险提示、如何选股、怎样投资等。

4. 佣金是可以商谈的

佣金是可以商谈的。就目前来看，上海的佣金相对于深圳的要低，具体视自己的证券营业部而定。可以通过和营业部负责人洽谈，商量佣金的多寡，当然，前提是你得了解证券营业部收费的大概情况和经营状况。如果经商谈后仍不满意，可以选择把股份和资金转至其他证券公司。

第三节　炒股软件的安装与使用

随着股市的升温，市面上充斥了各种功能的炒股软件，一个好的炒股软件能让我们的投资事半功倍。

一、炒股软件的安装

炒股软件的安装和其他普通软件没有区别，将炒股软件从网络上下载后，双击打开应用程序，单击“安装”即可。在选择炒股软件时，可以选择自己较熟悉的正规炒股软件，以便运用起来得心应手。

1. 电脑炒股软件的安装

以同花顺交易软件的安装为例。

先从同花顺官网上下载软件，下载后双击安装，弹出提示框，单击“下一步”按钮，如图 3-3-1 所示。

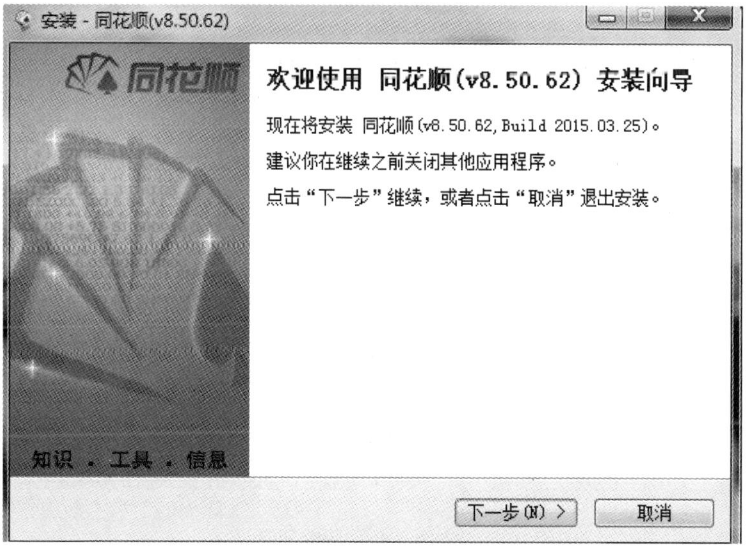

图 3-3-1“同花顺”安装界面（1）

弹出提示框，选择把软件安装在哪一个盘符下，通常为 D 盘或 E 盘。选好后，单击“下一步”按钮，继续。如图 3-3-2 所示。

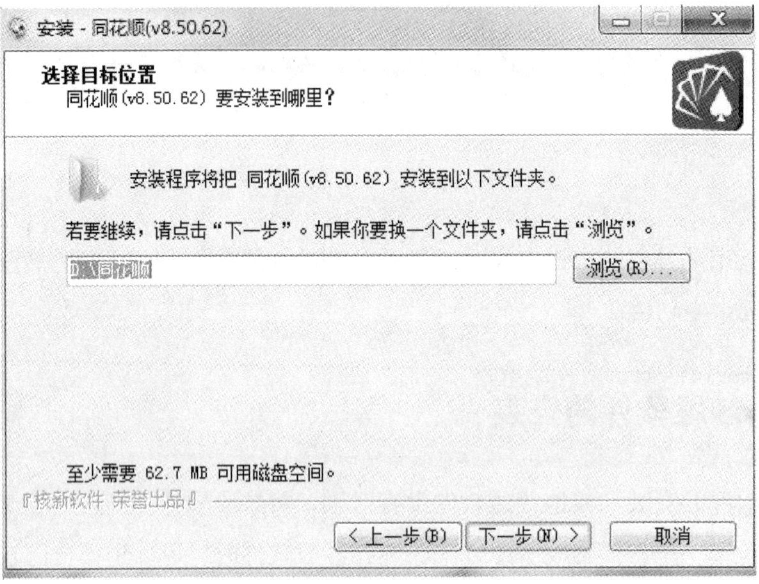

图 3-3-2 “同花顺”安装界面（2）

弹出提示框，确认继续执行附加任务，如在桌面上创建快捷图标，在开始菜单中创建快捷方式等。单击“下一步”按钮。如图 3-3-3 所示。

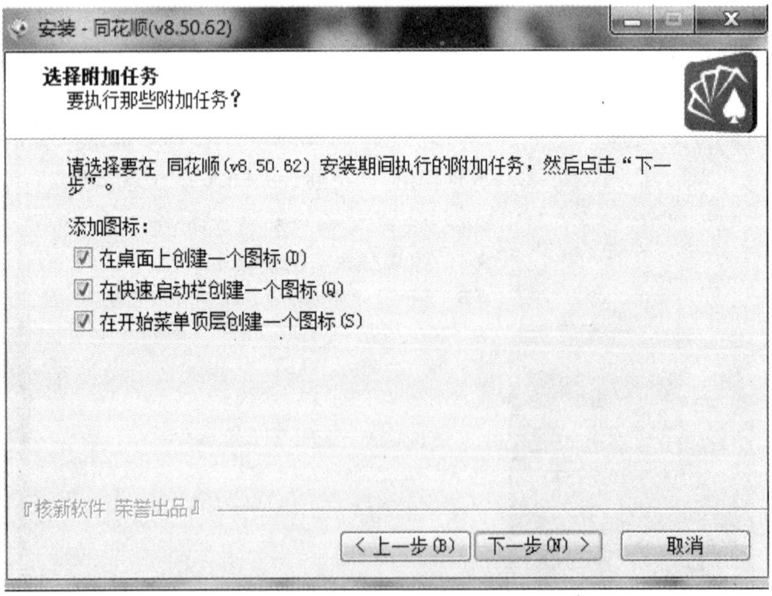

图 3-3-3 “同花顺”安装界面（3）

安装完毕后，会在桌面上出现一个“同花顺”的图标。双击打开，输入资金账户和密码，登录即可使用。如图 3-3-4 所示。

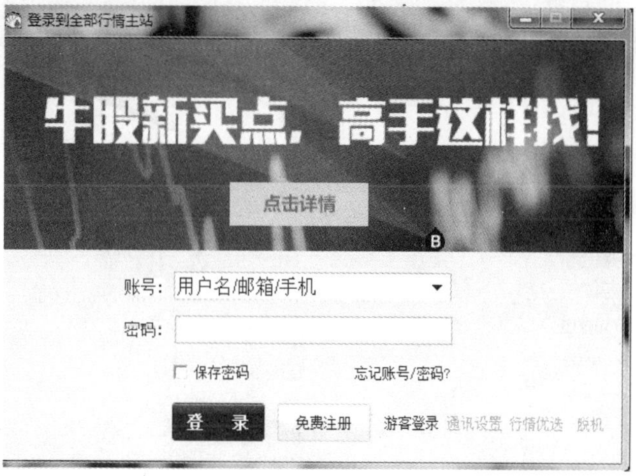

图 3-3-4“同花顺”登录界面

2. 手机炒股软件的安装

手机炒股软件是基于移动通信网络的数据传输功能来实现手机信息查询的新一代无线应用炒股系统。

下面以安卓系统为例，介绍手机炒股软件的下载与安装。

第一步，打开手机里的“应用商店”，如图 3-3-5 所示，找到“理财”板块。

第二步，打开“理财”，找到“同花顺”“大智慧”或“通达信”等炒股软件，如图 3-3-6 所示。

第三步，选择适合自己的炒股软件，单击“安装”按钮。炒股软件安装好后，手机桌面上会出现相应图标。点击图标，即打开了炒股软件，如图 3-3-7 所示。

至此，手机炒股软件就安装好了。炒股软件首页显示“上证指数”“深证指数”“创业板指数”“我的自选”“大盘指数”“综合排名”“股转行情”“阳光资讯”“期货行情”“消息中心”“系统设置”等内容。如果想要交易股票，点击最下面的“交易”，弹出如图 3-3-8 所示的界面，输入账号和密码，即可交易。

图 3-3-5 “理财”板块

图 3-3-6 炒股软件

图 3-3-7 光大金阳光

图 3-3-8 交易登录

四、炒股软件的运用

同花顺股票行情分析软件是目前最受股民欢迎的免费炒股软件之一。同花顺全面支持创业板行情查询和新股申购、委托交易等功能，能够满足股民炒股需要的行情、数据、交易社区、资讯等功能，同时还可以免费查看 29 个国家的股指和港股。图 3-3-9 所示是同花顺软件的初始界面。

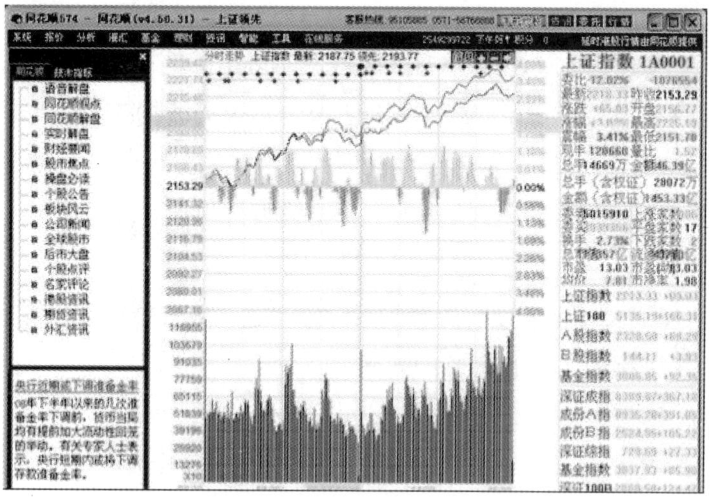

图 3-3-9 同花顺初始界面

同花顺的主菜单可以分为系统、报价、分析、扩展行情、委托、智能、工具、资讯和帮助 9 个选项。

（1）系统。

在系统菜单中，可以对软件进行升级、数据修正等简单操作。

（2）报价。

同花顺的报价菜单主要分为大盘指数、商品顺序、涨幅排名、综合排名、分时同类、K 线同列等。在其下拉菜单选项中，后面的数字代表快捷键。比如，选择涨幅排名中的沪深 A 股排名，可以直接输入 60 进入界面。

（3）分析。

分析选项又包括财务分析、分时走势、超级盘口、成交明细等，股民可以根据不同的选项查看不同的分析结果。

（4）扩展行情。

同花顺扩展行情的分类较细，股民可以方便地从这些细类中选择关于基金、债券、期货、期权、全球、美股、港股不同的变化情况。

（5）委托。

股民可以通过委托选项选择新开户、转户或是办理新委托，也可以通过“小财神”查看账户目前的状况和管理账户。

（6）智能。

在智能选项的下拉菜单中，通过股票预警、鹰眼盯盘、优选交易系统等选项，可以设置个股预警，选择和分析股票。

（7）工具。

工具选项中，可以通过公式管理、划线工具等工具选项实时帮助投资者了解股市走势，当前股市运营状况等，便于投资者决定是否买进或卖出股票。

（8）资讯。

通过资讯选项可以查看不同的信息，即时掌握外界动态。

（9）帮助。

投资者可以通过帮助选项解决一些不懂的问题，或直接通过在线客服选项与别人交流，探讨炒股经验，解决面临的问题。

第四节　打新股

用资金参与新股申购，如果中签的话，就买到了即将上市的股票，这叫做打新股。

一、获取新股资料

可以从证券市场直接获得新股资料，如什么类型的新股，何时发行新股，每股价格多少等，也可以通过炒股软件或者网上查询新股信息等资料。

二、新股申购规则

2015 年的最后一天，证监会发布了完善新股发行制度相关规则，正式宣布新股申购进入“免费时代”。

根据上证所披露的信息，对于普通投资者来说，新、老打新规则的区别是：一是取消了在申购时就全额缴纳申购资金的规定，投资者根据最终确定的发行价格与中签数量缴纳申购款；二是明确投资者连续 12 个月内累计出现 3 次中签但未足额缴纳认购资金情形的，将被列入限制申购名单，自其最近一次放弃认购次日起的 180 日（含次日）内不得参与网上新股申购。

值得一提的是，深交所格外规定，小盘股全部网上发行，即公开发行股票数量在 2000 万股（含）以下且无老股转让计划的，直接定价全部向网上投资者发行。

和此前的市值配售规则类似，沪、深两市市值分开计算。其中持有沪市 1 万元以上（含 1 万元）的投资者方可参与新股申购，每 1 万元市值可多申购 1000 股。同样，持有深市 1 万元市值可参与申购，每 5000 元市值可多申购 500 股。如果投资者持有多个证券账户的，多个证券账户的市值合并计算。

市值计算按投资者 T–2 日 (T 日为新股申购日）前 20 个交易日的日均市值计算。

三、新股申购流程

（1）T–1 日，发行人与主承销商刊登网上发行公告。

（2）T 日，投资者可通过指定交易的证券公司查询其持有市值或可申购额度，投资者根据可申购额度进行新股申购；当日配号，并发送配号结果数据。

（3）T+1 日，主承销商公布中签率，组织摇号抽签，形成中签结果，上交所于当日盘后向证券公司发送中签结果。原 T+1 日申购资金验资环节取消。

（4）T+2 日，主承销商公布发行价格及中签结果，投资者也可以向其指定交易的证券公司查询中签结果。中签的投资者应依据中签结果履行资金交收义务，确保其资金账户在 T+2 日日终有足额的新股认购资金。

（5）T+3 日 15:00 前，结算参与人向中国证券登记结算有限公司申报其投资者放弃认购数据；16:00，中国证券登记结算有限公司对认购资金进行交收处理，将认购资金划入主承销商资金交收账户。

（6）T+4 日，主承销商将认购资金扣除承销费用后划给发行人，公布网上发行结果。

第五节 股票转户与销户

股票转户即转移股票所有权，销户即注销证券公司的账户。前者是股权转移的重要事件，后者是直接彻底退出股市，投资者操作时一定要慎之再慎。

一、股票转户

股票转户具体流程如下。

（1）在当天没有交易、申购新股和配股的情况下，时间最好选在交易日的9:00–10:30，客户本人带身份证、股东卡、银行卡到原营业部柜台直接领取深圳股票转托管和上海股票撤销指定交易表格。

（2）客户本人直接找原营业部负责人签字。

（3）原营业部负责人签字后，客户本人到柜台出具本人身份证、股东卡和银行卡，并告知拟转入证券公司深圳A股席位号，开始办理深圳股票转托管、上海股票撤销指定交易业务，取得加盖印章的深圳股票转托管单。

（4）最好选在交易日当天的13:00–14:30，客户本人带身份证、股东卡、银行卡和加盖印章的转托管单到转入营业部办理开户手续。

（5）在交易日的9:00–16:00，客户本人带身份证、银行卡和第三方存管协议到银行办理第三方存管业务。

二、股票销户

因股票账户牵涉股东账户、上海指定交易及资金第三方存管，投资者在前往证券公司办理股票销户手续时，必须携带个人身份证、股东代码卡、银行账户或银行卡等。

股票销户基本流程如下。

（1）投资者首先应将账户内股票清空，且将证券公司资金账户内的资金转移至银行存管账户，即保证股东账户内无股票及资金账户内无资金，方可办理股票销户手续。

（2）办理过程一般先是撤销上海指定交易（深圳因无指定故无需撤销），然后由证券营业部上报证券登记公司撤销股东账户，最后办理资金账户的撤销即资金第三方存管的撤销。

（3）营业部办理流程：投资者向证券营业部柜台提交销户申请，填销户申请表。柜台工作人员审核资料，查验密码，报营业部主管签字批准，再报营业部分管领导签字。

（4）证券营业部结清投资者股东资金和股份，上报证券登记公司，办理股票销户手续。

（5）股票销户手续办理完毕后，交回投资者身份证和已作废股东代码卡。根据法规规定，投资者办理销户后，其资料应在营业部保留两年。

第四章

基本面分析

初学炒股，学会基本面分析是非常有必要的，因为基本面情况与股价变动存在密切的关系，而股价变动又直接与投资者的收益相关联。

投资者在股票投资实践中，除了要关注国家的宏观经济政策之外，还需要关注企业出台的相关融资政策、股利分配政策、经营状况等，从而分析、判断出股票价格的变动规律和趋势，做出正确的投资决策。

第一节 基本面分析中最重要的事

基本面分析主要包括宏观经济运行态势、上市公司基本情况和其他因素。宏观经济运行态势反映上市公司整体的经营状况和业绩，也为上市公司进一步发展确立了背景，因此，宏观经济因素与上市公司关系紧密。上市公司的基本情况包括财务状况、盈利状况、市场占有率、经营管理体制、人才构成等方面。

股票市场作为金融市场的重要组成部分，不仅承担着融资和资源配置的基本媒介职能，作为经济发展的“晴雨表”，还发挥着经济预测等功能。从长期来看，一家上市公司的投资价值归根结底是由其基本面决定的。

在实际运行中，影响股票价格的因素非常多，在分析一家上市公司的投资价值时，应该从宏观经济、行业状况和公司情况等多方面着手，才能对上市公司有一个全面的认识，从根本上把握住股票价格的总体变动趋势。

一、宏观经济状况对股市的影响分析

1. 国内生产总值（GDP）对股市的影响分析

国内生产总值（GDP）是指在一个既定的时期内，一个国家或地区在其经济领土范围内生产的所有最终物品和提供劳务的市场价值总和。

GDP 指标在宏观经济分析中占有重要地位。一般来说，GDP 对股市的影响表现为，当 GDP 持续、稳定地增长，股票的内在含金量以及投资者对股票的需求增加，促使股票价格上涨，证券市场会呈现上升趋势。

从以往的统计数据来看，1990—2009 年这 20 年期间，不限起始年份，共有 16 个 5 年期，中国 GDP 和上证指数的 5 年期累计涨幅平均值分别为 87% 和 92%，5 年期年复合增长率平均值分别为 12.9% 和 11.4%。尽管 5 年期股市累计涨幅大，年复合增长率平均值却更小，可见股市波动率比 GDP 大得多。但是，以 5 年期计算，平均而言，无论是累计涨幅，还是年复合增长率，中国股市涨幅和 GDP 涨幅是相当接近的。从长期看，股价的变动与 GDP 的变化趋势是吻合的。

但是，我们必须将 GDP 和经济形势两者结合考虑，不能简单地认为 GDP 增长，股市必将伴之上升。当经济结构不合理，高通胀下呈现的 GDP 高速增长是泡沫经济的表现，经济形势在矛盾激化中有恶化的可能，企业成本上升。重复建设，最终导致供大于求，居民实际收入下降，各种因素引发股市行情下跌。

2002 年 10 月，有两个数据在中国证券业界引起了广泛关注，一个数据是 2002 年前三个季度中国国内生产总值同比增长 7.9%，一个数据是 2002 年 1—10 月上证指数跌幅达到 7.9%，一正一负。宏观经济走势与证券市场走势看上去形同陌路，相互背离，让广大投资者感到困惑。由此可见，国内生产总值影响着股市行情的变动，但是股市的变动与 GDP 的变化趋势不是完全吻合的。

2. 物价变动对股市的影响分析

普通商品价格变动对股票市场有重要影响。一般情况下，物价上涨，股价上涨；物价下跌，股价也下跌。

商品价格对股票市场价格的影响主要表现在以下四个方面。

（1）商品价格出现缓慢上涨，且幅度不是很大，但物价上涨率大于借贷利率的上涨率时，公司库存商品的价值上升。由于商品价格上涨的幅度高于借贷成本的上涨幅度，于是公司利润上升，股价也会因此而上升。

（2）商品价格上涨幅度过大，股价没有相应上升，反而会下降。这是因为，物价上涨引起公司生产成本上升，而上升的成本无法通过商品销售完全转嫁出去，从而使公司的利润降低，股价也随之降低。

（3）物价上涨，商品市场的交易呈现繁荣兴旺时，有时是股票正陷于低沉的时候，人们热衷于及时消费，使股价下跌；当商品市场上涨回落时，反而成了投资股票的最好时机，从而引起股价上涨。

（4）物价持续上涨，股票投资者的安全保障意识增加，投资者将资金从股市中抽离出来，转投向动产或不动产，如房地产、贵金属等保值性强的物品上，带来股票需求量降低，因而使股价下跌。

3. 利率对股市的影响

利率是指在借贷期内形成的利息额与本金的比率，反映出信用关系中债务人支付给债权人的资金使用代价，是资本成本的重要组成部分。

利率是宏观经济影响股市行情的重要因素之一，尤其是加息或降息，都会在短期内影响股市行情的发展。

一般来说，利率下降时，股票的价格就会上涨；利率上升时，股票的价格就会下跌。但是，在现实经济中，利率的变化与股市的变动并不能总结为简单的负相关关系。事实上，利率与股市行情的关系和我们的直觉相反，利率上升时股价也在上升，利率下跌时股价也在下跌。

出现这种反常情况的原因是，利率上升大都发生在经济繁荣时期，企业的经营状况很好，同时预期的现金流会增加，公司的股票价格当然也会随之上升。相反，如果央行下调利率，居民对这样一个政策信息的第一反应是经济仍然处于萧条时期，缺乏投资机会，股市也就不会景气。

4. 汇率水平对股市的影响分析

汇率，是一国货币兑换另一国货币的比率。绝大部分的国际经济环境变化都会通过汇率水平反映出来，因此汇率在国际贸易中起着重要的杠杆作用。

由于世界经济一体化趋势逐步增强，包括证券市场在内的各国金融市场的影响相互加深，一国汇率的波动也会影响到证券市场价格。一般来说，如果一国的货币升值，会吸引外资流入，经济形势稳步发展，股价就会上涨。一旦其货币贬值，股价就会随之下跌。但若汇率盲目上涨，也会对股票市场产生不利的影响，因为汇率太高会影响贸易出口，出口受阻不利于经济发展，进而影响到证券市场。

近年来，人民币升值以及汇率的变动已经成为国际上的热门话题，对我国经济走势起到非常大的作用。由于汇率和证券市场的股票等虚拟资产具有很强的相关性，因此人民币升值和汇率调整已经成为我国证券市场长期走势的决定性因素之一。

汇率走势及其变动直接影响一个国家货币的实际购买力，进而影响一个国家的商品在国际市场上的竞争力，从而影响该国进出口贸易数量以及额度，进而通过影响相关企业经营业绩的变化造成相关股票价格变动。根据马歇尔·勒纳条件，货币贬值会增加出口企业的利润，引起股价上升；相反，进口企业因成本增加而业绩受损，将导致其股票价格下跌。同时，汇率的变动也可能通过进出口商品价格的变动引起国内相关商品价格的波动，从而引起股票市场的价格变化。

汇率对不同行业上市公司的业绩影响也不一样，因而在股票市场表现出来的价格走势也就不一样了。可以肯定的是，人民币升值对于我国国内对外依存度很大的出口型和外贸型企业来说，应该是一个很大的长远利空消息；对于国内进口比较多的上市公司来说，由于进口成本降低，长期来说是一个利好消息。人民币升值对于沪深两市的各个板块而言，其中受益最大的板块集中在地产、航空、石油加工、造纸行业里面进口高档纸的上市公司、资源类上市公司等。

5. 通货膨胀对股市的影响

通货膨胀是指在货币流通条件下，因为货币供给大于货币需求，也即现实购买力大于产出供给，导致货币贬值，引起一段时间内物价持续普遍上涨的现象，其实质是社会总需求大于社会总供给。

通货膨胀的走势与股市的指数一样，也可以按月或年通过曲线表现总体的运行状况。这种运行状况可以反映出很多问题，对新股民朋友而言，通货膨胀走势是一种重要的信息。

一般情况下，经济增长和通货膨胀总体形势是呈同步运行的，通货膨胀压力的大小直接影响到一个国家相关政策的制定和实施，而这类政策又会对股市产生重大影响。通货膨胀之初，货币供应量必然增加，这种增加的货币量一般能刺激生产，增加公司利润，从而增加可分派的股息。股息的增加使得股票更具有吸引力，于是股票价格上涨。但是因为通货膨胀代表货币贬值，随后而来的必然是股价大幅回落。

另外，当通货膨胀发生时，企业经理和投资者不可能明确知道目前的盈利是多少，更难预料将来的盈利水平，因为他们无法判断与物价有关的设备、原材料、工资等各项成本的上涨情况。企业利润也会因为通货膨胀下税收制度的变化而极大减少甚至消失殆尽，因此，通货膨胀引起的企业利润的不稳定，会使新投资裹足不前。

就股市宏观趋势而言，通货膨胀压力加大，必然会吸引政府的关注，投资者可以根据通货膨胀的走势推断政府可能推出的措施，并从力度大小的角度把握这些措施对股市的影响。就中国而言，过去保持较高的经济增长速度和抑制通货膨胀始终是矛盾的。经济增长速度过快则通胀压力加重，要抑制通胀，有时又不可避免地影响经济的发展速度。在这个大前提下，政府宏观经济调控手段对股市具有正反两个方面的影响。

一般认为，通货膨胀率很低（如 5% 以内）时，对宏观经济危害并不大，且对股市还有推动作用。货币供应量增多在一定程度上激活了股市，使得股票更具有活力。当通货膨胀率较高且持续到一定阶段时，经济发展和物价上升的前景就变得难以琢磨起来，整个经济形势会变得很不稳定。这时，由于企业对利润前景不明确，新股民朋友应考虑到股市的上升空间已经接近极限，逐步减仓出局为宜。

同样，当通货膨胀到顶回落，并达到合理的范围时，政府为促进经济发展，会推出诸如放松银根、盘活企业等措施，从而刺激股市活力，为股民创造机会。

股民朋友完全可以把通货膨胀理解为生产能力不足。生产能力不足时，任何效率低的企业都可以分得一部分资源来供给，这就意味着整个经济体价值下降，所以股市预期下降；而生产能力过剩时，最先被淘汰的一定是效率低的企业，这意味着整个经济体的效率提高，所以股市预期上升。这就是股市与通货膨胀、通货紧缩之间的关系。

如果投资者能够准确把握通货膨胀的整体趋势，分析判断出通货膨胀的顶部，就有可能在股市中获利不菲。

6. 失业率对股市的影响分析

一直以来，失业率数字被视为反映整体经济状况的一个指标。失业率的变动与国民经济形势基本同步，失业率低，也就是就业率高，居民生活稳定，消费、投资欲望强，有利于股市走强。过高的失业率不仅影响个人投资意愿，而且会影响社会整体情绪，引发一系列的社会问题，股市因此走弱。

美国《纽约时报》报道，2008 年 12 月，美国非农业部门就业岗位减少了 52.4 万个，失业率上升到过去 16 年的最高点 7.2%。该报道称，这是美国非农业部门就业岗位连续 12 个月减少。由于美国失业率攀升至新高，纽约股市三大股指均大幅下跌。道琼斯指数收于 8599.18 点，跌幅为 1.64%，标准普尔指数跌幅为 2.13%，纳斯达克综合指数跌幅为 2.81%。

二、宏观经济政策对股市的影响分析

1. 货币供应量对股市的影响分析

货币供应量是指一个经济体中某一个时点流通中的货币总量。我国的货币供应量从狭义到广义分为三个层次：流通中的现金（M0）、狭义的货币（M1）、广义的货币（M2）。中央银行可以通过法定存款准备金率和再贴现政策调节货币供应量，从而影响货币市场和资本市场的资金供求，进而影响股票市场。

如果中央银行提高法定存款准备金率，这在很大程度上限制了商业银行体系创造派生存款的能力，并通过货币政策的作用，使货币供应量大幅度地减少，股票行情趋于下跌。同样，如果中央银行提高再贴现率，商业银行资金成本增加，市场贴现利率上升，社会信用收缩，证券市场的资金供应减少，使股票行情走势趋软。反之，如果中央银行降低法定存款准备金率或降低再贴现率，通常都会导致股票行情上扬。

货币供应量对股票价格的影响，主要有三种表现：一是货币供应量增加，可以促进生产，支撑物价水平，阻止商品利润下降，使得对股票的需求增加，促进股票市场的繁荣。二是货币供应量增加引起社会商品价格上涨，股份公司的销售收入及利润相应增加，从而使得以货币形式表现的股利会有一定幅度的上升，使股票需求增加，股票价格也相应上涨。三是货币供应量的持续增加引起通货膨胀，通货膨胀带来的往往是虚假的市场繁荣，造成企业利润普遍上升的假象，保值意识使人们倾向于将货币投向贵金属、不动产和短期债券，股票需求量也会增加，从而使股票价格也相应上涨。由此可见，货币供应量的变动是影响股市变化的重要因素之一。当投资者在进行投资分析时，一定要综合考虑当下市场货币供应量的具体情况。

2. 财政政策对股市的影响分析

财政政策是除货币以外政府调控宏观经济的另一种基本手段。政府一般通过税收、国债、投资、补贴等手段来调节经济总量和结构。增加税收，发行国债，或是减少政府投资、补贴等属紧缩性财政政策，对证券市场会产生负面影响；相反，降低税收，减少国债发行量，或是扩大政府投资规模、增加补贴等，则是积极的财政政策，对证券市场会产生积极影响。

财政政策对股市的调节作用，下面主要从税收和国债两个方面进行分析。

（1）税收。

税收是国家凭借政治权力参与社会产品分配的重要形式。

税收具有强制性、无偿性和固定性的特征，它既是筹集财政收入的主要工具，又是调节宏观经济的重要手段。

运用税收杠杆可以对证券投资进行调节。国家财政通过税收总量和结构的变化，可以调节证券投资和实际投资规模，抑制社会投资总需求膨胀或补偿有效投资需求不足。对证券交易者的投资所得规定不同的税种和税率，直接影响交易者的税后实际收入水平，从而起到鼓励或抑制交易的作用。

比如，对于股息所得，我国征收所得税；对于证券交易，我国实行印花税；对于金融机构（包括银行和非银行金融机构）买卖基金的差价收入，我国征收营业税等。在股市低迷或高涨的时候，通过调整或减少这些税收的科目和比例，就能增加或减少市场交易的成本，刺激股市上扬或导致股市下跌，使交易者看清政府的调控意图。我国历年来多次提高或减少印花税，就是专门针对股市的一种财政政策。

一般来讲，税征得越多，企业用于发展生产和发放股利的盈余资金越少，投资者用于购买股票的资金也越少，因而高税率会对股票投资产生消极影响，投资者的投资积极性也会下降。相反，低税率或适当减免税则可以扩大企业和个人的投资和消费水平，从而刺激生产发展和经济增长。

（2）国债。

国债是区别于银行信用的一种财政信用调节工具，国债对股票市场也具有不可忽视的影响。首先，国债本身是构成证券市场上金融资产总量的一个重要部分。由于国债的信用程度高，风险水平低，如果国债的发行量较大，会使证券市场风险和收益的水平降低。其次，国债利率的升降变动，严重影响其他证券的发行和价格。当国债利率水平提高时，投资者就会把资金投入到既安全、收益又高的国债上，因此，国债和股票是竞争性金融资产。当证券市场资金一定或增长有限时，发行过多的国债势必会影响到股票的发行和交易量，导致股票价格的下跌。

第二节 基本面分析中的其他因素

基本面分析中，除了公司因素和国家经济、政策对股票的影响外，还有其他因素，如市场因素、国际因素、突发事件等，对股票也有重大影响。

一、市场因素分析

市场是反映股票供求环境，最终形成股票价格的条件，因此市场供求、市场投资者构成、市场总体价格波动、交易制度和工具、市场心理因素等，都会影响到股价。

股票市场的供求关系决定了股价的中短期走势。作为新兴市场的我国股市，股价主要由股市本身的供求决定，即由股票的总量和股市资金总量决定。公布新股发行上市规模和掌握上市节奏，已成为管理层调控二级市场供求关系、影响股价总体水平的重要手段。

股票市场总体价格波动对特定股票的影响，是指特定股票价格与股市行情的相关关系。我国股市价格波动的特点是齐涨齐跌，个股之间的风险差异小，市场的总体风险占主导地位，个股股价的市场影响占股价变动因素的50%以上。

市场操纵者主要是实力雄厚的大机构，他们通过控制个股涨跌方向和程度，甚至联手操纵板块的走势，进而影响大盘走势，使股价过高或过低，从中获得额外收益。

二、国际因素分析

1. 证券市场对外开放程度

证券市场对外开放速度加快，使原有的市场运行环境发生了变化。这是世界经济一体化的要求，也是我国证券市场规范化、市场化建设推进到一定阶段的产物。在推进我国证券市场进一步国际化的同时，也对证券市场原有的运行环境尤其是价值评估体系造成了较大冲击，使投资者的心理预期发生变化，从而引起股价结构的变化。

这是我国证券市场从不规范逐步走向规范，从不成熟逐步走向成熟所要付出的代价。从长远来看，它是有利于我国证券市场健康发展的，这也是为什么股市长时间大幅度调整的重要原因。当年韩国在开放证券市场时，股市也曾走上价值回归之路。

对于管理层而言，如何减轻因开放带来的阵痛，以较小的代价获取较大的国际化利益，是迫切需要研究和解决的重大课题。目前，我国股市正处于与国际接轨的进程中。较之成熟股市，上市公司治理结构不合理、流通股与非流通股问题，是困扰我国证券市场发展的瓶颈。投资理念、盈利模式也在变化之中，处于转型期的中国股市出现震荡也是难免的。

2. 国际主要资本市场动荡影响国内股市

近几年来，全球经济一直不景气，国际主要资本市场出现大幅动荡，拉美出现新一轮金融危机。在此背景下，美、日又相继爆发了大型上市公司造假丑闻。安然、世通、施乐等这些世界级大公司的财务丑闻，严重打击了投资者的持股信心，发达国家股市指数出现了罕见的连续三年下跌，正经历着自上个世纪二三十年代经济大萧条以来最惨烈的熊市。

美国道琼斯工业平均指数 2002 年底仅收于 8361.63 点，全年跌幅达 16.76%；伦敦金融时报 100 指数自 2000 年科技股泡沫破灭以来连续三年下跌，缩水 43%；德国股市主要指数跌幅约 35%；日经 225 指数在 2002 年内下跌 19%，创下日本股市近 20 年来的新低。

国际主要资本市场的大幅动荡，对处于与国际接轨进程中的我国股市影响不可小觑。从投资者的心理预期来看，我国股市与国际接轨是大势所趋，国际股市大环境对我国股市的联动影响是必然的。在动荡的国际环境中，我国股市要独善其身有不小困难。

三、突发事件分析

1. 政治局势变动因素分析

股市大势的起伏与涨跌，经常受到各种外来因素的影响，其中震撼最强烈、发生最突然的，当属政治因素。

稳定的社会政治环境是经济发展的基本保证，也是股民投资的必要保证。倘若一国政治局势出现较大的波动，如政府更迭、国家首脑生命安全和健康受到威胁、国内动乱、对外发生危机、对外冲突，都会影响股市的发展。因此，政治因素历来是影响股市走势尤其是短期走势的重要因素。

政治因素主要包括本国政局的稳定情况、政权的转移、领袖的更迭、政府的作为、国际社会对本国的政治态度（如制裁、封锁、打击、积极往来、免除债务、援助等）。此类因素往往涉及面非常广，有时是带来大规模的变动，有时则很微妙，但能直接或间接地导致股市波动，有时还会是非常强烈的“地震”，甚至因政治突发事件影响到一个地区、一个国家乃至全世界的安全，对经济和股市的影响更是不言而喻的了。

中国是一个社会主义国家，政局稳定、社会安定、经济发展平稳，但新股民朋友也不能因此而忽视政治因素的变化，因为无论是国内还是国外政治因素，最终都要在社会生活的方方面面产生这样或那样的连锁反应，正所谓“牵一发而动全身”，作为国民经济“晴雨表”的股市更是难以避免。

2. 战争因素分析

战争是人类解决矛盾的一种方式，当其他可用的方式都不能有效地解决矛盾时，人们会选择用战争来解决。古往今来，人类发生过的战争不计其数。就战争的影响而言，涉及面是相当广泛的，除了某种程度上推动历史的发展之外，对交战双方、邻国甚至更远国家的社会、民族、经济、文化等都会产生较大的影响。自从人类经济社会有了股市和期市之后，战争也就不可避免地对它们产生影响，因为股市和期市本身就是社会经济的重要组成部分。

战争期间社会生产力被严重破坏，所有经济活动都要围绕战争展开，往往一个地区或国家几十年的经济建设，就因一场战争而遭受毁灭性打击，对股市的影响亦是毁灭性的。

不同情况下，各国股票及股指期货受战争的影响各有不同。战争的规模大不大、国家有没有参战、是不是交战国的邻国、交战国双方实力的强弱对比等情况的不同，战争对交战国双方以及对邻国、其他中立国股市及股指期货的影响都是大不一样的。

比如强国与弱国之间的小规模战争，带来的影响可能强国的股市是涨的，而弱国的股市大跌甚至休市；两个弱国之间的战争，由于势均力敌，战争可能持续数年，股市一般会休市；两个庞大交战集团的所有交战国的股市可能都是暴跌的。

以 2003 年 3 月 20 日至 4 月 15 日的美伊战争为例，深入剖析交战双方强弱明显的小规模战争对各国股市、股指期货、商品期货走势的影响。

交战前，交战国双方的商品期货在战争升水预期下上涨，特别是金属、能源期货（主要是铜和原油）带动全球相应商品期货上涨。国际（美国）原油期货从2002年11月中旬就开始快速上涨，从当时最低点24.80美元/桶一直涨到战前2003年2月27日的最高点39.99美元/桶。反而越是临近战争爆发及战争爆发后，局势开始明朗，战争升水预期消失，价格出现下跌。美伊战争于2003年3月20日爆发，就在爆发前一个星期，即2003年3月13日，国际（美国）原油期货急速下跌，战争打响之后价格稍稍下探后反复盘整。

伊拉克是世界石油主要出口国之一，战争结束后，美国控制了伊拉克，一定程度上影响了世界原油的供应，加强了国际油价的掌控权，因此战后国际原油期货价格持续上涨，并在2008年3月17日触及111.80美元/桶的高位（美国让原油涨价，是出于国家战略需求，主要目的是遏制欧洲和中国）。

历史证明，突发事件对股市的影响都是短暂的，短期的局部战争有利于军工和石油板块走强。但股市最终选择的方向是由宏观经济支撑的，战争给股市带来的直接影响有限。

3. 自然灾害因素分析

俗话说，天有不测风云，人有旦夕祸福。社会也是如此，随时都有可能发生一些突发事件。自然灾害是指由于自然的原因给人类社会造成巨大经济损失或严重人员伤亡的一类自然现象。自然灾害一般包括天文灾害（如超新星爆发、陨石冲击、太阳辐射异常、电磁异暴、宇宙射线等），地质灾害（如火山爆发、地震、山崩、地陷、雪崩、海啸、滑坡、泥石流等），气象水文灾害（如风灾、水灾、旱灾、雪灾、雹灾、雷电、寒潮、霜冻、风暴潮、海岸侵蚀、海水倒灌、热浪、局部强气候异常、厄尔尼诺现象等），土壤生物灾害（如荒漠化、盐渍化、尘暴、森林火灾、病虫害、水土流失、物种灭绝等）。

常见自然灾害爆发的持续时间有长有短，比如洪灾、雪灾爆发持续的时间较长（数十天），而地震、海啸、火山等的爆发则持续时间较短（数天甚至只有几个小时）。但是灾害影响的持续时间都会较长，造成的损失或影响可能在数月甚至一两年内慢慢叠加或显现出来。

重大的自然灾害，必然会对受灾国、周边国家甚至全球的经济产生负面影响，也会影响股市、期市的走势。当然，灾害对股市、期市的影响大小主要取决于灾害造成损失的严重程度和可挽回程度。

自然灾害对社会和经济的影响都是负面的，它的影响产生于灾害对实物资产的损害。灾害发生时影响了生产，股价随之下跌。但是另一方面，灾后的重建会刺激生产的扩张，相关行业的股价会有一定程度的上升。

重大自然灾害必然会影响受灾国当年或至少是短期的经济表现，同时由于投资者心态的波动，受灾国股市会下跌，和灾害直接相关的行业股价更是会领跌大盘。

对受灾国周边国家或是直接经济往来比较密切的国家来说，由于直接的经济影响以及投资者心理的影响，股市会出现短时间的走软行情。重大自然灾难很可能会较大程度地损害某些产品的生产和流通，导致此类产品短期供应减少，从而推高商品价格，该类产品的期货价格就会先于现货上涨，并且上涨幅度可能大于现货。

如我国爆发于2008年1月10日的重大雪灾，一场50年不遇的暴雪袭击南方的十一个省市。据国家发改委公布的资料显示，在雪灾持续的1月中旬至2月上旬，我国南方地区连续遭受四次低温雨雪冰冻极端天气袭击，给电力、交通运输设施带来极大破坏，因灾直接经济损失达到1516.5亿元。

严重的雪灾加速了股价的下跌。原本大盘处在一波反弹态势中，但是随着1月10日雪灾的爆发，反弹动能大大削弱，并在1月14日扭头下跌。从1月14日至2月1日的15个交易日内，大盘从高点5522.78点跌到低点4195.75点，共下跌1327.03点，下跌24.03%，其中1月21日和1月22日更是分别暴跌5.14%和7.22%。大盘弱势格局形成，春节前几天的小反弹也显得非常无力。节后大盘持续下跌，阶段低点2990.79点一直到4月22日才出现。

第三节 企业面一般分析

一、公司盈利能力分析

公司盈利能力是指企业获取利润的能力，也称为企业的资金或资本增值能力，通常表现为一定时期内企业收益数额的多少及其水平的高低，是投资者最为关心和重视的一个指标。

体现公司盈利能力的指标主要有以下几种。

（1）营业利润率。

营业利润率，是企业一定时期内营业利润与营业收入的比率。它是衡量企业经营效率的指标，反映了在考虑营业成本的情况下，企业管理者通过经营获取利润的能力。营业利润率越高，说明企业商品销售额提供的营业利润越多，企业的盈利能力越强；反之，此比率越低，说明企业盈利能力越弱。

（2）成本费用利润率。

成本费用利润率，是企业一定时期内利润总额与成本费用总额的比率。成本费用利润率指标表明每付出一元成本费用可获得多少利润，体现了经营耗费所带来的经营成果。该项指标越高，利润就越多，反映企业的经济效益越好。

（3）盈余现金保障倍数。

盈余现金保障倍数，是企业一定时期内经营现金净流量与净利润的比值，反映企业当期净利润中现金收益的保障程度，真实反映了企业盈余的质量。盈余现金保障倍数从现金流入和流出的动态角度，对企业收益的质量进行评价，对企业的实际收益能力再一次修正。

（4）净资产收益率。

净资产收益率，又称为股东权益报酬率、净值报酬率、权益报酬率、权益利润率或净资产利润率，是净利润与平均股东权益比值的百分比，是公司税后利润除以净资产得到的百分比率，即人们通俗所讲的“纯收入”。该指标反映股东权益的收益水平，用以衡量公司运用自有资本的效率。指标值越高，说明投资带来的收益越高。该指标体现了自有资本获得净收益的能力。

企业资产包括两部分：一部分是股东的投资，即所有者权益（它是股东投入的股本、企业公积金和留存收益等的总和）；另一部分是企业借入和暂时占用的资金。企业适当地运用财务杠杆可以提高资金的使用效率。借入的资金过多会增大企业的财务风险，但一般可以提高盈利，借入的资金过少会降低资金的使用效率。

（5）资本收益率。

资本收益率，是企业一定时期内净利润与平均资本（即资本性投入及其资本溢价）的比率，反映企业实际获得投资额的回报水平，用以反映企业运用资本获得收益的能力，也是对企业经济效益的一项评价指标。资本收益率越高，说明企业自有投资的经济效益越好，投资者的风险越少，值得继续投资。对股份有限公司来说，就意味着股票升值。因此，它是投资者和潜在投资者进行投资决策的重要依据。对企业经营者来说，如果资本收益率高于债务资金成本率，则适度负债经营对投资者来说是有利的；反之，如果资本收益率低于债务资金成本率，则过高的负债经营会损害投资者的利益。

（6）每股收益。

每股收益也称每股利润或每股盈余，是反映企业普通股股东持有每一股份所能享有的企业利润或承担企业亏损的业绩评价指标。每股收益通常被用来反映企业的经营成果，衡量普通股的获利水平及投资风险，是投资者等信息使用者据以评价企业盈利能力、预测企业成长潜力，进而做出相关经济决策的重要财务指标之一。

（7）市盈率。

市盈率，是上市公司普通股每股市价与每股收益的比率，反映投资者对上市公司每股净利润愿意支付的价格，可以用来估计股票的投资报酬和风险，是具有很高参考价值的股市指针。

（8）销售净利率。

销售净利率是指净利与销售收入的百分比。经营中往往可以发现，企业在扩大销售的同时，由于销售费用、财务费用、管理费用大幅增加，企业净利润并不一定会同比例增长，甚至有可能负增长。盲目扩大生产和销售规模未必会为企业带来收益，因此，分析者应关注企业每增加 1 元销售收入的同时净利润的增减程度，由此来考察销售收入增长的效益。

（9）现金流量比率。

现金流量比率是用来显示公司偿还即将到期债务能力的一种动态指标，是经营活动所产生的净现金流量与流动负债的比率。现金流量比率高，表明公司现金比较充足，短期偿还能力强；反之，则表明公司现金比较紧张，短期偿还能力较差。

二、公司财务分析

财务状况分析侧重于对股票发行公司进行量的分析。财务状况分析，就是通过对公司的财务报表进行分析，以了解公司的财务状况及经营效果，进而了解财务报表中各项数字的变动对股票价格的影响，并作出投资判断。

按股票发行和交易的管理法规，发行公司均应上报并公开其财务报表。我国证券交易管理法规定，上市交易的股票发行公司，应在每个会计年度的中间，向证券主管机关报送中期财务报表；在每个会计年度末，向证券主管机关报送经会计师事务所及其注册会计师签证的期末财务报表，并向公众公布。对于投资者来说，对发行公司的财务状况，即对财务报表的分析，具有十分重要的意义。

三、公司人员素质分析

股市中有一句谚语，“选股要选董事长”，这句话有一定的道理。众所周知，董事长是企业的法人代表和公司经营决策的掌舵人，选好了董事长，从某种程度上说就是选对了具有长期投资价值的股票。当然，决定一个公司经营好坏的人员因素，还包括董事长之外的其他管理层。

公司经营管理层在公司的活动中起着主导性、实质性的作用，他们是企业的神经中枢，负责企业一切重大经营管理的决策权。如果他们素质不高，能力不强，势必导致公司决策出现偏差或错误，甚至给企业造成致命打击。

选股离不开对上市公司领导人及管理层的考量。投资者可以从以下几个方面做出评判。

（1）权威部门和同行上市公司对领导人的评价。

在关注权威部门和同行的评价时，投资者要把握两点：一是评价的权威部门或同行越多，参考价值越大；二是评判的时间越近，可信度越高。

（2）企业领导的个人经历及才能。

个人经历包括年龄、教育背景、在公司的提拔情况、负责范围，在社会和工作上的贡献以及人格品质、人际关系等。工作经历丰富，知名度高，人际关系好，事业心强并曾有良好的经营业绩的领导人，一般具有洞察市场、胜人一筹的才能。

（3）企业领导是否制定过行之有效的战略方针。

企业领导人高瞻远瞩的战略眼光与计划，往往决定一个公司的命运。在当今技术更新加快，竞争日益激烈的情况下，公司的战略方针已经成为考察公司管理层与高层领导能力的一个重要组成部分。

（4）考察上市公司的管理层队伍。

公司核心领导层的知识结构、学历水平、管理经验、技术水平和性格特征等，都会影响企业的发展。投资者可以通过财经报刊、互联网、财务报表等了解上市公司高层领导及董事会成员的资格、学历和人员变动情况。

四、公司经营管理能力分析

上市公司的经营管理水平，会引起股价的波动。经营管理水平高的上市公司，会被投资者普遍看好，受到投资者的青睐和追捧。

公司的经营管理能力，反映了公司的总体形象，股民可以从以下几个方面进行分析。

（1）公司管理人员的素质和能力分析。

所谓素质，是指一个人的品质、性格、学识、能力、体质等各方面特性的总和。管理人员的素质要求是指从事企业管理工作的人员应当具备的基本品质、素养和能力，它是选拔管理人员担任相应职务的依据和标准，也是决定管理者工作效能的先决条件。

在现代企业里，管理人员不仅担负着对企业生产经营活动进行计划、组织、指挥、控制等管理职能，还参与或负责对各类非管理人员的选择、使用与培训工作。因此，管理人员的素质是决定企业能否取得成功的一个重要因素。在现代市场经济条件下，企业面临的内外环境日益复杂，对公司管理人员的要求也不断提高。在一定意义上，是否具备卓越的企业管理人员，直接决定着企业的经营成败。现代企业管理职能客观上要求企业管理人员具有良好的素质，换言之，管理人员的良好素质是提高管理不可或缺的重要条件。

（2）公司管理风格及经营理念分析。

管理风格是企业在管理过程中一贯坚持的原则、目标及方式的总称。经营理念是企业发展一贯坚持的一种核心思想，是公司员工坚守的基本信条，也是企业制定战略目标及实施战术的前提条件和基本依据。一个企业应该建立一个切合自身实际，并能贯彻渗透下去的理念体系。经营理念往往是管理风格形成的前提。一般而言，公司的管理风格和经营理念有稳健型和创新型两种。

（3）公司业务人员素质和创新能力分析。

公司业务人员的素质也会对公司发展起到重要的作用。公司业务人员应该具有如下素质：熟悉自己从事的业务，必要的专业技术能力，对企业忠诚，对本职工作有强烈的责任感，具有团队合作精神等。具有以上这些基本素质的公司业务人员，才有可能做好自己的本职工作，才有可能贯彻落实公司的各项管理措施，完成公司的各项经营业务，才有可能把自身发展和企业发展紧密地联系在一起。

当今社会竞争的核心，是知识创新、技术创新和高科技产业化。不少高科技公司依靠提高产品和技术服务的市场竞争力，加快新产品开发，使公司业绩实现持续增长。管理创新是企业创新的一个方面，其他还有产品创新、技术创新、市场创新。管理创新是产品、技术和市场创新的基础。技术创新、新产品开发必须要由技术开发人员来完成，而市场创新的信息获得和创新方式则不能缺少市场营销人员的努力。因此，公司业务人员的素质，包括进取意识和业务技能，是公司发展不可或缺的要素。对员工的素质进行分析，可以判断该公司发展的持久力和创新力。

五、公司经营战略分析

公司经营战略是企业面临激烈竞争和严峻挑战的情况下，为求得长期生存和不断发展而进行的总体性规划。它是企业战略思想的集中体现，是企业经营范围的科学规定，同时又是制定规划的基础。经营战略是在符合和保证实现企业使命的条件下，在充分利用环境中存在的各种机会的基础上，确定企业同环境的关系，规定企业从事的经营范围、成长方向、竞争对策，合理地调整企业结构和分配企业的全部资源。经营战略具有全局性、长远性和纲领性的特点，它从宏观上规定了企业的成长方向、成长速度及实现方式。

由于经营战略直接牵涉到企业未来的发展，其决策对象是复杂的，面对的问题常常是突发性的，难以预料的。因此，对公司经营战略的评价往往比较困难，难以标准化，一般主要从以下几个方面进行比较。

（1）通过公开的传媒资料、调查走访等途径了解公司的经营战略，特别注意公司是否有明确的经营战略。

（2）考察和评估公司高层管理人员的稳定性及其对公司经营战略可能带来的影响。

（3）公司的投资项目、财力资源、研究创新、人力资源等是否适应公司经营战略的要求。

（4）在公司所处行业市场结构分析的基础上，进一步分析公司的竞争地位，是行业领先者、挑战者，还是追随者，公司与之相对应的经营战略是否适当。

（5）结合公司所处的生命周期，分析和评估公司的产品策略是专业化还是多元化。

（6）分析和评估公司的竞争战略是成本领先、别具一格，还是集中一点。

第四节 基本面的技术分析

基本面的技术分析是基本面分析中的技术因素，主要是通过分析资产重组、公司财务状况、行业状况对股票的影响，从而预估股票未来是否有升值空间，升值空间有多少，升值过程的时间长短等。

一、资产重组对公司的影响分析

上市公司为了实现规模效益或扭亏为盈，可以采取兼并重组的方式对公司进行重大的组织变动。我国许多亏损或微利的国有大中型上市公司通过资产重组，实现了产业结构的调整和转型。目前，资产重组的模式主要有资产置换、优质资产注入和不良资产剥离。1998 年，由于资产重组题材的挖掘和重组个股大范围的炒作，股市爆发了井喷式飙升行情。上市公司收购是股市最具有活力的现象，举牌收购往往伴随着股价的急升。

1. 资产重组的作用

资产重组作为企业资本经营的重要内容，已经成为企业深化改革和市场投资炒作的热点。据统计，沪深两地上市公司中，资产重组的企业超过了 20%，并有进一步扩展之势。企业资产重组是企业优化组合，合理分配社会资源的一种必然选择。一般而言，企业资产重组会壮大企业实力，实现资源优化配置，提高经济运行效率，其作用主要有如下几点。

（1）可以实现企业资本结构的优化。在国家产业政策领导下，可以实现国有资产的战略性重组，使国有资产的行业分布更合理。

（2）与新建一个企业相比，企业重组可以减少企业的资本支出。

（3）与企业自身积累相比，企业重组能够迅速实现产业集中化和经营规模化。

（4）有利于调整产品结构，加强优势产品，淘汰劣势产品，促进产品结构调整。

（5）有利于减少同一行业的过度竞争，提高产业重组效率。

上市公司处在投资者、管理层和券商等中介机构之间，对于投资者来说，资产重组既有出于短期压力的考虑，具有保住稀有的“壳资源”、保配股的功能，也有上市公司从长计议，通过有效重组实现可持续发展的作用。

2. 企业资产重组的类型

根据重组目标点的不同，企业资产重组可以划分为财务性重组和战略性重组。

（1）财务性重组。

财务性重组是以优化资产结构、改善财务质量、避免财务风险和增加账面利润等作为重组的目的，通过资产重组剥离不良资产，使其暂时避免退市危机或达到配股、增发等再融资条件。

一般说来，财务重组具有以下特征。

①重组过程和重组目标均具有短期行为的性质。

②收益实现往往具有“一次性”的特点，即重组当年的账面利润可能确实很丰厚，但未来年度却难以为继。

③经营业绩的改变主要来自出售资产、债务重组等所得的收益。

④往往有保住企业资格或者争取配股、增发资格等动机。

⑤一般属于关联交易。

⑥通常发生在资产负债率过高、沉淀资产过多等资本结构因素导致经营困难的上市公司之中。

（2）战略性重组。

战略性重组是以完善产业结构、培育核心竞争力和提升企业价值等作为重要目的，凭借重组注入的优质资产实现与现有资产产生协同效应，或者实现现有资产产业链的延伸，或者寻求与现有资产关联度不大的多元发展，或者促使现有资产有更好的发展前景等，使重组后的资产结构及组成更加符合企业长远利益的需要，保证企业未来的长远发展。

一般来说，战略重组具有以下特征。

①强调公司长远发展而非短期的绩效改善。

②产生协同效应或产业链延伸，提高经营效率和规模效益。

③产业结构升级，企业核心竞争力增强。

④不仅注重实物资产的重组，还强调无形资产的重组。

③业绩增长依靠实在的优质资产。

⑥从企业现实和发展的要求出发，具有明确的发展战略导向。

3. 重组股的分析技巧

无论从哪个角度对重组股进行分析，都要涉及上市公司重组后的业绩，这主要包括以下几个方面。

（1）业绩与股本规模、上市时间的关系。

（2）重组后的主营业务状况。

（3）运用优惠政策的重组对业绩的影响。

（4）重组后每股收益、每股净资产及净资产收益的增减状况。

（5）重组时对目标资产的选择是否严格。

（6）一次性重组对每股收益产生的影响。

（7）关联重组是否造成了业绩误区。

（8）业绩与重组方式的关系。

（9）重组中是否注意了资本经营而忽略了新产品的经营。

4. 资产重组的作用

毫无疑问，资产重组是在市场经济条件下进行资源配置和再配置的一个重要途径和方法，对社会经济的发展具有显著的积极作用。特别是对于股票市场来说，资产重组既是实现规模经济和产业整合的必要条件，也是股票市场上“用脚投票”机制全面启动的综合反映。正常的资产重组，将有助于股票市场上优胜劣汰竞争机制的建立、健全和完善，也有助于促进产业结构向高级化的方向发展。

资产重组虽有众多优势，但并不表明只要是经过资产重组的公司都能为上市公司带来积极作用。相反，有些公司经过资产重组后，在重组一两年内，企业利润有显著增长，但在这之后，企业盈利能力又开始逐步下降，慢慢地回到重组前的状况，甚至比之前还糟糕。

5. 识别虚假的资产重组

在股票市场上，通过真正的和实质性的资产重组，确实有一些上市公司实现了企业的战略转移，走上了持续健康发展的道路。但也有些上市公司的资产重组带有许多虚假性质，就是我们常说的“水分”，而且重组不规范，不彻底。就资产重组的现实情况来看，突出的问题主要有四种。

（1）以“圈钱”为目的的“报表重组”。

有些上市公司进行资产重组的目的是为了提高企业净资产收益率，从而能够在股市上通过配股的方式圈钱。

比如，有的上市公司与大股东进行完全不等价的关联交易，大股东用优质资产换取上市公司的劣质资产；有的上市公司甚至在同一天买入和卖出同一笔资产，从中获取巨额差价；有的上市公司把巨额债务划给母公司，在获得配股资金后，再给母公司更大的回报。

在这几种资产重组中，关联交易在重组中占有相当高的比重，是这种资产重组的突出弊端。

（2）以拉抬股价为目的的“题材重组”。

近年来，利用资产重组题材来拉抬股价，从而达到在二级市场获利的目的，已经成为我国股市中一种普遍的现象。这种以拉抬股价为目的的重组，一般具有以下三个方面的特点。

①重组题材往往具有“爆炸性”。无论重组前上市公司属于多么传统的行业，只要一经重组，就立即能进行产业升级，科技、科教、科创等各种名目立即冠上公司名称，市场题材由此产生。

②重组能使不良资产大部分或全部转成优良资产，公司业绩也能在短时间内大幅抬升，并往往伴随着高比例的配送题材。

③重组往往采取“暗箱”操作方式，上市公司的资产重组信息既不规范，也不透明。有的上市公司甚至在股价启动时或暴涨过程中发布“澄清公告”：公司没有任何重组意向或重组行为。但当股价持续上扬，并达到高价位时，上市公司却又突然推出了董事会决议：已与某公司或大股东进行了重大的重组行为。

（3）以上市公司提供回报为目的进行的“信用重组”。

利用上市公司的担保或回报来达到重组的目的，是近年来上市公司资产重组中非常引人注目的现象。

（4）以保上市资格为目的进行的“资产重组”。

根据沪深证券交易所有关规定，对连续两个会计年度亏损以及交易所或中国证监会认定为财务状况异常的公司，要进行特别处理（即在股票简称前冠以“ST”）。如果上市公司最近三年连续亏损，则要暂停其上市资格，并做 PT 处理。

随着近年来上市公司亏损的数量日益增加，导致 ST 队伍的壮大及 PT 股票的扩围。上市公司特别是 ST 公司，为了避免成为 PT 公司，PT 公司为了避免被吊销营业资格证，进行年复一年的保“资格”大战，这就是 ST 公司和 PT 公司日益成为资产重组对象的原因，并且在上市公司中形成了 ST 板块。

根据原有的债务重组规则，上市公司的债务重组收益允许计入当期损益，所以，有不少上市公司都想通过此举达到保配股的目的。

二、行业总体状况分析

股市是动态发展的，“买股票就是买公司未来前景”，这是投资者必须树立的投资理念。挑选股票首要的一点就是选择行业，如果行业不景气，那么上市公司再好的微观背景也难有作为。相反，如果行业发展迅速，上市公司又属于行业龙头，投资收益自然也就很可观了。

看行业前景选股，从行业前景中寻找黑马、白马，是投资者在股市避免风险、获取高额利润的一条重要途径。行业和人一样，是具有生命周期的。行业生命周期大致要经历创业期、成长期、稳定期和衰退期四个阶段。从行业生命周期看，一般在创业期盈利少，风险大，股价较低；成长期内利润倍增，支撑行业总体股价水平上升；稳定期内盈利相对稳定，股价平稳；衰退期盈利普遍减少，股价则呈跌势。

1. 创业期

随着社会的发展，不断会有新兴行业涌现出来，逐渐取代传统行业在国民经济中的地位。处于初创阶段的行业，缺乏成熟的技术和成功的经验，产品鲜为人知，市场需求量小，生产未形成规模，单位成本较高，行业利润很低甚至出现亏损。这个阶段，行业企业数量较少，承担的风险较大。

这一时期，由于行业利润低，承担的风险高，人们极少关注这个行业，其股价也偏低。此时，投资者应对行业的性质和社会经济形势进行综合分析，从而对该行业的未来发展前景作出正确的预测。一旦发现其具有远大的发展前景，就应该逐渐加大投资。等到发展到成长期、稳定期之后，将会获得股息和差价两部分的高额回报。

2. 成长期

这一时期，随着技术趋于成熟，市场需求扩大，产品成本较低，利润不断上升，行业便进入成长期。在成长期，行业中厂商的数量大为增加，竞争日益加剧，优胜劣汰。在这一阶段，行业利润很高，但风险也很大，股价容易大起大落。

3. 稳定期

随着市场需求趋于饱和，产品销售增长缓慢，盈利的机会减少，整个行业开始步入稳定期。这一阶段，少数企业控制了整个行业，它们经过上一个阶段的激烈竞争，已经成为资金实力雄厚、财务状况良好、竞争力强的一流企业，行业利润因垄断达到了很高的水平，风险也相对较低，公司股票价格稳定上升。

4. 衰退期

当一个行业发展到最后阶段，随着产品和大量替代品的出现，原行业市场需求和产品销售开始下降。某些厂商开始向其他行业转移资金，致使原行业出现厂商数量减少、利润下降的情况，此时便进入衰退期。衰退行业的股票价格平淡或有所下跌，那些因产品过时而遭到淘汰的行业，股价会受到非常严重的影响。

在选择股票的时候，最好是在企业处在成长期或稳定期的时候介入。这个时候企业拥有雄厚的竞争实力和强大的抗风险能力，反映在股市就是股票价格有明显的上涨势头。

三、公司成长性分析

上市公司的成长性是指公司在自身发展过程中，其所在的产业和行业受国家政策扶持，具有发展潜力，公司前景广阔，规模逐年扩张，经营效益处于不断增长的趋势。

成长性是公司的灵魂，是股市的生命，是衡量上市公司经营状况和发展前景的一项非常重要的指标。一般来说，成长性好的公司，其股票会受到投资者的青睐和追捧。

分析公司的成长性，关键要明确上市公司的成长性分析不同于公司业绩的优劣分析。上市公司业绩优劣分析可以从盈利水平、财务状况、经营管理、行业地位、市场占有率等方面出发，其中包括净资产收益率、资产负债率、流动比率、存贷周转率等一系列量化指标。但这种分析是单纯地从静态出发，是滞后的分析。对公司成长性分析，需评估一家公司的业绩是否会从差到好，从好到更好，而不仅仅是依靠历史数据和过去的经营情况。更重要的是要着眼于公司未来可能产生的变化，同时了解行业、市场乃至产品的变化趋势。因此，对上市公司成长性的分析是全方位的、动态的，带有前瞻性的分析。

对上市公司的成长性分析，主要着眼于外在因素和内在因素两个方面。

1. 外在因素

（1）上市公司的市场需求状况。

市场需求是企业生产最根本的推动力，是一个行业和企业发展的保障和基础。如房地产、汽车等行业，随着经济的快速发展和人民生活水平的不断提高，市场需求也越来越旺盛。

（2）国家的宏观调控及政策方向。

在经济发展过程中，总有一些行业是经济发展必不可少的基础行业，如能源、交通、农业等行业。这些经济发展的基础行业必然会在一个相当长的时间内得到国家的大力扶持，并给予各种优惠政策或特殊待遇。

除了上述基础行业外，对国民经济有重大影响的支柱产业，如科技、石化、机械、电子、建筑等，也会得到国家有关政策的倾斜。这些特殊行业的优势为该行业创造了其他行业无法比拟的成长环境。

（3）上市公司的控股优势。

某些大型企业集团公司采用部分上市方式，从而使上市公司成为集团公司中优质资产的集合体，并接受集团公司的统一领导。沪市中的海尔、宝钢、中国石化等公司就是其中的代表。作为集团公司的窗口，上市公司的业绩往往得到集团公司的内部支持，同时优质资产也不断地注入到上市公司中，使公司业绩和发展后劲得到提高。

2. 内在因素

（1）上市公司的财务状况。

保持合理的财务结构、盈利水平和较强的筹资能力，是上市公司成长性的具体表现。其中，压缩成本、控制开支对公司的利润增长具有杠杆作用。

（2）上市公司在同行业中具有优势。

从市场竞争的角度来讲，一个企业在行业中规模越大，资本实力越强，竞争能力就越强。一方面，规模经济可以产生更多的边际效益，并使其在激烈的市场竞争中可以投入更多的资金开拓市场。按照市场竞争的一般结果，通常是行业中最大的几家成为行业的巨头，绝大多数中小企业不是被兼并就是被淘汰，或是在夹缝中求生存，所以行业内前几名公司最具稳定性和成长性。

（3）上市公司的决策体系及开拓精神。

保证上市公司不断成长的决策包括新项目的开发、新技术的应用等。公司要向前发展，就要有新项目投入运作，这是上市公司业绩增长的主要因素。此外，公司的领导决策层要有开拓创新精神，不断进取，与时俱进。

（4）上市公司的产品优势。

一种产品的生命周期可分为开创期、成长期、成熟期和下降期四个阶段。其中成长期末和成熟期是利润最大的产出期，此时投资利润最大。在开创期，由于需要大量技术、资金投入，产品的市场前景难以确定，风险较大，此时投资，一旦成功则获利丰厚，一旦失败就会损失惨重。下降期的产品会被新产品替代，因此不值得投资。

四、公司财务分析的内容

1. 企业偿债能力分析

企业偿债能力分析是企业财务分析的重要内容，它在一定程度上反映了企业的财务状况，对企业投资者、经营者和债权人都十分重要。

偿债能力分析主要有短期偿债能力分析和长期偿债能力分析。对于短期偿债能力分析，主要侧重于研究企业流动资产、资产变现能力与流动负债的关系；对于长期偿债能力分析，则涉及企业的长期财务状况、资本结构、获利能力和变现能力等。

2. 企业盈利能力分析

企业盈利能力分析主要以资产负债表、利润及利润分配表为基础，通过表内各项目之间的逻辑关系构建一套指标体系。常用指标包括营业（或销售）收入利润率、成本费用利润率、总资产报酬率等。通过对指标进行计算和分析，可以评价企业的盈利能力。

3. 企业营运能力分析

营运能力是企业在生产经营过程中驾驭资产，实现资本增值的能力。营运状况如何，直接关系到资本增值的程度，关系到企业生产经营的成败。对企业营运能力进行分析和评价，一般是从资产的周转速度指标来进行的，包括分析应收账款周转率、存货周转率、流动资产周转率和固定资产周转率等。

4. 企业成本费用分析

企业的成本费用，从财务会计的概念讲，主要反映业务成本（对于制造业来说，就是生产成本，对于施工企业则是施工成本）以及三项期间费用，包括管理费用、财务费用和营业费用。通过分析财务报表（主要是利润及利润分配表、成本表和其他附表）中体现的数字，进行横向或纵向比较，以及对企业相关比率进行衡量，可以得出与其他财务评价指标相配套的系列评价结论。

5. 成长性分析

成长性分析也就是对公司扩展经营能力的分析。投资者肯定希望投资的每一笔资金都能带来丰厚的回报，因此，投资者就不能只看到当前效益和短期效益，还应关注公司未来的发展和前景。

一个公司当前的盈利虽然不高，或者把大部分盈利转化为技术投资，导致当前的分红派息少，但成长速度快、发展潜力大，则该公司股价升值也会很快，就值得投资。相反，有些公司当前利润虽高，但却不知道开拓进取，只知道墨守成规、分红分利，则公司未来前景堪忧。

五、公司财务分析的依据

1. 资产负债表

资产负债表亦称财务状况表，是表示企业在一定时期（通常为各会计期末）财务状况（即资产、负债和股东权益状况）的主要会计报表。资产负债表利用会计平衡原则，将合乎会计原则的资产、负债、股东权益交易科目分为“资产”和“负债及股东权益”两大区块，在经过分录、转账、分类账、试算、调整等会计程序后，以特定日期的静态企业情况为基准，浓缩成一张报表。其报表功用除了企业内部除错、调整经营方向、防止弊端外，也可以让所有阅读者在最短的时间内了解企业的经营状况。

资产负债表一般有表首、正表两部分。表首概括地说明报表名称、编制单位、编制日期、报表编号、货币名称、计量单位等。正表是资产负债表的主体，列示了用以说明企业财务状况的各个项目。

资产负债表正表的格式一般有两种：报告式资产负债表和账户式资产负债表。报告式资产负债表是上下结构，上半部列示资产，下半部列示负债和所有者权益。具体排列形式又有两种：一是按“资产=负债+所有者权益”的原理排列；二是按“资产−负债=所有者权益”的原理排列。账户式资产负债表是左右结构，左边列示资产，右边列示负债和所有者权益。不管采取什么格式，“资产各项目的合计等于负债和所有者权益各项目的合计”这一等式不变。

（1）企业的资产负债表采用账户式结构。

账户式资产负债表分左右两方，左方为资产项目，大体按资产的流动性大小排列，流动性大的资产如“货币资金”“交易性金融资产”等排在前面，流动性小的资产如“长期股权投资”“固定资产”等排在后面。右方为负债及所有者权益项目，一般按要求清偿时间的先后顺序排列，如“短期借款”“应付票据”“应付账款”等需要在一年以内或者长于一年的一个正常营业周期内偿还的流动负债排在前面，“长期借款”等在一年以上才需偿还的非流动负债排在中间，在企业清算之前不需要偿还的所有者权益项目排在后面。

（2）账户式资产负债表中的资产各项目的合计等于负债和所有者权益各项目的合计，即资产负债表左方和右方平衡。

通过账户式资产负债表，可以反映资产、负债、所有者权益之间的内在关系，即资产＝负债＋所有者权益。

2. 合理利用资产负债表

在资产负债表中，企业通常按资产、负债、所有者权益分类分项反映，即资产按流动性大小进行列示，具体分为流动资产、长期投资、固定资产、无形资产及其他资产；负债也按流动性大小显示，具体分为流动负债、短期负债、长期负债等；所有者权益则按受益资本、资本公积金、盈余公积金、未分配利润等项目列示。

如何合理利用资产负债表呢？虽然我们很难迫使上市公司频繁地提供资产负债表，但尽量增加比较详细的样本还是可能的。具体方法就是对企业提供的当年资产负债表和以前年度的资产负债表详细对比分析。在这一分析过程中，新股民朋友除了应留意各项目绝对金额的重大波动之处，还应关注异常的结构性变化。

这些异常包括以下几点。

（1）各长期资产项目占资产总额比重的显著增加或减少。

（2）各种准备金额对相关资产的比例显著增加或减小。

（3）流动负债中各项目比重的显著增加或减少。

（4）流动资产中各项目比重的显著增加或减少。

总之，资产负债表可以反映公司的变现能力、偿债能力和资金周转能力。新股民朋友阅读分析资产负债表，可以清楚地知道上市公司在生产经营活动中所控制的经济资源和承担的社会责任，为投资者进行股票投资提供必要的参考和帮助。

六、财务分析中的比较分析

财务分析中的比较分析一般有横向比较法、纵向比较法和标准分析法三种。

1. 横向比较法

横向比较法是根据一个公司连续数期的财务报表，就其中的同一项目或同一比率进行数值比较，分析公司未来经营状况的发展趋势。这种比较既可以是同一项目绝对数值的比较，也可以是增长比率的比较。

2. 纵向比较法

纵向比较法是指将财务报表中各个具体项目数据与一个基本项目数据比较，算出百分比，并就不同时期的数值进行对比，以判断某一具体项目与基本项目的关系，某一项目在财务报表中的地位，以及这种地位增强或减弱的趋势。

3. 标准分析法

标准分析法是将公司各个会计项目数据与一个设定的标准数据进行比较，以考察上市公司各个项目是否超越社会平均经营水平。标准分析法的关键是确定反映社会平均经营水平的标准数据，一般可以通过大量经验数据统计得到，其中有些是国际或国内公认的既定标准。如国家公认的流动比率正常标准为 2:1，速动比率为 1:1，资本利润率平均水平为 10% 等。此外，还应将公司的有关数据指标，与公司所在行业的平均值或最佳值进行比较，以判断公司的有关指标在同行业中处于何种水平。

七、财务分析中的比率分析

比率分析法，是以同一时期财务上的若干重要项目间相关数据比较，用一个数据除以另外一个数据求出比率，据以分析和评估公司的经营活动，以及公司目前和历史、现状的一种方法，是财务分析的最基本工具。

由于公司的经营活动是错综复杂而又相互联系的，因而比率分析所用的比率种类很多，关键是选择有意义的、互相联系的项目数值进行比较。同时，进行财务分析除了股票投资者以外，还有其他证券从业者、公司管理当局、政府管理当局等。由于进行财务分析的目的、用途不尽相同，所以出发点也不同。作为股票投资者，主要是掌握和运用收益性比率、安全性比率、成长性比率、周转性比率四种分析方法。

1. 收益性比率分析

收益性比率是衡量公司获利能力的指标，也是投资者最关心的比率。

（1）资产报酬率。

资产报酬率也叫投资盈利率，是指企业资产总额中平均每百元所能获得的纯利润，是用以衡量公司运用所有投资资源所获经营成效的指标。其公式为：

资产报酬率＝税后利润 ÷ 平均资产总额 ×100%

上式中，平均资产总额＝（期初资产总额＋期末资产总额）÷2。资产报酬率越高越好，原则上最低不应低于银行利息率。

（2）资本报酬率。

资本报酬率也称股东权益报酬率，是指公司税后盈利与资本总额的比率，即企业资本总额中平均每百元所能获得的纯利润，是用以衡量公司运用所有资本所获经营成效的指标。其计算公式为：

资本报酬率＝税后利润 ÷ 资本总额＝税后利润 ÷ 股东权益 ×100%

上式中，股东权益即股东资本总额，等于总资产与总负债之差。对股东而言，股东权益报酬率越高越好。

（3）每股盈利。

每股盈利是指扣除优先股息后的税后利润除以普通股股数的比率，公式为：

每股盈利＝（税后利润－优先股股息）÷ 普通股股数

每股盈利是测定股票投资价值的最重要指标之一，每股盈利越多，则股票投资价值越高。

（4）每股净值。

每股净值也称每股账面价值或每股净资产额，是股东权益与股本总数的比率，计算公式为：

每股净值＝股东权益 ÷ 股本总数

每股净值是衡量公司实力和股票市价高低的重要指标。一般来说，股票市价高于其每股净值，而每股净值又高于其面值。

（5）销售利润率。

销售利润率是指公司税后利润与销售收入的比率，表明公司销售收入中平均每百元获得的纯收益，其计算公式为：

销售利润率＝税后利润 ÷ 销售收入 ×100%

该比率也是反映公司获利能力的一个重要指标，其数值越大，表明公司的获利能力越强，反之越弱。

2. 安全性比率分析

安全性比率是分析公司偿还债务能力的指标，主要有以下一些具体指标。

（1）流动比率。

流动比率是分析公司偿还债务能力的通用指标。

公式为：

流动比率＝流动资产 ÷ 流动负债

通过分析流动比率，可以知道公司1元钱的短期负债有几元钱的流动资产可做清偿保证。流动比率越大，表明公司的短期偿债能力越强，公司有充足的运营资金；反之，说明公司偿债能力不强，运营资金不充足。

财务健全的企业，其流动资产应高于流动负债，不得低于1:1，一般认为2:1较合适。但是，对于公司和股东而言，并不是流动比率越高越好，尤其是应收账款和存贷过大引起的流动比率过大，更是对财务健全机制不利。一般认为，流动比率超过5:1，则意味着公司资产未得到充分利用。所以对流动比率的分析，必须结合流动资产和流动负债的内容构成进行具体分析。

（2）速动比率。

速动比率又称酸性测试比率，是速动资产和流动负债的比率，它是衡量公司到期清算能力的指标。投资者通过分析速动比率，可以得知企业在极短时间内现金偿还短期债务的能力。其公式为：

速动比率＝速动资产 ÷ 流动负债

上式中，速动资产是指那些能立即变现的资产，一般是指从公司流动资产中扣除流动性较差的存货、预付款等之后的余额。一般认为，速动比率最低限为1:2，如果保持在1:1，则流通负债的安全性比较有保障。当速动比率到达1:1时，即使公司资金周转发生困难，也不致影响其即时偿还能力。

（3）负债比率。

负债比率即负债与股东权益之间的比率，它表明公司1元资本吸收了多少钱的负债。其计算公式为：

负债比率＝负债总额 ÷ 股东收益

通过分析该比率，可以测知公司偿还债务的能力。负债比率越小，表明股东所投资的资产越多，债权人的债权越有保障，并表明公司对外负债与利息负担减少，财务危机的发生几率减少。反之，则表明一个公司的负债越来越多，自有资本越来越少，财务不健全。一般认为，负债比率最高为3:1。

（4）举债经营比率。

举债经营比率即债权人权益对总资产的比率，它表明公司的资产总额中债权人投资额的大小。其公式为：

举债经营比率＝负债总额 ÷ 总资产净额 ×100%

上式中，负债总额就是债权人权益，总资产净额是全部资产总额减去累计折旧后的净额。举债经营比率可以测知公司扩张经营能力的大小，并揭示股东权益运用的程度。其比率越高，公司扩展经营的能力越大，股东权益越能得到充分利用，越有机会获得更大的利润，但举债经营要承担较大的风险。反之，如果经营不佳，则借贷的利息由股东权益弥补，如果负债过多以致无法支付利息或偿还本金，则有可能被债权人强迫清偿或改组。

3. 成长性比率分析

成长性比率分析是财务分析比率中重要的比率之一，它反映了公司的扩张经营能力。其主要指标是利润留存率，是指公司税后盈利减去应发股利的差额和税后盈利的比率。它表明公司的税后利润有多少用于发放股利，多少用于留存收益和扩展经营。利润留存率越高，表明公司发展的后劲越强；利润留存率越低，则公司发展后劲越弱。

利润留存率的计算公式为：

利润留存率＝（税后利润 − 应发股利）÷ 税后利润

4. 周转性比率分析

周转性比率分析是用来分析一个公司经营效率的比率，它是财务分析中比率分析法的重要比率之一。常用的比率有以下五种。

（1）应收账款周转率。

应收账款周转率是指销售收入与应收账款之间的比率。其计算公式为：

应收账款周转率＝销售收入 ÷ 平均应收账款

平均应收账款＝（期初应收账款＋期末应收账款）÷ 2

应收账款是指未取得现金的销售收入，因此，用销售收入与应收账款比较，就可以测知公司的应收账款余额是否合理，以及收款效率的高低。应收账款周转率越高，每周转一次所需要天数越短，表明公司收账越快，应收账款中包含旧账及无价的账项越少。反之，周转率越低，每周转一次所需天数越长，则表明公司应收账款的变现过于缓慢，应收账款的管理缺乏效率。如果用一年的天数（365 天）除以应收账款周转率，便求出应收账款每次周转所需天数，即应收账款转为现金平均所需的时间。计算公式为：

应收账款变现平均所需时间＝365÷应收账款周转次数

在具体比较时，则应结合行业特点具体分析判断。如果某公司应收账款周转率高于行业平均水平，说明该公司销售管理较有效率。

（2）存货周转率。

存货周转率是指销售成本与商品货币之间的比率。其周转率越高，说明存货周转速度越快，公司控制存货能力越强，营运资金投入在存货上的金额越小。反之，存货周转率太低，则表明公司存货太多，不仅使得资金滞积，影响产业流动性，还会增加仓储费用，甚至使得一些产品消耗掉。

存货周转率的计算公式为：

存货周转率＝销售成本 ÷ 平均商品存货

平均商品存货＝（期初存货＋期末存货）÷2

（3）固定资产周转率。

固定资产周转率指销售收入与固定资产之间的比率，它能够表明固定资产周转的次数。投资者可以用一些比率来检测公司固定资产的利用率。固定资产的利用率越高，表明固定资产周转速率越快，固定资产的闲置越少；反之，则表明固定资产闲置严重，效率未能得到充分发挥。固定资产周转率的计算公式为：

固定资产周转率＝销售收入 ÷ 平均固定资产余额

（4）资本周转率。

资本周转率又叫净值周转率，是销售收入与股东权益的比率。资本周转率越高，表明资本周转率速度越快，运用效率越高；资本周转率越低，表明公司的资本运用率越低。其公式为：

资本周转率＝销售收入 ÷ 股东权益平均余额

（5）资产周转率。

资产周转率是指销售收入与资产总额之间的比率。它是用以衡量公司总资产是否得到充分利用的指标。计算公式为：

资产周转率＝销售收入 ÷ 资产总额

在财务分析中，比率分析用途最广，但也有局限性，突出表现在：比率分析属于静态分析，对于预测未来未必绝对合理可靠。比率分析使用的数据为账面价值，难以反映物价水准的影响。投资者在运用比率分析时，一是要将各种比率有机地结合起来，进行全面分析，不可单独地看某种比率，否则很难准确判断公司的整体情况；

二是要注意审查公司的性质和实际情况，不能仅仅着眼于财务报表；三是要注意结合差额分析，这样才能对公司的历史、现状和将来有一个详细的分析、了解，以达到财务分析的目的。

八、合理看待净资产收益率指标

净资产收益率是衡量上市公司盈利能力的重要指标，体现了企业所有者的获利能力，但是有些人在选择投资产品时，会扩大净资产收益率的作用。实际应用时，应该综合考虑，认识到净资产收益率的缺陷，同时参考其他指标选择投资品种。

净资产收益率的计算公式：

净资产收益率（R）＝每股收益或公司净利润（E）÷每股净资产或公司股东权益（A）×100%

首先，应看到公式本身的缺陷。这个计算公式只反映了收益率这个数值，没有反映分子分母两个数字本身的大小。通过公式可以看出提高ROE有多种方式，其中，E值不变，A值减少，或者E、A两值同时减少，A值减少得更多，这两种方法都能提高R值。很明显，E或A减少是公司盈利能力衰退的表现，所以，不能单纯从R值本身较高就片面认为公司获利能力较高。

其次，由于投资者一直比较看重R，所以给市场带来了一些不良的导向。以其为标准，不利于公司的稳健经营和持续发展，一些业绩较差、净值较低的上市公司，一方面通过大股东进行关联交易获得账面利润，或直接向地方政府争取补贴收入以加大分子，另一方面由于连年经营亏损或多次送转股份令分母趋小，而一旦再融资资金到手，或无偿为大股东平调，或购买国债，或者归还贷款，真正用于企业再生产的资金寥寥无几，于是企业发展就会停滞不前。

另外，国内对R的追求给企业的国际化带来阻碍。从国际标准来看，评判企业经营绩效的一个收益性指标是总资产收益率而非净资产收益率。由于总资产等于净资产与负债之和，所以当收益水平既定的情况下，计算出来的总资产收益率往往会大大低于净资产收益率。如果不用全方位的考核系统评估企业整体状况，企业就会对以后将面对的国际机构评级等问题非常不适应，一时间难以改正而面临淘汰。

总之，对公司做财务分析，不能单看谁的净资产收益率高就认为谁好。需要更细致地研究毛利率、净利润、周转速度、财务杠杆，发现不同公司的差异，研究造成这些差异的原因，然后根据这些判断公司未来可能的变化情况，从而发现安全、合理的投资机会。

第五章

技术面分析

技术面分析是相对基本面分析而言的。所谓技术面分析，就是撇开国家经济政策因素、行业因素、公司因素等，只从价格与成交量或成交额上分析市场走势。

技术面分析基于三大假设：一是假设市场行为包含了所有的相关信息；二是假设趋势具有惯性；三是假设历史会重演。技术分析就是基于此三项假设进行的。

第一节　经典分析理论

一、道氏理论

道氏理论是所有市场技术研究的鼻祖。道氏理论的初衷不是用于测试股市，也不是用于指导投资者，而是一种反映市场总体趋势的晴雨表。道氏理论的最伟大之处在于其宝贵的哲学思想，这是它全部的精髓。道氏理论是一种技术理论，换言之，它是根据对价格模式的研究，推测未来价格行为的一种方法。

道氏理论主要包括以下观点。

（1）股票指数能够提前反映未来经济走势，是国民经济状况的晴雨表。

在世界股市的发展历史中，已经多次验证了这个观点的确定性。不过由于我国股市正处于发展初期阶段，资金的特点非常鲜明，投机气氛浓厚，股价波动主要和资金状况有关，而不是公司真实的经营业绩，因此，股市作为国民经济的晴雨表并不突出，投资者入市后非常注重资金对市场的作用。

（2）大部分股票的走势会随着股市大势的趋势运行，逆市运行的只是少数。

个股的走势，受到大盘影响极大。当牛市来临时，绝大多数股票将上涨；同样，当熊市来临时，绝大多股票将下跌。因此，投资者在进行中长期投资时，首先要判断市场大势，当大势向好的时候，投资者买入股票胜算的概率较大。当大势不好时，即使投资者的股票仍然持续上涨，也应谨慎，随时做好卖出的准备。

（3）大盘趋势有主要趋势、次级折返走势和日间波动走势三种。

主要趋势是股价长期的全面上涨或者下跌的趋势，也就是通常所说的牛市和熊市。这种趋势的持续时间一般在一年以上。在这种趋势中，股价整体上涨或者下跌的幅度一般会超过50%，投资者对这种趋势的判断是否正确，直接决定了其获利的状况。主要趋势不会随着其他因素而改变。

次级折返走势，就此处的讨论来说，次级折返走势是多头市场中重要的下跌走势，或空头市场中重要的上涨走势，持续的时间通常在三个星期到数个月，此期间内折返的幅度为前一次级折返走势结束之后主要走势幅度的33% ~ 66%。次级折返走势经常被误以为是主要走势的改变，因为多头市场的初期走势，显然可能仅是空头市场的次级折返走势，相反的情况则会发生在多头市场出现在顶部后。

短期变动趋势是短暂的波动，很少超过三个星期，通常少于六天。它们本身尽管没有什么意义，但是使得主要趋势的发展全过程增添了神秘多变的色彩。通常，不管是次级趋势或两个次级趋势所夹的主要趋势部分，都是由一连串的三个或更多可区分的短期变动所组成。由这些短期变动所得出的推论很容易导致错误的方向。在一个无论成熟与否的股市中，短期变动都是唯一可以被“操纵”的，而主要趋势和次要趋势却是无法被操纵的。

（4）趋势确认原则。

如果上升趋势能够不断突破前期高点，同时在回落中不会跌破前期低点，那么就说明股价有明显的上升趋势；如果上升趋势无法突破前期高点，同时在回落中跌破前期低点，就说明股价处于下跌趋势。因此，大家可以通过这一简单的趋势来判断当前股价的走向。

二、波浪理论

美国证券分析家拉尔夫·纳尔逊·艾略特利用道琼斯工业平均指数作为研究工具，发现不断变化的股价结构性形态反映了自然和谐之美，根据这一发现，他提出了一套相关的市场分析理论，精炼出市场的13种形态，在市场上这些形态重复出现，但是出现的时间间隔及幅度大小并不一定具有再现性。而后他又发现这些呈结构性形态的图形可以连接起来形成同样形态的更大图形。这样提出了一系列权威性的演绎法则用来解释市场的行为，并特别强调波动原理的预测价值，这就是久负盛名的艾略特波段理论，又称波浪理论。

在股市中，上涨浪一般可以分为5浪结构，下跌浪一般分为3浪结构，如图5-1-1所示。股价处于上涨浪时，可以划分为5个子浪，第一浪、第三浪和第五浪是推动行情上涨的推动浪，第二浪和第四浪是前一阶段上涨浪后的下跌调整浪。在上涨浪结束后，行情又开始进入下跌浪，下跌浪分为a浪、b浪和c浪3个子浪。其中，a浪和c浪是下跌浪，b浪是对下跌浪的挑战浪。

上涨浪和下跌浪一共分为8浪结构，它构成了股价波动的一个完整轮回。波浪理论认为，任何股价的波动，不论其规模大小都可以划分为这8浪形态，同时多个相同级别的浪可以产生一个更高的浪，而每个浪又可以划分为更低一些的小浪。

从图 5-1-1 中我们可以看出，波浪理论的一个最大特点就是大浪中套着小浪，因此，浪形划分越细，浪形就越多，数浪的难度就越大，相应的可靠性就越低。

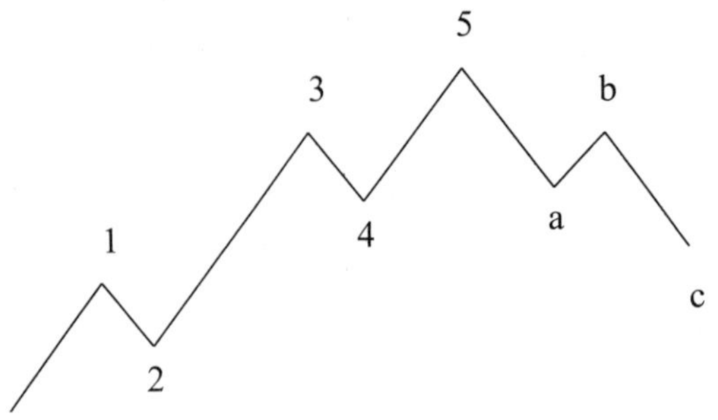

图 5-1-1 波浪理论图示

如图 5-1-2 所示，波浪理论另一个显著的特点就是“千人千浪”，不同的人可以有不同的数浪结论，而且很难争论出谁对谁错。对于普通的中小投资者而言，只要能够判断清楚大浪的运行方向、所处阶段就可以了。

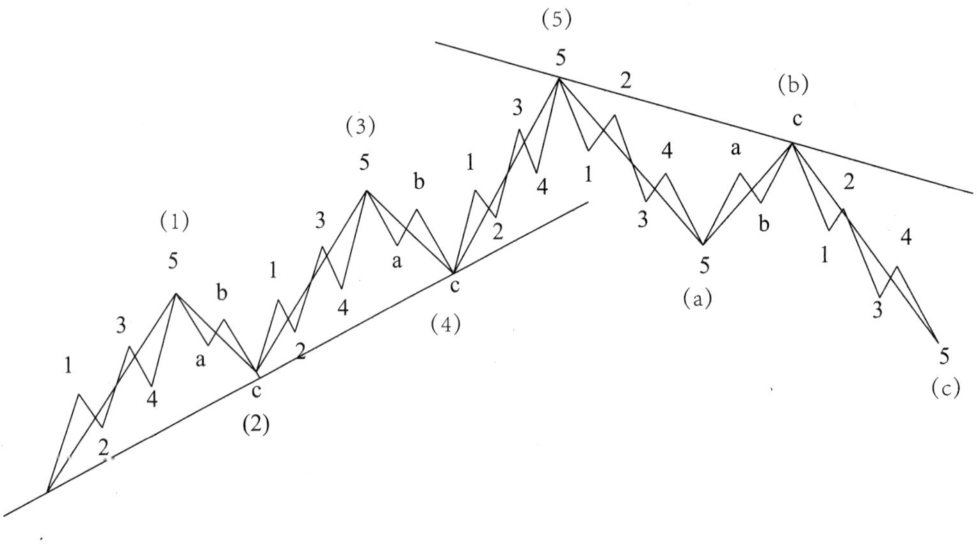

图 5-1-2 波浪形态的拆分

三、江恩理论

美国 20 世纪著名投资家威廉·江恩，通过对数学、几何学、天文学和宗教的综合运用，建立了独特的分析方法和测市理论，结合自己在股票和期货市场上的骄人成绩和宝贵经验，提出了江恩理论。在他 50 多年的投资生涯中，一共从股票市场上获得 3.5 亿美元的纯利润，投资成功率高达 80%。这个骄人的成绩至今无人能及，他所创造的江恩理论把时间和价格完美地接合起来，被投资界广为推崇。

江恩理论主要包括以下三个方面。

1. 回调法则

回调是指价格在主运动形式上暂时的反转运动。回调理论是江恩价格理论中最重要的一部分。根据价格水平线的概念，33%、50%、63% 作为回调位置，对价格运动趋势构成强大的支持或阻力。江恩 50% 回调法则是基于江恩的 50% 回调或 63% 回调概念之上的。

江恩认为，不论价格上升或下降，在江恩价位中，50%、63%、100% 最为重要，是股价回调的支撑位，他们分别与几何角度 45° 、63° 和 90° 相对应，这些价位通常用来决定建立 50% 回调带。

2. 时间循环法则

江恩的循环理论是对整个江恩思想及其多年投资经验的总结。

江恩把他的理论用按一定规律展开的圆形、正方形和六角形来进行论述，这些图形包括江恩理论中的时间法则、价格法则、几何角、回调带等概念，图形化地揭示了市场价格的运行规律。

江恩认为较重要的循环周期如下。

短期循环：1 小时、2 小时、4 小时……18 小时、24 小时、3 周、7 周、13 周、15 周、3 个月、7 个月。

中期循环：1 年、2 年、3 年、5 年、7 年、10 年、13 年、15 年。

长期循环：20 年、30 年、45 年、49 年、60 年、82 或 84 年、90 年、100 年。

30 年循环周期是江恩理论分析的重要基础，因为 30 年共有 360 个月，这恰好是 360 度圆周循环，按江恩的价格带理论对其进行 1/8、2/8、3/8……7/8 等，正好可以得到江恩长期、中期和短期循环。

10 年循环周期也是江恩理论分析的重要基础。江恩认为，10 年周期可以再现市场的循环。例如，一个新的历史低点将出现在一个历史高点的 10 年之后，反之，一个新的历史高点将出现在一个历史低点之后。同时，江恩指出，任何一个长期的升势或跌势都不可能不做调整地持续三年以上，其间必然有三至六个月的调整。因此，10 年循环的升势过程实际上是前六年中每三年出现一个顶部，最后四年出现最后的顶部。

上述长短不同的循环周期之间存在着某种数量上的联系，如倍数关系或平方关系。江恩将这些关系用圆形、正方形、六角形等显示出来，为正确预测股市走势提供了有力的工具。

3. 波动法则

在第一次世界大战中，一队德国士兵迈着整齐的步伐通过一座桥，结果把桥踩塌了。就桥梁本身的负载能力而言，远远大过这队德国士兵的重量，但由于士兵步调整齐，节奏一致，结果大桥在这种齐力的作用下而倒塌，这就是共振的作用。共振经常应用于音响领域中。当短频率与长频率出现倍数关系时，就会产生共振。共振可以产生势，而这种势一旦产生，向上向下的威力都极大，它能引发人们的情绪和操作行为，产生一边倒的情况。向上时人们情绪高昂，蜂拥入市；向下时，人人恐慌，股价狂泻，如同遇到世界末日，江恩称之为价格崩溃。

因此，股票投资者应对共振现象充分留意。如下情况将可能引发共振现象。

（1）当长期投资者、中期投资者、短期投资者在同一时间点，进行方向相同的买入或卖出操作时，将产生向上或向下的共振。

（2）当时间周期中的长周期、中周期、短周期交汇到同一个时间点且方向相同时，将产生向上或向下共振的时间点。

（3）当长期移动平均线、中期移动平均线、短期移动平均线交汇到同一价位点且方向相同时，将产生向上或向下共振的价位点。

（4）当 K 线系统、均线系统、成交量、KDJ 指标、MACD 指标、布林线指标等多种技术指标均发出买入或卖出信号时，将产生技术分析指标的共振点。

（5）当金融政策、财政政策、经济政策等多种政策方向一致时，将产生政策面的共振点。

（6）当基本面和技术面方向一致时，将产生极大的共振点。

（7）当某一上市公司基本面情况、经营情况、管理情况、财务情况、周期情况方向一致时，将产生这一上市公司的共振点。

四、黄金分割理论

把一条线段分割为两部分，使其中一部分与全长之比等于另一部分与这部分之比，其比值是一个无理数，取其前三位数字的近似值是 0.618 和 0.382。由于按此比例设计的造型十分美丽，因此称为黄金分割，也称为中外比。

公元前 6 世纪古希腊的毕达哥拉斯学派研究过正五边形和正十边形的作图，因此现代数学家们推断当时毕达哥拉斯学派已经触及甚至掌握了黄金分割。

最近几十年，一些外国学者将“黄金分割率”应用到股市行情分析方面，经过他们长期观察，发现每当股价上涨幅度达到上一波段跌幅的 0.382 或 0.618 附近时，就会产生明显的阻力，股价往往会出现回落。相反，当股价出现下跌时，下跌到 0. 382 或 0. 618 附近时，就会产生明显的支撑位，股价往往开始回升。

另外，除了 0. 382 和 0. 618 外，0.191、0.5 和 0.809 等也被视为股价的黄金分割数字。

以股价近期走势中重要的峰位或底位，即重要的高点或低点为计算测量未来走势的基础，当股价上涨时，以底位股价为基数，跌幅在达到某一黄金比时，较可能受到支撑。当行情接近尾声，股价发生急升或急跌后，其涨跌幅达到某一重要黄金比时，则可能发生转势。

行情发生转势后，无论是止跌转升的反转抑或止升转跌的反转，以近期走势中重要的峰位和底位之间的涨额作为计量的基数，将原涨跌幅按 0.191、0.382、0.5、0.618、0.809 分割为五个黄金点，股价在之后的走势将有可能在这些黄金点上遇到暂时的阻力或支撑。

如图 5–1–3 所示，以深物业 A（000011）为例，股价经过一段爬升，在 0.809 附近开始回落，至 0.618 附近止跌，股价继续上升，至 1.618 附近达到顶点，然后开始回落。

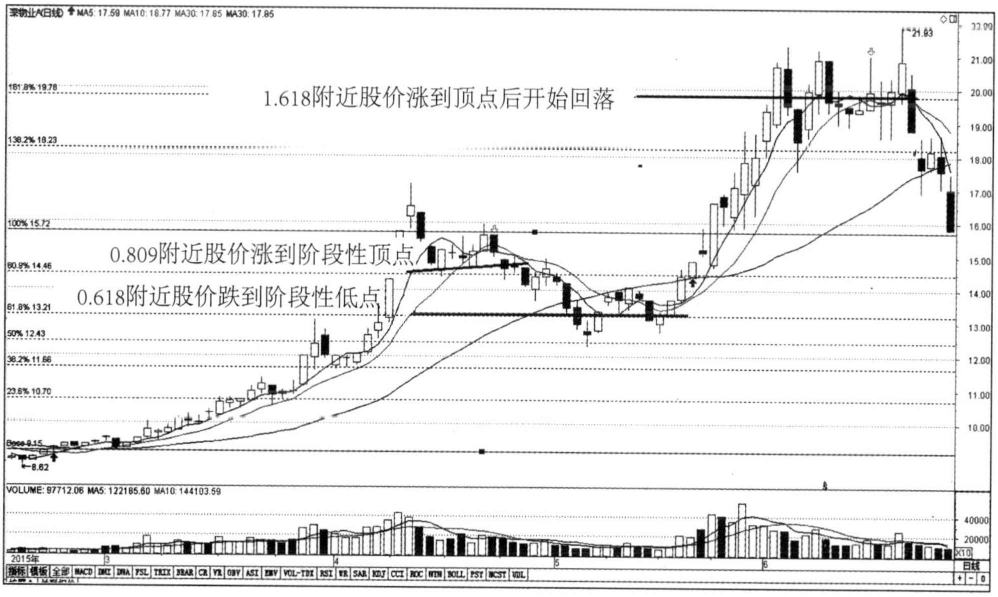

图 5–1–3 深物业 A（000011）黄金分割理论图示

五、相反理论

相反理论的基本要点是投资买卖决定全部基于群众的行为。它指出，不论股市及期货市场，当所有人都看好时，就是牛市开始到顶；当人人看淡时，熊市已经见底。只要你和群众意见相反的话，致富机会永远存在。

相反理论认为，当大多数人都看好股市的时候，往往是顶部区域，此时应该卖出股票；当大部分人都看淡股市的时候，此时应该买入股票。

通过学者的研究发现，根据相反理论最终反映出盈利的结果和股市中著名的“二八原则”惊人的相似。这也和我国“物极必反”所说的观点相符合。

（1）相反理论并非只是大部分人看好，我们就要看淡，或大众看淡时我们便要看好。相反理论会考虑这些看好看淡比例的趋势，这是一个动态的概念。

（2）相反理论并不是说大众一定是错的，群众通常都在主要趋势上看得对。大部分人看好，市势会因为这些看好情绪变成实质购买力而上升，这个现象有可能维持很久，直到所有人的看好情绪趋于一致时，市势会发生质的变化——供求失衡。培利尔说过，当每一个人都有相同想法时，每一个人都错。

（3）相反理论从实际市场研究中发现，赚大钱的人只占投资者的5%，剩下的95%都是输家。要做赢家，切不可与大多数人的看法同流。

（4）相反理论的论据就是在市场行情将转势，由牛市转入熊市前一刻，每一个人都看好，都会觉得价位会再上升，无止境地升。大家都有这个共识的时候，会尽量买入，升势消耗了买家的购买力，直到想买入的人都已经买入了，而后来资金却无以为继，牛市就会在所有人的看好声中完结。相反，在熊市转入牛市时，就是市场一片暗淡，所有看淡的人士都想卖出，直到他们全部卖了股票，市场已经再无看淡的人采取行动，市场就会在所有人都卖出股票时见到了谷底。

（5）在牛市最疯狂，但行将死亡之前，大众媒介如报纸、电视、杂志等都反映了普通大众的意见，尽量宣传市场的看好情绪。人人热情高涨时，就是市场暴跌的先兆。相反，大众媒介懒得去报导市场消息，市场已经没有人去理会，报纸新闻全部都是市场坏消息时，就是市场黎明的前一刻，最沉寂最黑暗的时候，曙光就在前面。大众媒介永远都采取群众路线，所以和相反理论原则刚好违背，这反而成了相反理论借鉴的资料。大众媒介全面看好，就要看淡，大众媒介看淡，反而是入市时机。

六、亚当理论

亚当理论的精髓是没有任何分析工具可以准确地推测市场走势的方向，每一套分析工具都有其缺陷，股市根本不可以推测。如果股市可以推测的话，凭借 RSI、PAR、MOM 等辅助指标，理论上就可以达到推测股市趋势的效果。但是不少人运用这些指标却得不到预期的效果，仍然输得很惨，原因就是依赖一些并不完美的工具推测走法不定、难以捉摸的股市，将是徒劳无功的。所以亚当理论的精神就是教导投资者放弃主观的分析工具，在市场中生存就是适应市场的大势，顺势而行是亚当理论最重要的精神。

市场是升势，抓逆水做沽空，或者市场是跌势，持相反理论入市，必然一败涂地。原因是升势升完可以再升，跌势时，股价跌完还可以再跌。但事先无人可以预计升跌何时完结，顺势而行才能将损失降到最低。

为了做到顺势而为，亚当理论提出了在实际操作中的十大原则。

（1）切勿看错市，而不肯认输，越挫越深。

（2）止损价位一到就一定要执行，不可以随便更改、调低止损位。

（3）入市买卖时，应在落盘后立刻定下止损位。

（4）入市看错，只可止损，不可一路加注平均价位，否则可能越损越多。

（5）入市看错，不宜一错再错，手风不顺者要离开，再冷静分析检讨。

（6）一定要认识市场运作，认识市势，否则绝对不买卖。

（7）切勿妄自推测升到哪个价位或跌到哪个价位就升到尽头、跌到尽头，浪顶、浪底最难测，不如顺势而行。

（8）市升买升，市跌买跌，顺势而行。

（9）如果看错市，一旦损失到 10% 就一定要立刻抛出，重新来过。

（10）每一样分析工具都并非完美，都有出错可能。

七、箱体理论

箱体理论是指股票在运行过程中形成了一定的价格区域，即股价是在一定的范围内波动，这样就形成一个股价运行的箱体。当股价滑落到箱体的底部时会受到买盘的支撑，当股价上升到箱体的顶部时会受到卖盘的压力。一旦股价有效突破原箱体的顶部或底部，就会进入到一个新的箱体里运行，原箱体的顶部或底部将成为重要的支撑位和压力位。

如图 5-1-4 所示，以富奥股份（000030）为例。箱体 A 时，股价处于整理阶段，此时股价涨跌幅度小，买入风险相对小，但未来前景不明。箱体 B，一根中阳线吹响了股价攀爬的集结号，此时为最好的买入点，未来股价又有一波较大的涨幅。箱体 C，股价在经过小的调整后又开始大幅回升，不久股价达到顶点，空中加油成功，马上兑现出局，股价在到达一个顶点后，多方力量无力再发动一次新高峰，后市看跌。

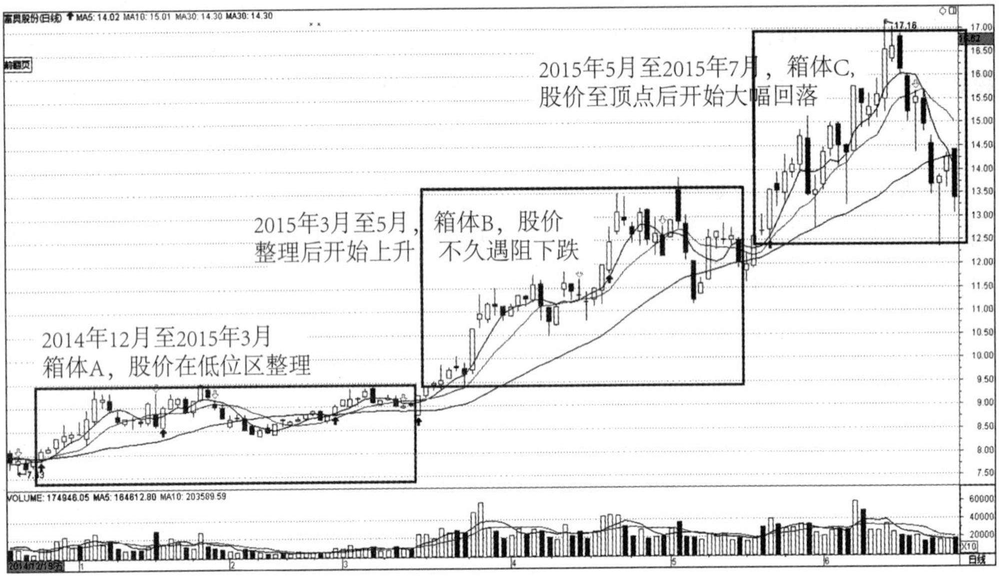

图 5-1-4 富奥股份（000030）的箱体理论图示

将某一阶段的涨跌视之为箱体，当股价在第一个箱体内起起伏伏时，投资者只作冷静分析，而不采取行动，一直等到股价确实上升到第二个箱体，甚至第三个箱体时，才进场买进。在买进股票之后，只要股价不回跌至前一箱体顶之下，就不卖出，当股价碰触到停损点时，要毫不犹豫立刻卖出。当股价即将由上一个箱体下降到下一个箱体时，上一个箱体的底部就是停损点，当股价破底时，马上卖出。每一个箱体都有其头部与底部，头部就是箱形的压力，而底部就是它的支撑。这一套是短线操作法宝，理论依据在于不买便宜的股票，只买会涨的股票（要站在箱体之上）。

短、中、长线，各有其箱体，但运用方法与原理是互通的。具体实战中的操作方式为，设定好现在箱体的压力、支撑后，就可以在箱体内短线来回操作，不断来回进出，从中赚取差价，然后随时留意箱体的变化，并比对上、下两个箱体的位置，意即支撑与压力会互换，行情往上突破，当初的压力就变为支撑，行情往下跌破，当初箱型的底部支撑就变成目前股价的压力，当箱体发生变化之后，投资者必须在新的箱体被确认后，才可以在新的箱体内短线操作。

从基本特征出发，新股民朋友可以看出，箱体理论其实是阻力位和支撑位概念的一种延伸。股价涨到某一水平，会遭受阻力位的反击；而跌至某一水平时，则会得到支撑位的大力支撑，自然而然使得个股在某个区间上下起伏。这种浮动会产生不少箱体，如果投资者可以确定股票趋势是一个箱体走势，那么就很容易进行单线操作：每当股价到达高点附近，卖压较重，自然应该及时抛出手中筹码套现；当股价回落到低点附近，支撑力强，就是绝好的短线买入机会。这种短线操作方式可以维持到股价突破箱体时再改变具体的操作策略。如果股价冲破箱顶，表明阻力已克服，股价将继续上升，一旦下跌，过去的阻力位自然形成支撑位，使股价回升，另一上升箱体又告成立。因此，股价突破阻力线下跌时，自然形成一个买点，此时买进，获利机会较大，风险较低。相反，股价突破箱底时，表示过去的支撑位已经失效，股价会继续下跌，一旦回升，过去的支撑位自然转化为阻力位，使股价下跌，另一个箱体成立。因此，股价跌破支撑点回升，就是短线卖点，否则亏损机会大，风险增加。

其实，无论是短线还是长线，都有各自的箱体，不过对于短线操作者而言，箱体理论的意义更重要。投资者在具体的短线操作中，可根据股票的近期表现，找出股票目前所处箱体的阻力位和支撑位，然后就可以在箱体内不断来回进出，从中赚取差价。当然，投资者在低吸高抛的同时，也要注意箱体的变化，对比上下两个箱体的位置，这是因为支撑位和阻力位之间会互相转换。当发现箱体已经变化后，投资者必须在新的箱体被确认后，再到新的箱体上进行操作。

第二节 K线分析

一、什么是K线

K线图源于日本，是当时日本米市的商人用来记录米市行情与价格波动的工具，后因其细腻独到的标画方式，而被引入到股市及期货市场。

K线又称阴阳线，它能将每一个交易时期的开盘与收盘的涨跌以实体的阴阳线变现出来，从而使得投资者能对变化多端的市场行情有一种一目了然的直接感受。它最大的优点就是简单易懂而且运用灵活，最大的缺点在于忽略了市场价格在变动过程中的各种繁杂因素，而将其基本特征展现在投资者面前。

画K线图时需要四个数据——开盘价、最高价、最低价、收盘价。它用小段横线表示开盘价和收盘价，用两条竖线分别将两条横线的左端和右端连接成一个矩形实体。

当开盘价低于收盘价时，实体部分以空白表示，我们称之为阳线；当开盘价高于收盘价时，实体部分以黑线表示，我们称之为阴线；当最高价与收盘价不同时，最高价与收盘价之间的连线称为上影线；当最高价与收盘价不同时，最低价与收盘价之间的连线称为下影线；当收盘价等于开盘价时，两者处于同一价位的一种特殊K线——同价线，常以“十”字和“T”字形表现出来，故又称十字线、T字线。

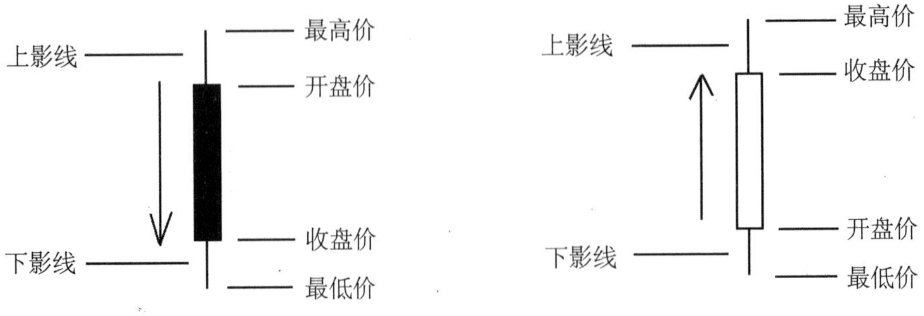

图5-2-1 K线示意图

同价线按上、下影线的长短、有无，又可分为长十字线、十字线和T字线、倒T字线、一字线等，如图5-2-2所示。

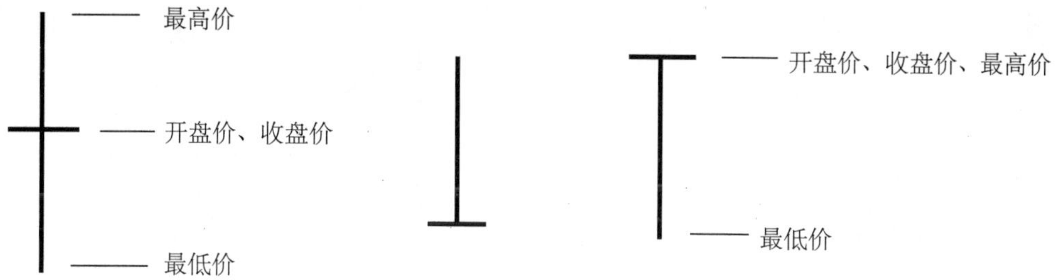

图5-2-2 K线示意图

上影线的最高顶点表示同一时期的最高价，下影线的下端点表示同一时期的最低价，中间的K线实体则是开盘价和收盘价之间的价差。按一定时期开盘价与收盘价的关系，又将K线分为红线与绿线两种，红线代表收盘价高于开盘价（即阳线），用白色表示；绿线代表收盘价低于开盘价（即阴线），用黑色表示。

二、K线的意义

K线图有直观、立体感强、携带信息量大等特点，蕴含着丰富的哲学思想，它能充分显示股价的强弱、买卖双方力量平衡的变化，可以以此来预测股市的发展趋势。K线图实际上是为考察当前市场心理提供了一种可视化的分析方法，它简洁而直观，虽不具备严格的逻辑推理性，但是却有相当可信的统计意义，真实、完整地记录了市场价格的变化，反映了价格的变化轨迹。比之西方的线性图，K线图技术要早100年左右，且其信号更丰富、更直观、更灵活、更提前。经过近300年的演化，特别是经过西方社会近20年的推广，K线图技术被广泛应用于全世界的证券市场、期货市场、外汇市场等领域，成为技术分析中最基本的方法之一。

通过K线图，我们能够把某一日或某一周期的市况表现完全记录下来，股价经过一段时间的盘档后，在图上形成一种特殊的区域或形态，不同的形态显示出不同的意义，我们可以从这些形态的变化中摸索出一些有规律的东西。

三、趋势线分析

1. 如何确定股市变化的趋势线

趋势线包括下跌支撑线和上升阻力线两种。如果股价一波比一波的谷底不断抬高，则将几个谷底连成一条直线就是上升趋势线；如果股价一波比一波的波峰降低，则将几个波峰连成直线就是下降趋势线。如图 5-2-3 所示。

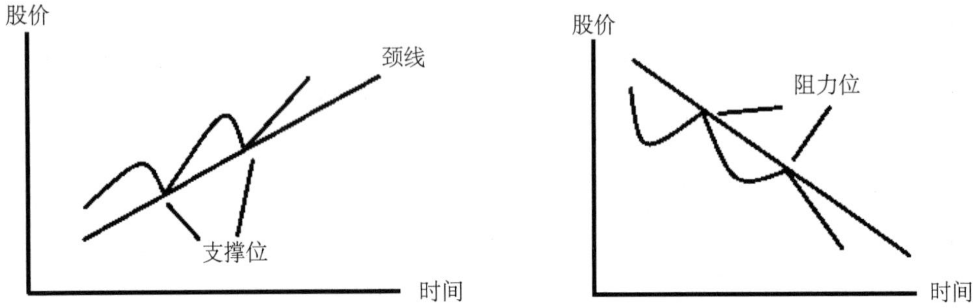

图 5-2-3 趋势线

上升趋势线对股价起到强烈的支撑作用，支持股价持续上涨；下跌趋势线对股价起到阻力作用，阻止股价上涨。

趋势线按时间跨度来说，跨度在半年以上的为长期趋势线，跨度在 1 ~ 6 个月之内为中期趋势线，跨度小于 1 个月为短期趋势线。

一个长期趋势线包含若干中期趋势线，中期趋势线中又包含若干短期趋势线，如图 5-2-4 所示。

图 5-2-4 大趋势包含小趋势

趋势是不断变化的，旧趋势线的破位，就会形成新趋势线。如图 5-2-5 所示。

因为投资者要依据趋势线进行投资，所以趋势线的准确与否关系着投资者的资金安全和收益。投资者可以用如下三项标准来判断趋势线的可靠性。

（1）趋势线的斜率越接近 45° 越可靠。

（2）趋势线维持的时间越长越可靠。

（3）趋势线经过的波底（升势中）或波峰（跌势中）越多越可靠。

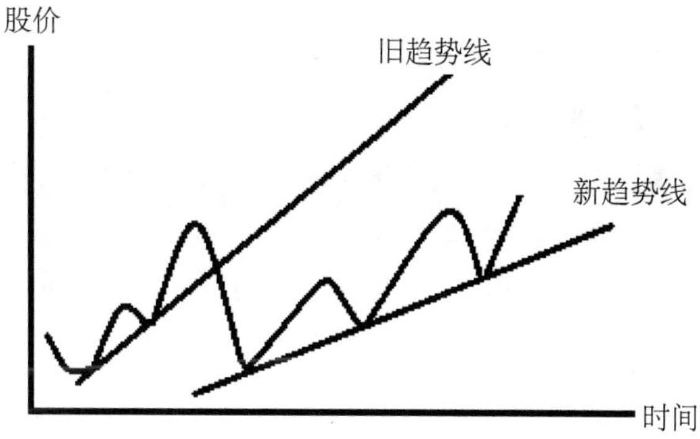

图 5-2-5 从旧趋势线到新趋势线

2. 如何利用趋势线指导交易

趋势线是一种可靠的分析工具，具体交易时可以参照以下几点。

（1）若上升趋势形成，则当股价落到上升趋势线附近，而又放量抽出阳线时（小阳线最佳），买入。同理适用于短期趋势线落到中期趋势线附近，中期趋势线落到长期趋势线附近。

为什么要放量收阳线？如何把握这根阳线？

因为趋势线是根据历史点位形成的，其准确性很难判定。若在此时买入，一旦跌破，不但要止损，更是耽误时间，错过其他好的投资机会。阳线的作用是上升趋势没有改变，通常应该在下午 2:30 后到收盘这段时间，如果分时走势是好的，形成阳线的机会就非常大，此时应在收盘前建仓。

（2）若下跌趋势形成，则当股价反弹到下跌趋势线附近，又收出阴线，卖出。

为何要收阴线？如何把握这根阴线？

下跌趋势中的阴线作用正好与确立上涨趋势线的阳线相反，是为了确立下跌趋势，等到新趋势形成后，再决定买卖。

（3）股价跌破上升趋势线，持股者首先要考虑清仓；股价突破下跌趋势线，确定趋势线后，再决定买进。

（4）虽然还没有形成趋势，但底部形态刚刚完成，股价冲高回调，企稳，买入。

（5）见到顶部形态，不用等到形成下跌趋势，尽早卖出。

3. 如何判断趋势线是否是有效突破

正确判断趋势线的有效突破，有助于新股民做出正确的投资决策。当判明股价突破阻力趋势线后应及时买进，当股价跌破支撑线后及时卖出。任何判断失误都会降低资金的使用效率或造成损失。具体判断如下。

（1）连续两天以上的突破较为有效。

（2）以收盘价的突破为有效。

（3）突破趋势线后，股价和成交量同时上升或保持不变的突破为有效。

（4）连续两天以上创新价的突破是有效的突破。

（5）短期突破以超过5%以上为有效，中期突破以超过10%为有效，长期突破以超过20%为有效。

四、K线一览

1. 大阳线

大阳线是股价走势图中常见的K线基本形态，如图5-2-6所示。

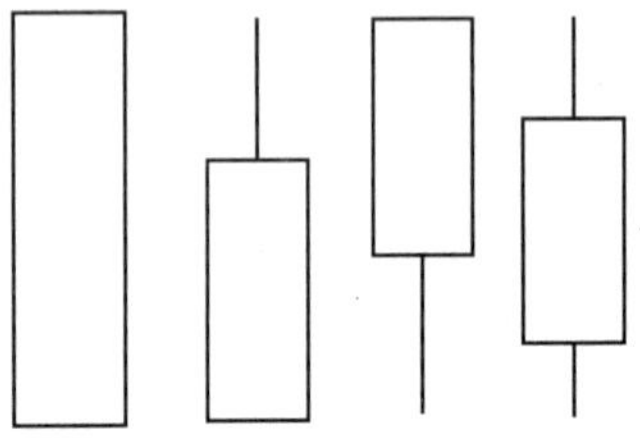

图5-2-6 大阳线

大阳线的特征主要有以下三点。

（1）无论股价处于什么位置都有可能出现。

（2）阳线实体越长，则力量越强；反之，则力量越弱。

（3）在涨停板制度下，最大的日阳线可达到当日开盘价的20%，即以跌停板开盘，涨停板收盘。

大阳线由于低开高收的结局，本身就有向好的意味，它表示买盘非常强劲，股市看涨，但在不同时期应分别对待。

（1）在连续下跌的情况下出现大阳线，表示多头力量极为强大，应该买进。

（2）在长期盘整之后出现大阳线，表示多头终于战胜空头，可果断跟进。

（3）在股价经过连续上扬的情况下出现大阳线，应谨慎对待，以持币观望为宜。因为如果出现放量则多为逃命长阳，获利盘纷纷套现了结，股价即将大跌。

2. 大阴线

大阴线也是股价走势图中的常见 K 线。如图 5-2-7 所示。

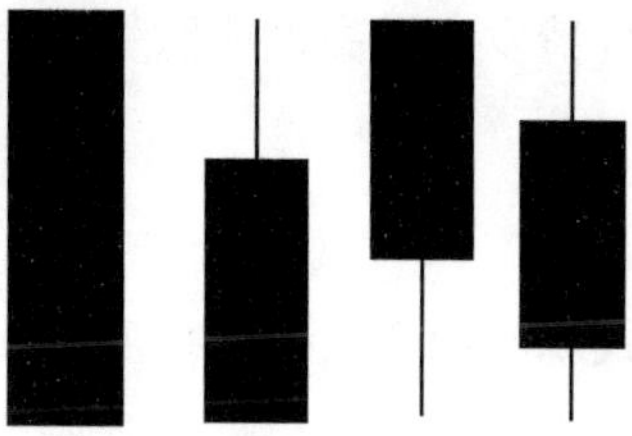

图 5-2-7 大阴线

光头光脚大阴线又称长黑线，上下没有影线（或上下影线很短），是股价走势图中的常见 K 线，它表示最高价与开盘价相同（或略高于开盘价），最低价与收盘价一样（或略低于收盘价），这种图形表明从一开始卖方就占优势，股市处于低潮，握有股票者不限价地疯狂抛出，造成恐慌心理，市场呈一面倒的局势，直到收盘，价格始终下跌，表现出强烈的跌势。大阴线的力度大小，与其实体长短成正比，即阴线实体越长，则力度越大，反之，则力度越小。大阴线的出现对多方来说是一种不祥的预兆，但也不能一概而论，并不是所有的大阴线都是后市看淡的信号，大阴线出现在不同的阶段其意义是不同的。

大阴线可以分为以下六种。

（1）顶部大阴线。

顶部大阴线通常发生在上升趋势末期，是空头资金在高价位击败多头资金，或主力出货的结果，不一定伴随着成交量放大。此时投资者能够做到的就是尽快止损离场。

（2）突破大阴线。

突破大阴线往往伴随着调控的现象，基本上就是所说的“标志性阴 K 线”，会带动均线反转，从而开始一段与原上升趋势方向相反的新的下降趋势。

（3）加速大阴线。

加速大阴线一般发生在下降趋势运行途中，既是对下降趋势的推动，也是对下降趋势的验证。

（4）底部大阴线。

在行情超跌时出现，也叫“最后大阴线”，它往往出现在跌势漫长、跌幅巨大的下降趋势末尾极速期，实体长度至少为其前阴线的 3 ～ 5 倍，同时相对均线则存在超出经验极负值的负乖离率。一般它不宜单独作为判断底部的依据，需要得到一根 K 线的确认。

（5）横盘大阴线。

横盘大阴线指的是行情处于无趋势横向盘整状态，但其间发生的 K 线组合却是大阳大阴交替。如果这样的行情发生在高位或跌势的中途，且阴线的数量和长度占上风，则有继续下跌的可能。

（6）反叛大阴线。

反叛大阴线是指行情正式暴涨前空头的最后反扑，或上升趋势运行中突然出现的反叛型大阴线，通常这样的大阴线会被慢慢涨跌所吞噬，直到价格创出新高。如果该阴线伴随着大批异常的成交量，往往是一种预警，提示头部就在前方不远处。

如图 5-2-8 所示，以华联控股（000036）为例，股价开始一路上升，中途连续拉出几根大阳线，股价达到顶点，随后拉出一根长阴线，股价开始下跌，并紧接着一连拉出好几根大阴线，股价大跌。股价呈大起大落状。

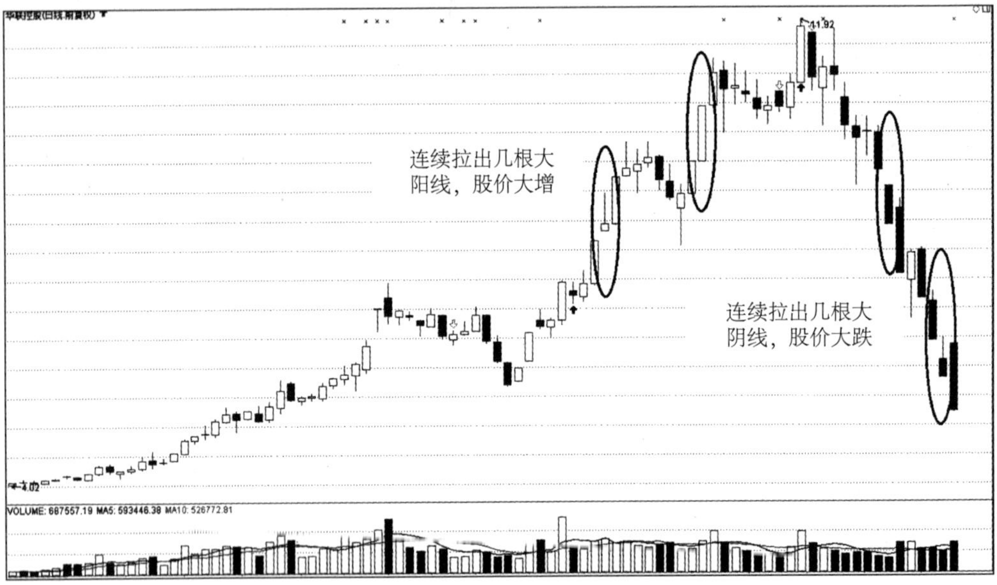

图 5-2-8 华联控股（000036）的大阳线和大阴线

3. 锤头线

锤头线（如图 5-2-9）有如下特征。

（1）出现在跌途中。

（2）阳线（也可以是阴线）实体很小，一般无上影线（即使有也很短），但下影线很长。

（3）见底信号，后市看涨。

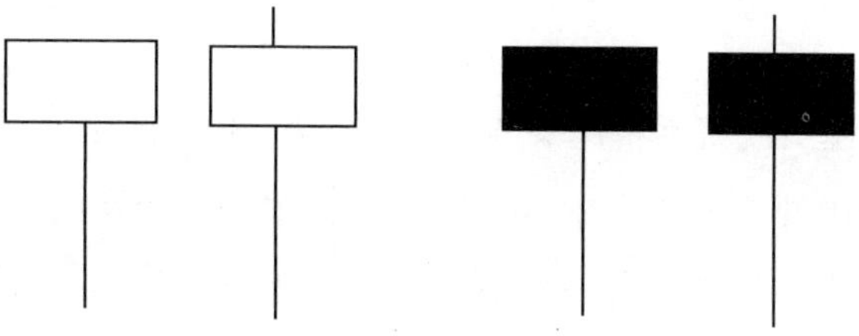

图 5-2-9 锤头线

锤头实体与下影线比例越悬殊，越有参考价值。如果锤头线与“早晨之星”同时出现，见底信号则更加可靠。通常，在下跌过程中，尤其是在股价大幅下跌后出现锤头线，股价转跌为升的可能性较大。

这里要注意的是，锤头线止跌回升的效果如何，与下列因素有密切关系。

（1）锤头实体越小，下影线越长，止跌作用就越明显。

（2）股价下跌时间越长，幅度越大，锤头线见底信号就越差。

（3）锤头线有阳线锤头与阴线锤头之分，作用意义相同，但一般来说，阳线锤头力度要大于阴线锤头力度。

在下跌行情中见到锤头线，激进型的投资者可试探地做多，稳健型的投资者可以在锤头线出现后再观察几天，如果股价可以放量上升，即可跟着做多。

值得投资者注意的是，有一种形态和锤头线的形态基本一致，但区别在于它通常出现在上涨行情的末端，这种形态通常被称为“吊颈线”。该 K 线出现意味着股价上涨的趋势已经到头，接下来很可能转为跌势。此时如果“吊颈线”是以阴线形式出现，则下跌的可能性会更大一些。投资者如果在股价经过一波上涨后遇到这种 K 线，一定要提高警惕，不管后市如何，都要减仓，一旦股价向下，立刻清仓出局。

如图 5-2-10 所示，以中集集团（000039）为例，观察锤头线在股价中的位置。

图 5-2-10 中集集团（000039）中的锤头线

4. 倒锤头线

顾名思义，倒锤头线就是将锤头线倒过来，如图 5-2-11 所示。

倒锤头线一般出现在下跌途中，其阳线实体很小，上影线大于或等于实体线的两倍，一般无下影线，少数会有一点下影线，属于见底信号，说明后市即将上涨，其实体与上影线比例越悬殊，信号越有参考价值，如“倒锤头”与“早晨之星”同时出现，见底信号则更加可靠。投资者在遇到这种 K 线形态时可适当逢低吸纳。

这里投资者要将“倒锤头线”和“射击之星”区分开来，它俩的K线形态基本相同，区别在于“射击之星”出现在股价上涨行情中，而“倒锤头线”出现在股价下跌行情中。

射击之星有如下三个特征。

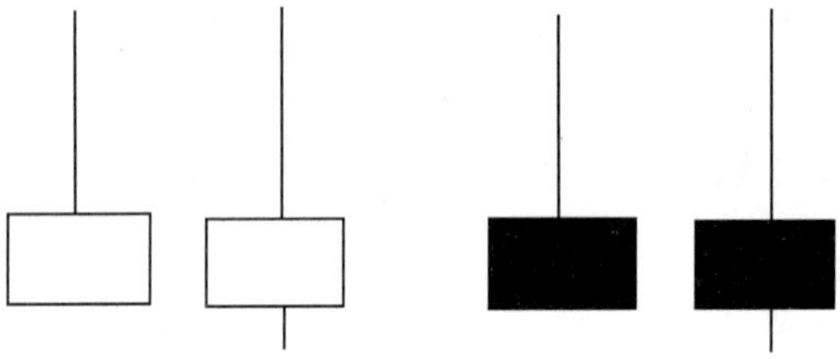

图 5-2-11 倒锤头线

（1）此前存在一个明显的上升趋势。

（2）在股价上升过程中出现一根带上影线的小实体，并向上跳空高开。

（3）上影线的长度至少是实体长度的两倍，下影线短到可以忽略不计。

一根 K 线要成为“射击之星”，须满足两个基本条件。

（1）K线实体要很小，阴线、阳线均可，但上影线要长（是K线实体两倍以上）。如果有下影线，则必须很短。

（2）该形态必须出现在上升趋势中，且有一段较大的涨幅。

一般来说，股价在经过一段上升趋势之后出现“射击之星”，必须是后市已经失去了上升的能力，多方抵抗不住空方的打击，股价随时都会见顶回落。所以说，投资者如果在股价经过一波上涨行情之后遇到这种图形，应该以退出观望为主。

5.T 字线

T 字线又叫蜻蜓线，形状如图 5-2-12 所示。它表示开盘价、收盘价和全交易日最高价相同，K 线上只有下影线而无上影线，即使有也是很短的。T 字线信号强弱与下影线成正比，下影线越长，其所表达的信号就越强。

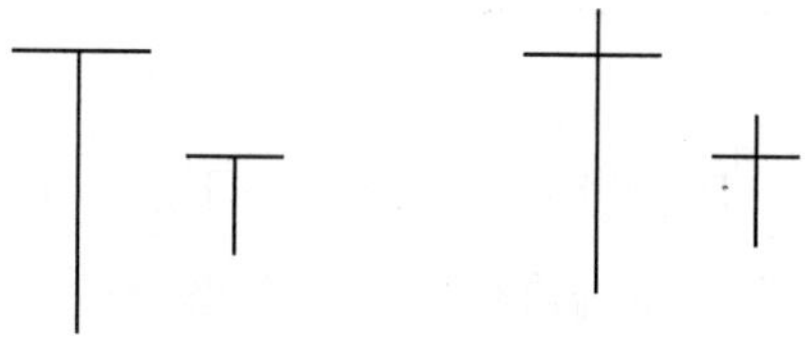

图 5-2-12 T 字线

T 字线既有可能出现在股价上涨过程中，也有可能出现在股价下跌过程中，它出现的位置不同，所表达的含义也不同。

（1）T 字线如果出现在股价大幅上涨之后，为见顶信号，表示后市将下跌。

（2）T 字线如果出现在股价上涨途中，则属于继续上涨的信号。

（3）T 字线如果出现在股价有较大跌幅之后，则为见底信号，表示后市股价将反弹。

（4）T 字线如果出现在股价下跌途中，则有可能是一种继续下跌的信号。

为什么 T 字线表达的含义会有如此大的区别呢？这是因为 T 字线是一种庄家线，它完全是由主力控盘造成的。

（1）股价经过大幅上涨后，在高位拉出 T 字线，其实就是主力为了掩饰高位出货释放的一种烟雾弹。它会给散户带来一定的错觉，让他们认为这不过是股价拉升过程中主力的一种洗盘行为，于是在不明真相的情况下追涨买入，结果股价下跌，导致被套其中。

（2）出现在股价上升途中的 T 字线，才是真正的主力洗盘动作。那么，投资者如何区别该图形出现的阶段是股价上涨途中还是股价上涨高位呢？

①要看股价上涨的幅度，如果股价上涨的幅度很大，属于“高位 T 字线”的可能性非常大，反之，则属于上涨途中的 T 字线。

②要看 T 字线出现以后，股价的重心是上移还是下移，如果上升则是主力利用 T 字线洗盘，如果下沉，则是主力利用 T 字线出货。

（3）股价连续下跌时出现 T 字线，表明主力在低位建仓后利用先扬后抑的 T 字线走势来稳定“军心”的迫切愿望。如果这种止跌信号被市场认同，主力就会在 T 字线后面拉出几根阳线，或让盘面演化出阴阳交错的的攀升走势。如果股市出现这种走势，大致可以判断出主力拉升的意图，投资者可以适量买进。

（4）股价在下跌过程中出现 T 字线，是被套主力利用 T 字线走势造成的一种止跌企稳的假象，以此来吸引买盘，派发手中的股票。这里同样要区分 T 字线的位置，是在股价的底部还是在股价下跌的途中，方法如下。

①要看涨跌幅度，如果跌幅已经很大，出现底部T字线的可能性较大，反之，则可能性较小。

②看T字线出现以后，股价重心是上移还是下沉。如果上移，很可能是主力利用T字线拉升股价，正策划一轮进攻行情，那么这个T字线就是股价回升的信号，投资者可以适量买进。如果下沉，则可能是主力投资者设置的一个多头陷阱，这个T字线就是继续下跌的信号，股价在这之后仍有较大跌幅，所以投资者一定要耐心观望，不可冒进。

总之，T字线可以真实地反映出主力的意图来，投资者只要精准地分析出股价所处的位置、时间，再结合其他技术分析，就能识破主力的阴谋，实现自己的投资愿望。

6. 上档倒T字线

在上升趋势中，出现开盘价、最低价、收盘价相同或基本相同，上影线较长的K线，称之为上档倒T字线，又称下跌转折线。如图5-2-13所示。

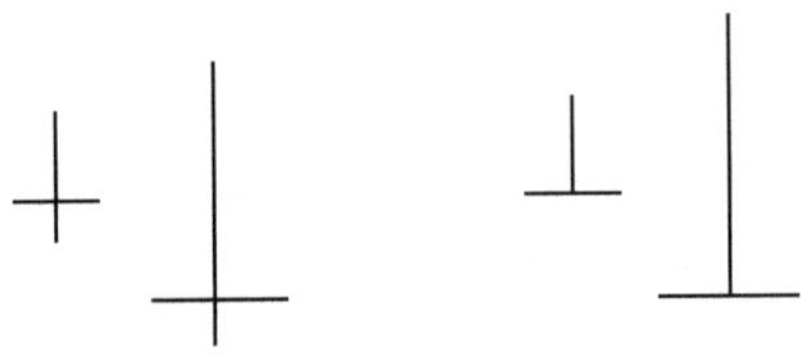

图5-2-13 上档倒T字线

上档倒T字线表明，在空方打击下，多方已无力将股价推高，股价将要反转下跌，此时投资者应退出观望为宜。一般来说，上档倒T字线一旦被市场认同，股价下跌就是势在必行的。但是值得注意的是，它对多方打击的力度，与其形成的时间长短有很大关系，也就是一天形成的上档倒T字线与一周形成的倒T字线作用大小是不一样的。通常，形成的时间越长，威力就越大。不同的K线图反映了不同时间段的股价走势，上档倒T字线对它们所起的作用大小就有很大的差别。

若K线图是月K线图，其中的上档倒T字线是一个月股价走势的缩影，形成的时间最长，杀伤力也最大，股价下跌后几年都不能翻身；若K线图是周K线图，其中的上档倒T字线是一周股价走势的缩影，形成的时间较短，因此对多方杀伤作用稍弱，它迫使股价下行达一两年之久；若K线图是日K线图，其中的上档倒T字线是一天股价走势的缩影，它形成的时间最短，因此对多方杀伤作用力度最小，它压制股价下行时间仅仅是几个月甚至几个星期。可见，同样是上档倒T字线，出现在月K线图、周K线图、日K线图中，它的杀伤作用是不一样的。投资者了解这一点，对看清大势很有帮助。

如图5-2-14所示，特力A(000025)的股价在上升高位途中出现T字线，后市看跌。随后股价开始大幅下跌，在连续拉出几根大阴线后，股价出现一根倒T字线，后市看涨。

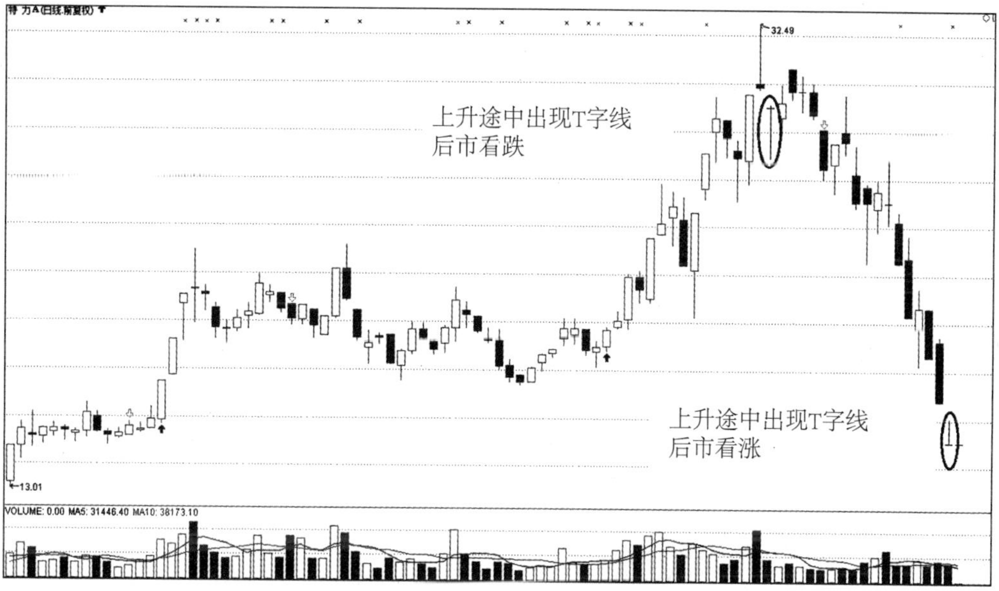

图5-2-14 特力A(000025)的T字线和倒T字线

7 一字线

一字线的特征是开盘价、收盘价、最高价、最低价粘连在一起成一字状，这就是我们平时说的以涨停板或跌停板开盘，全日基本上都在涨停板或跌停板价格成交，一直到收盘为止的一种K线走势。如图5-2-15所示。

在未实行涨跌停板制度前，一字线被视为市场交投极为清淡的标志，而在目前我国实行涨跌停板的制度下，一字线反而成为投资者关注的焦点。在涨势中，尤其是股价上涨初期出现的一字线，往往反映该股有重大利好，被一些先知先觉者捷足先登，因此，在涨升初期出现一字线，投资者应采取积极做多策略，如一字线的当日没买进，第二天可继续追进。通常在涨势中出现一字线后，股价继续上涨的可能性很大，但要注意的是，如若该股一连出现几个一字线，从规避短期风险的角度出发，则不宜继续追涨。在跌势中，尤其是股价下跌初期出现的一字线，往往反映该股有重大利空或是股价炒过了头，是庄家率先出逃所致。因此，在下跌初期出现一字线，投资者应果断平仓出局，如一字线的当日没卖出，第二天应继续卖出。通常在跌势

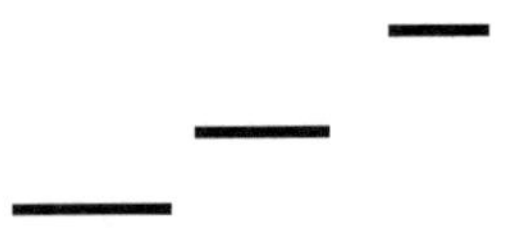

图 5-2-15 一字线

中出现一字线后，股价继续下跌的可能性很大，但要注意的是，如若该股已一连出现几个一字线，就不宜再继续杀跌，可等股价反弹时再出货。

8. 长十字线

开盘价与收盘价相同，成为“一”字，但最高价与最低价拉得很开，因此与十字线相比上下影线都很长。在涨势中出现长十字线，尤其是股价有了一段较大涨幅之后出现，预示股价见顶回落的可能性极大；在跌势中出现长十字线，尤其是股价有了一段较大跌幅之后，出现见底回升的可能性极大；在上涨途中出现，继续看涨；在下跌途中出现，继续看跌。虽然长十字线的技术含义与一般十字线的含义相同，但其信号可靠程度远比后者高。如图 5-2-16 所示。

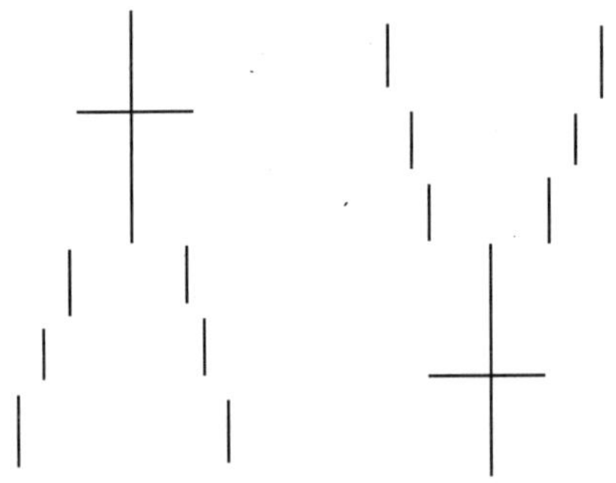

图 5-2-16 长十字线

上涨初期出现长十字线，底峰密集，后市乐观；上升途中出现长十字线，底峰锁定，有惊无险。

远离底峰的长十字线，筹码上移刻不容缓。下跌途中出现长十字线，上峰密集控制风险。急挫之后出现长十字线，根据筹码操作，少做反弹。

转市之初，长十字线出现在久经盘整时汇聚的廉价筹码峰之上时，有其意外的含义。如被套筹码负隅顽抗，不肯弃守高地，那么该信号在循环波的高位有见顶回落的警告作用。其后的回落中，一些不懂筹码演化误判趋势的人有明显的弃筹逃离迹象。

9. 螺旋桨

K 线实体较短，上方和下方均有较长上下影线的小阴小阳线，这种 K 线的形状就像飞机的“螺旋桨”，因此被称为“螺旋桨”。如图 5-2-17 所示。

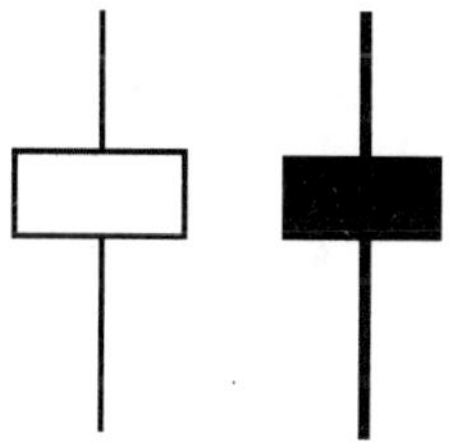

图 5-2-17 螺旋桨

开盘价、收盘价相近，K 线实体（可阳可阴）很小，但最高价与最低价拉得很开，因此上下影线都很长。

除了螺旋桨基本形态外，也有特殊形态。股价跳空低开，甚至以跌停开盘后再大幅拉起，或者从跌停拉至接近涨停或涨停，此为“螺旋桨”中的一种变形形态。

（1）无论是大盘或个股，股价大幅上涨后，出现这样的 K 线，且随后几根 K 线在其下影线部位运行，那么头部就基本形成了，继续下跌的可能性就非常大，应果断止损。

（2）如果以后的 K 线在它的上影线部位运行，有可能是上升途中的过渡形式，是一种上升中的中继形态，应持股观望。

（3）如果在螺旋桨之后以横盘形式出现几个小阴、小阳线，可结合 5 日均线变化，观察 2 ～ 3 天再决定。

（4）底部螺旋桨的图形和顶部螺旋桨的图形完全一样，当螺旋桨在低价区出现时，是一个见底的信号。

（5）底部螺旋桨的出现，一定要有复合见底 K 线形态语言的出现，如后续有成交量的放大及双底配合，买入成功概率大。

如图 5-2-18 所示，康达尔（000048）的股价在低位出现螺旋桨形态，再观察 2 ～ 3 日后，如伴随有大成交量出现，后市看涨可能性较大，可以买进。

10. 曙光初现

曙光初现 K 线组合由两根走势完全相反的较长 K 线构成，股价在经过一段时间下跌后，第一天收出一根大阴线，第二天股价向下跳空低开之后收出一根大阳线。

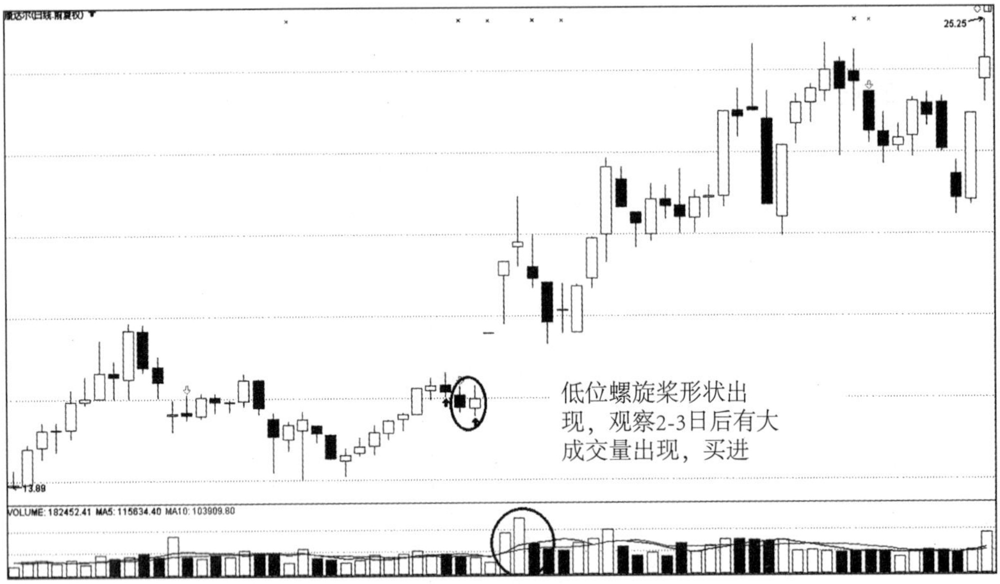

图 5-2-18 康达尔（000048）中出现“螺旋桨”

第二根 K 线的开盘价要远低于第一根 K 线的开盘价，但第二根 K 线的开盘价却高于前一天的收盘价，并且 K 线的阳线实体深入到前一天 K 线阴线实体内部二分之一以上。如图 5-2-19 所示。

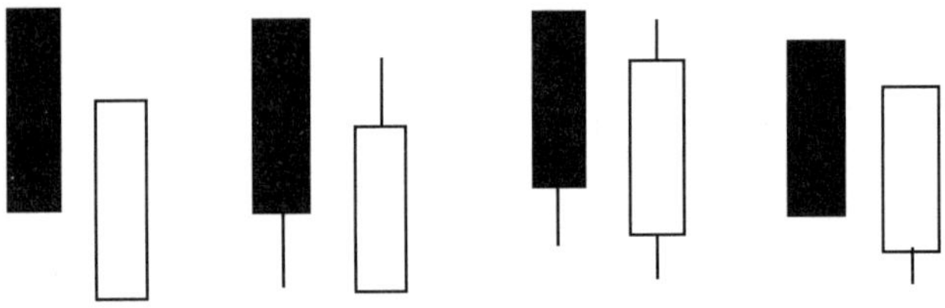

图 5-2-19 曙光初现

第一根大阴线下跌幅度越大越好，最好能超过 3%，这表明下跌趋势继续；大阴线之后股价没有继续大幅下跌，而是走出了一根低开高走的大阳线，这表明多方力量开始反击，并且由于前期下跌过猛，空方没有力量进行抵抗。曙光初现的阳线实体深入阴线实体的部分越多，则见底转势的信号越强。

（1）股价经过大幅下跌之后探明了底部区域，然后开始震荡上升，在回调过程中出现曙光初现，要敢于重仓买进并持有。

（2）如果股价已处于相对高位，然后震荡盘整，在这个过程中出现曙光初现见底信号，可以短线做多，但要时刻警惕，以防套在高位。

（3）如果股价已处于明显的下降趋势中，这时出现曙光初现见底信号，应观望为好。如果一定要操作，也只能轻仓跟随，并且要有获利就跑的短线思维，因为下跌趋势中做多非常容易被套。

11. 乌云盖顶

乌云盖顶形态又称乌云线形态。乌云盖顶 K 线组合一般出现在上升阶段末期，由两根 K 线组成。如图 5-2-20 所示。

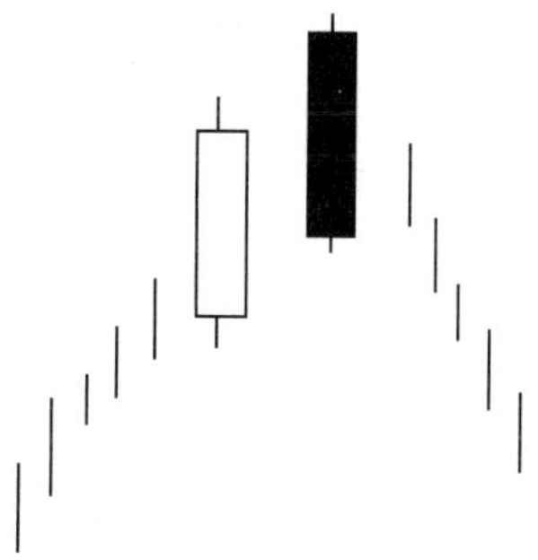

图 5-2-20 乌云盖顶

第一根 K 线的涨幅应该是 3% 以上的中阳线或大阳线，第二根 K 线为高开低走的大阴线，收盘价必须深入到第一根阳线实体的一半以下。第二根阴线形成时经常伴随着非常巨大的成交量，说明市场局部抛压较大，有调整的需求，多方力量已经耗尽，空方开始打压，后市看跌。

第一天是一根坚挺的白色实体，第二天的开盘价超过了第一天的最高价，但是股价却在收盘价时接近当日的最低价，并且收盘价明显扎入到第一天白色实体的内部。第二天的黑色实体向下钻进第一天白色实体的程度很深，该形态构成顶部反转的可能性就越大。

乌云盖顶属于一种见顶回落的转势形态，遇到这种形态的时候，投资者可以参考以下几点来操作。

（1）在乌云盖顶形态中，第二个交易日阴线实体的收盘价向下插入第一个阳线实体的程度越深，则该形态构成股价运动顶部的机会越大。如果阴线实体覆盖第一个交易日整个阳线实体，那就形成了看跌吞没形态，这就好比月亮遮住了太阳，形成“日全食”一样。在乌云盖顶形态中，阴线实体仅仅向下覆盖了阳线实体的一部分，这又好比月亮遮住太阳的一部分，形成“日偏食”一样。所以，从这一点来说，“日全食”的反转信号比“日偏食”更具技术意义，但如果第三个交易日出现了一个很长的阳线实体，并且其收盘价超过了前两日的最高价，那么就预示着一轮上攻行情的到来。

（2）在乌云盖顶形态中，如果第二个交易日的阴线实体的开盘价高于某个重要的阻力位，但是最终又未能成功突破该阻力位，那么就有可能形成多头发力，空头无力控制的局面。

（3）如果在第二个交易日开盘价非常高，就可能形成“胀爆”现象，具体来讲，如果开盘价创出新高的同时有大量的成交，就可能意味着有很多买家进场了，但随后的局面是空头的抛售。于是过不了多久，这群为数众多的人就明白，他们已经登上了“贼船”。

如图 5-2-21 所示，中钢天源（002057）的股价在低位线拉出一根中阴线后，股价出现回升，此时可以适当买入。经过一段时间的整理后，股价开始攀升，并伴随成交量的扩大，此时可增码买入。不久股价就达到最高位，冲高的大阳线相继被一根长长的大阴线盖住，这是典型的大阴盖阳，清仓出局。

图 5-2-21 中钢天源（002057）中的曙光初现和大阴盖阳

12. 旭日东升

该 K 线组合由两根 K 线组成，第一根为中大阴线，第二根阳 K 线是一根高开高走的中大阳线，且该阳线的收盘价超过了前一根大阴线的开盘价。操作上一旦突破上一根阴线的开盘价，就可以积极进场，K线组合的特征往往伴随着成交量的放大更可靠，一般短线可以全仓买入。该K线组合出现在连续下跌过程中，往往形成短期底部和阶段性底部的可能性大。往往第二根阳线实体越长，成交量越大，后市反转的力度就越强。如图5-2-22所示。

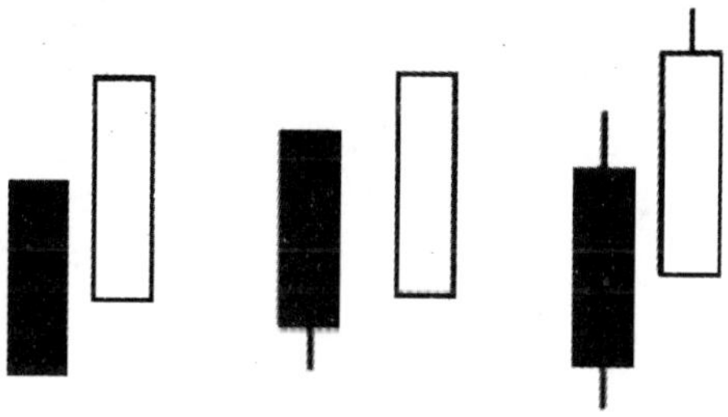

图5-2-22 旭日东升

13. 倾盆大雨

倾盆大雨K线组合是一阳一阴，与旭日东升相反，如图5-2-23所示。它一般出现在股价有了一定的升幅之后，先出现一根大阳线或中阳线，接着收出一根低开低收的大阴线或中阴线。这种形态出现意味着股价会下跌，投资者最好退出观望。

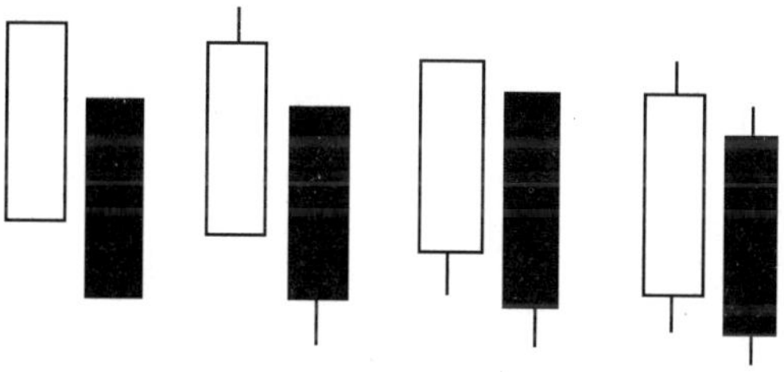

图5-2-23 倾盆大雨

倾盆大雨K线特征。

（1）出现在涨势中。

（2）由一阳一阴两根K线组成。

（3）先是一根大阳线或中阳线，接着出现一根低开的大阴线或中阴线，阴线的收盘价低于前一根阳线的开盘价。

倾盆大雨的技术含义：见顶信号，后市看跌。阴线实体低于阳线实体部分越多，转势信号越强。

如图5-2-24所示，力合股份（000532）的股价在长时间下跌后在底部出现一根大阳线，并伴随成交量的放大，说明多方经过长时间的努力已经积累了很强的多方力量，开始反攻，投资者可以适量买进。股价经过不断攀升后，到达高位，随后拉出一根大阴线，说明多方力量渐渐耗尽，无力再追升股价，股价看跌。

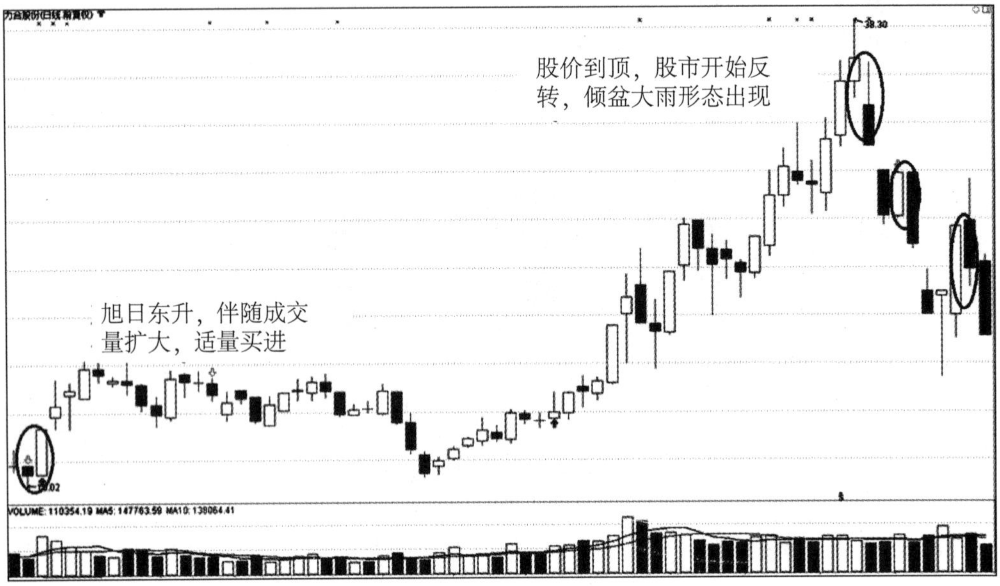

图 5-2-24 力合股份（000532）中的旭日东升和倾盆大雨

14. 早晨十字星

早晨十字星又名“希望之星”，通常出现在股价连续下跌的过程中，由 3 根 K 线组合而成，第一根 K 线为阴线，第二根 K 线为十字线，第三根 K 线为阳线。第三根 K 线的收盘价已经深入到第一根阴线的实体中，如图 5-2-25 所示。

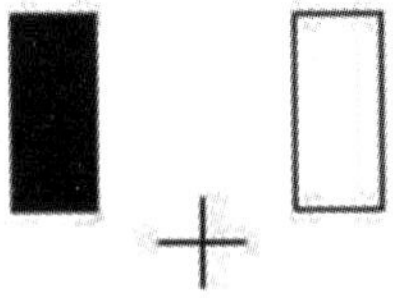

图 5-2-25 早晨十字星

早晨十字星的出现说明经过大幅回落之后，做空能量已经大量释放，股价无力再创新低，这是明显的大转势信号。投资者遇见这种形态，可以适量买进。

如图 5-2-26 所示，湖南投资（000548）的股价在低位整理了一段时间后，拉出一根中阳线，成交量也有所增加，投资者可以适量买进或者持币观望。股价继续上升，成交量持续放大，在一轮小的震荡后，股价出现早晨十字星形态，买入信号强烈，买入。

图 5-2-26　湖南投资（000548）中的早晨十字星

15. 黄昏十字星

黄昏十字星与早晨十字星的含义相反，它一般出现在股价经过一波涨幅之后，第一天股价在上升途中出现一根实体较长的阳线，第二天出现向上跳空的开盘，开盘价与收盘价相同或者非常接近，而且留有长长的上下影线，从而形成十字星，接着第三天股价拉出了一根向下的阴线，这就是黄昏十字星，如图 5-2-27 所示。

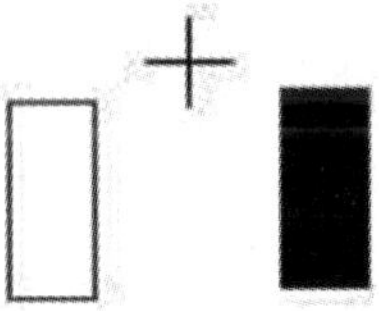

图 5-2-27 黄昏十字星

黄昏十字星的 K 线特征。

（1）出现在涨势中。

（2）由 3 根 K 线组成，第一根是阳线，第二根是十字线，第三根是阴线。第三根 K 线实体深入到第一根 K 线实体之内。

黄昏十字星的技术含义：见顶信号，后市看跌。

如图 5-2-28 所示，万家乐（000533）的股价在高位短暂地稳定一段时间后出现一根大阴线，形成典型的黄昏十字星，股价逆转信号出现，后市看跌。

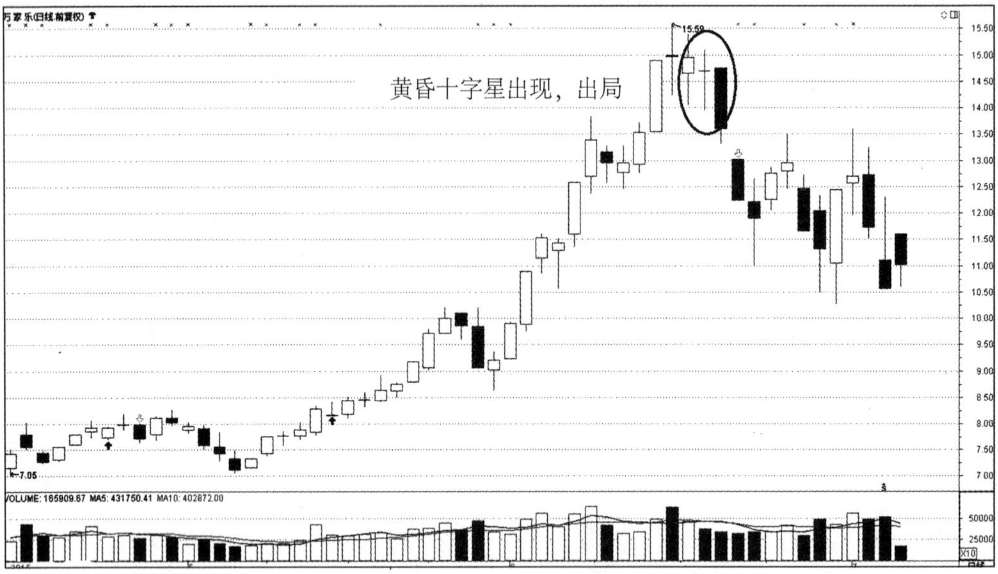

图 5-2-28 万家乐（000533）中的黄昏十字星

16. 身怀六甲

在股市中，身怀六甲又被称为母子线、孕线。之所以会把这种 K 线组合取名为这样的名字，是因为该 K 线形态的外观形象好像一个孕妇在怀着孩子的模样。身怀六甲的主要特征是：它必须是由一根较长的 K 线和一根较短的 K 线组成，较短的一根 K 线实体被较长的一根 K 线实体部分完全包容；后面一根 K 线可以是小阳线、小阴线或十字线。如图 5-2-29 所示。

如果身怀六甲的图形中较短的 K 线是一根十字线，我们就称它是“十字胎”。而且在此类组合中，还有一个特殊形态，那就是若组合中的第二根 K 线是十字线，它又有另外一个名字，就是“底部（顶部）十字胎”。

身怀六甲出现在不同的市场形势中，具体含义有所不同。若身怀六甲的图形出现在升势市场中，它就是一种准市场逆转信号，就是在提醒：目前市场继续将股价向上推高的力量已经减弱，多头行情已接近尾声，继之而来的很可能是下跌行情。但是如果身怀六甲是出现在下跌行情中的话，它是在说，目前市场下跌的势头已经趋缓，股价可能回升，或者继续下跌，但下跌的空间已经很小，多方力量正在蓄积，等待机会向上突破或者反转。

应当注意的是，身怀六甲所提示的买卖信号，只是“准市场逆转信号”。也就是说，在一个强劲的多头市场中，上升时出现身怀六甲，股价并不会马上回落，仍然会继续向上呈上涨态势，而且相反，在一个空头力量十分强悍的市场中，下跌时出现的

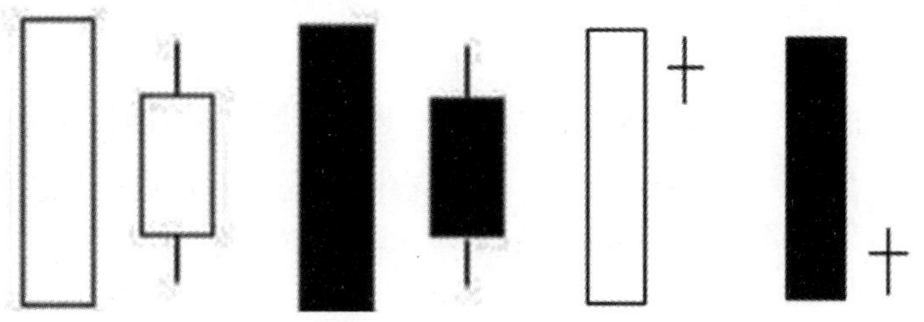

图 5-2-29 身怀六甲

身怀六甲，股价亦不会马上见底，仍会继续下滑，出现此类情况，也就是人们常说的“涨要涨过头，跌要跌过头”。

因此，投资者在极强或者极弱市场，亦或个股中见到身怀六甲 K 线组合后，不要马上做出买进、卖出的决定，应该继续留心观察，并结合其他指标进行综合分析后，弄清楚，该身怀六甲到底是何意，再做最后定夺。

如图 5-2-30 所示，东北制药（000597）的股价在低位出现底部十字胎形态，但成交量并没有放大，以持币观望为宜，或少量买进。股价经过一段整理后，成交量开始增加，多头介入，买入。股价一路攀升至高位，在高位拉出一根大阴线，出现顶部十字胎形态，后市看跌。因为身怀六甲是准反转信号，股价往往不会马上反转，所以股价还会再持续上升一段时间，这时候成交量大，股价高，是卖出的绝佳时机，也是庄家出货的绝佳时机。

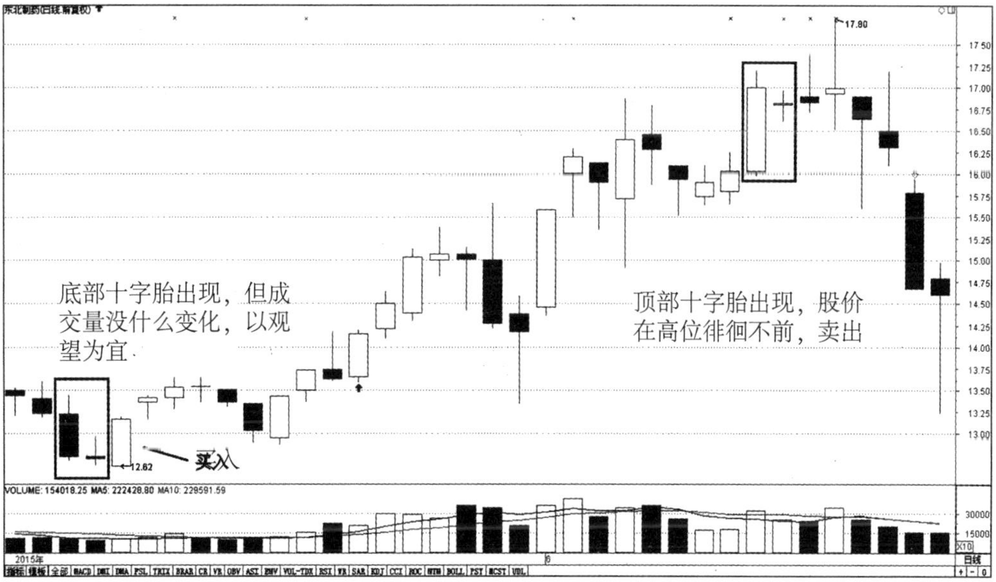

图 5-2-30 东北制药（000597）中的身怀六甲

17. 穿头破脚

穿头破脚是指两根不同的 K 线，其中第二根 K 线的实体部分完全吞没了第一根 K 线实体，后市看跌。在下降趋势中，第二根阳线完全吞没第一根阴线的实体，形成底部穿头破脚，后市看涨，如图 5-2-31 所示。

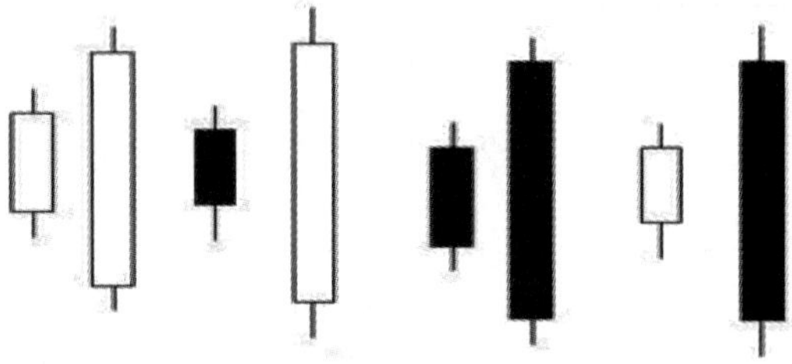

图 5-2-31 穿头破脚

顶部穿头破脚一般出现在股价上升趋势中，第二根阴线必须吞没第一根阳线的全部。如果第二根阴线只是吃掉第一根阳线的上下影线，这种情况不属于顶部穿头破脚形态。当我们发现 K 线出现顶部的穿头破脚形态，就预示着股价将会发生逆转，要么是由涨势转为跌势，抑或是由跌势转为涨势。通常来说，穿头破脚两根 K 线的长度越悬殊或者是第二根 K 线包容前面的 K 线越多，转势力度或者是转势机会就会越大，反之则否。

底部穿头破脚一般出现在下跌趋势中，并且其中第二根阳线必须足以吃掉第一根阴线的全部。如果第二根阳线只是吃掉第一根阴线的上下影线，这种情况就不属于底部穿头破脚形态。当我们发现 K 线出现底部穿头破脚形态，就是股价回升发出的信号，此时应该及时介入，不要错过机会。

无论是底部穿头破脚还是顶部穿头破脚，都应注意两个原则。

（1）穿头破脚的两条 K 线越悬殊，转势的力度就越强。如果第二根 K 线长度远超第一根 K 线，则说明多空双方力量发生逆转，转势的可能性更大。

（2）第二根 K 线包容前面的 K 线越多，转势机会就越大。所以，投资者在实践中要养成这样的思维方式，只要看到一阳包数阴，或一阴包数阳的 K 线组合，就要注意。

如图 5-2-32 所示，沙隆达 A（000553）中出现穿头破脚形态，并伴随大成交量，买入。随后股价不断上升，股价到达高位，又出现穿头破脚形态，一根大阴线完全盖过前面的阳线，后市看跌。

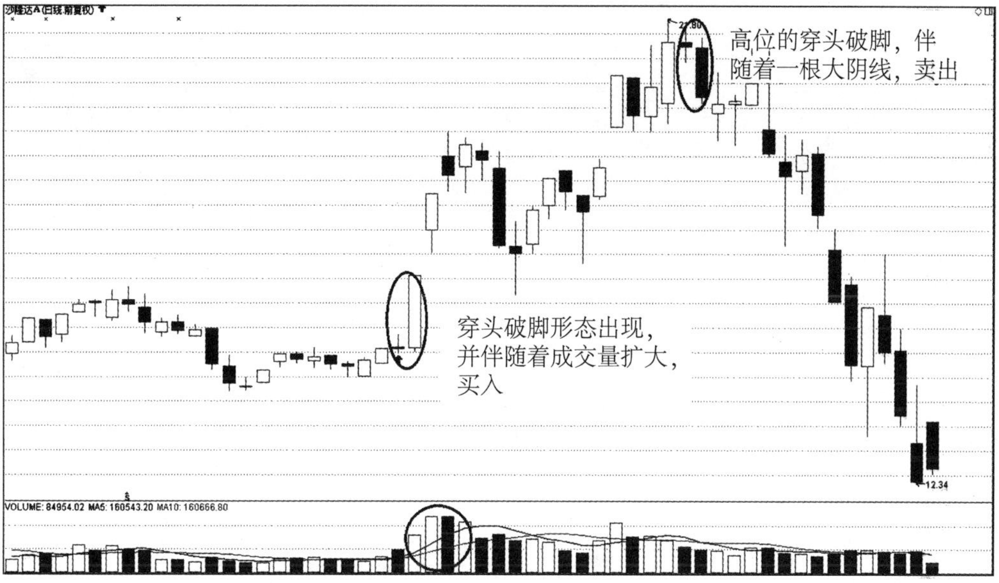

图 5-2-32 沙隆达 A（000553）中的穿头破脚

18. 平底

平底简单地说就是底部持平的意思，如图 5-2-33 所示。

平底是股价见底回升的信号，如果它出现在一轮股价大幅度下跌之后，则后市的上涨可能性非常大，投资者遇见这种 K 线可以适量买进。

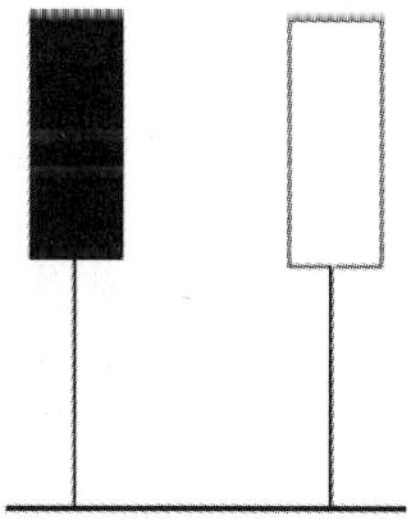

图 5-2-33 平底

如图 5-2-34 所示，恒立实业（000622）的股价在低位出现平底形态，但成交量小，且在减少，此时以观望为宜，观察成交量放大后，买入。

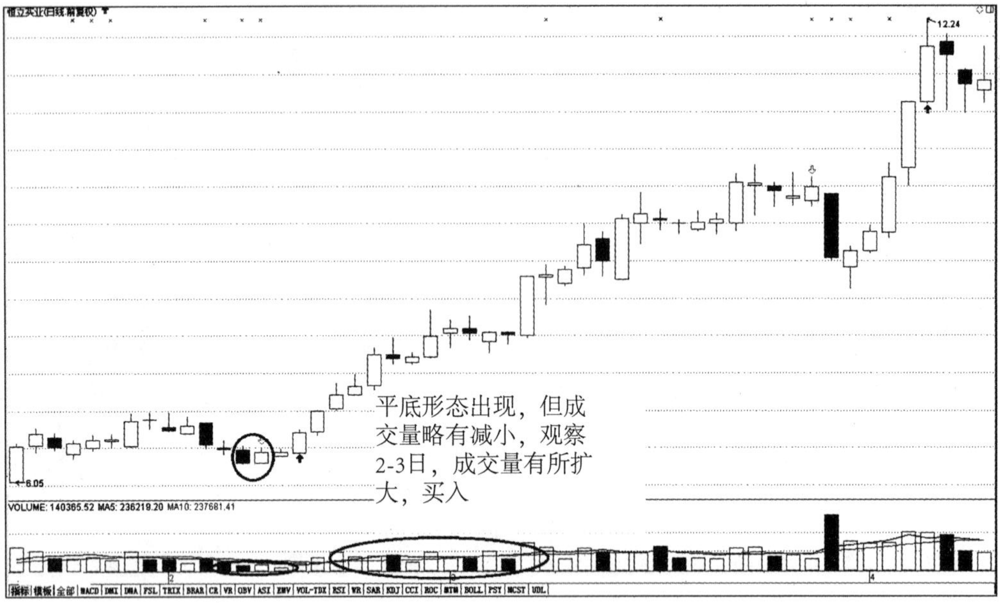

图 5-2-34 恒立实业（000622）中的平底

19. 平顶

平顶与平底正好相反，是指临近几根 K 线的最高价几乎都在同一位置，属于转势信号，一般出现在股价大幅上涨之后，其后股市回落的可能性较大，如图 5-2-35 所示。

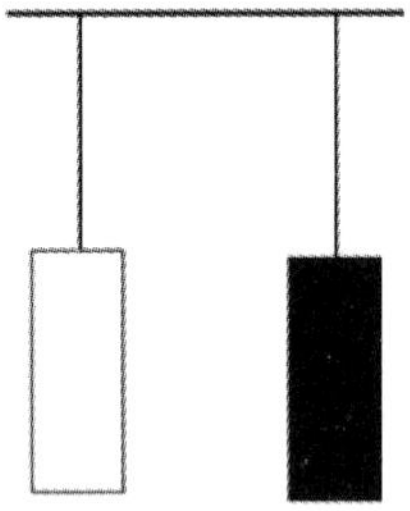

图 5-2-35 平顶

平顶如果和其他 K 线组合，如“穿头破脚”“吊颈线”等同时出现，那么股价下跌的可能性将更大，此时，投资者最好离场出局。

20. 圆底

圆底形态一般多出现在下跌或横盘整理时，它意味着股市做空力量已经是强弩之末，后市转势上升的可能性增加，投资者可适量做多。如图 5-2-36 所示。

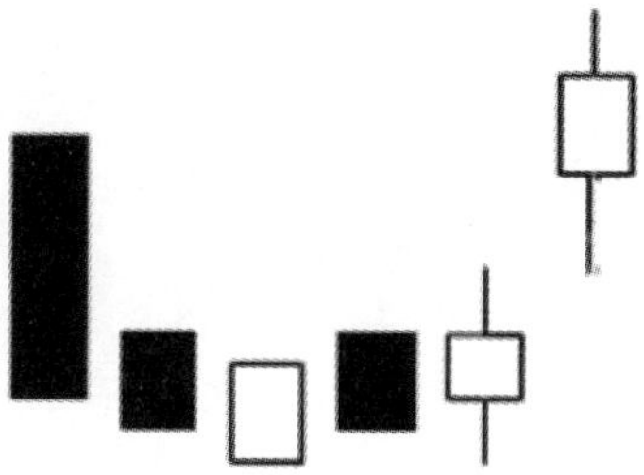

图 5-2-36 圆底

圆底形态的主要特征有如下几点。

（1）股价的走势呈现为圆弧形状。

（2）在圆弧内的 K 线多为小阴小阳线。

（3）最后要以上升缺口来确认圆底形态的成立。

21. 圆顶

圆顶与圆底相反，如图 5-2-37 所示，其特征如下。

（1）股价的走势必须构成一个圆弧形状。

（2）圆弧内多为小阴小阳线。

（3）最后以向下跳空缺口确认圆顶形态成立。

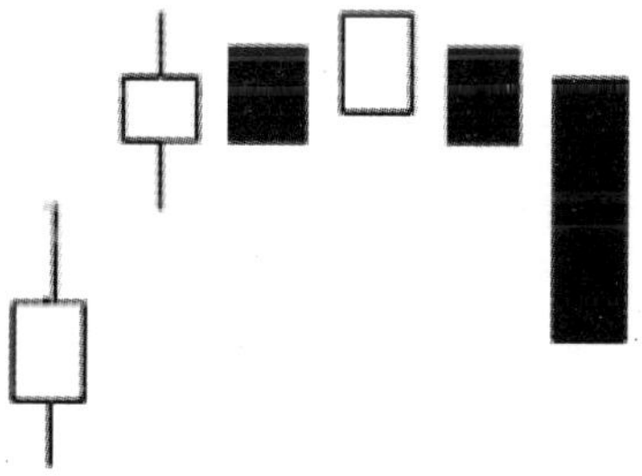

图 5-2-37 圆顶

圆顶一般出现在股价大幅上涨之后，意味着多方已经无力冲高，后市转为跌势的可能性增大，投资者尽量准备离场。

如图 5-2-38 所示，新华联（000620）的股价在低位整理后出现圆底形态，股价跳空上涨，买入。随着股价的上升，到达高位，股价出现圆顶形态，股价跳空滑落，卖出。

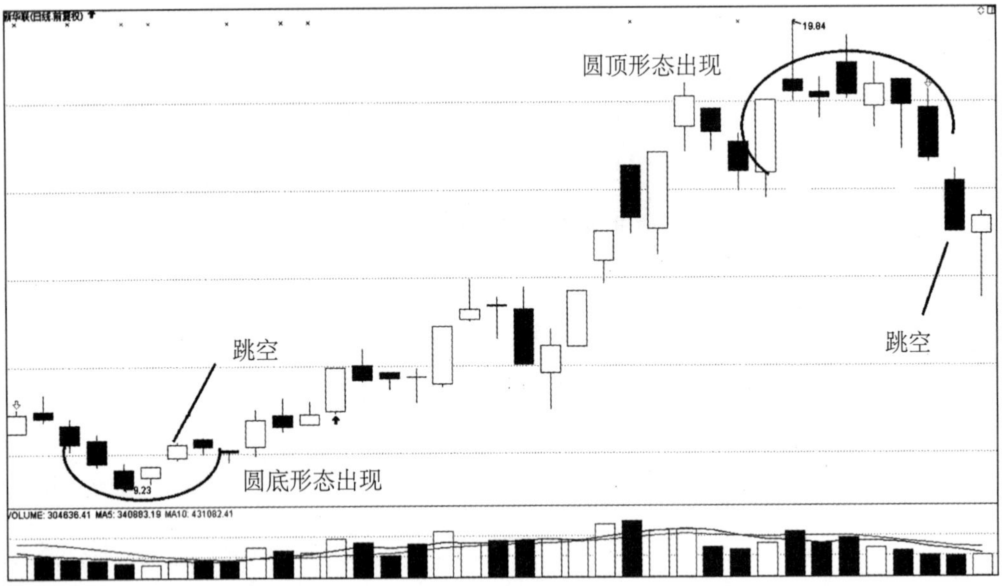

图 5-2-38 新华联（000620）中的圆底和圆顶

22. 塔形底

塔形底因其形状像一个倒扣的塔顶而得名，是一种表明股价见底回升的信号，一般出现在股价下跌行情中。在下跌行情中，股价先拉出一根长阴线，阳线的收盘价格接近或超过前面的大阴线最高价。如图 5-2-39 所示。

图 5-2-39 塔形底

一般来说，股价在低位形成塔形底后，如有成交量的配合，往往会有一段较大的涨势出现，因此，投资者可以在此时跟进做多。

如图 5-2-40 所示，物产中拓（000906）的股价在低位经过整理，出现了塔形底形态，成交量放大，买入。

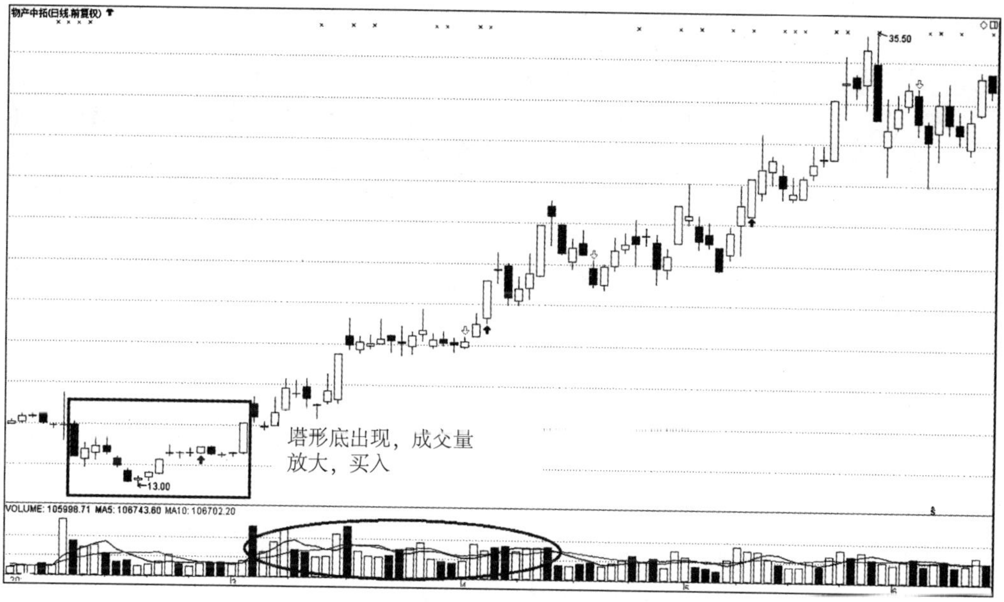

图 5-2-40 物产中拓（000906）中的塔形底

23. 塔形顶

塔形顶与塔形底相反，其出现在上涨行情中，股价首先拉出一根长阴线，然后涨势开始变缓，出现了一连串小阳线或小阴线。塔形顶的形态如图 5-2-41 所示。

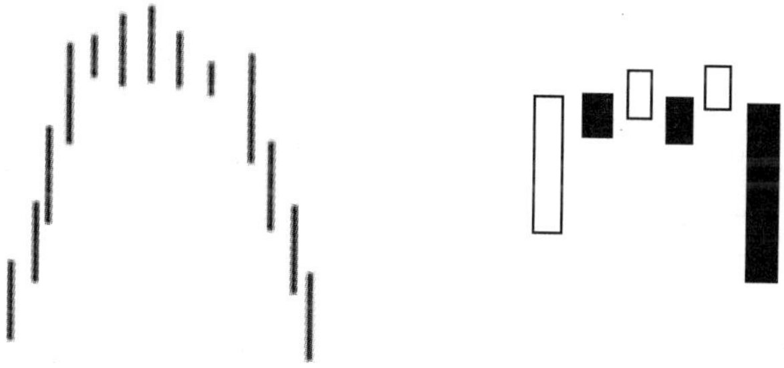

图 5-2-41 塔形顶

塔形顶的出现意味着行情开始转为下跌趋势，投资者如果遇到这种形态应尽快卖出离开。

24. 红三兵

红三兵为股价在底部区域经过较长时间的盘整，连续拉出三根阳线，如果在红三兵后股价上冲时，成交量能同步放大，说明该股有新主力加入，后续上涨的可能性极大。如图 5-2-42 所示。

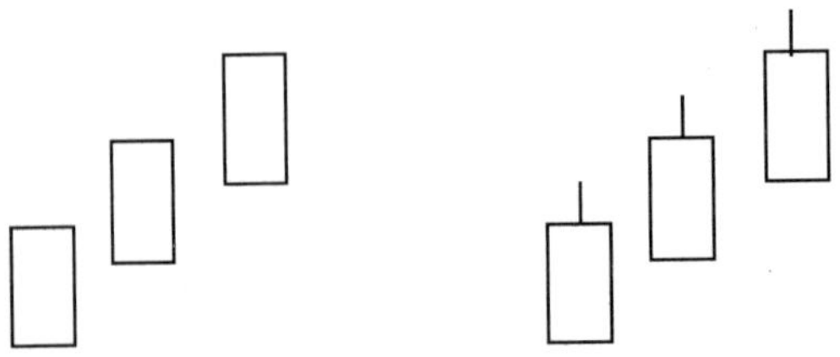

图 5-2-42 红三兵

红三兵的形态特征。

（1）红三兵形态发生在市场的底部。

（2）价格突破一个重要阻力位，形成上升行情，拉出第一根阳线，然后继续发力拉出两根阳线。

（3）价格每一次拉升，一般以光头阳线收市，表明买盘意愿强劲。

（4）红三兵所连成的 3 根阳线实体部位一般等长。

（5）价格处在市场底部震荡，市场空方无力再度做空；而做多一方觉得价格经过下跌，已处在超卖状态，可以做多；观望一方比较了多空力量，认为多方有利，而进场建立多仓。市场受此合力影响，形成连续 3 天上扬的局面。红三兵意味着多方力量刚起步，随着力量的不断释放，将会形成真正的上涨。

如图 5-2-43 所示，天兴仪表（000710）的股价在低位出现红三兵形态，但成交量少，以观望为宜，随后又出现一个红三兵形态，成交量放大，多方力量强劲，买入。

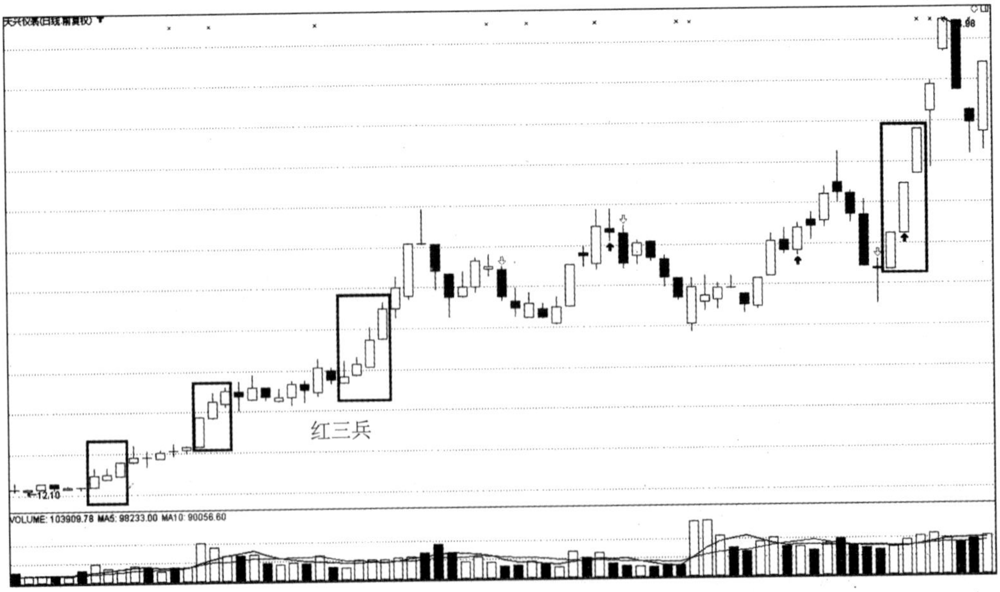

图 5-2-43 天兴仪表（000710）中的红三兵

25. 黑三兵

与红三兵形态相反，也叫绿三兵，由三根小阴线组成，在涨跌趋势中都有可能出现，由三根实体相当的阴线组成。如图 5-2-44 所示。

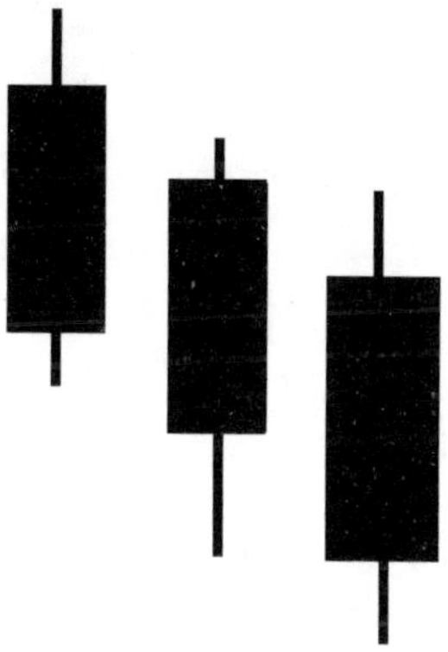

图 5-2-44 黑三兵

黑三兵 K 线的特征。

（1）上涨初期黑三兵的出现，如果在高度密集的廉价码底峰之上，尚待时日观察。该信号之后的回调低位，仍然受阻于底峰支撑。这时（获利值在 80% 以上），在其后拉出的阳线中，量能有放大的迹象，场外资金可选择重仓买入，思路清晰，审时度势，与庄为伴。

（2）上涨趋势中的循环高位，黑三兵的出现显然有见顶续跌的可能，如距锁定的底峰相距不远或在回调时，下峰筹码岿然不动，也是场外投资者择机入局的最佳良机。短线高手伺机等待收复线的来临，迅速出击。

（3）大幅上涨行情后期，出现携巨量的黑三兵，有底部筹码公然上移的迹象，应高度警惕，随时准备逢高获利了结，保住胜利果实。

（4）下跌趋势中的黑三兵出现时，高位被套筹码逢乌云盖顶、遮天蔽日，下档空间无任何筹码支撑，只能继续看跌后市，场外资金固守空仓，严禁动作，并不再追究该股的其他资讯。往往这只股票经过大幅上涨盘头之后，绝对高位汇聚了 90% 以上的高价筹码，该行情驶入跌途之际，有许多善良的股民喜欢追究该股的相关消息，其实是有百害而无一利的。

（5）一轮大跌行情末端，无量微幅反弹之后的加速下挫，其末端的黑三兵远离中期均线的压力（在股价的正常运行中，往往受制于中期均线的排斥或吸引，即股价远离 30 日均线，乖离率偏大时又重新回到该均线附近继续震荡演化其固有的格局)。受制于较大的乖离率影响,有见底含义,但不可好斗恋战、情绪化式地抄底抢进。切记:筑底需要相当艰苦和难耐的周期。

(6)长期缩量整固的牛皮市中出现黑三兵时,参考价值不大。由于筹码分布的散乱状态,不可轻举妄动,误入歧途。

26. 升势受阻

开势受阻的K线形态如图5-2-45所示。

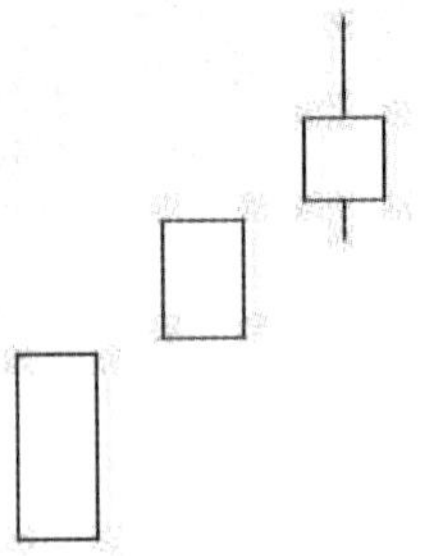

图5-2-45 升势受阻

升势受阻的K线特征。

(1)出现在涨势中。

(2)由3根阳线组成。

(3)3根阳线实体越来越小,最后一根阳线的上影线很长。

升势受阻的技术含义:卖出信号,后市看跌。

如图5-2-46所示,科达股份(600986)的股价在高位出现升势受阻形态,出现的三根阳线一根比一根短,最后一根阳线有长长的上影线,表明多头力量在推动股价上涨的过程中力量渐渐耗尽,股价后市看跌。

27. 冉冉上升形

冉冉上升图形一般出现在盘整的后期,由若干小K线组成,通常不少于八根,其中以小阳线居多,中间也可以夹杂两到三根小阴线或十字线,整个K线呈向上倾斜状,属于见底信号,后市看涨。这种形态在初期涨幅不大,但它往往是股价大涨的前兆,如果此时成交量也呈现明显放大的趋势,那么股价上涨的可能性非常大,投资者遇到这种情形可以继续跟进。如图5-2-47所示。

该K线组合犹如冉冉升起的旭日,升幅虽然不大,但它往往是大涨的前兆,如成交量能同步放大,这种可能性就越大。

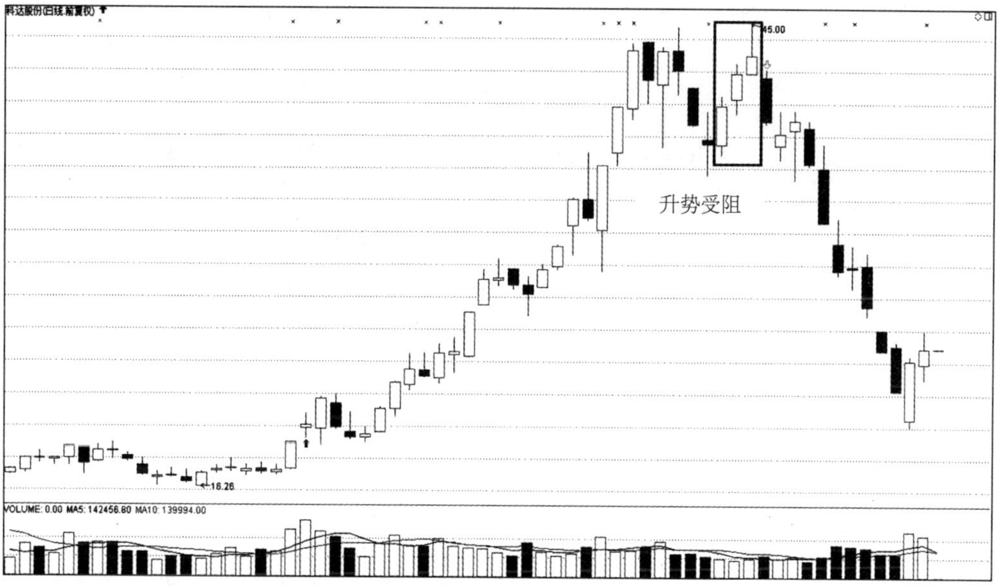

图 5-2-46 科达股份（600986）中的升势受阻

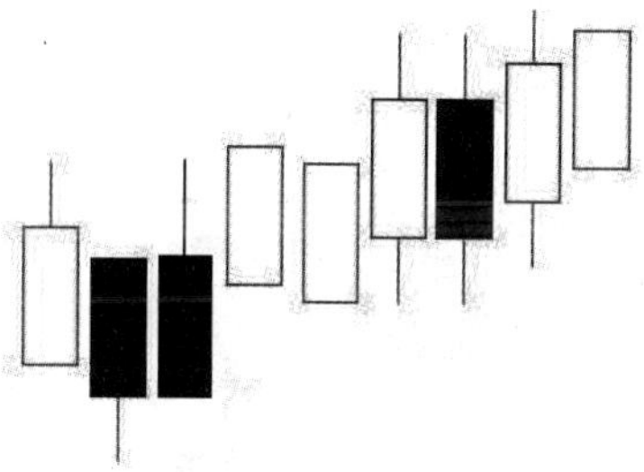

图 5-2-47 冉冉上升

如图 5-2-48 所示，以上海机场（600009）为例，股价缓缓上升，可以在伴随着成交量放大的同时买入。

28. 绵绵阴跌形

绵绵阴跌与冉冉上升的图形正好相反，它由一组向下倾斜的小 K 线组成，通常不少于八根，其中以小阴线居多，中间也可夹杂着一些小阳线，这种 K 线每天的跌幅不大，但犹如绵绵细雨跌个不停。虽然前期跌势不甚明显，但它反映出的走势很不乐观，股价可能长期走弱，就像人们常说的“急跌不可怕，最怕是阴跌”，其形状如图 5-2-49 所示。

绵绵阴跌形的 K 线特征。

（1）在盘整后期出现。

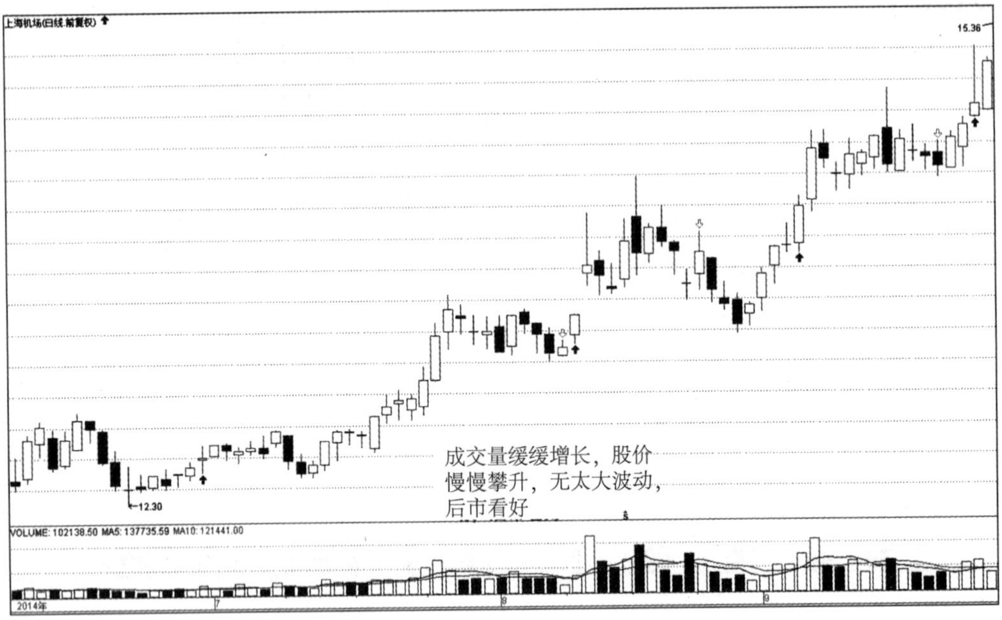

图 5-2-48 上海机场（600009）中的冉冉上升

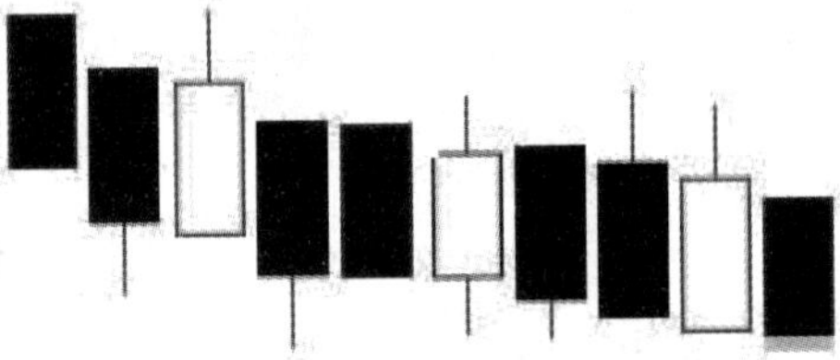

图 5-2-49 绵绵阴跌

（2）整个 K 线排列呈略微向下倾斜状。

绵绵阴跌形的技术含义：卖出信号，后市看跌。

绵绵阴跌的跌幅虽不大，但犹如黄梅天的阴雨下个不停，从而延长了下跌的时间和拓展了下跌空间，股价可能就此长期走弱了。因此对绵绵阴跌走势的图形，应及早做出停损离场的决断。

如图 5-2-50 所示，广东榕泰（600589）的股价出现了绵绵阴跌的形态，不知道何时止住，卖出为宜。

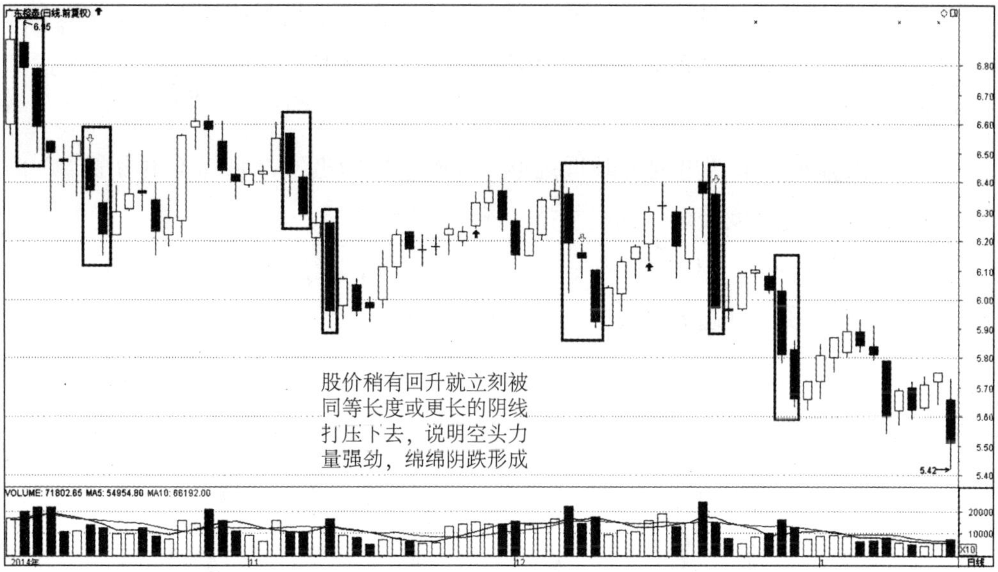

图 5-2-50 广东榕泰（600589）中的绵绵阴跌

29. 上升抵抗形

上升抵抗形一般出现在股市上涨的过程中，连续跳空开盘，收出众多阳线，其中夹杂着少量阴线，但这些阴线的收盘价均比前一根 K 线的收盘价高。如图 5-2-51 所示。

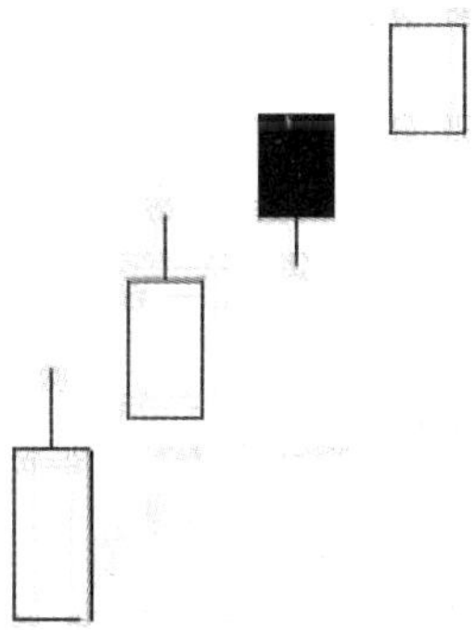

图 5-2-51 上升抵抗形

（1）上涨行情初期出现的上升抵抗形刚刚起步，脱离底部密集峰位，及时买入是最佳策略。若上档仍有少许的套牢筹码也无大碍，从每一天的高开上行中可凸显多方强烈的上冲欲望。

（2）上升趋势途中经过回调或“挖坑”之后，股价遇底位筹码峰的阻止，上升抵抗形出现时有量能的放大，也是最理想的入场条件。在其以下的获利区，由于主力严守仓位，往往上冲时并不需要量能的放大。操盘老到的庄家在关键点位上推一把，然后股价在多数人的哄抬簇拥中稳步盘升。众人拾柴火焰高，此时买进或继续持股为上策。

（3）大幅拉升末端出现上升抵抗形，伴有量能的迅增，底峰（主力成本）向下移动较明显，应高度警惕，伺机减持，谨慎持股。

如图 5-2-52 所示，以中航资本（600705）为例，股价在上升途中遇见了上升抵抗形态，但股价上升趋势难以改变，空方回天无力。

图 5-2-52 中航资本（600705）中的上升抵抗

30. 下降抵抗形

下降抵抗形的基本特征如下。

（1）在股价下降过程中，连续跳低开盘，收出众多阴线，其中夹杂着少量阳线，但这些阳线的收盘价均比前一根 K 线的收盘价低。

（2）股价在高位横盘，忽然某一天连续跳空低开。

（3）阴线实体一般可大可小，但中阴线和大阴线居多。

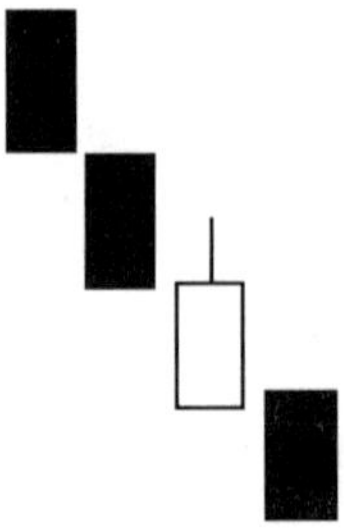

图 5-2-53 下降抵抗形

需要说明的是，这种K线图形中出现的阳线是多方不甘心束手就擒的表现，但此时总的下降趋势已成定局。

技术含义：在下跌趋势中出现这种K线组合，反映多方不甘心束手就擒，想组织力量进行反抗，但终因大势所趋，回天乏力，在空方打击下，股价又出现了惯性下滑。

31. 高位并排阳线

高位并排阳线出现在行情上涨的途中，两个有着大约相同的开盘价格跳空升起，与上一日的阳线之间形成一个缺口，由于向上跳空的两根阳线的开盘价几乎是相同的，所以被称为“并排阳线”或“升势恋人”，如图5-2-54所示。

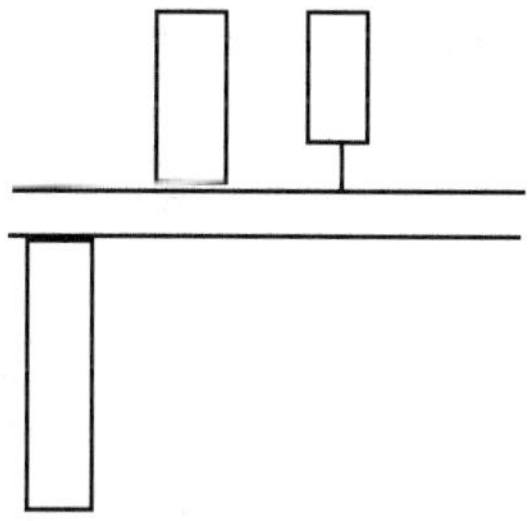

图5-2-54 高位并排阳线

高位并排阳线的出现，意味着股价将继续上升，其上跳的缺口一般会成为股价的支撑区。但要注意，如果股价在回落的时候跌破了支撑区，也就是缺口的这一个区域，投资者就要当心了。

如图5-2-55所示，金证股份（600446）的股价在高位出现了高位并排阳线形态，说明多方力量在上升过程中力量渐渐耗尽，无力再追高股价，股价后市看跌。

32. 低位并排阳线

低位并排阳线的形态如图5-2-56所示。

其特征是：股价经过一段时间的下跌，出现了一根跳空低开的阳线，至收盘时仍留下一个缺口，紧接着又出现一根与之并列的阳线，成交量也随之放大。低位并排阳线一般出现在下跌行情中，意味着股价已经见底或阶段性见底，属于股价见底转势信号，因此，投资者可适量做多。

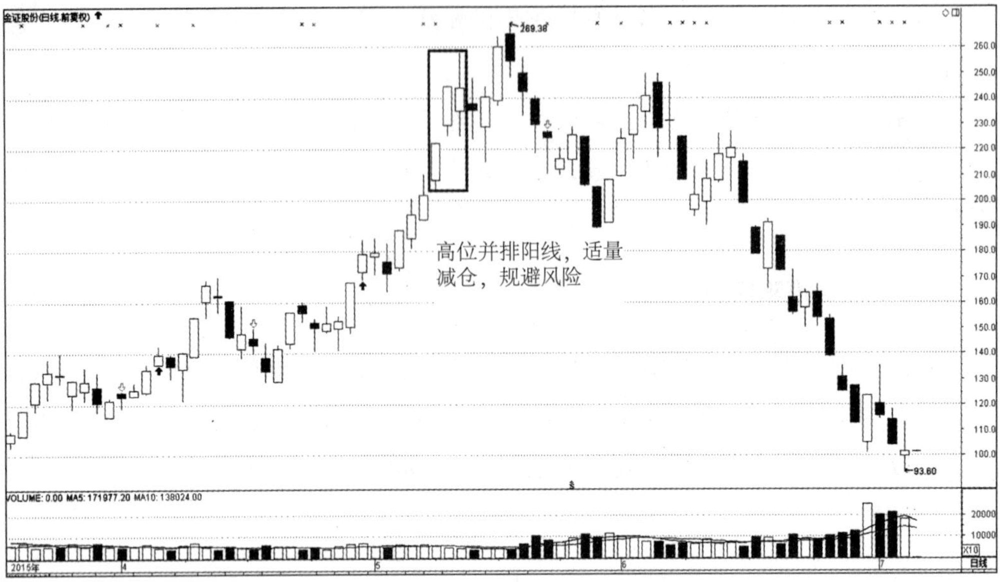

图 5-2-55 金证股份（600446）中的高位并排阳线

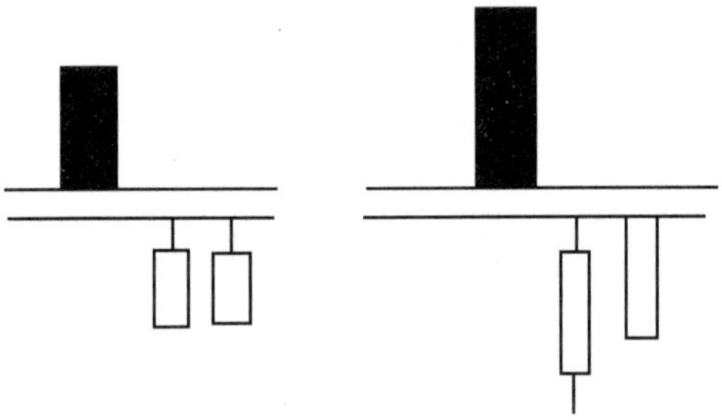

图 5-2-56 低位并排阳线

33. 上档盘旋线

上档盘旋线一般出现在上涨行情中，首先拉出一根或数根有力度的大阳线，随后股价停滞不前，出现了一系列的小阴小阳线。一般来说，上档整理的时间为 5~10 天，如果整理时间过长，说明上升无力，很可能转为跌势；如果整理时间较短，说明多方在消化浮筹后，积极做多，股价会持续上升。如图 5-2-57 所示。

其主要特征如下。

（1）出现在上涨途中。

（2）由若干根或十几根 K 线组成。

（3）在上涨时拉出一根较有力度的阳线后，就出现了阴阳交错、上下波动范围很小的横盘走势。上档盘旋时间在 5~14 天内，多数看涨，超过 14 天，多数看跌。

盘旋时间太久，说明多方上攻愿望不强，因而跌的可能性很大。

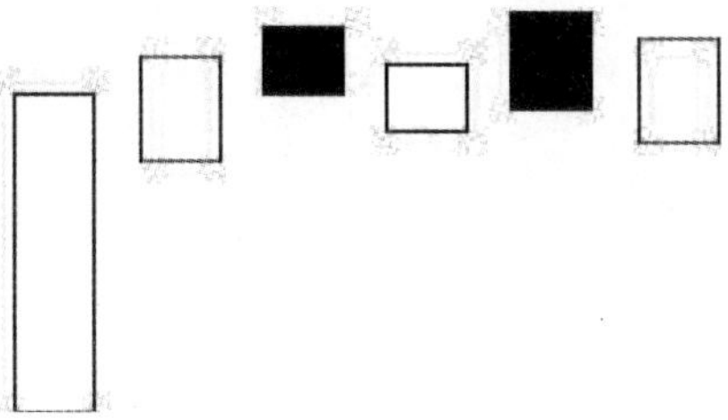

图 5-2-57 上档盘旋线

34. 低档盘旋形

低档盘旋形一般出现在股价下跌的行情中，预示着新一轮跌势的开始，表明前面小阴或小阳的整理不过是跌势的盘整而已。投资者见到这种图形时应及时减仓，避免股价下跌带来的损失。如图 5-2-58 所示。

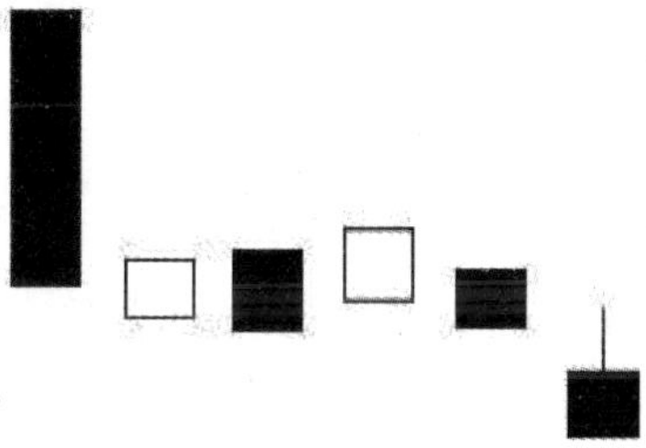

图 5-2-58 低档盘旋形

其主要特征如下。

（1）出现在下跌途中。

（2）由若干根小阴小阳线组成。

（3）先是小阴小阳线的横盘，后来出现一根跳空向下的阴线。

如图 5-2-59 所示，航天电子（600879）的股价在低档盘旋，成交量较小，以观察为宜，大概两周内，如果成交量增加，说明股价整理成功，可买入，不然下跌的可能性较大。

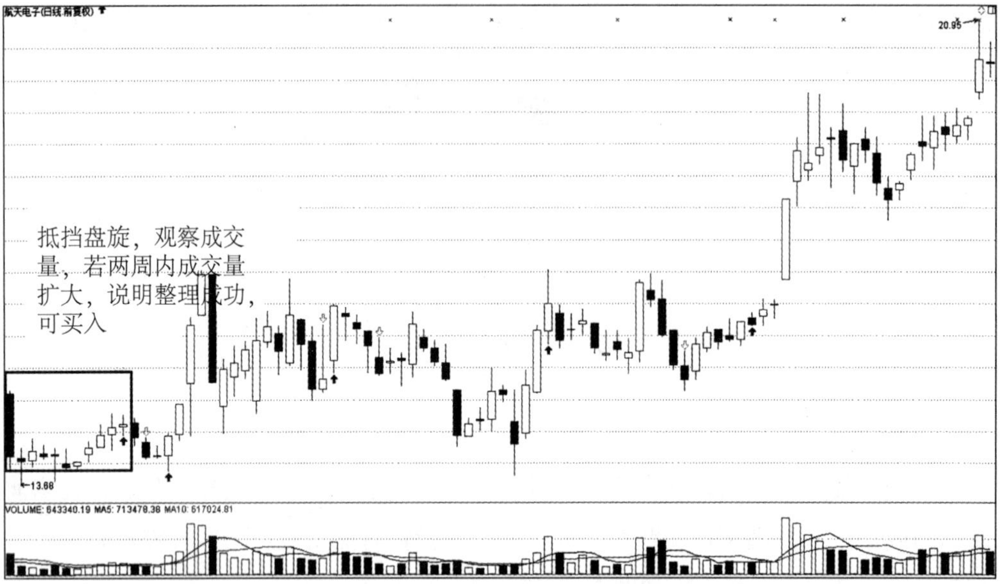

图 5-2-59 航天电子（600879）中的低档盘旋

35. 上升三部曲

上升三部曲又名“上升三法”，还可以称为“升势三鸦”，如图 5-2-60 所示。在上升走势中，出现一根长阳线。长阳线后面出现黑三鸦，这是上升途中调整和换手所致。黑三鸦后又出现一根长阳线。上升三部曲组合线形的下影线越长，多头气氛越浓，实体越长，多头就越强，5 日的换手率越高，后市的上升行情就越强。

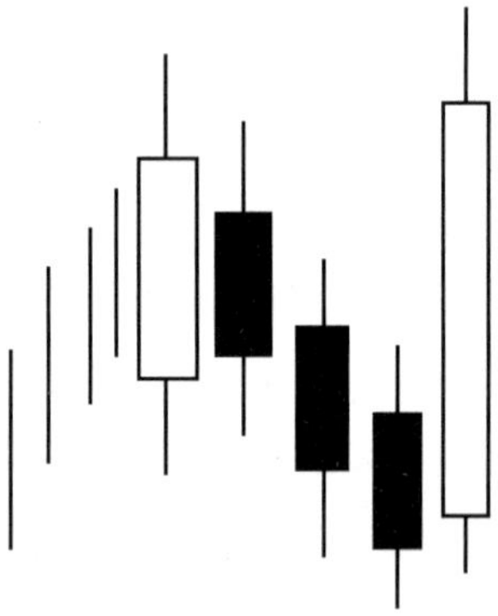

图 5-2-60 上升三部曲

上升三部曲的出现意味着多方在积蓄力量，于是着急出货，结果股价第二天反弹，所以当股价出现三连阴时，投资者一定要注意，积极观察股价走势，如果发现股价第二天开始上升，可以积极做多。

这里有一个小窍门可以帮助股民认清上升三部曲形态，如果不出意外的话，在“三部曲”之后，股价会有一轮大幅升势。

如图 5-2-61 所示，世龙实业（002748）的股价出现连续跳空下跌，但成交量毫无变化，随后又拉出几根阳线，买入。

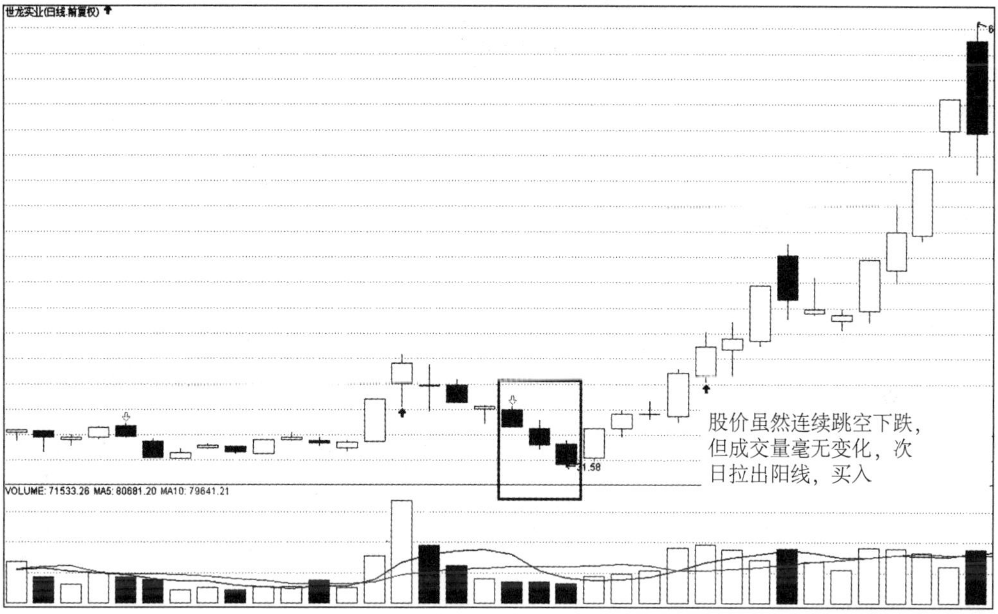

图 5-2-61 世龙实业（002748）中的上升三部曲

36. 下降三部曲

下降三部曲又称“下降三发”或“降势三鹤”。其特征是在股价走势途中出现了一根实体较长的阴线，把前面三小根阳线都吃掉了。如图 5-2-62 所示。

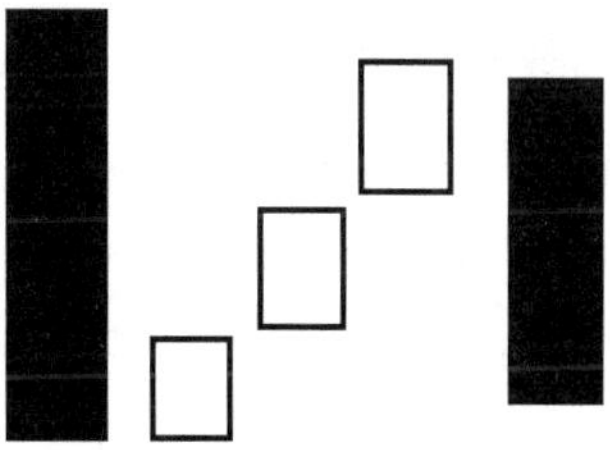

图 5-2-62 下降三部曲

下降三部曲的出现意味着虽然多方反抗，但是在空方的打击下，节节败退，预示着股价将进一步下滑，投资者要及时减仓。

和上升三部曲一样，走势图上我们很难发现标准的下降三部曲，其中间的阳线实体有可能是 3 根，也有可能是 4 根、5 根，它们都是标准图的变异，投资者一定要注意活学活用。

如图 5-2-63 所示，南方航空（600029）的股价处在低位，在阶段高位出现下降三部曲形态，股价虽然短暂上升，但随后的大阴线却盖过了所有阳线，股市继续下跌。如果之前有因股市下跌而没有来得及逃命的投资者，利用这次多方的反抗及时出局，可以追回部分损失，也是不错的补救手段。

图 5-2-63 南方航空（600029）中的下降三部曲

37. 两阳夹一阴

两阳夹一阴，又称多方炮，由三根 K 线组成，一根小阴线夹在两根阳线中间，第一根 K 线是一根阳线，阳线实体可大可小，第二根 K 线是一根小阴线，阴线的实体最长不要超过前面第一根阳线实体的 2/3，第三根 K 线是一根中长阳线，三根 K 线的重心呈上涨状态。如图 5-2-64 所示。

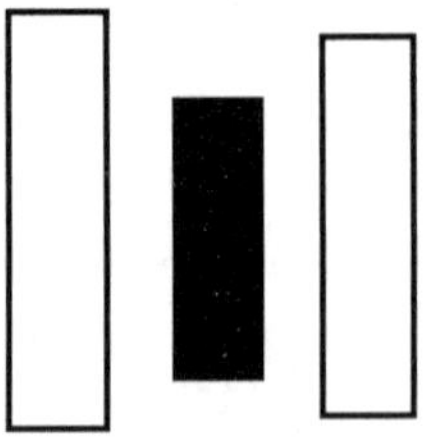

图 5-2-64 两阳夹一阴

在实战中是一组非常实用的 K 线组合，这个组合出现后，股价继续上涨的概率极大。

两阳夹一阴在涨势中出现，后市继续看涨，在跌势中出现，是阶段性见底的信号。

38. 两阴夹一阳

两阴夹一阳由三根 K 线组成，第一根 K 线是一根阴线，阴线实体可大可小，第二根 K 线是一根小阳线，阳线的实体最长不要超过前面第一根阴线实体的 2/3，第三根 K 线是一根中长阴线，三根 K 线的重心呈现下移状态。如图 5-2-65 所示。

图 5-2-65 两阴夹一阳

和两阳夹一阴一样，两阴夹一阳既可以出现在上升走势中，也可以出现在下跌走势中。出现在上升的过程中，意味着股价涨势已到头，股价可能下落；出现在下跌过程中，意味着股价进行短暂的休整，将会继续下跌。

如图 5-2-66 所示，德联集团（002666）的股价在高位出现两阴夹一阳的形态，后市看跌。

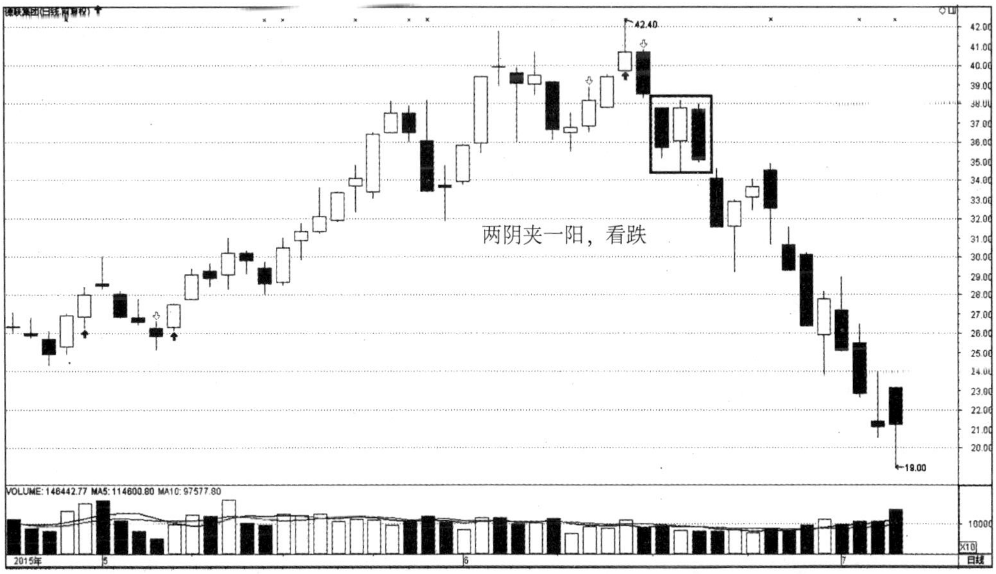

图 5-2-66 德联集团（002666）中的两阴夹一阳

39. 多方尖兵

多方尖兵的特征如下。

（1）在上升途中，特别是在上升初期更具意义。

（2）第一根 K 线为中阳线或大阳线，上影线一般为阳线实体的 1/3 左右。

（3）随后多方股价回落整理。

（4）当多方发动进攻，股价上穿前面第一根阳线的上影线时，就形成“多方尖兵”的 K 线组合。

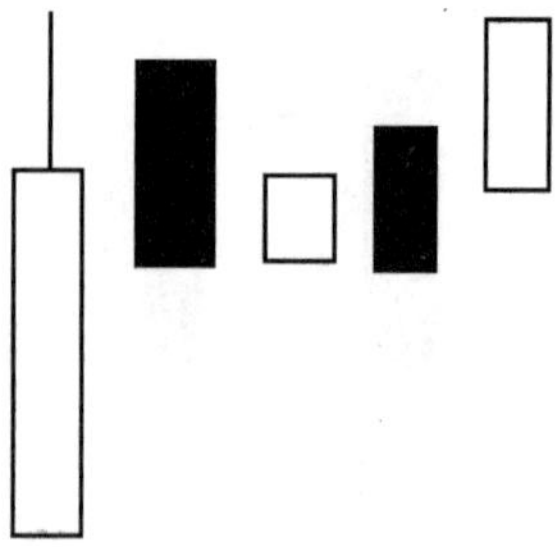

图 5-2-67 多方尖兵

一般来说，多方尖兵的出现，表明股价将继续上涨，但短期的均线一定要多头排列，同时有成交量的放大。所以，投资者要抓住这样的获利机会。

如图 5-2-68 所示，奋达科技（002681）的股价在底部出现了多方尖兵形态，并伴随成交量放大，后市看涨的可能性较大。

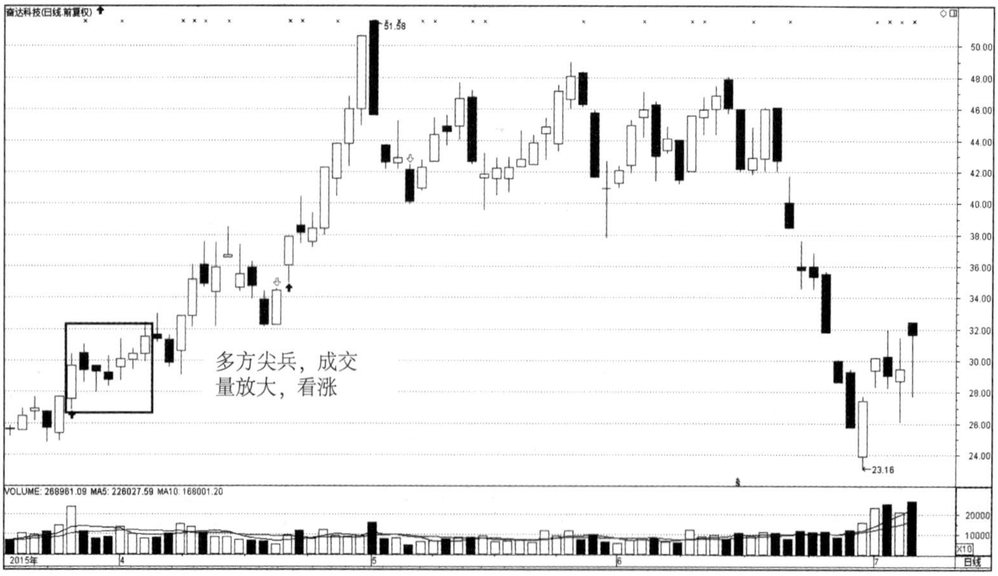

图 5-2-68 奋达科技（002681）中的多方尖兵

40. 空方尖兵

空方尖兵出现在股价下跌过程中，空方遇到了多方的反抗，出现了一根下影线，股价随之反弹，但空方不久又发动了一阵攻势，股价就跌穿了前面的下影线，如图5-2-69所示。

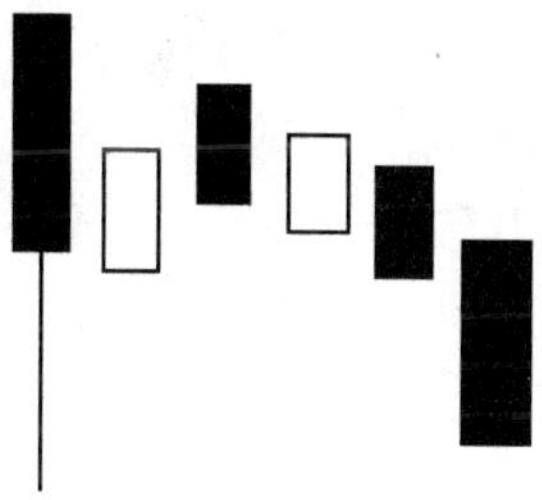

图 5-2-69 空方尖兵

由此可知，空方尖兵意味着股价仍会继续下跌，投资者看见这种图形应该适量做空，减少风险。

41. 上涨两颗星

上涨两颗星一般出现在连续上涨的行情中，在大阳线或中阳线的上面出现了两根小K线，这两根小K线可以是两根小阳线，也可以是小小的十字线。如图5-2-70所示。

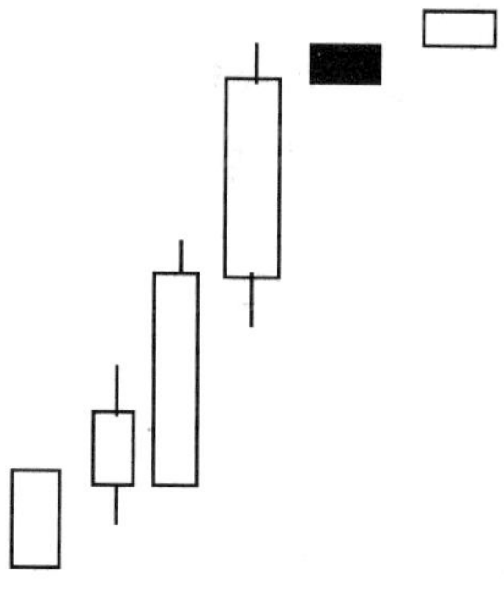

图 5-2-70 上涨两颗星

上涨两颗星的出现是可信度极高的买进时机，股价展开新一轮上涨行情的可能性很大，此时如果成交量明显增多，投资者可以适量增加仓位。

如图5-2-71所示，广誉远（600771）的股价一路上升，出现上涨两颗星形态，并伴随成交量放大，后市继续看涨。

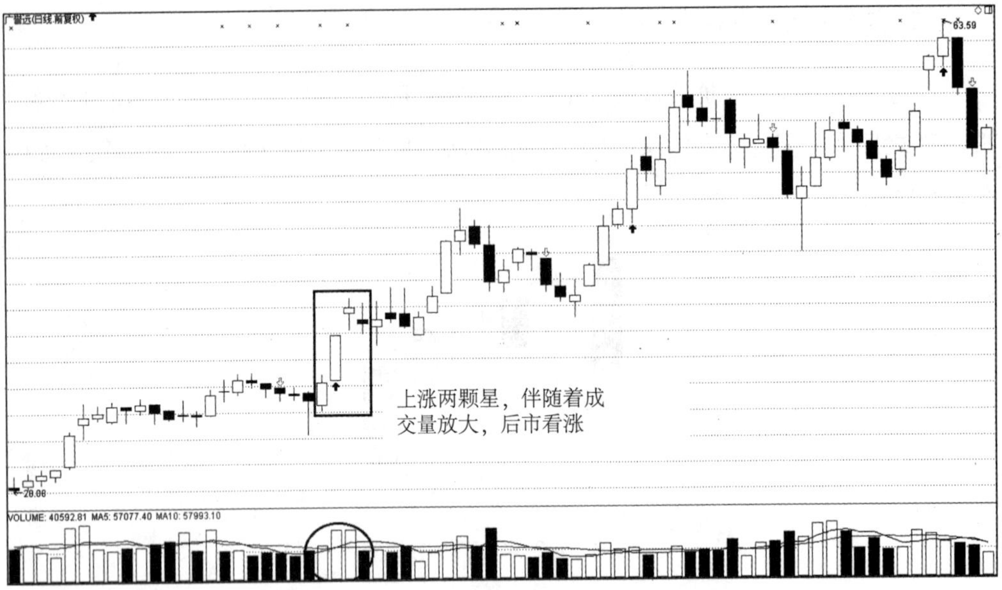

图 5-2-71 广誉远（600771）中的上涨两颗星

42. 下跌三颗星

下跌三颗星一般出现在股价下跌的过程中，K 线图上连续出现了 3 根小阴小阳线，这种图形的出现表明股价仍处于弱势，可能继续下跌，投资者此时应离场观望为宜。如图 5-2-72 所示。

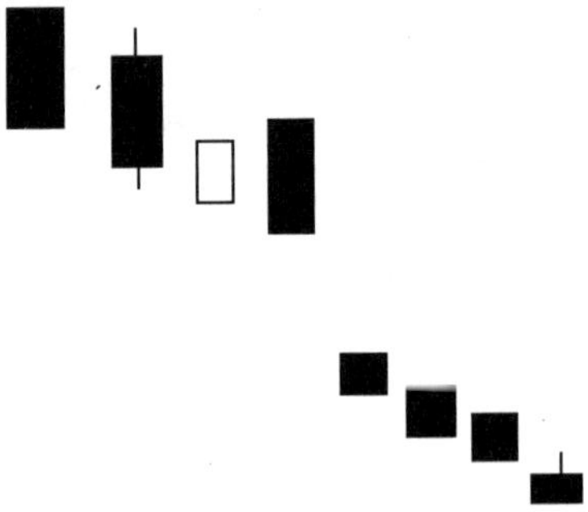

图 5-2-72 下跌三颗星

43. 连续跳空三阳线

连续跳空三阳线一般出现在股价上涨的过程中，多头气势高昂，连续跳空高升，拉出了三根阳线。但由于多方用尽了最后的力气，空方开始组织力量反攻，多方无力抵抗。如果在上涨途中出现这种图形，投资者一定要警惕，因为它并不代表股市会继续上扬，相反，股价会下跌。遇到这种情形，投资者应该及时离场。如图 5-2-73 所示。

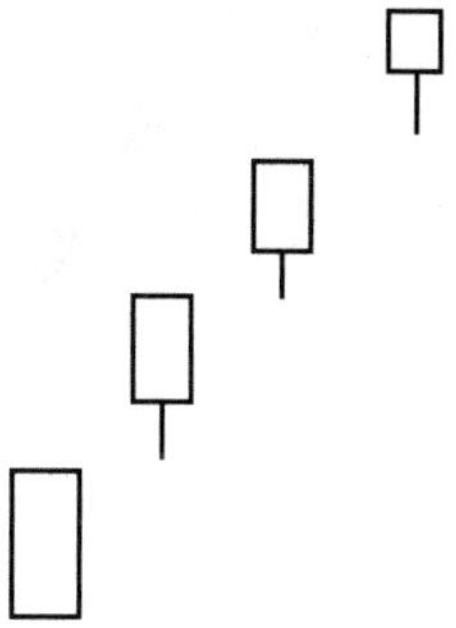

图 5-2-73 连续跳空三阳线

如图 5-2-74 所示，恒顺众昇（300208）的股价在高位连续跳出三根阳线，股价飞涨，此时要注意，多头力量可能已经耗尽，股价不日将回落，以减仓为宜。

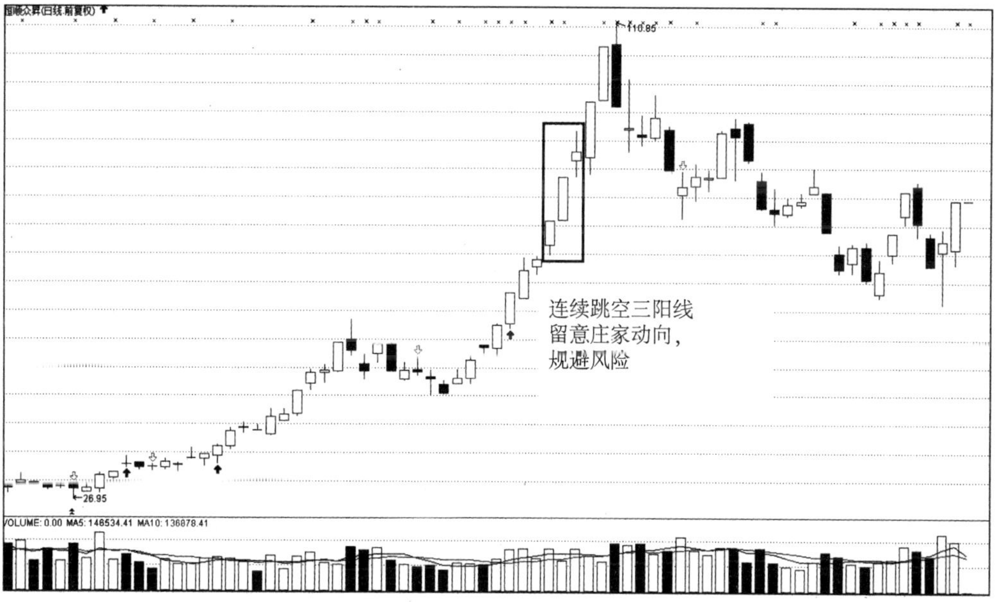

图 5-2-74 恒顺众昇（300208）中的连续跳空三阳线

44. 连续跳空三阴线

连续跳空三阴线是在股价下跌途中出现的，往往表明股价已经见底，是强烈的买进信号。如果股价在之后拉出了一根或两根阳线，及时回补下跌的第三个缺口，说明多方反攻在即，股价上涨的可能性将大大增加，投资者如果遇到这种情形可适量买进股票。如图 5-2-75 所示。

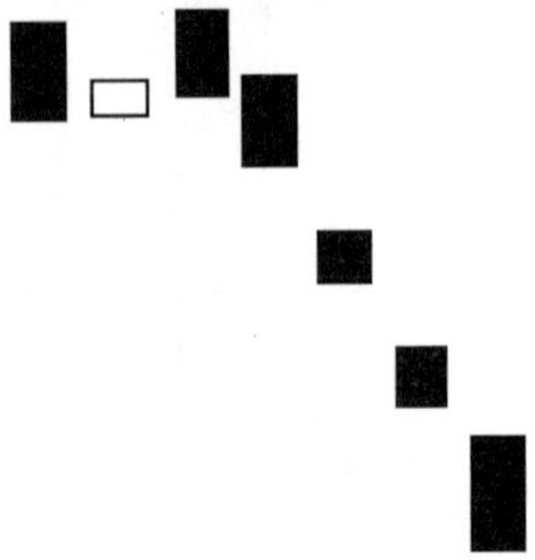

图 5-2-75 连续跳空三阴线

45. 跳空上扬线

在股价上涨过程中，出现了一根跳空上扬的阳线，但第二天不涨反跌拉出一根阴线，它的收盘价在前一根 K 线跳空处附近，缺口没有被填补，这种 K 线图就叫跳空上扬线，又称“升势鹤鸦缺口”，形状如图 5-2-76 所示。

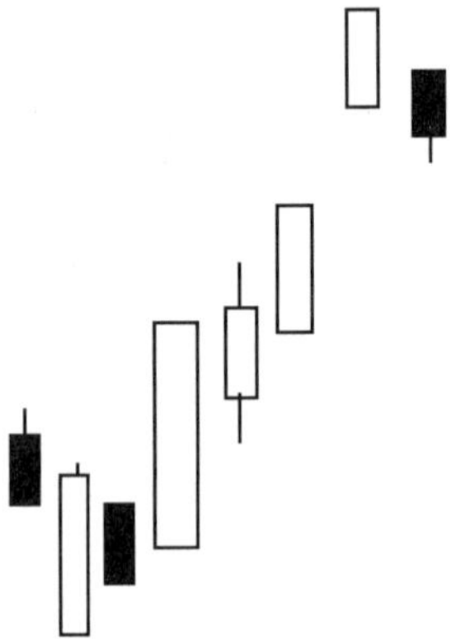

图 5-2-76 跳空上扬线

该形态说明股价在攀升过程中遇到了一次麻烦，但通过努力克服了困难，股价一路继续上升。该 K 线组合多出现在涨势初期、中期，行情有可能出现两种模式。

（1）股价经过一段时间盘整后再度上扬。

（2）股价经过短暂调整就开始发力上攻。

不论是何种模式，在上涨初期和中期出现这种 K 线组合，均预示股价会继续上升。

如图 5-2-77 所示，广誉远（600771）的股价在经过一段低位调整后出现跳空上扬线形态，并伴随成交量的放大，后市看涨的可能性较大，买入。

图 5-2-77 广誉远（600771）中的跳空上扬线

46. 下档五阳线

下档五阳线的形态特征是：在下跌持续一段时期后，K 线图连续出现了 5 根阳线（有时也会是 6 根或 7 根），表示在此价位多方的承接力强，如图 5-2-78 所示。下档五阳线的出现，预示着股价可能已经见底，或者到了一个阶段性底部，是一种买入信号。此时，投资者可以适量买进。

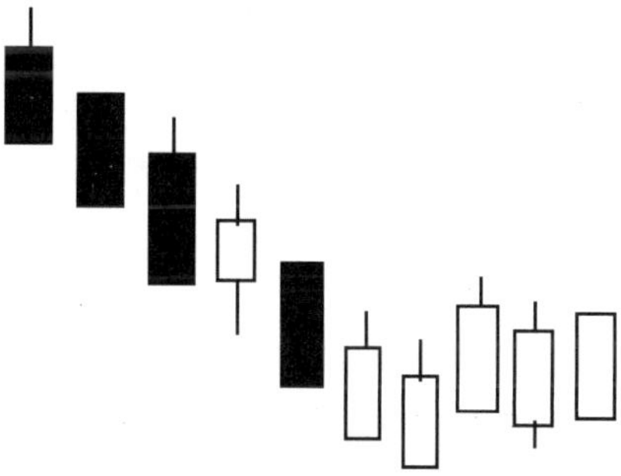

图 5-2-78 下档五阳线

47. 下降覆盖线

下降覆盖线的形状如图 5-2-79 所示，其特征是，在上升行情中，首先出现了一根穿头破脚的阴线，第二天收出了一根阳线，但紧接着又出现了一根低收的阴线，这就构成了下降覆盖线。

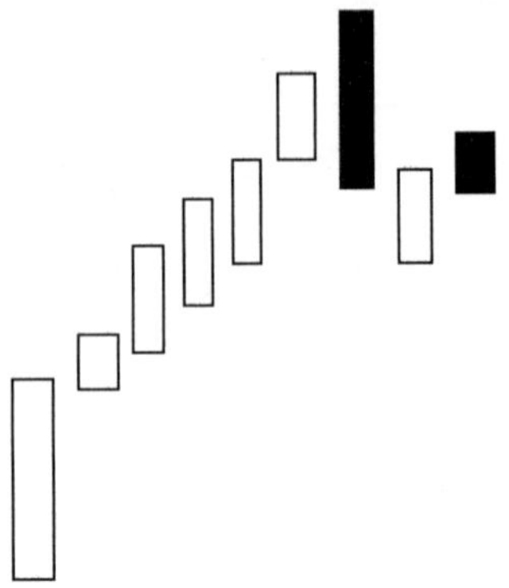

图 5-2-79 下降覆盖线

这种形态属于见顶信号，暗示上涨行情已经到头，股价下跌的可能性非常大，投资者应该及时离场。

如图 5-2-80 所示，光环新网（300383）的股价在高位出现了下降覆盖线形态，且伴随大成交量，后市看跌的可能性较大，可适量减仓。

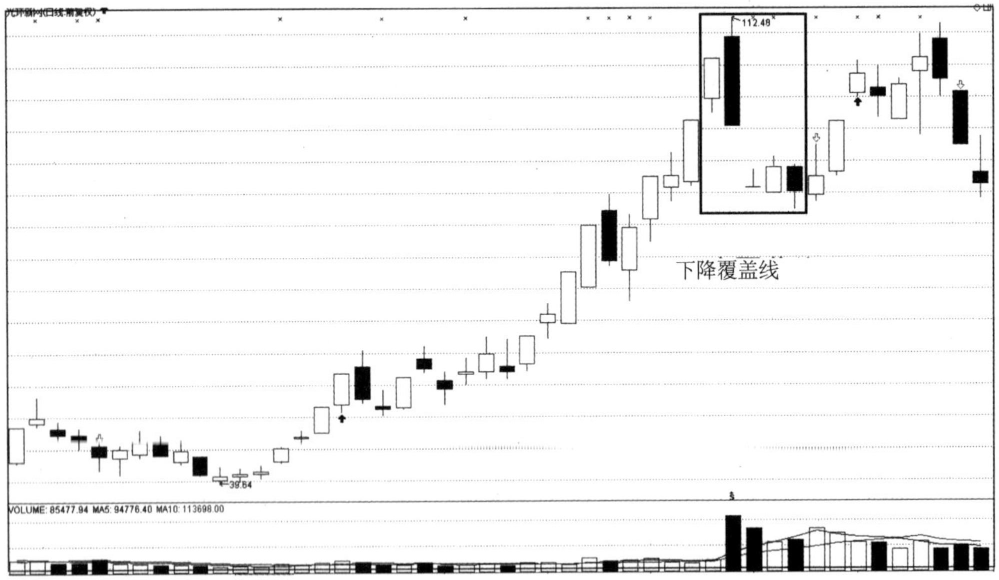

图 5-2-80 光环新网（300383）中的下降覆盖线

48. 倒三阳

倒三阳形态的基本特征是，股价连续拉出了 3 根阳线，但其走势却是连续向下跌的。如图 5-2-81 所示。

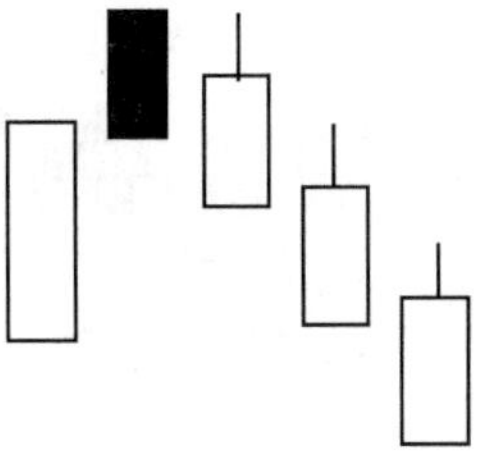

图 5-2-81 倒三阳

这种图形一般出现在庄股上，是主力为了出逃而故意放的烟雾弹。很多投资者见到这种情形就积极做多，结果被套。所以投资者在遇到这种情形的时候一定要冷静，不要受到阳线的迷惑，而应卖出股票尽快离场。

49. 加速度线

加速度线即像一个长跑运动员一样，越接近终点步伐越快。股市走势有时也和长跑一样，越是接近目标位置，涨幅或跌幅越大，如峰顶或谷底。如图 5-2-82 所示。

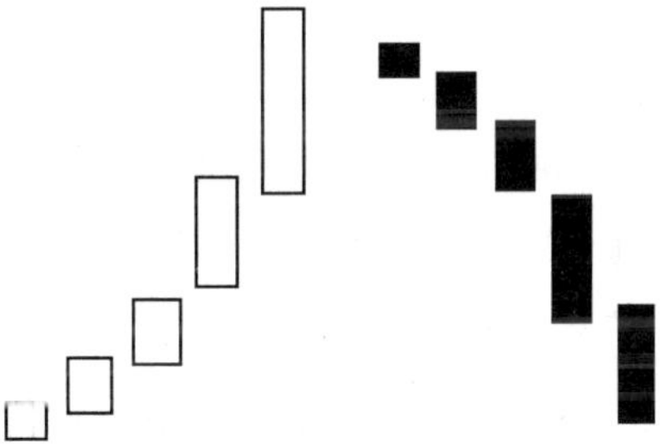

图 5-2-82 加速度线

在上升行情中，一些个股先是缓慢上升，后面越来越快，接连拉出很有力度的中阳线或大阳线，这时投资者千万不要及时买进，因为这是一种见顶信号，预示着上涨行情已经到了尽头。

如图 5-2-83 所示，以海欣食品（002702）为例，股价走势呈加速度线形态，前期股价涨势快，一路稳稳地就涨到了高位，股价没有大的波动，后期则股价大跌，跌速迅速，股价没有什么反弹就跌到低位。这种形态要看准机会，根据成交量入市较好，套利后马上离开。

在下跌行情中，一些个股先是缓慢下跌，后来越跌越快，接连拉出很有力度的中阴线或大阴线。这种形态意味着股价已经见底，即将反弹。但是之前的大跌往往使投资者损失惨重，甚至有的人在底部止损，可不久股价又回升，白白错失良机。

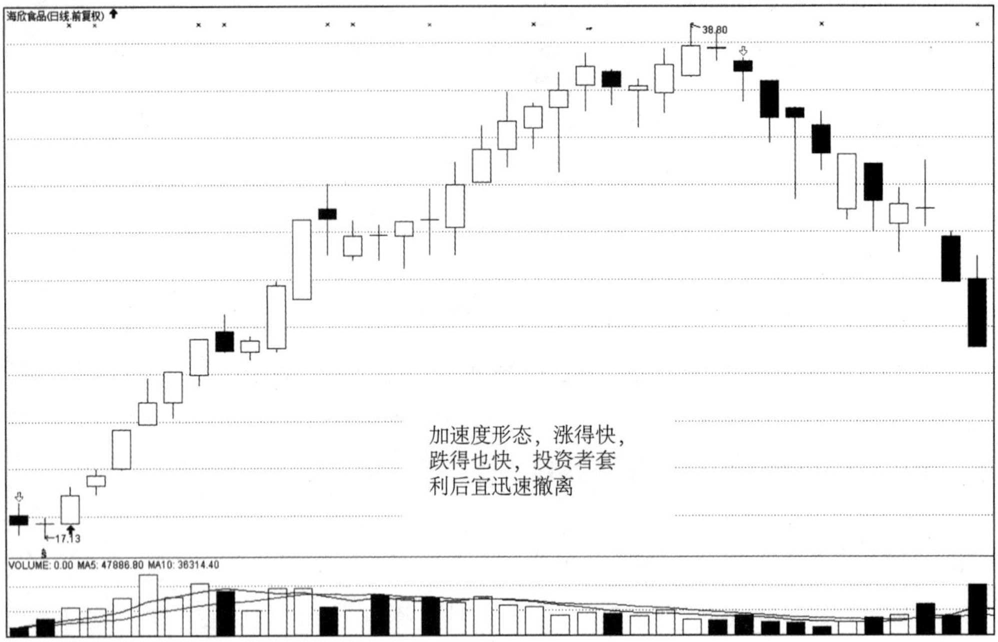

图 5-2-83 海欣食品（002702）中的加速度线

50. 镊子线

镊子线的形状如图 5-2-84 所示，它既可以出现在股价上涨的过程中，也可以出现在股价下跌过程中。涨势中的镊子线”中间那根 K 线几乎位于左右两根 K 线的顶部，而且 3 根 K 线的最高价处在差不多同一价位。跌势中的镊子线，中间那根 K 线几乎位于左右两根 K 线的底部，而且三根 K 线的最低价处在差不多同一价位。

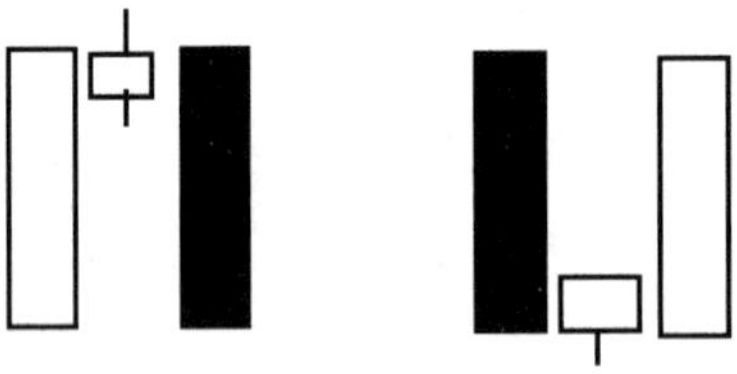

图 5-2-84 镊子线

该形态出现在股价上涨途中，尤其是有了一段涨幅之后，往往预示着股价会见顶回落；反之，出现在跌势中，尤其是有一段较大跌幅之后，往往预示着股价见底回升。遇见这种情形可以适量买进。

如图 5-2-85 所示，以日发精机（002520）为例，股价在低位出现了一个镊子线，但成交量并无明显增加，以持币观望为宜，不久股价继续上升，成交量放大，买入。

随着股价的爬升，到达高位，又一次出现镊子线形态，可适量减仓，成交量继续减小，卖出。

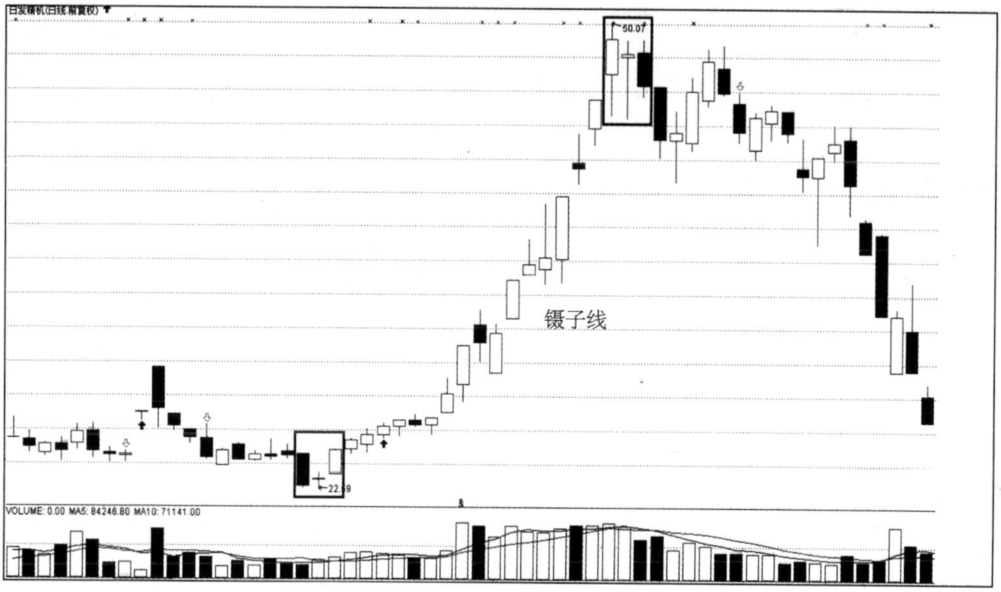

图 5-2-85 日发精机（002520）中的镊子线

51. 尽头线

在升势中，原行情进展得相当顺利，一般都认为这个趋势会进行下去，结果在一根长阳线的右方出现了一根完全覆盖上影线范围内的短十字小阴线（或小阳线）。反之，在下跌行情中，大阴线后第二个交易日收出一根完全涵盖在下影线范围内的短十字小阳线（或小阴线）。这就构成了尽头线，其形状如图 5-2-86 所示。

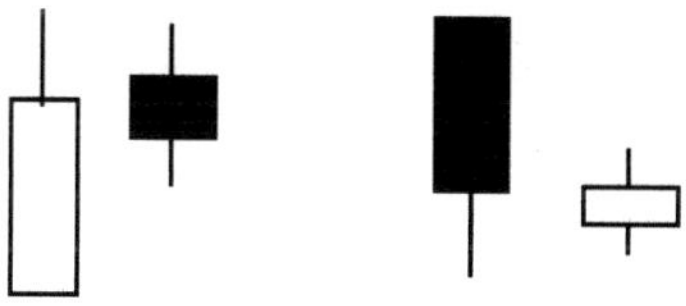

图 5-2-86 尽头线

尽头线是转势信号，当它出现在上涨行情的时候，意味着股价即将下跌，投资者要考虑减仓操作。反之，当其出现在下跌行情时，往往预示着股市将迎来上涨，投资者可买进股票。

一般来说，标准的尽头线出现概率不高，投资者所见到的都是不标准的尽头线。如果第二根 K 线上下影线较长，但实体较短，而且完全被第一根 K 线的影线所包容，那么就可以看做是尽头线。尽头线的变异图形不影响它传达的转势信号，因此，对投资者的参考意义很大。

52. 搓揉线

搓揉线是由一根 T 字线和一根倒 T 字线组成，形状如图 5-2-87 所示。这种图形一般出现在庄股上，因为能对股价进行揉搓的非主力莫属。主力做出这些动作的目的有两个，一个是洗盘，另一个是变盘。

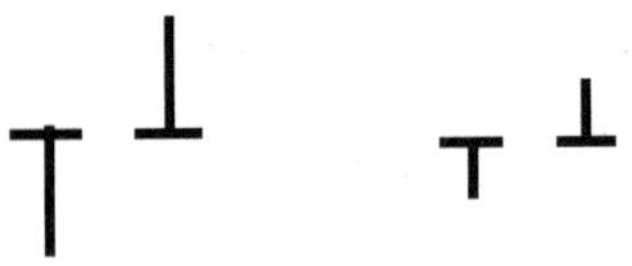

图 5-2-87 搓揉线

在涨势行情中尤其是在上涨初期出现搓揉线，一般都是主力在清洗浮筹，以减轻上行压力，此时投资者可以适量跟进。

在上涨行情的末期，尤其是股价有了很大涨幅之后出现搓揉线，一般都是主力在通过上下震荡搅乱投资者的视线，投资者要警惕主力出货，此时很有可能要变盘。

要区分主力是在洗盘还是在变盘，一定要看清股价的涨幅，如果股价在很短的时间内就涨了好几倍，或是其绝对价位已经超过了同类性质的股票，那么搓揉线代表变盘的可能性就很大，反之，则可以看作是洗盘。

但是只利用涨幅来判断是洗盘还是变盘，难免发生错误。比如说，一只超强的个股涨势往往难以预料，这时候就很难断定涨势是否已经过大。此时你可以用以下几点来判断。

（1）从上下影线来判断。如果是上涨途中洗盘，T 字线和倒 T 字线的影线一般都很短，为小 K 线形态；而上涨末端的变盘，其影线都很长。

（2）从成交量上来判断。如果是上涨途中洗盘，成交量较少；而上涨末端的变盘，成交量很大。

五、K 线缺口

缺口是指股价在快速大幅波动中有一段价格没有任何交易，显示在股价趋势图上是一个真空区域，这个区域称之为“缺口”，通常又称为跳空。当股价出现缺口，经过几天，甚至更长时间的变动，然后反转过来，回到原来缺口的价位时，称为缺口的封闭。从缺口发生的部位大小，可以预测走势的强弱，确定是突破，还是已到趋势的尽头，是研判各种形态时最有力的辅助工具，如图 5-2-88 所示。

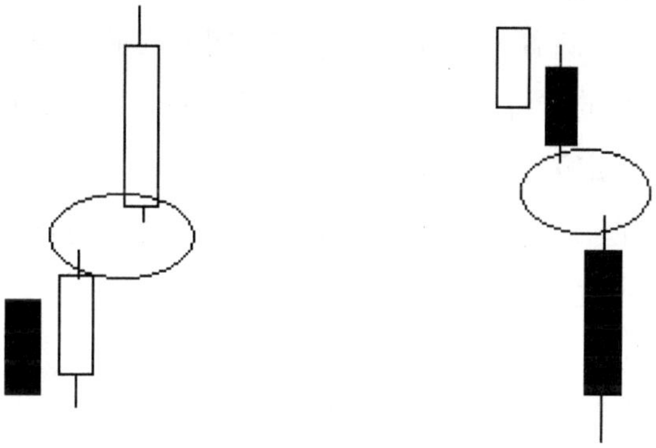

图 5-2-88 K 线缺口

缺口是 K 线图中的一种特殊形态，分为普通缺口、突破缺口、持续性缺口和消耗性缺口。以新奥股份（600803）为例加以说明，如图 5-2-89 所示。

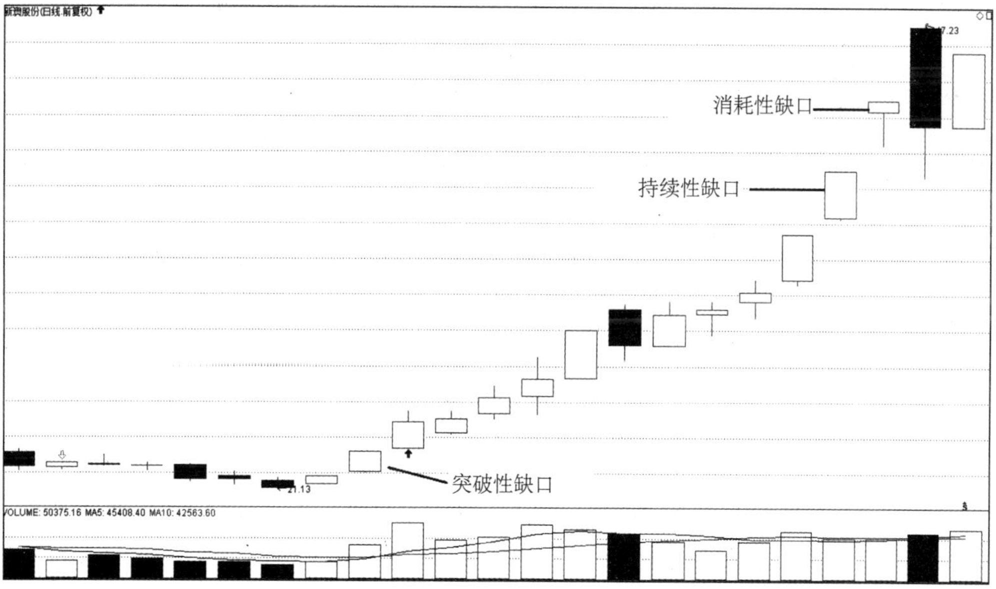

图 5-2-89 新奥股份（600803）K 线缺口

1. 普通缺口

普通缺口经常出现在股价形态中，特别是出现在矩形和对称三角形中。由于矩形和对称三角形多半是整理形态，因此如果在这两种形态中出现缺口，股价尚未脱离形态上升或下降，可判断短期内股价仍处于盘整阶段，也就是说形态内的缺口并不影响股价在短期内的走势。由于股价在某一形态内波动时上下振幅有限，所以普通缺口一般会在几天之内被封闭，几乎没有什么技术操作上的意义。

普通缺口有以下情况需要注意。

（1）缺口处如果伴随着大的成交量，在此间形成的支撑和阻力也越强。向上的缺口如果没有成交量的支持，此缺口极容易被回补；向下的缺口如果没有成交量的支持，此缺口并不一定很快回补。

（2）连续三个向上的小跳空缺口预示着一波上升行情将结束；连续三个向下的小跳空缺口预示着一波下跌行情将结束。

（3）缺口被回补后，股价往往向原方向继续运行。

（4）一个向上的跳空缺口在股价回调时，缺口位置常有明显的支撑；一个向下的跳空缺口在股价反弹时，缺口位置常有明显的阻力。

2. 突破缺口

突破缺口的分析意义较大，经常在重要的转向形态如头肩式的突破时出现，这种缺口可帮助我们辨认突破信号的真伪。如果股价突破支撑线或阻力线后以一个很大的缺口跳离形态，可见突破十分强而有力。形成原因是其水平的阻力经过争持后，供给的力量完全被吸收，短暂时间缺乏货源，投资者被迫要以更高价求货，又或是其购买力完全被消耗，沽出的须以更低价才能找到买家，因此便形成缺口。

（1）向上突破缺口。

该缺口的特点是，突破时成交量明显增大，且缺口不被封闭。该缺口出现后，投资者可以大胆买入中线持有，并以缺口作为风险控制的止损价位。

（2）向下突破缺口。

该缺口的特点是，向下突破时成交量明显增大，且缺口不被封闭。由于行情的下跌力量往往比较凶猛，所以一旦向下突破，缺口形成，杀伤力比较大，应该引起足够的重视。当向下突破缺口出现后，如果投资者持有多单，应该立即果断地止损，并反手做空；如果投资者持有空单，则可以继续加码卖出，并中线持有，以缺口作为风险控制的止损价位。当向下突破缺口形成后，行情走势必将向纵深发展，踏上不归的熊途路。

3. 消耗性缺口

消耗性缺口常出现在长期上涨行情或下跌行情的末端，缺口出现的当日或次日，通常伴随着大量的成交量和猛烈的股价波动。如果在上升途中，则表示即将下跌；

若在下跌趋势中出现，就表示即将回升。不过，消耗性缺口并非意味着市道必定出现转向。

4. 持续性缺口

持续性缺口的技术性分析意义最大，它通常是在股价突破后远离形态至下一个反转或整理形态的中途出现，因此持续缺口能大概预测股价未来可能移动的距离，所以又称为度量性缺口。其度量的方法是从突破点开始，到持续性缺口始点的垂直距离，就是未来股价将会达到的幅度。

持续性缺口常出现在一轮大幅上涨行情或一轮大幅下跌行情的中途。中途缺口产生后预示着股价将继续大幅上涨或下跌的行情，短期内不会回补。持续性缺口出现的位置，应突破一个形态；在缺口出现的当天，必须有大额成交量的配合；通常出现在一个漫长的单边升势过程中，短期、中期均线系统需形成完全的多头排列，并且持续性缺口出现之后，股价将加速上升，表现出轻快的上扬姿态。持续性缺口的测试意义很重要，如果将缺口出现的点位减去启动形态的底边最低点，其所得的绝对值再加上持续性缺口形成时的点位所得到的值，可以看作本轮行情的理论目标价位，这时候，投资者就要尽量出货。

六、如何判断多空争斗规律

股市如同拳击，必须攻守兼备，如果贸然出击而未能迅速取得战果，很可能暴露弱点，被对方偷袭成功。在研判股市局势时，需要注意不同价位的盘局对双方的不同含义。盘整时间越长，对攻击方越不利。

争斗中，多空双方都想一招制敌，痛快淋漓地结束战斗，然而也必须做好受挫折的准备。空方大举进攻之下，股价下跌，达到低谷，受支撑位支撑上升。如果上升至开始价位以上，则成为回升或回档，如果升势极少回跌、回档，说明买方绝对强势，多方优势极大。如果回档至一半再度下跌，说明买方卷土重来，新的决战在准备之中。

在股市涨跌过程中，买卖双方的斗争和表现成了不变的规律。

多方市场：上升、回档、上升。

空方市场：下跌、反弹、下跌。

多方市场转空方市场：上升、回档、上升、盘整、下跌、反弹、下跌。

空方市场转多方市场：下跌、反弹、下跌、盘整、上升、回档、上升。

第三节　量价关系分析

量价关系是我们在实盘交易中参考的最为重要的关系之一。通过量价关系，我们可以发现主力踪迹，发现主力何时启动，发现资金流向。如果正确理解并应用该关系，并掌握量价关系的几大法则，就可以轻而易举地在实战中提高准确率。

一、市场中常见的几种量价关系

成交量与股票价格一直是投资者重点分析的对象，两者之间存在着诸多因果关系。

在证券市场中，成交量是成交股数和成交金额的统称。成交股数是某股票某日成交股数之和，成交金额则是该股票成交值总和的货币表示。

成交量是股票市场的原动力，没有成交量配合的股价形同无本之木。因此，成交量是投资者分析判断市场行情并作出投资决策的重要依据，也是各种技术分析指标应用时不可或缺的参照。

成交量与股票价格、交易时间、投资者意愿、市场人气等诸多因素互为因果，相互影响。成交量的变化过程就是股票投资者购买股票欲望消长变化的过程，也就是股票市场人气聚散的过程。当人气聚敛，成交量增大，会吸引更多投资者介入，必定刺激股价攀升；股价升至一定高度，投资者望而却步，成交量开始徘徊；获利盘纷纷出手，成交量放大，又会导致人心趋散，股价会下跌；而当人心惶惶，抛盘四起，成交量的放大似乎成为人气进一步涣散的引信；待到股价继续下跌，成交量萎缩，投资者逃脱唯恐不及，供大于求，股价又走入低谷。

成交量与股价的关系体现为下面两种情况。

量价同向：即股价与成交量变化方向相同。股价上升，成交量也相伴而升，是市场继续看好的表现；股价下跌，成交量随之而减，说明卖方对后市看好，持仓惜售，转势反弹仍大有希望。

量价背离：即股价与成交量呈相反的变化趋势。股价上升而成交量减少或持平，说明股价的升势得不到成交量的支撑，这种升势难以维持；股价下跌但成交量上升，是后市低迷的前兆，说明投资者惟恐大祸降临而抛售离市。

成交量是反映股市上人气聚散的一面镜子。人气旺盛才可能买卖踊跃，买气高涨，成交量自然放大；相反，投资者人心动摇，举棋不定，人气低迷，心灰意冷，成交量必定萎缩。

市场中的量价关系归纳起来主要有九种，这九种量价关系所代表的市场意义各不相同，分别介绍如下。

1. 价升量增

如果股价逐渐上升，成交量增加，说明价格上升得到了成交量增加的支撑，后市看好，特别是用在大盘指数操作的情况下，同时成交量的相应增大也是市场聚集人气的表现。让我们担心的是，当股价在一个相对较高的区域时，一旦出现价涨量增，极可能是一个十分危险的信号。

如图 5-3-1 所示，以拓普集团（601689）为例进行说明，随着成交量的不断扩大，股价也一路抬升，不过要留意股价的高点。

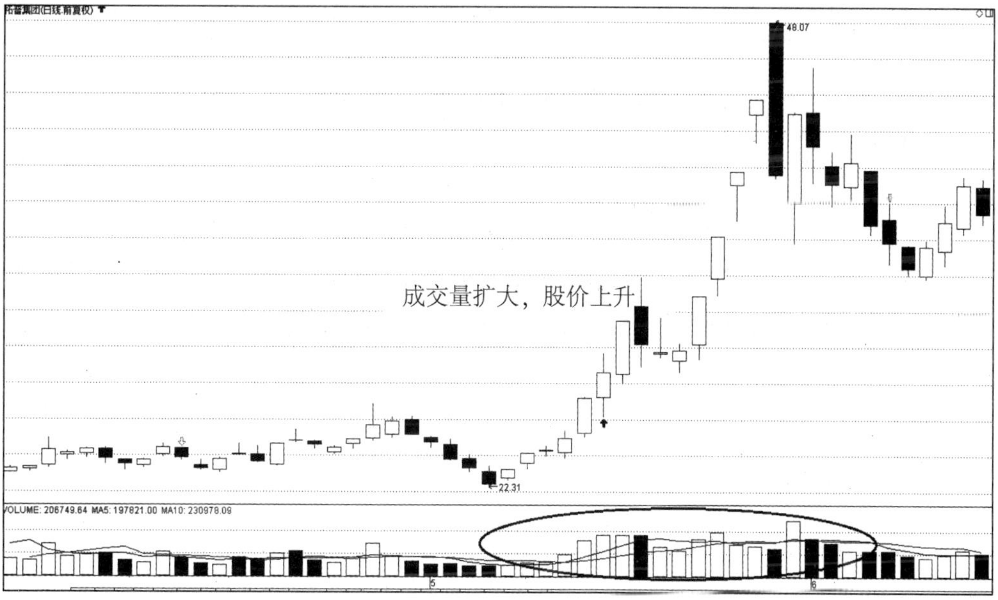

图 5-3-1 拓普集团（601689）价升量增

2. 价增量平

股价上涨，成交量变化不大，可能是场外资金在观望，跟进做多力量不大。这样的情况出现在筑底时间较短的涨势初期，极可能是昙花一现，不可盲目跟进，如在长期筑底之后，表明主力庄家持仓较重，流通筹码稀少，主力庄家对后市操作目标相对较高，会有很大升幅，可适当跟进。

如图 5-3-2 所示，奥康国际（603001）的成交量始终没有什么变动，但股价却一路走高，这时就要时刻注意成交量了，千万不可一味追涨，股价随时有回落的可能。

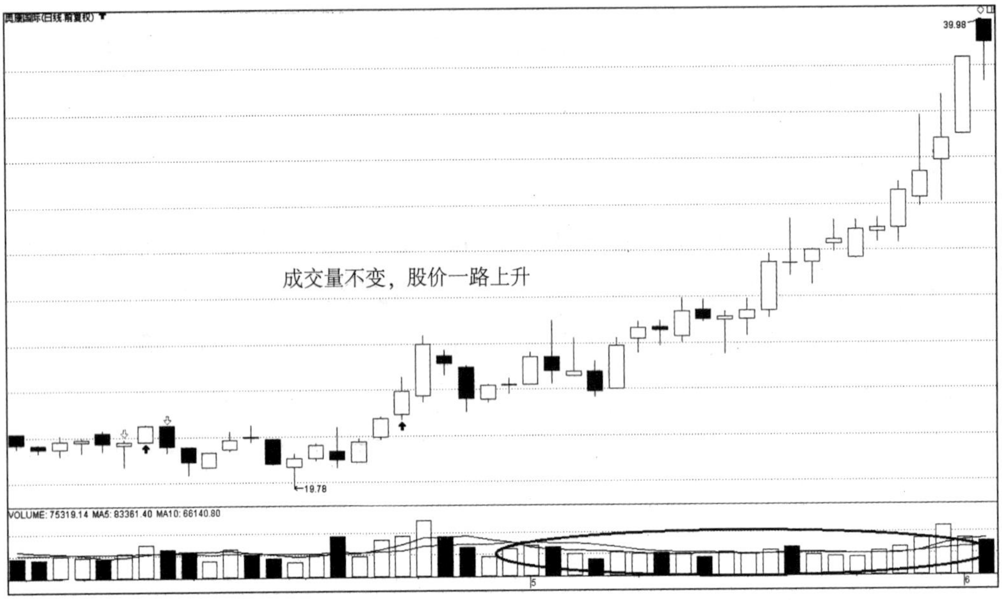

图 5-3-2 奥康国际（603001）价增量平

3. 价升量减

股价上升，成交量未增，甚至减少，表明股价上升没有得到成交量的支持，属空涨，难以持久，一般出现在牛市的末段，或熊市中的反弹阶段。投资者应减少手中持股，如果以后股价继续上行态势，成交量有所增加，量减属于惜售现象，仍可继续做多。

如图 5-3-3 所示，楚天科技（300358）的成交量渐渐减小，股价却依然上升，表明股市不久将回落。

4. 价跌量增

股价下跌，成交量上涨，说明价跌得到成交量的配合，将继续下跌。这一点在大市反转、熊市来临的情况下更为突出，投资者对后市看淡，纷纷斩仓、离场，甚至出现恐慌抛售，股价急剧下降，此时为卖出时期。如果股价连续下跌很久之后，有轻微续跌，成交量反而增加，则可视为底部渐近，是分批建仓的好机会，市场近日有望企稳。

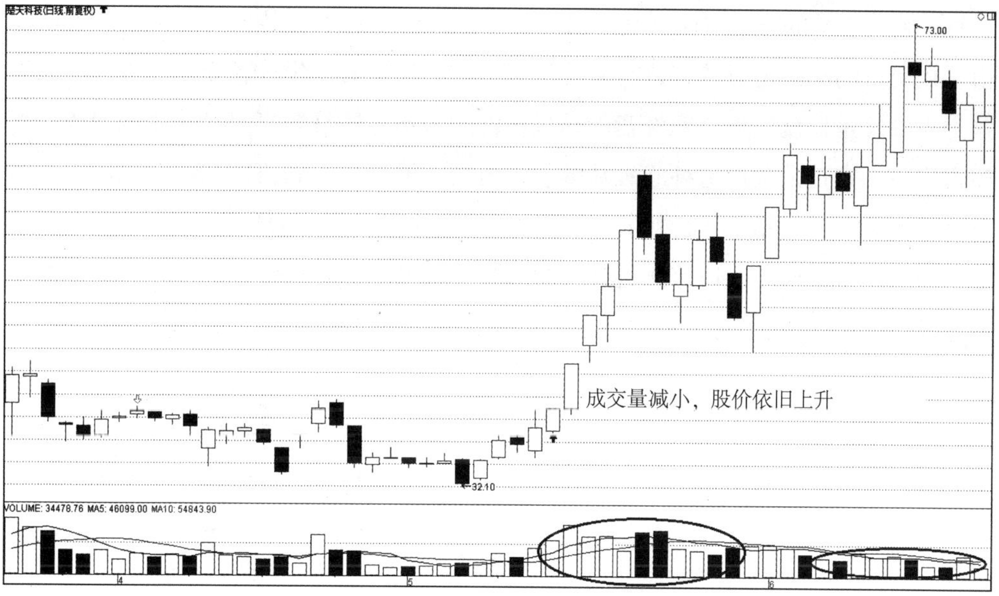

图 5-3-3 楚天科技（300358）价升量减

如图 5-3-4 所示，开山股份（300257）的成交量放大，股价依旧下跌，后市看涨。

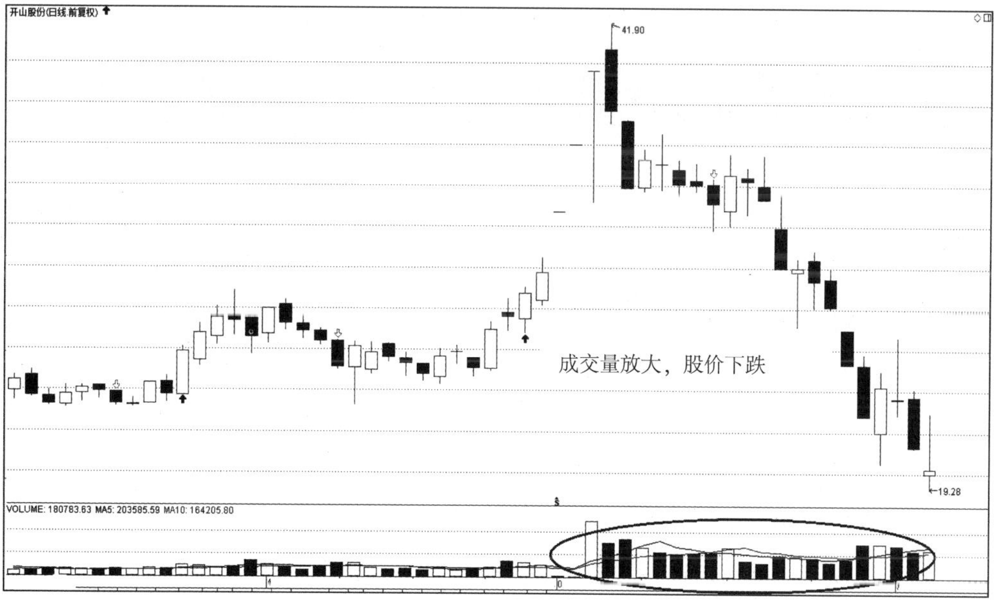

图 5-3-4 开山股份（300257）价跌量增

5. 价跌量平

价格持续性下挫，成交量没有同步地有效放大，这说明市场投资者并没有形成一种一致性看空的空头效应，这种情况下，多是控盘主力开始逐渐退出市场的前兆。由于成交量的平稳运行状态，容易使场外的散户投资者产生一种侥幸心理，并以为这种现象仅是控盘主力庄家洗盘的结果，他们多不会轻易抛出自己手中的筹码，而控盘主力庄家正是利用这种心理从容不迫地缓步清仓，直到自己所持仓位不十分沉重时，才会将余量部分一起抛出，从而加深加快股价下跌速度和下跌幅度。

如图 5-3-5 所示，以棕榈远林（002431）为例，成交量持平，价格依旧下跌。

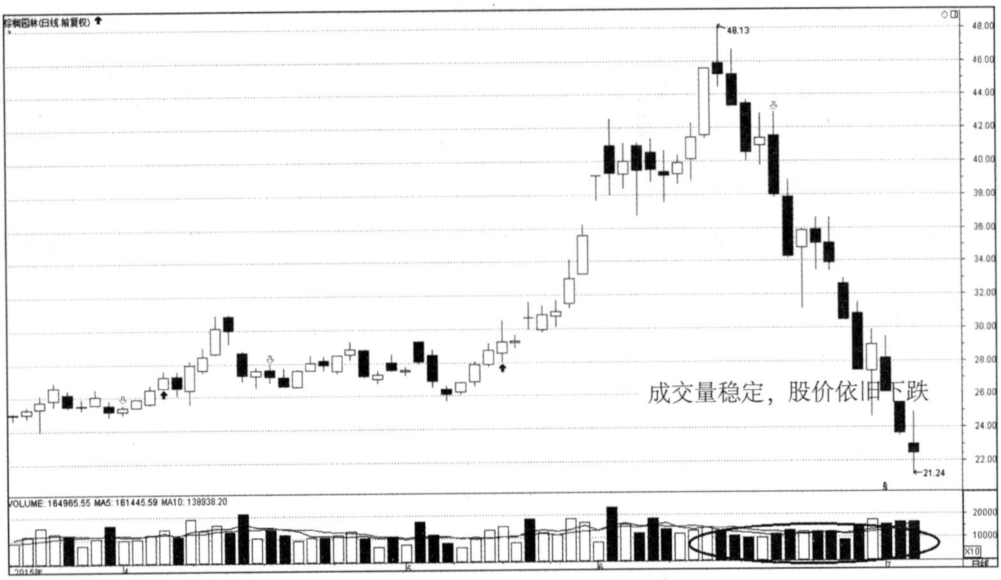

图 5-3-5 棕榈远林（002431）价跌量平

6. 价跌量减

价跌量减说明投资者惜售心理严重，如果出现在股价涨升初期，属于正常回档，投资者可逢低补仓。若发生在股价下跌初期，显示跌势仍将继续。若股价长期下跌后跌幅略减，成交量萎缩到最低，此时买盘虽有顾虑，但卖家也逐渐收敛，行情将止跌回稳。对于出现价跌量缩的个股，投资者应密切关注大盘走势，如大盘仍有上升空间，则个股可能会止跌向上，如大盘向下时出现价跌量缩，个股可能向下突破。

如图 5-3-6 所示，以运达科技（300440）为例，成交量减小，股价下跌。

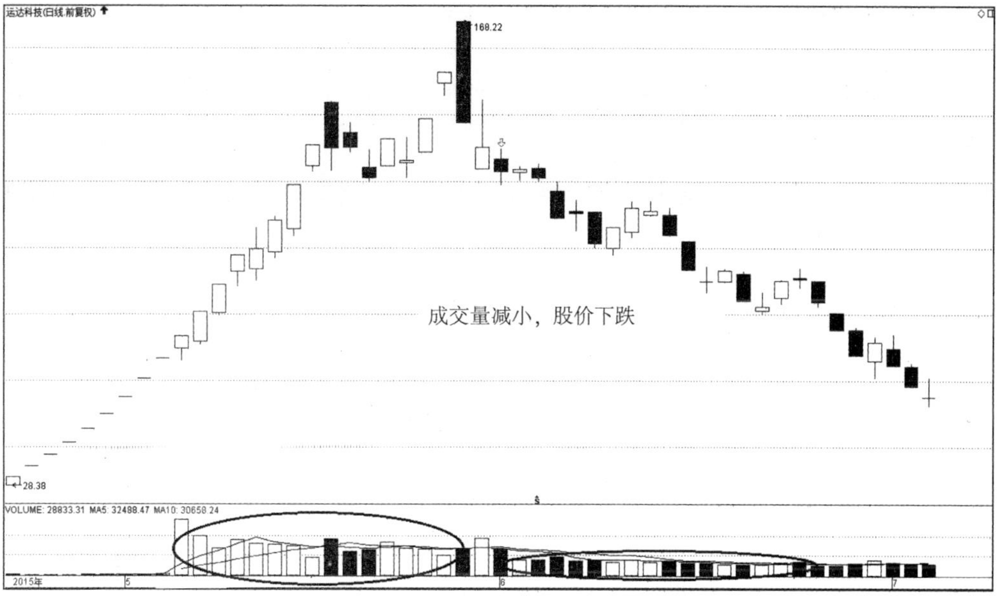

图 5-3-6 运达科技（300440）价跌量减

7. 价稳量增

这种情况出现在下跌趋势末期和上升趋势初中期，表明有主力在大力吸纳筹码，后市看好，投资者可跟进。如果出现在涨势末期，可能是主力在托盘出货，应卖出。下跌初中期出现价稳量增，也是主力利用价格平台出货的表现。

如图 5-3-7 所示，以洪涛股份（002325）为例，成交量放大，价格稳定，后市看涨。

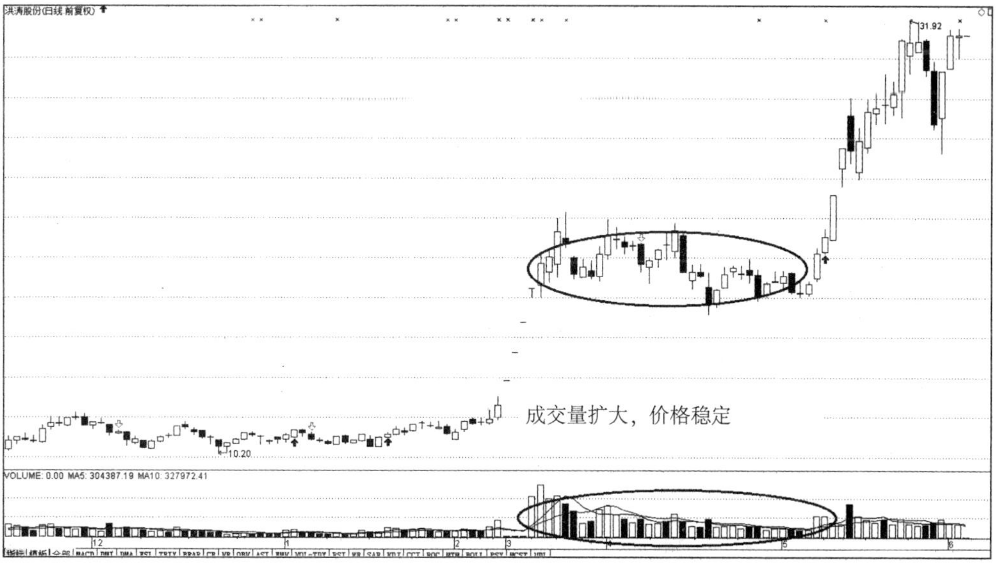

图 5-3-7 洪涛股份（002325）价稳量增

8. 价稳量平

价稳量平说明多空双方势均力敌，市场继续盘整，投资者应观望，等趋势明朗时再做决定。

如图 5-3-8 所示，以塔牌集团（002233）为例，股价稳定，成交量均匀，这种情况以多观察为宜。

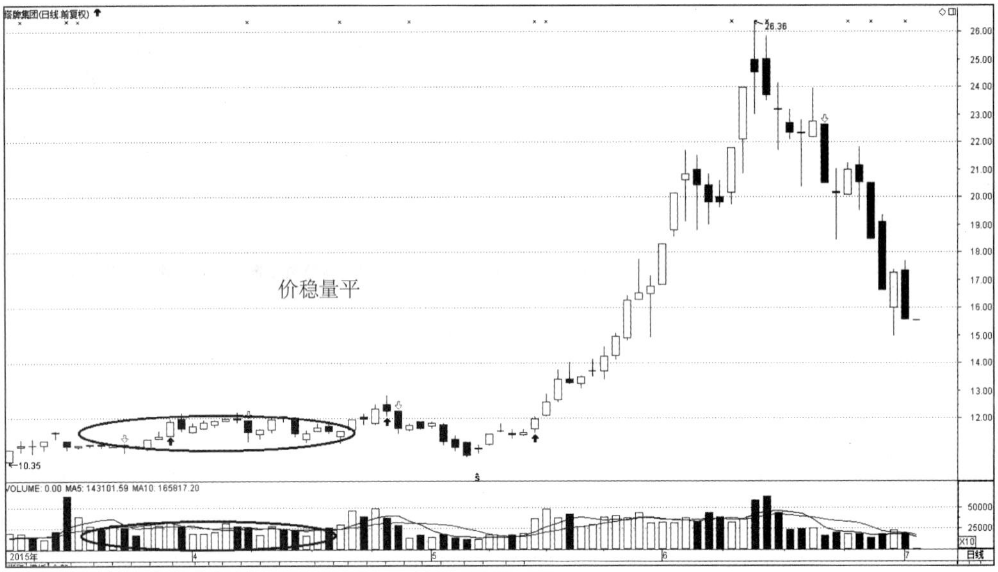

图 5-3-8 塔牌集团（002233）价稳量平

9. 价稳量减

价稳量减，成交量萎缩，表明投资者仍在观望。若在股价下跌了很长时间之后，表明正在逐渐筑底。

如图 5-3-9 所示，以中国海城（002116）为例，股价长时间筑底，一旦庄家吸筹完毕，股价将出现又一波上涨行情。

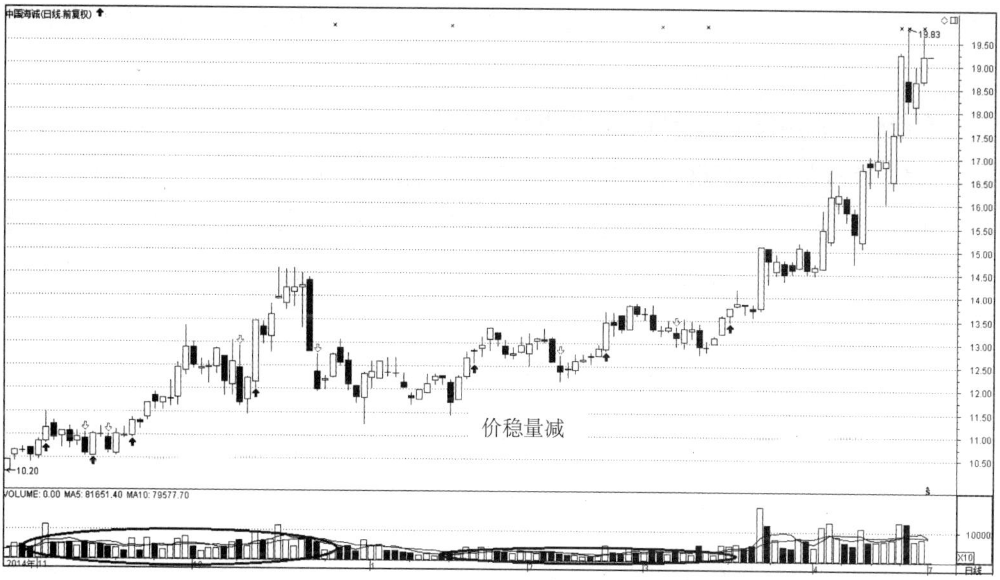

图 5-3-9 中国海城（002116）价稳量减

二、涨跌停板与量价的关系

由于涨跌停板制度限制股票一天的涨跌幅度，使多空的能量得不到彻底的宣泄，容易形成单边市。很多投资者存在追涨杀跌的意愿，而涨跌停板制度下的涨跌幅度比较明确，在股票接近涨幅或跌幅限制时，很多投资者可能经不起诱惑，挺身追高或杀跌，形成涨时助涨、跌时助跌的趋势。而且，涨跌停板的幅度越小，这种现象就越明显。目前，在沪、深证券市场中，ST 板块的涨跌幅度由于限制在 5%，因而它的投机性也是非常强的，涨时助涨、跌时助跌的现象最为明显。

在实际涨跌停板制度下，大涨（涨停）和大跌（跌停）的趋势继续下去，是以成交量大幅萎缩为条件的。拿涨停时的成交量来说，在以前，看到价升量增，我们会认为价量配合好，涨势形成或继续，可以追涨或继续持股；如上涨时成交量不能有效配合放大，说明追高意愿不强，涨势难以持续，应不买或抛出手中个股。但在涨跌停板制度下，如果某只股票在涨停板时没有成交量，那是卖主目标更高，想今后卖出好价，因而不愿意以此价抛出，买方买不到，所以才没有成交量。第二天，买方会继续追买，因而会出现续涨。然而，当出现涨停后中途打开，而成交量放大，说明想卖出的投资者增加，买卖力量发生变化，下跌有望。

另外，如价跌量缩，说明空方惜售，抛压较轻，后市可看好；价跌量增，则表示跌势形成或继续，应观望或卖出手中筹码。但在涨跌停板制度下，若跌停，买方寄希望于明天以更低价买入，因而缩手，结果在缺少买盘的情况下成交量小，跌势反而不止；反之，如果收盘仍为跌势，但中途曾被打开，成交量放大，说明有主动性买盘介入，跌势有望止住，盘升有望。

在涨跌停板制度下，量价分析基本判定如下。

（1）涨停量小，将继续上扬；跌停量小，将继续下跌。

（2）涨停中途被打开次数越多、时间越久、成交量越大，反转下跌的可能性越大；同样，跌停中途被打开次数越多、时间越久、成交量越大，则反转上升的可能性越大。

（3）涨停关门时间越早，次日涨势可能性越大；跌停关门时间越早，次日跌势可能越大。

（4）封住涨停板的买盘数量大小和封住跌停板时的卖盘数量大小，说明买卖盘力量的大小。这个数量越大，继续当前走势的概率越大，后续涨跌幅度也越大。

（5）不过要注意庄家借涨停板反向操作。比如，他想卖，先以巨量买单挂在涨停位，因买盘量大集中，抛盘措手不及而惜售，股价少量成交后收涨停。自然，原先想抛的就不抛了，而这时有些投资者以涨停价追买，此时庄家撤走买单，填卖单，自然成交了。当买盘消耗差不多时，庄家又填买单接涨停价位处，以进一步诱多；当散户又追入时，他又撤买单再填卖单，如此反复操作，以达到高挂买单虚张声势诱多，在不知不觉中悄悄高位出货。

反之，庄家想买，他先以巨量在跌停价位处挂卖单，吓出大量抛盘时，他先悄悄撤除原先卖单，然后填上买单，吸纳抛盘。当抛盘吸纳将尽时，他又抛巨量在跌停板价位处，再恐吓持筹者，以便吸筹，如此反复。所以，在这种场合，巨额买卖单多是虚的，不足以作为判定后市继续先前态势的依据。判断虚实的根据是是否存在频繁挂单、撤单行为，涨跌停是否经常被打开，当日成交量是否很大。若有这些特征，则这些量必为虚，反之，则为实，从而可依先前标准作出判断结论。

第四节　移动平均线指标

移动平均线，英文名为 Moving Average，简称 MA，原本的意思是移动平均，由于我们将其制作成线形，所以一般称之为移动平均线，简称均线。它是一种应用非常广泛的技术指标，其构造简单，客观公正，不易人为操纵骗线，受到广大投资者的青睐。

一、移动平均线的特征

1. 追踪趋势

移动平均线能指明价格的趋势，并追随这个趋势，不轻易放弃。如果从股价的

图 5-4-1 鸿特精密（300176）

图表中能够找出上升或下降趋势线，那么，MA 的曲线将保持与趋势线方向一致，能消除中间股价在这个过程中出现的起伏。原始数据的股价图表不具备这个保持追踪趋势的特性。

如图 5-4-1 所示，以鸿特精密（300176）为例。如果看准机会，在股市底部时就建仓追涨，将获利不菲。

2. 滞后性

在股价原有趋势发生反转时，由于 MA 追踪趋势的特性，MA 的行动往往过于迟缓，调头速度落后于大趋势。这是 MA 的一个极大的弱点。等 MA 发出反转信号时，股价调头的深度已经很大了。

如图 5-4-2 所示，以顺鑫农业（000860）为例。股价在中途连续拉出了三根阴线，股价下跌，当 MA 还反映着股市持平的走势信号时，股市后期经过了一段调整，开始震荡上升，但 MA 反映的走势仍是持平，反映了 MA 的滞后性。

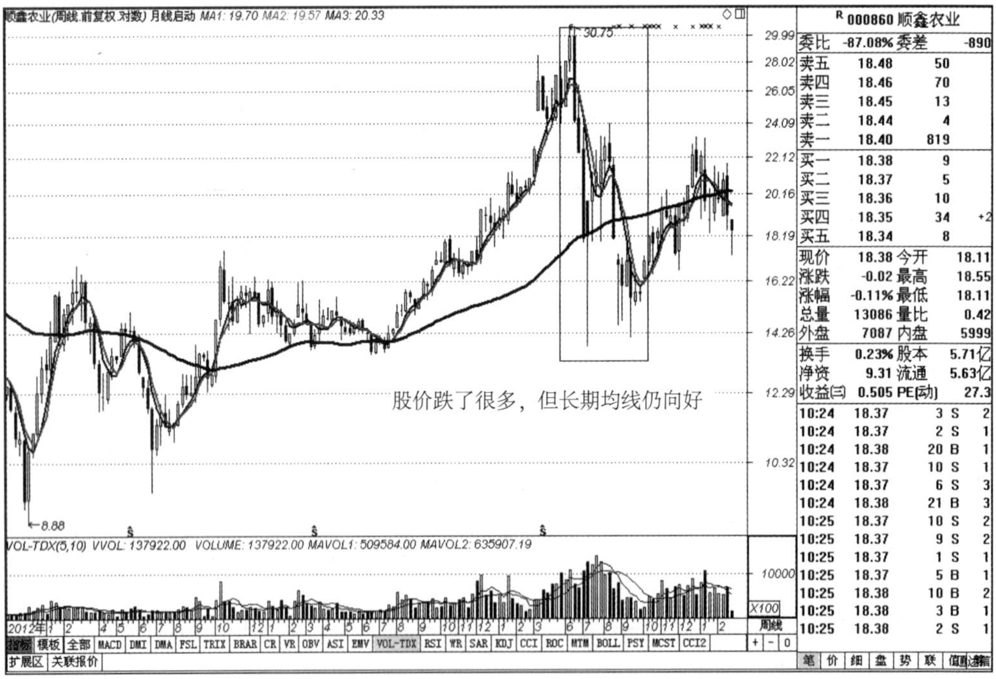

图 5-4-2 顺鑫农业（000860）

3. 稳定性

通常，越长期的移动平均线，越能表现稳定的特性，即移动平均线不轻易往上往下，必须股价涨势真正明朗了，移动平均线才会往上延伸，而且经常在股价开始回落之初，移动平均线却是向上的，等到股价下跌显著时，才见移动平均线拐头向下，这是移动平均线最大的特色。越短期的移动平均线，稳定性越差，越长期的移动平均线，稳定性越强，但也因此使得移动平均线有延迟反应的特性。

如图 5-4-3 所示，以吉电股份（000875）为例，移动平均线的涨跌很好地反映了股价的涨跌。

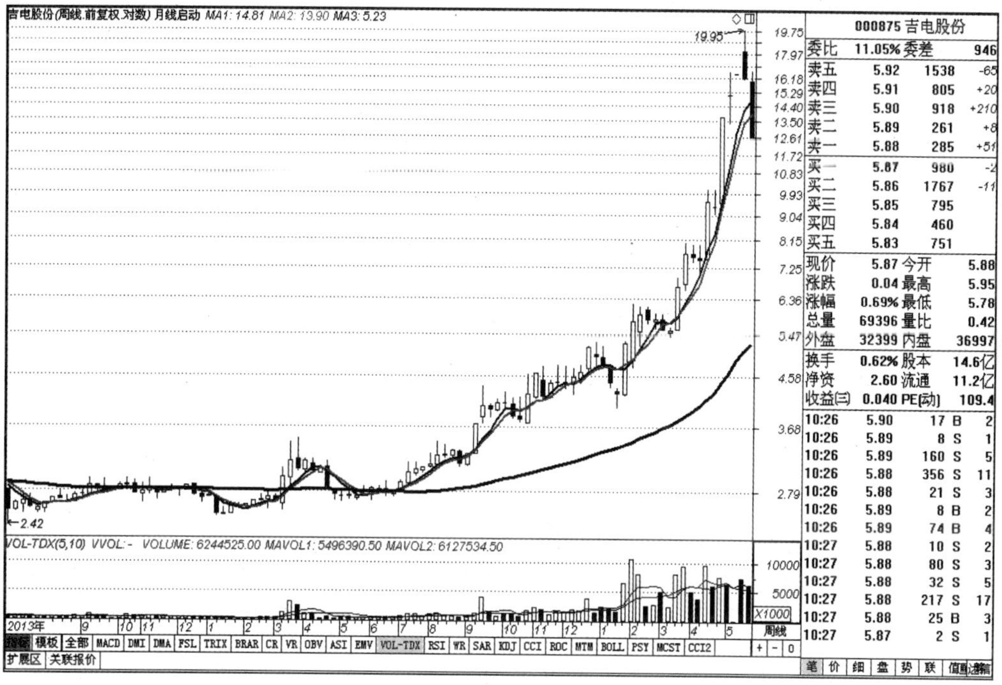

图 5-4-3 吉电股份（000875）

4. 助涨助跌性

当股价突破了 MA 时，无论是向上突破还是向下突破，股价有继续向突破方向再走一程的愿望，这就是 MA 的助涨助跌性。

如图 5-4-4 所示，以宁波韵升（600366）为例。股价一旦突破阻力位，原先的阻力位变为支撑位，股价便会大涨。股价一旦突破支撑位，原先的支撑位就成为阻力位，股价就会大跌，这便是助涨助跌性了。

股价从平均线下方向上突破，平均线也开始向右上方移动，可以看做是多头支撑线，股价回跌至平均线附近，自然会产生支撑力量，短期平均线向上移动速度较快，中长期平均线向上移动速度较慢，但都表示一定期间内平均成本增加，卖方力量若稍强于买方，股价回跌至平均线附近，便是买进时机，这是平均线的助涨功效。直到股价上升缓慢或回跌，平均线开始减速移动，股价再回至平均线附近，平均线

图 5-4-4 宁波韵升（600366）

失去助涨效能，将有重返平均线下方的趋势，最好不要买进。

反过来说，股价从平均线上方向下突破，平均线也开始向右下方移动，成为空头阻力线，股价回升至平均线附近，自然产生阻力，因此平均线往下走时，股价回升至平均线附近便是卖出时机，平均线此时有助跌作用。直到股价下跌缓慢或回升，股价若再与平均线接近，平均线便失去助跌意义，将有重返平均线上方的趋向。

二、移动平均线的分类

移动平均线就其种类来说可以分为单根移动平均线、普通组合移动平均线和特殊组合移动平均线三种基本类型。

1. 单根移动平均线

单根移动平均线又可以分为短期、中期和长期三种形式。

短期平均线可以分为 3 日均线、5 日均线和 10 日均线，其中最常用的是 5 日均线和 10 日均线。一般来说，5 日均线的起伏比较大，尤其是在震荡行情中，它所表达的买卖信号比较难把握，其原因是 10 日均线较 5 日均线更稳定。中期平均线有 20 日均线、30 日均线和 60 日均线等，其中 30 日均线的使用频率最高，作为投资者短中期的买卖依据。60 日均线在使用上因为可以作为较准确的行情判断依据，也很受投资者看重。长期均线有 100 日均线、120 日均线、150 日均线和 250 日均线等，其中使用较多的是 120 日均线和 250 日均线。由于我国一年分两次公布财务报表，各行业景气也是从半年、一年来观察未来的盛衰，因此半年线、一年线对研究判断股市的中长期走势有着重要的作用。

如图 5-4-5 所示，以宝硕股份（600155）为例，图中画出了该股的短期均线、中期均线和长期均线。对于短期套利的投资者来说，通常是看好一段行情后，就立刻买入，往往能在很短的时间内获利不菲。但风险与利润成正比，短期套利风险确实也是相当大的。中线投资的人群在投资者中的比例较大，中线既不用像短线投资那样具有不确定性和较大的变动性，也不用像长线投资那样耗费太久的时间和精力，是较好的选择，也是大多数投资者较热衷的投资周期。中线投资对技术分析和操作要求较高，买卖时间尤为重要。长线投资周期长，通常是既有空闲时间又不急于用钱的投资者的理想选择。长线投资最能经得住股价的变动，因为长线投资考虑的是最后的股价，当前股价的波动影响并不是很重要，这一点和中线投资尤其是短线投资大不相同，不会因股价突然涨跌了多少就买进卖出，所以长线投资对选股和技术操作尤为重要。

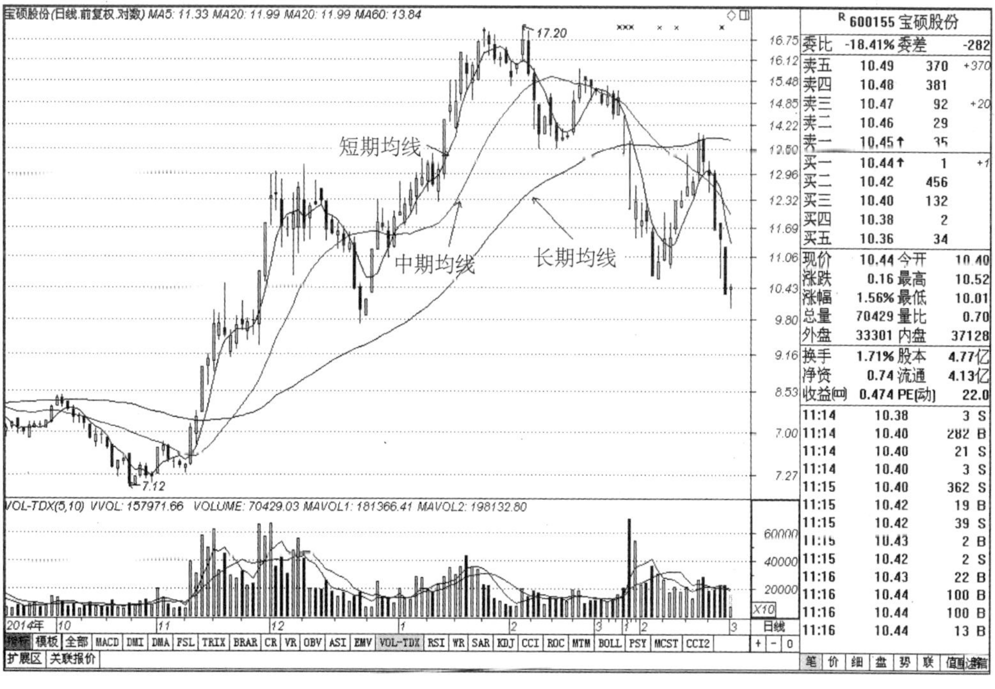

图 5-4-5 宝硕股份（600155）

2. 普通组合移动均线

一般来说，在均线的使用上，单独使用一根均线的很少，大多都是几根均线组合在一起使用。均线组合能更加真实地反映市场的持股成本，以及股价数或指数在短期内的变化情况。

我们常用的均线组合有以下几种。

（1）5日、10日、20日——短期均线组合。如图5-4-6所示，华升股份（600156）是5日、10日、20日短期均线组合。

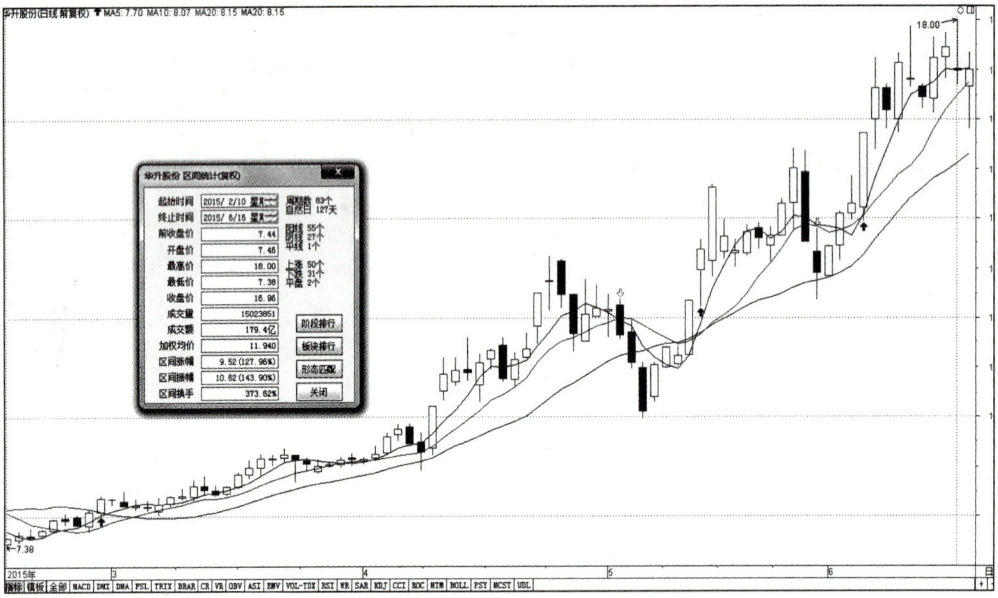

图5-4-6 华升股份（600156）短期均线组合

（2）5日、10日、30日——短期均线组合。如图5-4-7所示，浙江东日（600113）是5日、10日、30日短期均线组合。

图 5-4-7 浙江东日（600113）短期均线组合

（3）10 日、30 日、60 日——中期均线组合。如图 5-4-8 所示，恒立实业（000622）是 10 日、30 日、60 日中期均线组合。

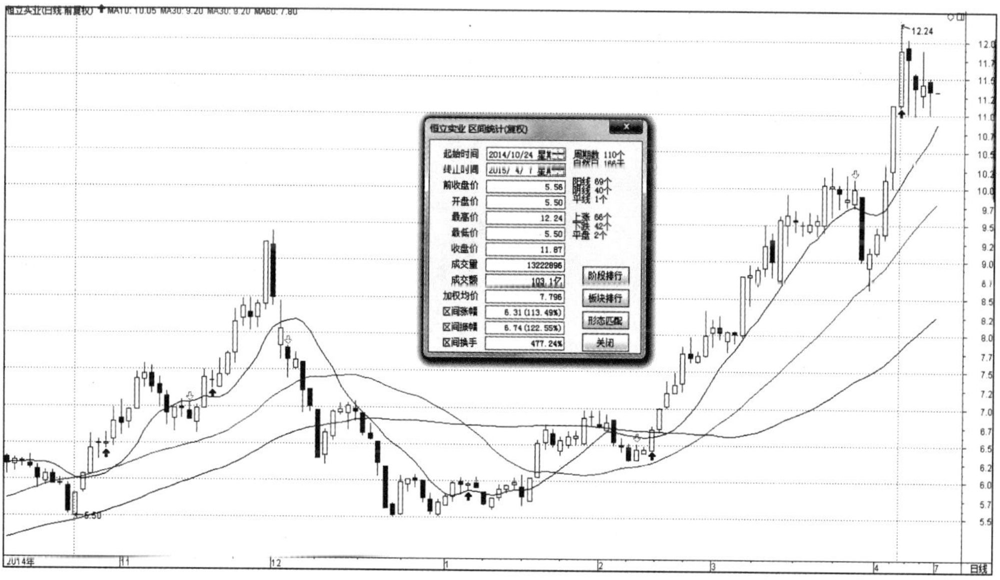

图 5-4-8 恒立实业（000622）中期均线组合

（4）20 日、40 日、60 日——中期均线组合。如图 5-4-9 所示，海德股份（000567）是 20 日、40 日、60 日中期均线组合。

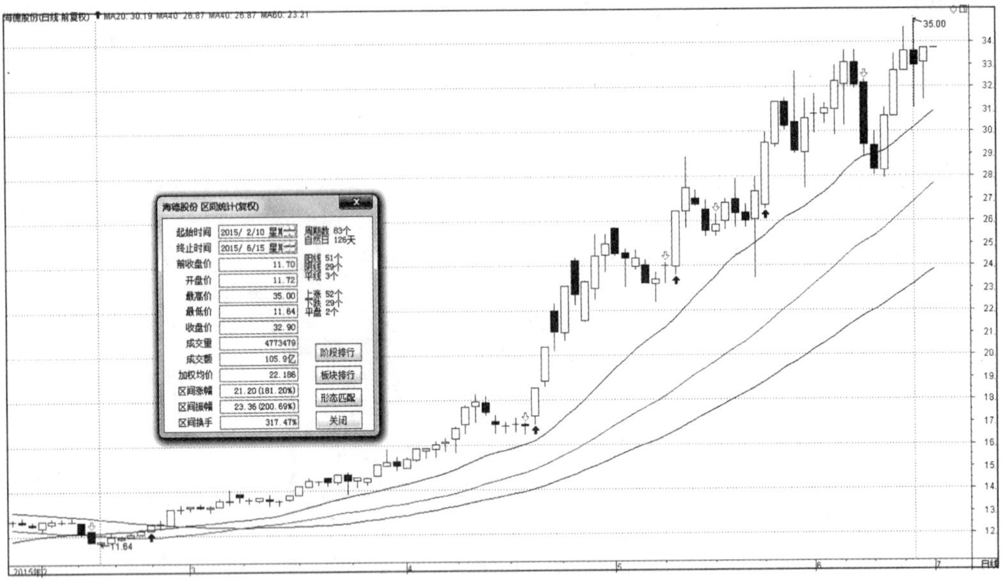

图 5-4-9 海德股份（000567）中期均线组合

（5）30 日、60 日、120 日——长期均线组合。如图 5-4-10 所示，海南海药（000566）是 30 日、60 日、120 日长期均线组合。

图 5-4-10 海南海药（000566）长期均线组合

（6）60 日、120 日、250 日——长期均线组合。如图 5-4-11 所示，莱茵置业（000558）是 60 日、120 日、250 日长期均线组合。

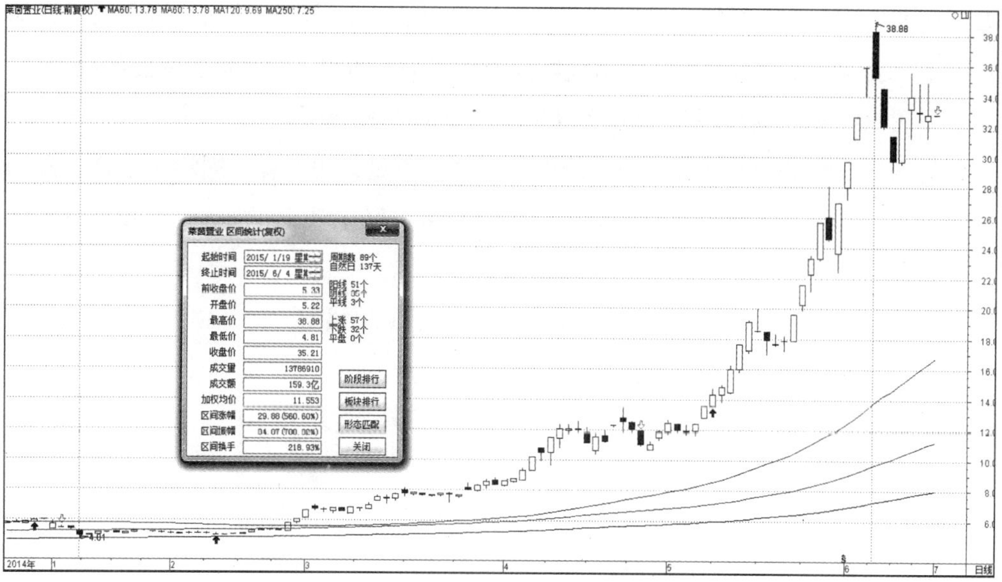

图 5-4-11 莱茵置业（000558）长期均线组合

不管使用哪组均线组合，我们都把时间最短的那根均线称为短期均线，时间最长的那根均线称为长期均线，中间的那根叫中期均线。

3. 特殊周期均线组合

特殊周期均线组合指的是那些不以日为单位的均线，如周均线、月均线或分时均线。因为普通均线在分析周 K 线、月 K 线或分时 K 线走势图时可能不太好用，

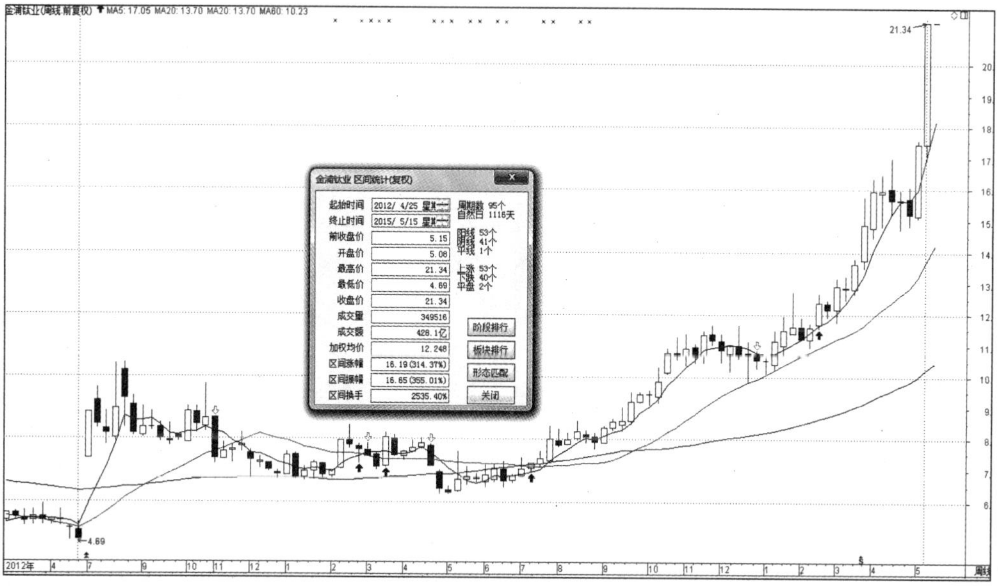

图 5-4-12 金浦钛业（000545）周线图

要想研究它们，主要靠特殊均线组合。虽然我们平时用到的特殊均线组合较少，但这并不代表没有用，有时候，使用日均线不能解决的问题，特殊均线就能解决。

如图 5-4-12 所示，金浦钛业（000545）是周线 K 线图。

特殊均线主要用于弥补普通均线的分析功能不足，比如说，周均线组合、月均线组合适用于对大盘或个股长期运行趋势的研判，和日均线组合对大盘或个股的走势研判相比，它们对大势的指示更加简洁、明了。

如图 5-4-13 所示，江南红箭（000519）是月线 K 线图。

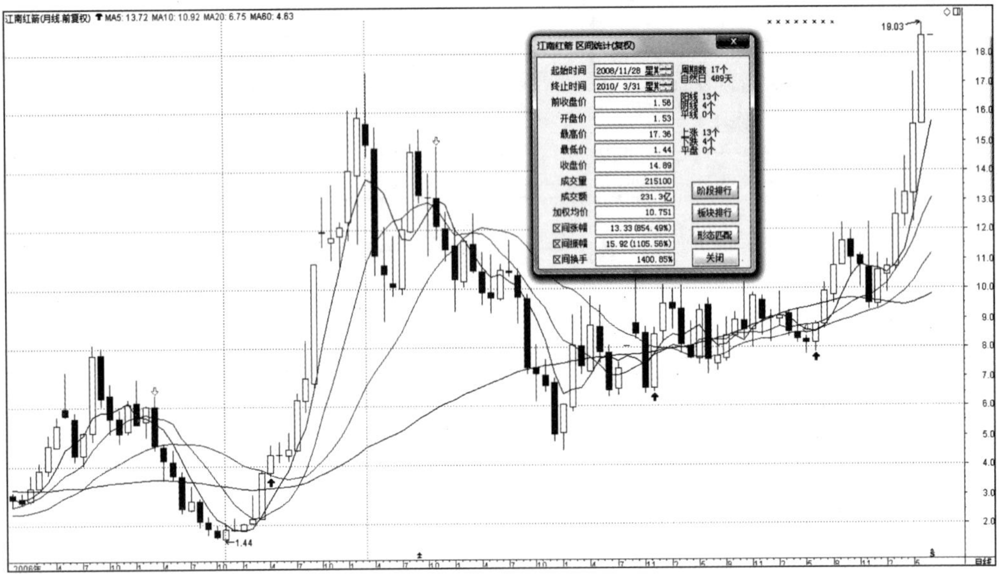

图 5-4-13 江南红箭 000519）月线图

三、移动平均线八大法则

（1）平均线从下降逐渐转为水平，并且有改变移动方向往右上方移动的迹象，而股价从平均线的下方向上移动至平均线上方时，便是买进信号。

如图 5-4-14 所示，电子城（600658）的均线由下降转为持平，再转为上升，买入信号出现。

图 5-4-14 电子城（600658）移动平均线

（2）股价趋势在平均线上端变动，股价回跌时，并没有跌破平均线，又再度上升，为买进信号。

如图 5-4-15 所示，福耀玻璃（600660）的股价中途虽有回落，但并未跌破均线，

图 5-4-15 福耀玻璃（600660）移动平均线

后市看涨，这种形态的出现一般为空中加油成功，或是庄家刻意打压股价，后市还有一波大的上涨行情。

（3）股价下跌时，跌至平均线下方，而平均线短期内依然是向上移动，则是买进信号。

如图 5-4-16 所示，光明地产（600708）的股价在中途虽跌破均价线，但在随后的平均走势中仍是上扬的，后市看涨。

图 5-4-16 光明地产（600696）移动平均线

（4）股价在平均线下方变动时，突然暴跌，距离平均线十分远，这是超卖现象，自然有可能回升，向平均线靠近，是买进时机。

如图5-4-17所示，以富邦股份（300387）为例进行讲解，股价突然暴跌，出现超卖。造成超卖有很多原因，如市场人心不稳，股市流传股价将要暴跌的信息，于是人云亦云，三人成虎，股价真的暴跌了，这极有可能是庄家为底部吸筹而放出的虚假信息，扰乱市场。遇到这种形态，可根据 K 线图适量买入。

（5）市场是上升趋势，股价变动自然在平均线上方移动，因上涨幅度可观，而离平均线越来越远，则表示近期内购买股票者皆已获利，随时会产生回吐的压力，是卖出时机。

图 5-4-17 富邦股份（300387）移动平均线

如图 5-4-18 所示，恒华科技（300365）。随着成交量的放大，股价不断上升，这时可以卖出，不必等到股价到达最高点后再卖。

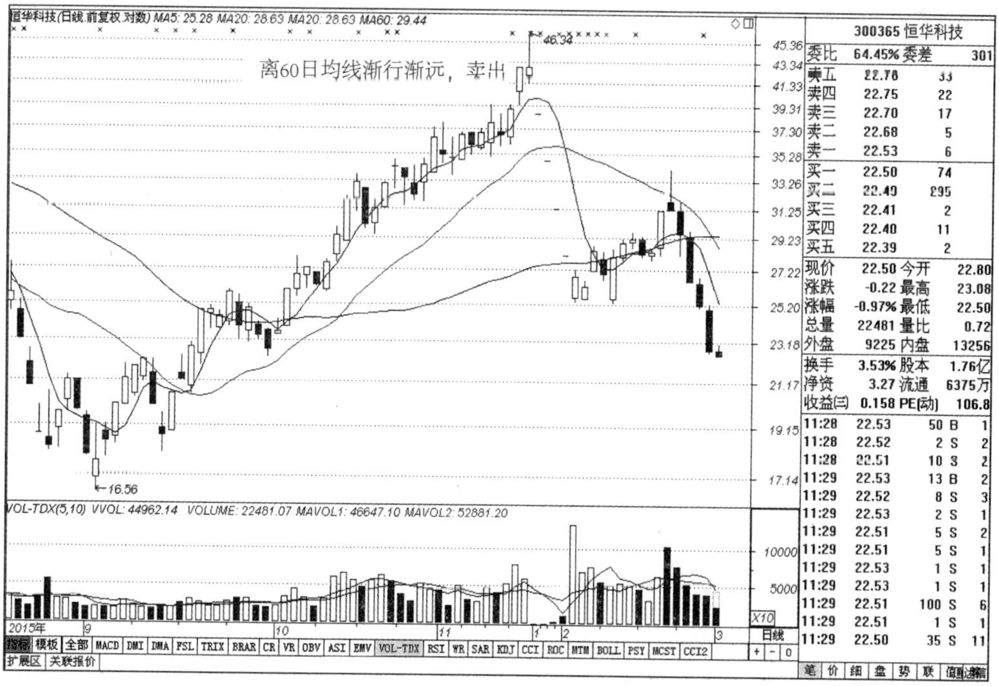

图 5-4-18 恒华科技（300365）移动平均线

（6）平均线移动方向由向上变动逐渐转为水平时，而且股价从平均线上方跌至平均线下方时，是卖出时机。

如图 5–4–19 所示，以加加食品（002650）为例进行讲解。股价在高位由上升转为持平，在长时间整理中，股价依旧徘徊不前，出现疲软，说明多方力量已渐渐耗尽，无力再次空中加油，卖点出现。

图 5–4–19 加加食品（002650）移动平均线

（7）股价变动持续在平均线下方时，反弹却没有超越平均线，而平均线已改变移动方向，从趋于水平改为向下移动的趋势，卖出股票为好。

如图 5–4–20 所示，歌尔声学（002241）。股价在上升过程中遇阻回落，虽有反弹却没有超出均线，后市看跌。

（8）股价在平均线附近徘徊，而平均线继续下移，则应卖出股票。

如图 5–4–21 所示，电科院（300215）。平均线已出现走低信号，股价却仍在均线附近徘徊不前，说明多方已无力做多，均线出现向下倾斜，后市看跌，卖出信号强烈。

以上是移动平均线的经典正统理论，部分情况下的运用都是可行的，但主力也有利用正统理论骗线的情况，特别是一些黑马股。为此，实战中一定要根据实际情况在不同的时期、不同的个股中灵活运用，不能僵化地套用理论。

图 5-4-20 歌尔声学（002241）移动平均线

图 5-4-21 电科院（300215）移动平均线

第五节　股价趋势

炒股是一个过程，无论由低到高，还是由高到低，都有它的“势”。掌握股价的“势”，就是在波涛汹涌的股海中胜利了一半。

一、什么是股价的“势”

涉足股市，一定要掌握“势”的概念。“势”即股价波动的趋势。中国围棋也讲究“势”，它所指的势也有趋势和实力的意思。几颗棋子摆在不同的位置，组成不同的形状，其具有的威慑力和攻击力就不同。如果一开局棋势就不错，就为下一步的棋路打下了良好的基础，从而赢得更多的胜算概率。

股票交易中的“势”也有类似的特征。如果确定是一段涨势或跌势，股价波动必朝此方向前进。在上升行情里，可能有时也会出现下跌，但偶尔的下跌不影响涨势，股票不时还会出现新的高价，以扭转股价偶尔下跌的现象。同理，在股价下跌的趋势里，尽管也会有暂时的回升，但回升只是短暂的，无法中断跌势。“势”是力量性、时间性和趋势性的综合，所以投资者必须弄清楚当前行情是涨势还是跌势，或是徘徊不前，以便做出正确的投资决策。

二、怎样把握股价趋势

把握股价趋势的方法有很多种，根据事物的性质、特点不同而方法各异，简单概括起来有经验型和技术型两种。

经验型是根据对该事物以往发展状况的概括、归纳，从而研究出股价规律性的东西，用来对该股的市场走势进行判定。比如，一般情况下，元旦、春节的市场销售量是每年的高峰时期，这个时候企业发奖金，分红利，人们手中的钱一下子多了许多，当然要想办法花出去。即使是生活很普通的人家，逢年过节也要添置些东西，或购买丰厚的年货。商人们根据这个现象，往往在这些重大的日子里进行各种促销活动，以吸引消费者的眼球，卖出更多的商品，获取更多的利润。股票市场也是一样，只要能从各种表面上一笔笔的交易中总结出其中的经验和规律，就能在复杂的股市中获取高额利润。

判断股价趋势的另一种方法是技术型，它包括指标公式、计算机模拟、图形判断等。技术型方法的技术含量较高，在科技日新月异、知识爆炸的今天，此类方法运用得越来越多，也为投资者所推崇。计算机模拟已经可以展示出战争对抗的情形、航天器在太空中遨游以及各种设备性能、参数的趋势变化等。总之，技术型方法的普及越来越广，越来越令人信服，被投资者普遍采纳。

三、如何判断是牛市还是熊市

牛市也称多头市场，指市场行情普遍看涨，延续时间较长的大升市。熊市也称空头市场，指行情普遍看淡，延续时间相对较长的大跌市。一般对于了解什么是熊市、牛市好掌握，但是如何判断牛市和熊市，确实是很多投资者想要掌握却很难掌握的。如何判断熊市、牛市？以下整理了几种判断熊市和牛市的方法，以供投资者借鉴。

（1）判断宏观经济是否处于复苏状态。经济学家常说“股市是经济的晴雨表”，这个大道理是正确的，因此要判断股市是否具有中长期走牛的基础，先要看宏观经济面是否开始复苏。

（2）看外围股市是否处于上涨状态。这里所说的外围股市，主要指欧美几个大国。它们的股市更加成熟，它们的走势对全球金融市场，无论是中线还是短线，都具有非常强的参考作用。相对来说，中国股市更多地属于跟随性走势。因此要判断中国股市能否走牛，一定要看外围主要金融市场走势如何。

（3）再看中国股市 30 周均线是否开始走平，10 周均线是否开始掉头向上。股市运行周期，总是大周期决定小周期，大形态决定小形态。因此，大家进行技术分析，一定先要看周线，再看日线，再看分时，这种顺序不能错。

如图 5-5-1 所示，以合康变频（300048）为例，周线始终向上，没有走平或向下，行情一片大好。

（4）看产业是否属于政策扶持的朝阳产业。国家政策导向就是股市最大的资金指挥棒，散户看主力，主力看国家政策。因此，要判断一只股票是否具有中线投资潜力，首先要看产业是否属于国家政策扶持的朝阳产业。如果是，那么该板块整体性上涨的潜力就会大很多。

（5）判断个股是否处于中线行情启动以及是否属于板块龙头。个股启动，技

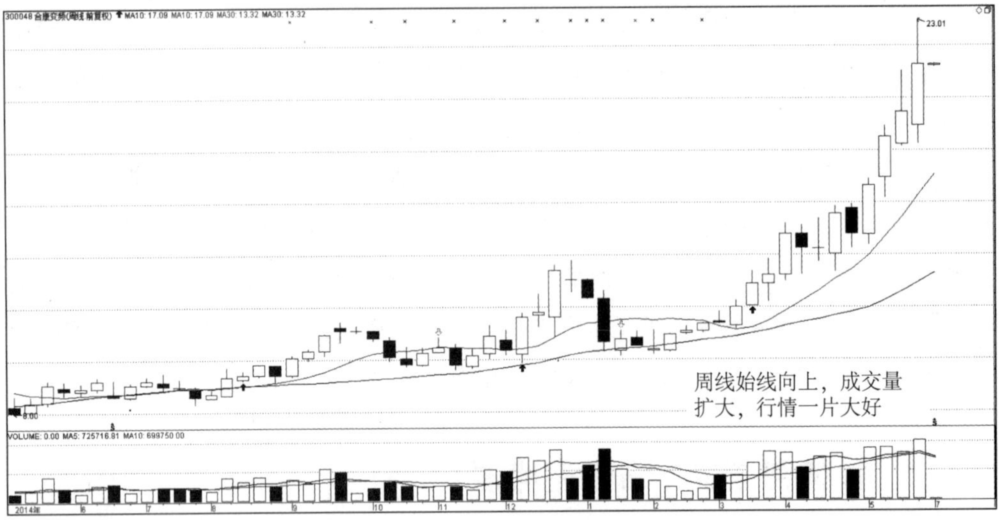

图 5-5-1 合康变频（300048）

术上可以看 30 日均线是否处于长期下跌后的底部第一次掉头向上形成上涨趋势，股价短线是否运行在 5 日均线上方，如果是，则处于上涨周期的可能性较大。另外，是否属于板块中的强势股，属于龙头股更好。如果是这种股票，那么后市出现中线上涨的可能性就较大。

四、判断牛市和熊市的依据是什么

判断是牛市还是熊市的关键是股市发展的长期趋势，而不是股市对突发事件的短期反应。市场的小幅波动只是一种小趋势下的调整，比如在一个长期走熊市的市场格局下，出现几周市场转缓，不能认为是熊市的结束。通常情况下，只有当股市上涨或下跌的幅度达到 20% 以上时，才可以基本确认股市发生了趋势性的转折。

一般来说，牛市来临之时，市场会呈现以下现象。

（1）小盘股先发动涨势，不断出现新的高价。

（2）不利股市的消息频传，但是股价却跌不下去，为多头买进时机。

（3）利多消息在报刊杂志上不时出现，股价迅速上涨。

（4）股价不断地小幅上扬，小幅回档，再以大幅上扬的方式把波段推高。

（5）个股不断以板块轮涨的方式将指数节节推高。

（6）人气不断地汇集，投资者追高的愿望强烈。

（7）新开户的人数不断增加，新资金源源不断涌入。

（8）法人机构、大户进行买进。

（9）除息或除权的股票很快就能填息或填权。

（10）移动平均线均呈多头排列，日线、周线、月线、季线呈现向上排列。

（11）6 日 RSI 介于 50 ～ 90 之间。

（12）整个经济形势明显好转，利好消息频传。

（13）本地股市和周边股市同步不断上扬，区域间经济呈现活跃趋势。

而熊市来临时，市场一般会出现如下现象。

（1）市场普遍看好，人气沸腾，股民疯狂买进，是空头市场来临前的先兆。

（2）有利好消息传出，股价不涨反跌。

（3）市场不利消息传出，行情呈现兵败如山倒之势，纷纷跌停挂出。

（4）法人机构、大户大量出货，成交量明显放大，股价却滞涨。

（5）投资者纷纷弃权，而即将除息除权的股票也毫无表现。

（6）人气涣散，纷纷抛售股票，价格快速下跌。

（7）6 日 RSI 介于 20 ～ 50 之间。

（8）宏观经济指标呈现明显下降趋势，周边市场纷纷下跌，政府对资本市场采取紧缩政策，物价上涨迅速。

在牛市中，最理想的情况是投资者在牛市启动前买入股票，并在股价达到顶点时卖出股票，谋取丰厚的投资回报。但实际操作中，准确判断牛市开始和结束的时间几乎是不可能的。我们唯有通过认真分析，从总体上把握投资良机。

五、决定牛市和熊市的主要因素

1. 宏观经济表现

人们通常把股票市场与经济发展的关系形象地比喻为“股市是国民经济的晴雨表”，表明股市的冷暖与宏观经济形势有极强的正相关性。虽然形成股市牛市或熊市的原因众多，但最根本的因素还是国家（或地区）的经济发展状况，虚拟经济可以在一段时期内与实体经济不匹配，但最终还是要靠实体经济作依托。有位专家说，上市公司的业绩表现、老百姓的钱袋子鼓不鼓，决定了投资者的投资意愿，也决定了股市是“牛”还是“熊”。

2. 投资者

由于市场的行为是由无数个人的行为集合而成的，投资者的心理和情绪自然会影响股市的涨跌。在牛市中，几乎人人都想参与到股市中来获取丰厚回报，乐观的情绪会不断推升股价。而在持续下跌的熊市中，投资者的信心受到打击，相继把资金从股市撤出。投资者的投资信心一旦失去，短时间内很难恢复，熊市就会持续很长时间。

3. 股市的现实表现

在牛市中，投资者对股票的需求高涨，而股票供给却相对紧张。也就是说，大多数人都想买进股票，而很少有人愿意卖出股票，求大于供，自然会形成股价持续上涨；在熊市中，大多数人都不愿意持有股票，纷纷抛出，股价自然会越走越低。

通常情况下，只有当股市变动的幅度超过 20% 以上时，才可以基本确认股市发生了趋势性的根本转折。这个时候，投资者应该及时调整自己的投资思维和投资策略。无论是在牛市里还是在熊市里，顺势而为，不逆市场潮流而动，尤其是投资于真正的绩优股并长期持有，风险就会变得很小了。

第六节 调整与突破

投资者都希望在股价向上突破的时候买入股票，但是突破也分为有效突破和无效突破两种。有效突破是股价上涨至前期的压力点时，一举突破继续上涨；无效突破是在突破压力点时无法继续上涨，反而掉头下跌。那么怎么来辨别是否是有效突破呢？

一、股价有效突破的判断

1. 根据大盘强弱及板块联动判断

大盘放量上涨及盘整后向上突破的时候，个股放量上涨，出现有效突破的几率较高；大盘弱势反弹、横盘整理、震荡调整的时候，个股放量上涨，出现无效突破的几率较高。

个股放量上涨的同时整个板块联动上涨，则有效突破的信号更强，这时要注意选择一些板块龙头股（量能最大、涨幅最大），同时也要注意政策面和基本面对该板块的影响，如果利好消息比较多，突破信号更强。

2. 根据成交量和 K 线图判断

股票价格在创新高的时候，成交量却没有明显及连续地放大，出现无效突破的几率较高，这是因为股价上冲至压力线附近时，有大量的套牢盘抛出，前期的股票高点越多，越需要大的成交量。突破这个区域达到成交密集区时，部分获利盘会减仓或清仓操作，如果成交量放出巨量，收盘时是小上影线或光头中大阳线，说明庄家已经将抛盘吸入，而不是试探性地上攻，所以这根 K 线一般来说就是一根成交量巨量的大阳线。

正常来讲，股票前期筹码没有明显发散，尤其是特别集中的股票，在上涨突破前高时，不一定要放出巨量，但是至少要比前高的成交量要大，而且突破之后成交量呈现一个持续放量的状态，这才是有效突破；如果在上涨突破前高时，成交量小于前期高点，突破之后呈现缩量状态的话，就是无效突破，碰到这种情况，投资者就应该考虑卖出股票，否则将在高位站岗。

如图 5-6-1 所示，以汉钟精机（002158）为例，股价以跳空高开大阳线的方式成功突破阻力位。

图 5-6-1 汉钟精机（002158）成功突破

无效突破的例子如图 5-6-2 所示，鲁抗医药（600789）的股价在前两次都没有突破，第三次跳空阳线拉升股价，但在关键的高位股价又一次被阴线盖住，股价大跌，突破失败。另外，如果股票在前期有庄家明显出货的情况下，在上涨突破前高时一定要持续放出巨量，这样的情况出现在有重大题材支撑的股票时，有效突破的可能性才非常大。

股票在上攻新高之前放量上涨，K 线图中呈现出中大阳线，在突破的时候放量跳空上涨，有效突破的信号更强，这根中大阳线和跳空缺口被称为突破大阳线。庄家一般会在突破前高之后，为了清理浮筹，会进行洗盘，但在洗盘过程当中，应该要收出长上影 K 线，同时成交量逐步萎缩。

控盘程度高的庄股（人均持股在 5000 股以上），整理时只要无筹码明显发散情况，再次向上突破时无须放巨量（换手率 10% 以上），但要放大量。越是高度控盘（人均持股在 10000 股以上），成交量要求越小，但必须比整理时放量明显（至少 2 ~ 3 倍以上）。

图 5-6-2 鲁抗医药（600789）失败突破

3. 根据均线系统判断

股票价格在上涨突破之后，会依托 5 日均线继续上涨，下调时 5 日均线也是支撑线，5 日均线和 10 日均线呈多头排列，但是无效突破会在股票价格创新高后开始横盘整理，成交量萎缩，如果下跌时先跌破 5 日均线，然后继续跌破 10 日均线，且 5 日均线和 10 日均线呈死叉时，就是明显的无效突破了。

如图 5-6-3 所示，以华东医药（000963）为例，股价在拉到高位后，开始徘徊不前，随后死叉出现，果断离开。

股票价格如果出现第二次交叉（黏合）向上发散，为有效突破的信号。股票价格大幅上涨之后均线出现第三次、第四次向上突破，一般来说是无效突破。这也是为什么均线初次交叉（黏合）向上发散，均线再次交叉（黏合）向上发散需要格外关注，称之为银山谷、金山谷，而三次、四次交叉（黏合）就什么也不是了。

4. 根据时间判断

股票在低位突破：大盘或股票长期持续下跌，然后在低位横盘，只要在低位时间足够长（超过 3 个月以上），股价在低位二次向上突破时，大部分是有效突破。如果时间小于 2 个月，向上突破大部分是无效突破。

图 5-6-3 华东医药（000963）根据均线判断突破

股票在高位突破：股票高位横盘整理，整理时间越长，向上突破越有效。

如图 5-6-4 所示，以中材科技（002080）为例，股票在底部实际上已经有了近 5 个月的低位整理，庄家在这么长的时间里足够完成吸筹了，如果有一天股价突然放量上涨，极有可能是庄家开始拉升股价，买入。

图 5-6-4 中材科技（002080）根据时间判断突破

5. 根据筹码分布判断

股价在向上突破之前有筹码快速持续集中，而在放量突破时更是快速集中，有效突破的可能性较大；股价在向上突破之前筹码大幅发散，而突破后稍集中或还在发散，即使股价随大盘或板块向上突破，涨幅往往不如前者。

如图 5-6-5 所示，以新野纺织（002087）为例，成交量突然激增，股价迅速抬升，买入。

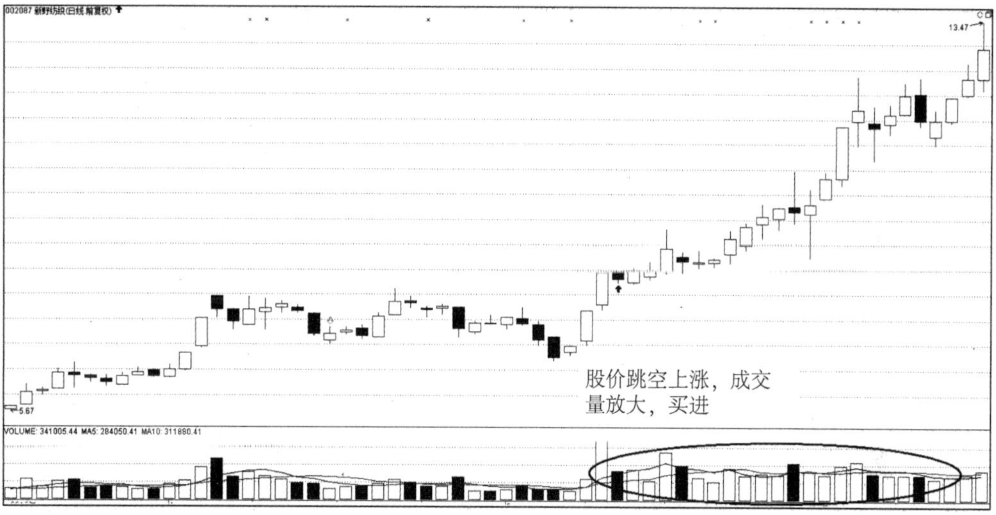

图 5-6-5 新野纺织（002087）股价突破

二、怎样把握突破前的最佳买点

（1）股价长时间横盘或者小幅上行趋势。

如图 5-6-6 所示，以三钢闽光（002110）为例，经过长时间横盘整理，股价不断上升。

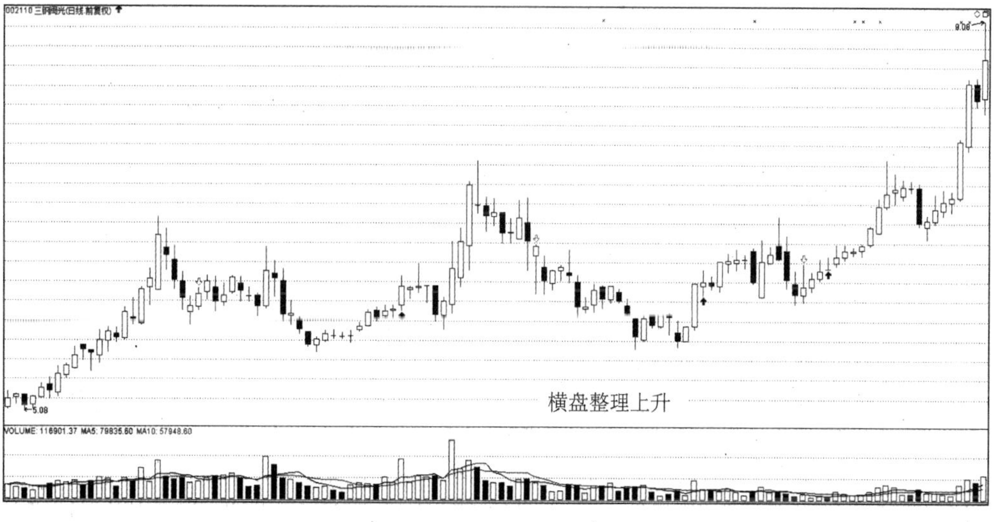

图 5-6-6 三钢闽光（002110）横盘上升

（2）在前期高点附近构筑 W 形态或者头肩形态（以头肩形态为佳，因为这种形态所显示的上攻欲望较强烈）。如图 5-6-7 所示，以晶方科技（603005）为例，图中是典型的 W 上升形态。

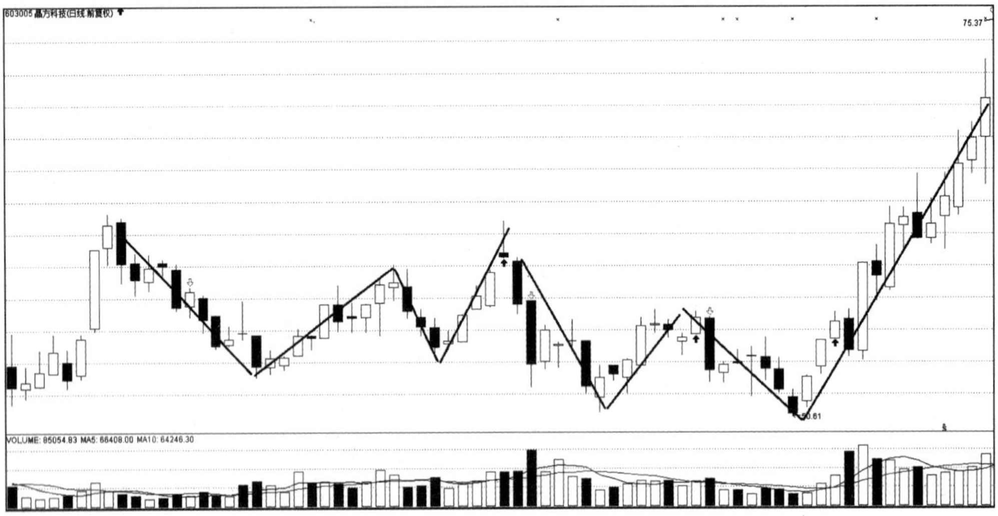

图 5-6-7 晶方科技（603005）W 上升形态

（3）K 线重心逐渐上行，表明这一位置需求逐渐大于供给，买方力量要大于卖方力量。如图 5-6-8 所示，以北特科技（603009）为例，成交量激增，K 线重心上移，买入。

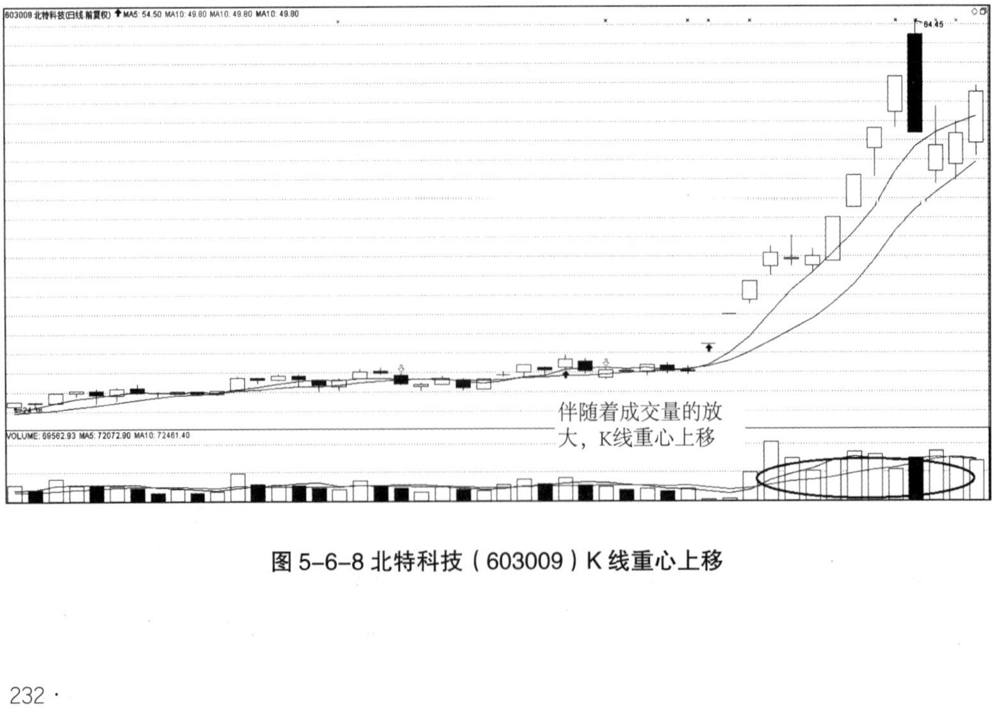

图 5-6-8 北特科技（603009）K 线重心上移

三、如何判断股市是暂时性调整还是阶段性顶部

股市中从来没有一帆风顺的上涨，涨升中时常会出现调整，调整中再次孕育涨升，通过不断地震荡上行，完成一轮上涨行情。事实上，在牛市行情中，慢涨快跌是一种正常调整走势。

1. 确认调整的性质

在调整行情出现时，投资者必须尽快识别调整的性质，要清楚地研判股市是调整还是构筑阶段性顶部，研判的具体方法有以下几种。

（1）正常调整一般持续时间不长，偶尔也会呈现短期箱形整理形态，经过充分的蓄势后再放量向上突破，恢复原有的上升趋势。

在技术分析方面，对均线系统的运行情况进行分析非常重要，只要中短期均线继续保持多头排列，而且股指不能有效击穿 20 日均线，表明中期走势仍然良好。

（2）正常调整走势中，一些曾经表现良好的龙头股往往会遭受到刻意打压，个股和指数在尾盘常常会出现异动，大多数情况下，尾盘异动是以临收市前的跳水动作完成的。

（3）在正常的调整走势中，市场中的主流热点板块虽然有所冷落，但股价往往调整不深，板块表现不散乱。

2. 股市中强势调整的规律

（1）每个牛市期间都会出现短期幅度很大的调整，持续时间长短不一，但幅度往往较大。

（2）调整对于市场的交易量在短期内有一定的影响，但对整个上涨趋势没有影响。

（3）在强势调整的时候，大盘股往往表现出很好的抗跌性，起到了稳定市场的作用。而市场反弹时，中小盘股的表现要远远好于大盘股，并将带领指数创出新高。

3. 研判强势调整的力度

对调整力度的研判技巧，主要包括以下几个方面。

（1）前期的龙头股是否能止跌企稳，并能重新引领大盘活跃。

（2）密切关注股市的压力区和支撑区，以及它们离当前指数位的距离。

① MACD 绿线柱是否重新增长。

② DIF 指标是否有停止继续下行的趋势。

③随机指标 KDJ 是否已经进入超卖区并有走平迹象。

④布林线 BOLL 的上轨线和下轨线是否有收缩迹象。

投资者可以通过对这几种指标的综合研判来了解市场是否已经调整到位。股市的起起落落，犹如大浪淘沙，拂去泡沫，滤去沉沙，才见真金。有望走强的板块与个股，往往在大盘回调时更容易识别，并且随着股价的滑落而出现良好的介入时机。

投资者需要把握这种机会，仔细研判个股在回调中的表现，鉴别强弱，及时果断地介入或适当调整持股结构，以便在未来行情好转时取得良好的收益。强势调整中，投资者的选股方向重点是要选择蓄势较充分的个股，这类蓄势充分的潜力股常常能在随后的上升行情中有较好的表现。

第七节 支撑与阻力

支撑位是指在股价下跌时可能遇到支撑，从而止跌企稳的价位；阻力位则是指在股价上升期间可能遇到的阻力，从而反转下跌的价位。

股价之所以会在特定的区域形成支撑位和阻力位，是因为这些区域多是投资者关心的关口。关口一旦突破，投资者就会做出反应，或者买入，或者卖出。大家不约而同的买卖动作使股价在一个区域形成明显的支撑位和阻力位。例如在上涨趋势中，股价一旦回调到10日均线，就有可能受到该均线的支撑。如果该均线被有效跌破，那么该支撑位则反过来变成未来重要的阻力位；反之，如果重要的阻力位被有效升破，则该价位反而变成今后股价上涨的支撑位了。

在上升趋势中，阻力位意味着上升的势头将在此处稍息，但此后它迟早会被向上穿越。而在下降趋势中，支撑位也不足以长久地支撑市场的下滑，不过至少能使之暂时受挫。

如果上升趋势要持续下去，每个相继的低点（支撑位）就必须高过前一个低点。每个相继的上冲高点（阻力位）也非得高过前一个高点不可。

在上升趋势中，如果新一轮的调整一直下降到前一个低点的水平，或许就是该上升趋势即将终结，或者至少即将蜕化成横向延伸趋势的先期预警。如果这个支撑位被击穿，可能就意味着趋势即将由上升反转为下降。

在上升趋势中，每当市场向上试探前一个阻力位时，这个上升趋势总是处于一个极为关键的时刻。一旦在上升趋势中不能越过前一个高点，或者在下降趋势中无力跌破前一个支撑位，便发出了现行趋势即将有变的第一个警告信号。市场上的任何趋势图形都是建立在支撑位和压力位的基础上的。

一、支撑与阻力原理

支撑与阻力形成的原理很简单，只不过是价格运动到一定点位后的回调、转换。市场中的上升和下降是永无休止地相互交替变换的，那么支撑与阻力的位置也是永无休止地相互转换的。目前的阻力位有可能就是后来的支撑位，过去的支撑位往往就是当前的阻力位。股价上涨，突破阻力位后，这个阻力位就是股价以后下跌时的支撑位，同理，股价下跌，击穿支撑位后，这个支撑位就是股价以后上涨时的阻力位。如图 5–7–1 所示。

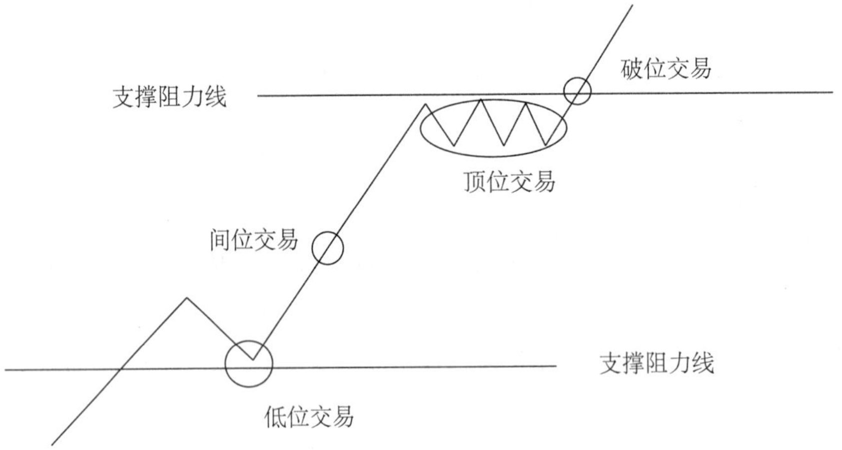

图 5–7–1 支撑与阻力

股价下跌过程中遇到支撑，有两种可能：一是反弹，反弹到上面一个阻力位；二是击穿，到达下一个支撑位。股价上涨过程中遇到阻力，也有两种可能：一是回调，回调到下面一个支撑位；二是突破，到达上面一个阻力位。如图 5–7–2 所示。

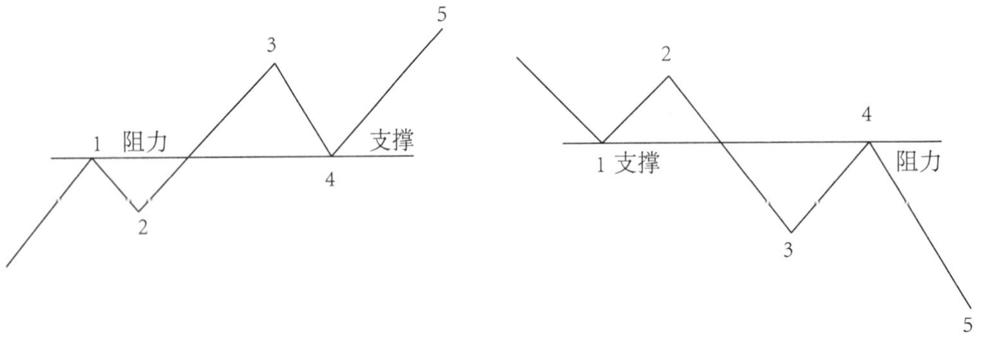

图 5–7–2 支撑位与阻力位

下降途中的支撑位操作是为了博取反弹的利润，上升途中的阻力位操作是为了博取回抽的利润，所以要明白这不是顺势操作，而仅仅是博取一点短线的空间，因此目标不能过大，见好就要收。而关键的支撑阻力，在第一次出现时操作往往风险较小，当价格再到这个位置时，风险就要大得多了。

二、如何寻找支撑位与阻力位

支撑和阻力理论的依据是所有股票的成交值集中于数个价格水准，过去在那是多空争斗、买方与卖方互不相让的价位区，成交量累积庞大，因为任何大量成交的价位时常变成股票趋势的反转点（原始、中级或次级），自然地那些反转水准也会一再重复出现，这些曾经大量成交的价位时常从支撑变为阻力或从阻力变为支撑而改变其角色。前面的顶点一旦被超越一段距离，便会变成下一个下跌趋势的底线，老的底线一旦被突破，下跌一段距离后，也会变成下一个上升阻力位。

举例来说，使一档股票的上升趋势由 18 元上升到 33 元后，在那儿碰上大量的卖出，发生中级下跌，使股价回到 28 元，然后向上盘升，在 28 ~ 33 元间产生整理形态，经过一段股价整理期，新的上升开始，在碰到大量的供给时，需求也相对增加，而使股价再度上升至 39 元，经过大幅度上升，自然发生回档，形成整理形态或中级下跌，等到反转上升时，价位极可能由 33 元为起点，也就是在上次顶点处会获得支撑，同时，39 元附近将遇到阻力。

如图 5-7-3 所示，为永艺股份（603600）的分时走势图。股价突破支撑位后一路凯歌，在高位由于多方渐渐耗尽，无力哄抬股价，遇阻下跌，通过中途震荡吸筹，股价继续上升，待多方力量释放完毕，股价继续下跌。

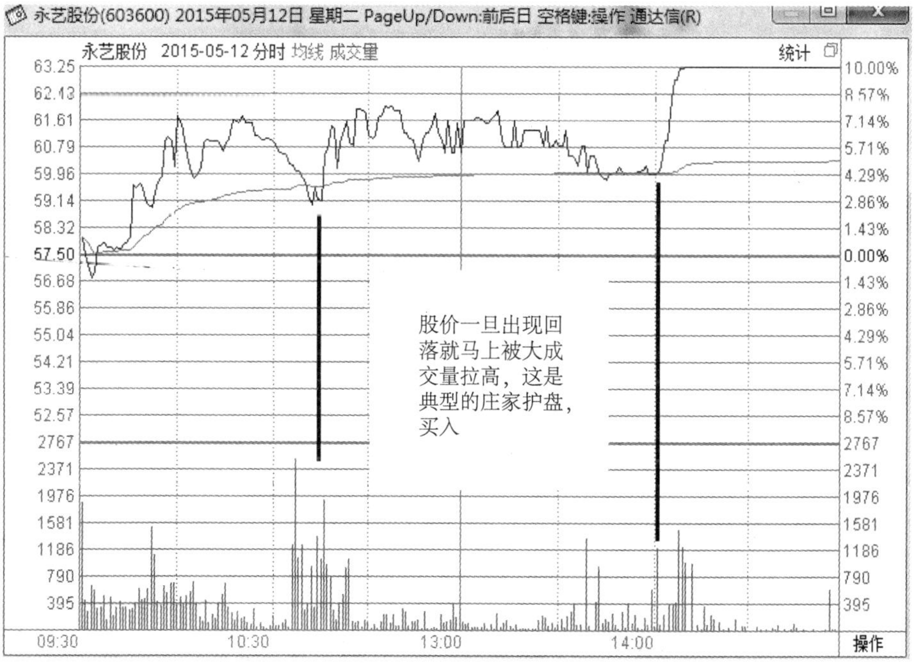

图 5-7-3 永艺股份（603600）支撑位与阻力位

然而，一个正常的次级或中级变动形态迟早会被突破，普遍以两种方式出现，其中之一，股价在突破先前盘档区（阻力地带）而继续前面的上升趋势，此种变动后股价短期内很少会再回跌至支撑水准，而在较高股价区域盘旋，可能反转，也可能成为整理形态。

因此，纵使穿过最近的支撑水准，在技术性图形分析上也有其实际的意义，跌破次级支撑应该视之为中级趋势反转下跌的第一步。同样的，跌破中级支撑带时常是原始趋势反转下跌的第一个信号。

三、如何利用支撑位和阻力位

股票市场并没有一成不变的法则，支撑和阻力的转换概念不容易简化，必须依据经年累月对证券投资的经验与观察，来判断支撑位或阻力位可能发生之处。当然，有时我们预测一条支撑线或阻力线将会形成，但事与愿违，并没有出现，投资者与投机者就应该立即在那一个价位放弃原先的投资计划。

我们从许多上市公司K线图中会发现股价在上升与下跌趋势里，假使是上升，则上升之后的每一次下跌都不会低于先前盘局形成的顶点价位，如果是下跌走势，当股价跌到某一价位，开始反弹，它的最高点低于先前盘局的低点，使你可以在上升顶点附近卖出，回档时补进，或是在下跌反弹时卖出股票。

如图5-7-4所示，以全筑股份（603030）为例，股价在相对底部遇阻下跌时，连续遇到支撑位支撑股价，股价跳空突破，随后在高位遇阻下跌，虽有支撑位的支撑，

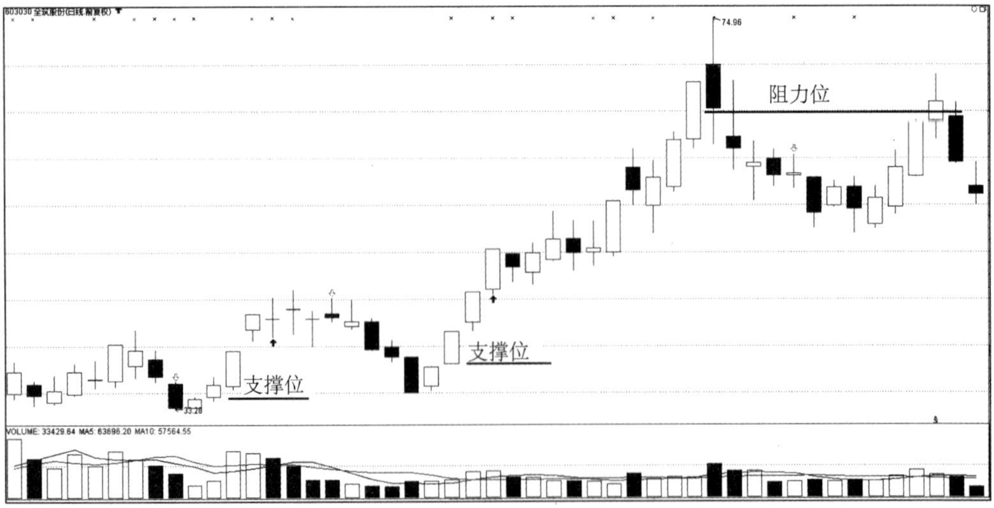

图5-7-4 全筑股份（603030）利用支撑位与阻力位

但多头力量疲软，遇阻再次下跌，股价无法继续拉升，果断卖出。

股票的供需转变是渐进的，也就是多空双方间的争斗并非一朝一夕就能分出胜负，而是经年累月，因此经过一段时间的搏斗，一方的溃败导致另一方长驱直入，当胜利的一方无法保持战果，需要暂时撤退，则先前的战斗区域自然形成堡垒，作为反攻的据点。因此我们可以看到一段时间的整理，亦可能会看到一个中级下跌趋势，抑或一个上升趋势；市场性强的股票在供需转变过程里不可能长期盘档，若股价没有反转迹象，在上升趋势线接近股价时，趋势线亦是一种支撑，另一段上升行情开始，在突破整理形态顶点的 5%，回档时便是买进时机，有时气势旺盛，没有出现回档，这时更应买进，以免贻误大行情；同样地，下跌趋势线逼近股价，具有阻力作用，另一段下跌行情产生，在突破整理形态低点的 5%，开始反弹（或不反弹），此时卖点形成，应将股票抛出，等待下次机会来临。

从成交量来看，假使股票在支撑位或阻力位水准附近徘徊几天或几星期，成交量逐渐萎缩，突然以一个大成交量（有时成交量并不大）配合很明显的长阴线跌破支撑价位时，须立刻卖出。同理，当股价向上冲出盘档区，成交量大增，此时应买进；而若突破上档压力线，成交量并未增加，则此时不需急于购进，以免误入“假突破”的圈套。

当你是某一只股票的多头，就不希望股价回跌至以前形成的次级底部更低，当它超过先前次级趋势顶点时，你也不希望它回档太深，因此，通常在上升趋势我们只看最近形成的次级底部，当股票有三天的收盘价格要比形成低点那天的价格都高，就可以把自身价格向上移到新的支撑水准。在空头市场亦可以使用同样的操作，利用三天规则来改变卖出时机与价位。

另外，整理与反转形态中，多重底是支撑水准，多重顶是阻力水准，头肩形态的颈线是支撑，亦可能形成阻力，依当时股价走势与位置而定。对称三角形的顶点是强有力的支撑或阻力点，而在某一价位形成的任何密集地带，当股价再度接近时，亦是支撑或阻力的可能形成区域。

第八节　摆荡指标 MACD

平滑异同移动平均线指标（MACD）是股市各种指标中最重要的指标，也是应用最广泛的指标，它走势稳定，反映趋势，能够及时地反映股价走势，是每一个投资者必须掌握的本领和技术。

一、什么是 MACD

MACD 称为指数平滑异同平均线，由查拉尔·阿佩尔所创造，是用来跟踪股价趋势、研判股价买卖时机的技术分析工具。MACD 指标有“指标之王”的美誉，它是从双指数移动平均线发展而来的，由快的指数移动平均线（EMA12）减去慢的指数移动平均线（EMA26）。MACD 的意义和双移动平均线基本相同，但阅读起来更方便。当 MACD 从负数转向正数，是买进的信号；当 MACD 从正数转向负数，是卖出的信号。当 MACD 以大角度变化，表示快的移动平均线和慢的移动平均线的差距非常迅速地拉开，代表了一个市场大趋势的转变。

MACD 在应用上应先行计算出快速（一般选 12 日）移动平均值与慢速（一般选 26 日）移动平均值。以这两个数值作为测量两者（快速线与慢速线）间“差离值”的依据。

所谓“差离值”（DIF），即 12 日 EMA 数值减去 26 日 EMA 数值。因此，在持续的涨势中，12 日 EMA 在 26 日 EMA 之上，其间的正差离值（+DIF）会越来越大。反之，在跌势中，差离值可能变负（-DIF），也越来越大。至于行情开始回转，正或负差离值要缩小到一定的程度，才真正是行情反转的信号。

MACD 的反转信号界定为“差离值”的 9 日移动平均值（9 日 EMA）。在 MACD 的指数平滑移动平均线计算公式中，都分别加 T+1 交易日的份量权值，以现在流行的参数 12 和 26 为例，其公式如下。

12 日 EMA 的计算：EMA12 = 前一日 EMA12 × 11/13 + 今日收盘 × 2/13

26 日 EMA 的计算：EMA26 = 前一日 EMA26 × 25/27 + 今日收盘 × 2/27

DIF（黄线）=EMA12-EMA26

DEA（白线）=9 天平滑移动平均值

二、MACD“拒绝死叉”

“死叉”指的是时间短的均线从上向下穿越时间长的均线，就叫“死亡交叉”，简称“死叉”。“死叉”具体是指 DIF 指标向下交叉 DEA 指标。接下来会用 MACD 的“死叉”来说说如何利用常见的一种走势“拒绝死叉”来快速套利。

大家要注意的是，“死叉”或“金叉”的两根均线走势方向应该一致才可以确认，即“死叉”时 DIFF 指标向下，同时 DEA 指标也应该向下，“死叉”才可靠，否则，就可能是主力故意做的，这其实是“拒绝死叉”走势。

如图 5-8-1 所示，以莱宝高科（002106）为例，股价在上升过程中出现了震荡的走势，并出现死叉，短线或中线投资者可以卖出。随着股价的渐渐走低，出现了倒 T 字线后的金叉，庄家吸筹完毕，股价不久拉升，建仓买进。

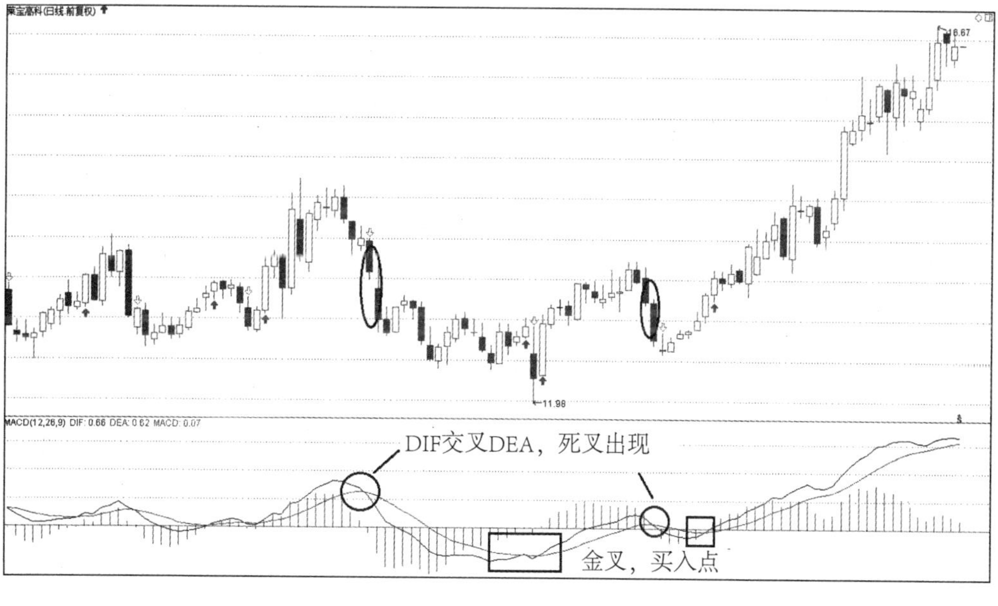

图 5-8-1 莱宝高科（002106）拒绝死叉

当股价上涨，积累一定的获利盘后，主力必将选择把获利的跟风盘洗出局，而洗盘的结果就是短时间内股价大幅下跌。股价下跌导致 DIFF 指标会缓慢向下，由于股价向上运行的趋势没有改变，DEA 指标仍然会缓慢向上，当它在与 DIFF 指标即将产生“死叉”的时候，往往会出现股价回调结束，主力大力抬升股价，为自己的出货做准备，这就导致出现这种“拒绝死叉”的走势。出现这种走势，股价往往能够向上继续上行，一般至少会到前期高点，甚至能够走得更好。

具体操作上，当发现 MACD 指标即将“死叉”的时候，就应该引起重视，随时准备介入。一般情况下，激进的朋友可以先介入，每天关注是否“死叉”即可，保守一点的可以等“拒绝死叉”确认后介入。

三、MACD“空中加油”

股票中的“空中加油”是非常常见的一种情况，一旦进入“空中加油”，股票已经步入高控盘状态，此时主力筹码很集中，操控股价的能力超强。“空中加油”是否成功，关键是由主力的意图决定的。

如图 5-8-2 所示，以莱宝高科（002106）为例。经过拉升后，进入良性“空中加油”，很少放大绿柱，白线与黄线黏合，白线略在上，可关注。

图 5-8-2 莱宝高科（002106）空中加油

如图 5-8-3 所示，以双塔食品（002481）为例。能否“加油”就看能否金叉，金叉的时候也就预示着“空中加油”有希望。这种不成型的暂时不要着急进入，小心出现下面的这种情况。

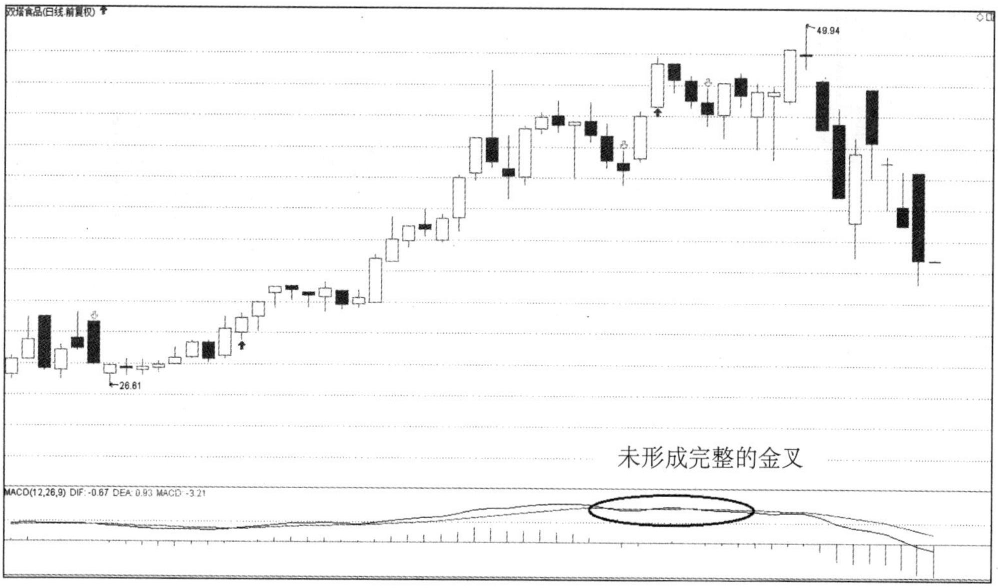

图 5-8-3 双塔食品（002481）空中加油

如图 5-8-4 所示，中电电机（603988）失败的“空中加油”，损失惨重。黄线和白线距离 0 轴线太近，很难进入强势加油，一旦死叉放绿柱，别忘记果断离场。

图 5-8-4 中电电机（603988）空中加油

如图 5-8-5 所示，渤海轮渡（603167）的“空中加油”形态，上下波动小，红柱绿柱都难以释放，黄线与左边红色区高点基本一致，此种形态一般后面股价还会创新高。

图 5-8-5 渤海轮渡（603167）空中加油

如图 5-8-6 所示，柯利达（603828）进入加速的“空中加油”，激进胆大的投资者可以买进，快速获利，只留几天，但风险也是很大，一旦下跌，速度超乎寻常。

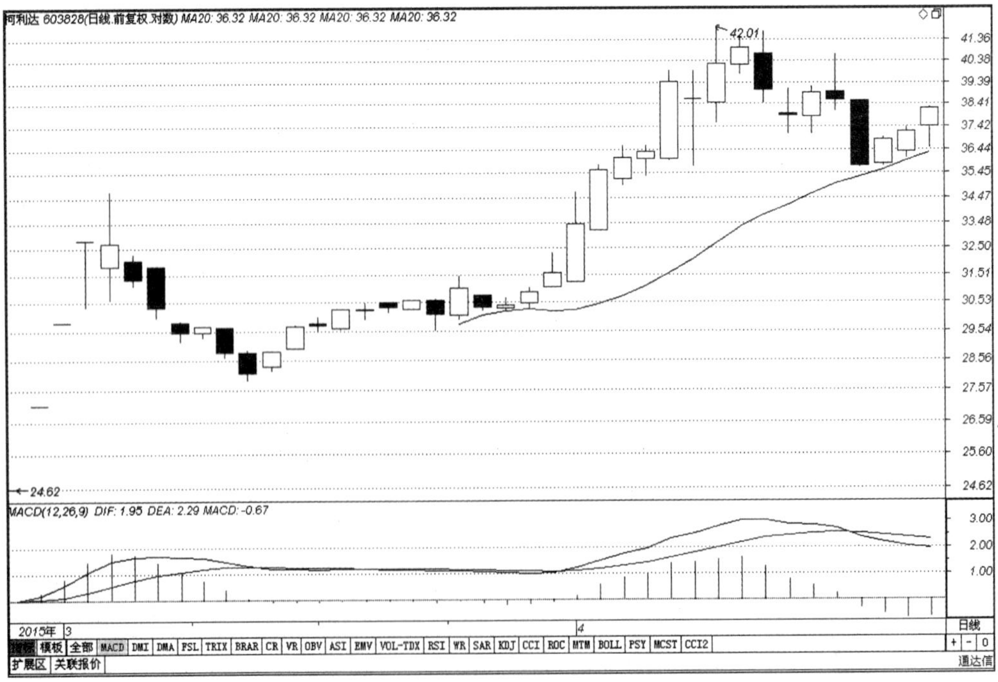

图 5-8-6 柯利达（603828）空中加油

如图 5-8-7 所示，益丰药房（603939）多次“空中加油”，此股操作难度大，主力犹豫不决，后面有一定上升空间，但获利空间有限，不建议操作。一般出现这样的走势，都是K线在做复杂的头部，等头部做好了，主力筹码也基本卖得差不多了。

图 5-8-7 益丰药房（603939）多次空中加油

如图 5-8-8 所示，以道氏技术（300409）为例，过强的“空中加油”是暗藏着杀机的，高位多头无力稳定胜利成果，一旦出现大乖离率死叉，白线与红柱乖离过远，

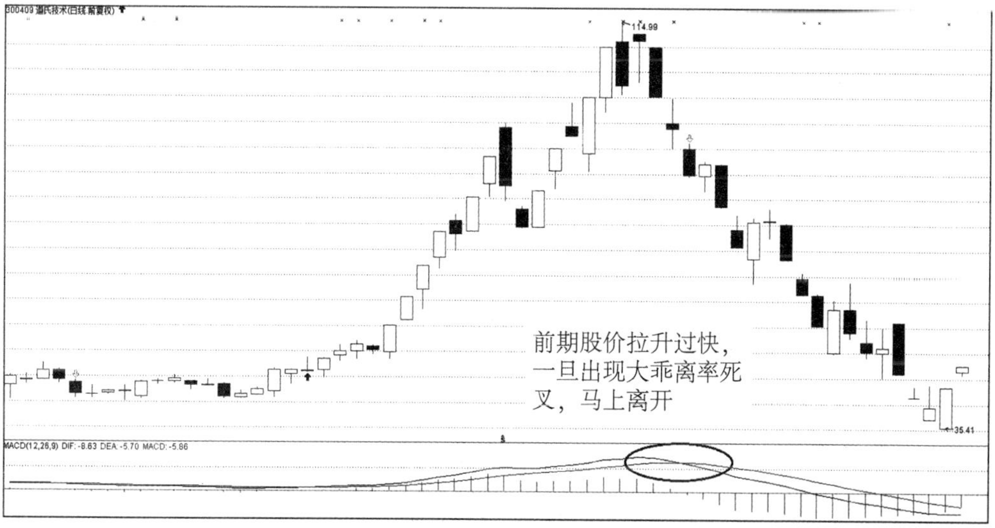

图 5-8-8 道氏技术（300409）空中加油

赶快离场。

如图 5-8-9 所示，华胜天成（600410）前期走得比较慢，吸筹时间过长的“空中加油”，优点是量的变化比较温和，只要绿柱不放大，股价围绕着 10 日线和 5 日线，真正的“空中加油”刚刚开始。

图 5-8-9 华胜天成（600410）空中加油

如图 5-8-10 所示，西南证券（600369）“加油”加出了双肩顶。左边白线明显带有尖角，右边一旦出现对称的尖角，火速离场，股价很容易转瞬之间化金为泥。

图 5-8-10 西南证券（600369）空中加油

目前，非常多的股票进入“空中加油”，能否“加油”成功，还需要有市场之外的一些因素，不是所有的“空中加油”都能获得成功，筹码分布不够集中的“空中加油”，会因为多空的分歧而打破格局；中高度控盘的“空中加油”更有价值投资。这就需要对 MACD 进行仔细观察，什么位置属于该股票的高位，并结合成交量，因为股票的流通盘和价格不同，不同股票高低位的数据也不一样，需要看黄线与红柱的距离，有的时候，盘感比技术更加重要。

四、MACD“底背离”和“顶背离”

我们常说的长期均线 DEA 指黄线，短期均线 DIF 通常指 MACD 线也指白线，红色柱，我们称多头；绿色柱，我们称空头，0 轴，是多头及空头的分界线。

所谓 MACD 指标底背离，指的是股价出现两个或三个近期低点，而 DIFF 指标与 DEA 指标所形成的“金叉”并不配合出现新低点。这种情况的发生说明空方实际上没有向下做空的能量，股价破位下行所产生的新低点，往往是空头陷阱，此时投资者如果能够果断买入，应该能够快速套利。另外，股价有时候虽然没有创出新的低点，只是与前一低点持平，然而 DIFF 指标与 DEA 指标在 0 轴之下所形成的金叉却一底比一底高，这种情况仍属于“底背离”的情况。

如图 5-8-11 所示，以青松建化（600425）为例，股价创了新低，但 MACD 指

图 5-8-11 青松建化（600425）底背离

标却一路向上，底背离出现。

而 MACD 指标“顶背离”则与“底背离”恰好相反，是指当股价一波比一波高时，相对应的 DIFF 指标和 DEA 指标所形成的交叉点却一点比一点低，这种背离现象的出现，意味着股价运行趋势即将发生反转，同时要进行深幅的下跌，所以，当 MACD 指标第一次形成顶背离时，投资者就应提高警惕，进行减仓操作，或完全卖出股票。如遇特殊情况，又发生第二次顶背离，应果断地清仓离场，因为连续的顶背离往往意味着股价崩盘。

如图 5-8-12 所示，以小商品城（600415）为例，股价持续走高，但 MACD 在高位时却一顶不如一顶高，顶背离出现，后市看跌。

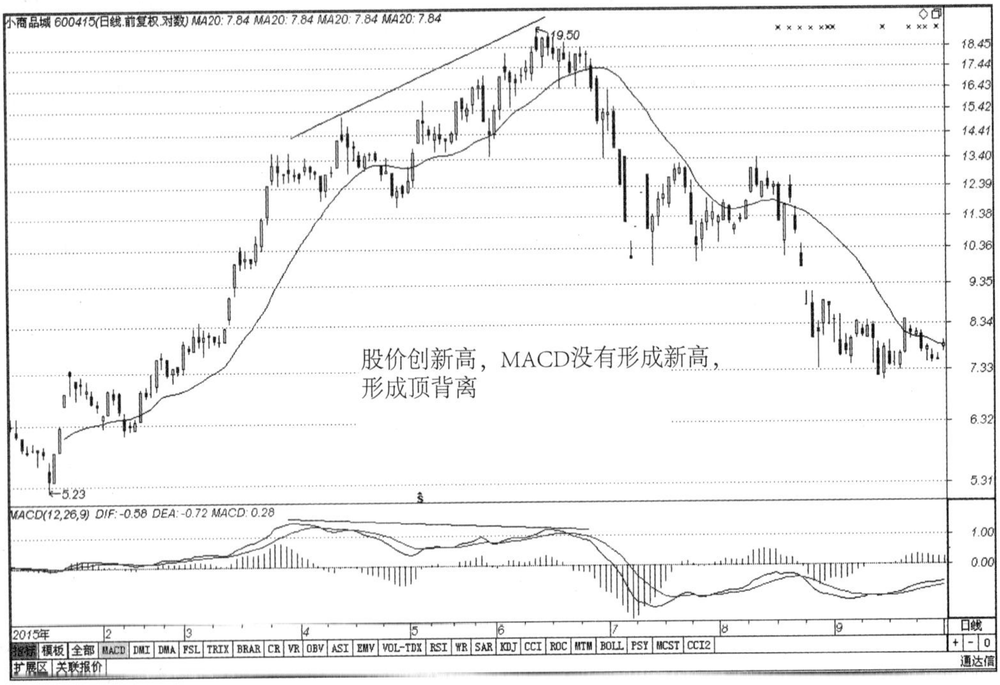

图 5-8-12 小商品城（600415）顶背离

五、MACD 双线合一

在选股时，根据 MACD 指标的形态，选择 DIFF 和 DEA 双线合一的个股，风险相对较低，是一种相对安全的选股方法，因为其技术指标相当容易掌握，所以适合投资者借鉴。

如图 5-8-13 所示，DIFF 和 DEA 双线合一所出现的位置一般有三处：山谷底、安全区、半山腰。

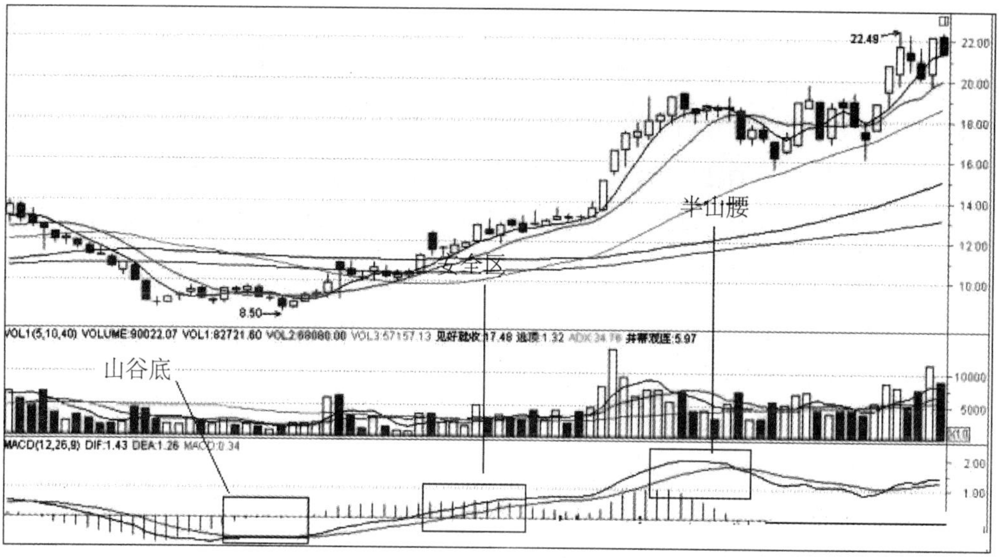

图 5-8-13 MACD 双线合一

1. “山谷底”

如果 DIFF 和 DEA 在 0 轴以下较远处双线合一，就好比处于两山之间的山谷处，我们就称其为“山谷底”。MACD 指标双线合一，此时个股的股价处于相对低的历史低点，有较大的上升空间，只要双线张口向上，则在此后相当长的一段时间内，会出现较大幅度的涨势，具有较好的发展前景，适合投资者中长线投资。

2. “安全区”

如果 DIFF 和 DEA 在 0 轴附近不远处双线合一，就好比在爬山过程中出现了一条没有坡度的平坦地带，可以称之为“安全区”。MACD 指标双线合一，此时股价已经有所攀升，但远未到顶峰，在平台之中横盘没有大幅度波动。只要 MACD 张口向上，则会出现较为缓慢的上涨趋势，多空双方力量不大，搏斗中多方占优，但优势并不明显。如果个股出现这样的 MACD 走势，则适合投资者中短线投资，利润略低，但风险小。

3. “半山腰”

如果 DIFF 指标和 DEA 指标在 0 轴以上较高处双线合一，从图形中就可以看到，就像登山运动员已经到了半山腰，稍作休息就可以冲刺峰顶，则我们称为“半山腰”，MACD 指标双线合一。此时多头已经在安全区积累了充足的上行力量，一旦双线开口向上则会以摧枯拉朽之势向空头发起猛攻，股价会在极短的时间内出现巨大涨幅，这是投资者短线的黄金买入点，短期内会给投资者带来巨大收益。只是此种情形风险较大，一旦多头力量衰竭，空头便会发起反攻，股价又会在极短时间内出现巨大跌幅。所以投资者在操作时务必快进快出，切莫贪心。

MACD 双线合一的技术特征。

（1）股价出现较大幅度的调整之前，曾经出现过一波上涨行情，这是主力资金经常吸筹所引发的股价上涨。

（2）股价在调整的过程中，成交量最好是呈现持续萎缩的状态，5 日均线一直在 40 日均线下方运行。

（3）MACD 指标的 DIFF 线与 DEA 线经过较长时间在 0 轴下方运行后开始慢慢黏合，形成“双线合一”的形态。黏合时间越长，表明主力的吸筹就越充分。

六、MACD 0 轴的奥秘

（1）0 轴通常是修正波结束的位置。

MACD 指标是一个经典的趋势类指标，应用非常广泛。它涉及的分析内容很多：背离、趋势的反转、乖离、0 轴上下金叉、红绿柱的状态、死叉、第 N 次金叉死叉、红绿柱长短多空的含义、指标的位置形态、红绿柱的形态、指标离 0 轴的远近、0 轴的支撑与压力、与波浪理论的结合、逼空点、杀多点等。

在实际操盘过程中，通常把 MACD 指标的快慢双线在 0 轴下方定义为空头市场，在 0 轴上方定义为多头市场。确定了趋势的方向，就有了相对的操作策略：空头市场，逢高卖出为宜；多头市场，逢低买进为宜。

什么是逢高？什么是逢低？在哪里下单买入或卖出呢？必须要定量这个问题，模糊操作可不行。MACD 的 0 轴能很好地解决这个定量的问题，它就是逢低买进的买点，也是逢高卖出的卖点。

股价的波动与波浪的波动非常类似，用波浪语言来形容股价的波动，即推动浪和调整浪，整个过程就是趋势主流方向的推动波与修正波的不断叠加。

在上升行情中，市场的波动延续上涨—修正—上涨—修正—上涨—转折。而在下跌行情中，市场的波动延续下跌—修正—下跌—修正—下跌—转折。波动总是循环的，大无外，小无内。如图 5-8-14 所示。

既然 0 轴能很好地解决逢高逢低的问题，那么 0 轴的具体含义是什么呢？它有两点含义：EXPMA12 与 EXPMA26 产生的交叉；60 周期均线。

在使用 MACD 指标时要注意，这里有一个分析技巧：所有的修正波，目的都是

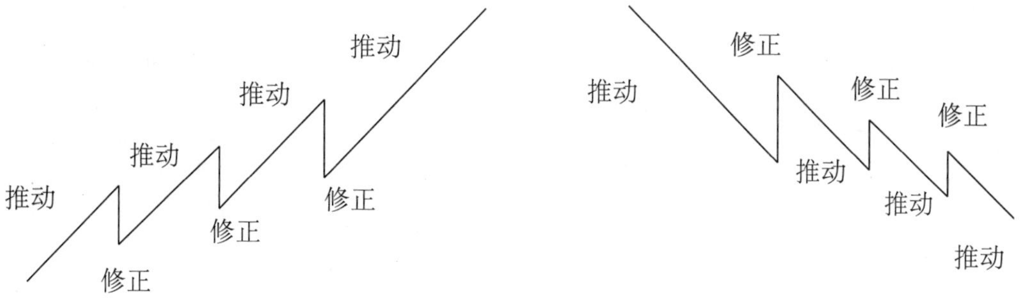

图 5-8-14 推动波和修正波的叠加

把指标线拉向 0 轴，使价格达到多空平衡，然后多空双方再一次进行较量。

由于走势有周期长短之分，有人喜欢看日线，有人喜欢看周线，也有人喜欢看其他周期线，所以，任何周期的修正波，都是把指标拉回 MACD 的 0 轴，0 轴也就是修正波结束的位置。

0 轴的平衡位置，所有走势波动总是延续着平衡—不平衡—平衡运行。

在上升趋势中，推动波是风险的积累，修正波是风险的释放，也就是说，价格上涨是风险的积累，价格调整是风险的释放。在下跌趋势中，推动波是风险的积累，修正波是风险的释放，也就是说，价格下跌是风险的积累，价格反弹或横盘是风险的释放。修正波的结束位置非常好判断，就是相对于周期的 MACD 指标回到 0 轴。

当市场处于多头时，MACD 指标线返回 0 轴意味着产生一个买点。

当市场处于空头时，MACD 指标线返回 0 轴意味着产生一个卖点。

同时，买卖点的确定还要结合成交量的变化，如果 MACD 指标线返回到 0 轴附近，此时出现了较有力的阳 K 线，成交量有效放大，意味着另一波上涨行情要开始了。MACD 指标线返回 0 轴的时候，成交量可以协助判断是修正波还是转势。一般来说，带量突破是转势，反之，则通常是延续原来的趋势。

如图 5-8-15 所示，以中集集团（000039）为例，0 轴通常是修正波结束的位置。

多头市场时，MACD 在 0 轴之上运行，指标线拉回 0 轴，都对应着相应的低点。

这里面用一个最简单、最实用的方法解决了趋势停顿的问题，也就是买卖点的问题。在 MACD 指标中，0 轴是多空分界线，这一点非常重要，但往往被人忽视。修正波通常在 0 轴这个位置结束，知道的人就更少了。

（2）MACD 指标线处于 0 轴附近容易爆发大行情。

一般可以简单地认为，MACD 指标双线在 0 轴上基本可以认为是多头行情，反之，则为空头行情。同时，0 轴也是很重要的变盘点位。大的行情启动，不管是上涨还

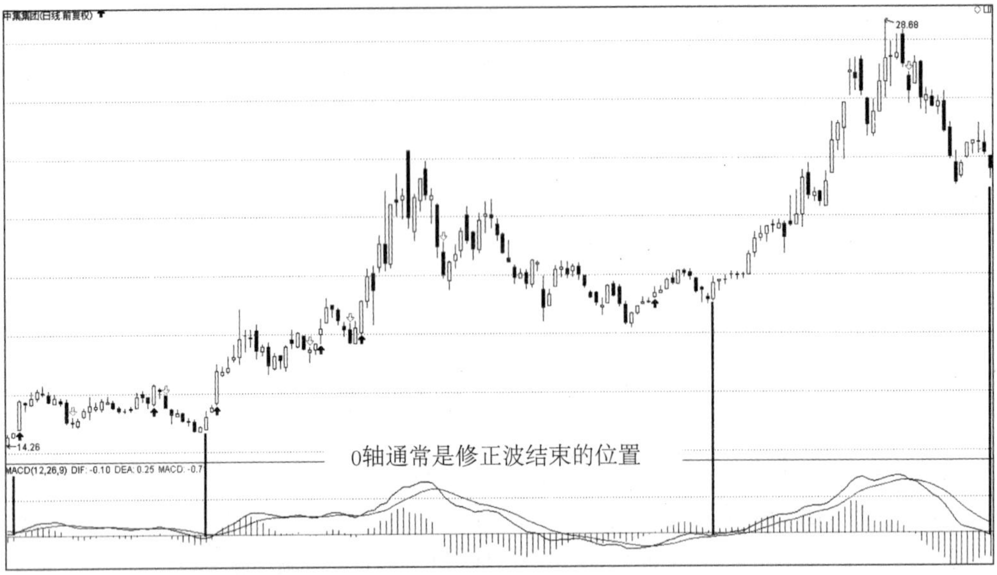

图 5-8-15 中集集团（000039）0 轴通常是修正波结束的位置

是下跌，不管是大周期还是小周期，周线也好，5 分钟线也好，大的行情基本上是从 0 轴附近开始启动的。也就是说，MACD 快慢双线在 0 轴附近容易爆发大行情，0 轴上下都可以，但是越贴近 0 轴越容易爆发大行情。最好同时兼顾成交量的变化，如果成交量放大，大行情就启动得快。

如图 5-8-16 所示，以深信泰丰（000034）为例，MACD 快慢线在 0 轴附近产生变盘行情。

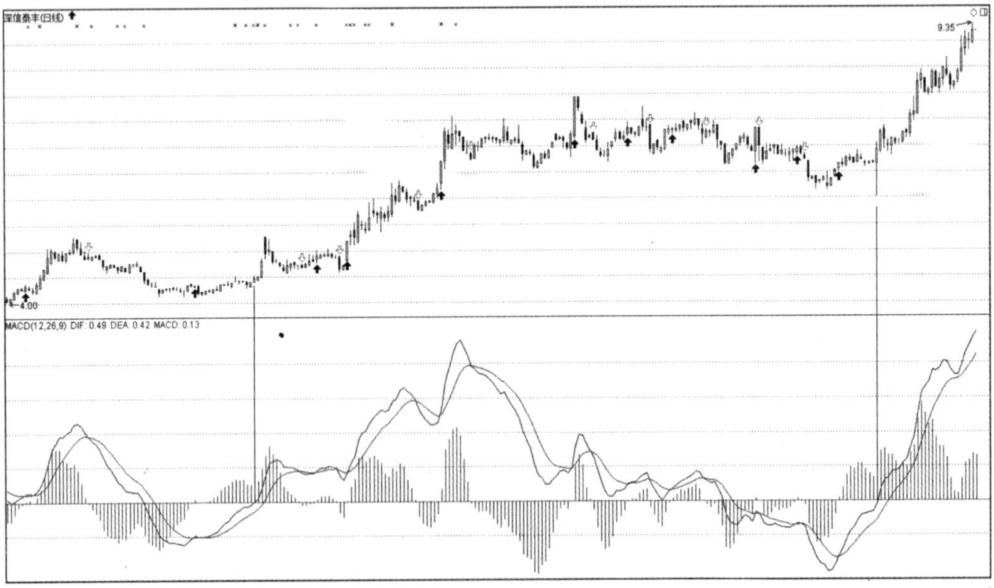

图 5-8-16 深信泰丰（000034）MACD 快慢线在 0 轴附近产生变盘行情

什么样的股票具有爆发力？一是股价要突破平台，二是成交量放大，三是贴近0轴时MACD出现0轴之上的第一个金叉。指标线越是贴近0轴，股价越有爆发力。所以，一定要对MACD的0轴进行深入研究。

具有爆发力的个股具备的条件非常重要，0轴上的第一个金叉必须有成交量和K线蓄势的完美结合，行情才会有美好的未来。

第九节 随机指标 KDJ

KDJ 指标又叫随机指标，是一种相当新颖、实用的技术分析指标，它起先用于期货市场的分析，后来被广泛应用于股市的中短期趋势分析，是期货和股票市场上最常用的技术分析工具。

一、什么是随机指标

KDJ 全名为随机摆动指标，由美国的乔治·莱恩博士所创，是欧美期货市场常用的一套技术分析工具，它是根据目前股价在近阶段股价分布中的相对位置来预测可能发生的股价趋势反转，也就是我们经常说的超买、超卖。

KDJ 由 K、D、J 三条曲线组成，它有这样一个判断标准。

当 D>80 时，为超买；

当 D<20 时，为超卖；

当 J>100 时，为超买；

当 J<10 时，为超卖。

或者直观地说，当 K 指标向上突破 D 指标，就是买入信号；当 K 指标向下穿破 D 指标，则为卖出信号。KDJ 指标的使用有很多限制，不适用于小股盘，K 指标和 D 指标的交叉必须发生在 70 以上和 30 以下，等等。然而 KDJ 指标用来分析大盘和热门个股盘有着极高的准确性，这也是 KDJ 指标的魅力所在。如图 5-9-1 所示。

KDJ 的设计思路与计算公式都起源于威廉（W%R）理论，但比威廉指标更具有使用价值。W%R 指标一般只限于用来判断股票的超买和超卖现象，而随机指标 KDJ 则融合了移动平均线的理论，对买卖信号的判断更加准确，在设计中综合了动量指标、强弱指标和移动平均线的一些优点，主要研究高低价位与收盘价的关系，即通过计算当日或最近数日的最高价、最低价及收盘价等价格波动的真实波幅，充分考虑了价格波动的随机振幅和中短期波动的测算，避免了仅考虑收盘价而忽视真正波动幅度的 MA 的弱点，使其短期测市功能比移动平均线更准确有效。在市场短期超买超卖方面，又比相对强弱指标 RSI 敏感。总之，KDJ 是一个随机波动的概念，反映了价格走势的强弱和波段的趋势，对于把握中短期的行情走势十分敏感。

图 5-9-1 KDJ 指标

二、随机指标的三项使用原则

（1）D 低于 10 ~ 15 水平是买入信号，若高于 80 以上则是卖出信号。

（2）当 K 大于 D 时，显示目前是涨势的趋势，因此，在图形上，K 线向上穿越 D 线是买入信号。

（3）当 D 值大于 K 线时，显示目前的趋势是向下跌落，所以，在图形上，K 线向下穿越 D 线是卖出信号。

值得注意的是，上述三项使用原则可靠性低，且常出现骗线（特别是以日为单位的 KDJ 做指标分析时），所以，在观察使用时一定要结合趋势、成交量、形态等进行分析。

从我国股市发展历史来看，真正漂亮的大牛市在来临之前，一般都有这样的通性：股价从底部以小阳线向上推升时，KDJ 指标伴随进入了高位，主力在大幅拉升之前，常会以一根大阴线劈头盖脸强压下来。KDJ 指标就是这种情况，这时的 KDJ 指标形成了 80 以上高位的死叉，极为吓人，而后，主力继续以小阳、中阳线重新向高位推进，这时KDJ指标又会在70～80附近形成所谓的高位金叉。随着股价上扬，还会形成80以上的钝化，即指标横向发展，KDJ指标如能保持这种状况，股价将持续上扬。这一规律很重要，是骑黑马技术的重要组成部分，值得研究。

如图5-9-2所示，以星星科技（300256）为例，KDJ指标很好地指出了股价的趋势，KDJ指标在长时间的下滑过程中，首次止滑，开始上扬，并伴随着成交量的放大，后市看好，买入。

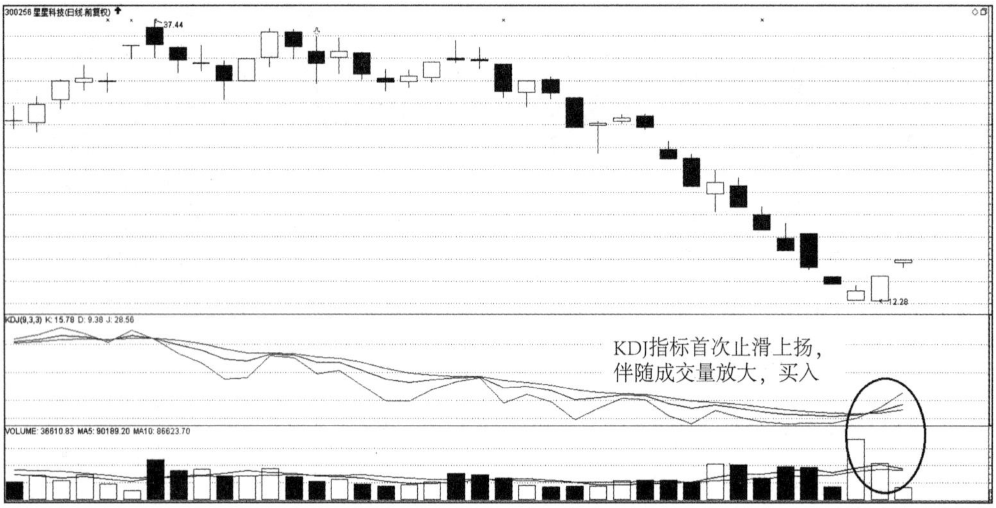

图5-9-2 星星科技（300256）KDJ指标

第十节 其他重要指标

股市中的技术指标有很多，如针对人气的 PSY，针对成交量的 VOL，动量指标 MTM，钱龙指标 QIAN，趋势指标 DMI 等。投资者虽然不用全部都掌握，但还是要了解的，一些重要的指标也要能熟练运用，以便在实际操作中能够事半功倍。

一、相对强弱指标（RSI）

相对强弱指标（Relative Strength Index，简称 RSI），也称相对强弱指数、相对力度指数。RSI 相对强弱指标计算起来比较简单，它的参数是天数，即时间的长度，一般有 5 日、9 日、14 日等。下面以 14 日为例介绍 RSI（14 天）的计算方法，其余参数计算方法与此相同。

计算 RSI 相对强弱指标，首先要找出当天在内的 15 天的收盘价，然后用每一天的收盘价减去上一天的收盘价，会得到 14 个数字。这 14 个数字有正有负。

令 A=14 个数字中正数之和，B=14 个数字中负数之和 ×（-1）。这样 A 和 B 都是正数。

RSI（14）=[A ÷（A+B）] × 100

从数字上看，A 表示 14 天中股价向上波动的大小；B 表示向下波动幅度的大小；A+B 表示股价总的波动大小。RSI 就是表示股价向上波动的幅度占总幅度的百分比，如果占的比例大就是强市，否则就是弱市。需要注意，RSI 的计算只涉及收盘价，可以选择不同的参数。如图 5-10-1 所示。

学会了 RSI 相对强弱指标的计算，最重要的还是掌握它的使用方法。RSI 永远介于 1 ~ 100 之间。它一共考虑了价格变动的四个因素：上涨的天数、下跌的天数、上涨的幅度、下跌的幅度。因为 RSI 对价格的四个构成要素考虑比较全面，所以，在价格趋势预测方面，其准确度较高，RSI 应用起来主要有以下几个方面。

（1）RSI 选取时间可长可短，但短时间（RSI1）应定为 5 天或 6 天，长时间（RSI2，RSI3）定为 12 天和 24 天。

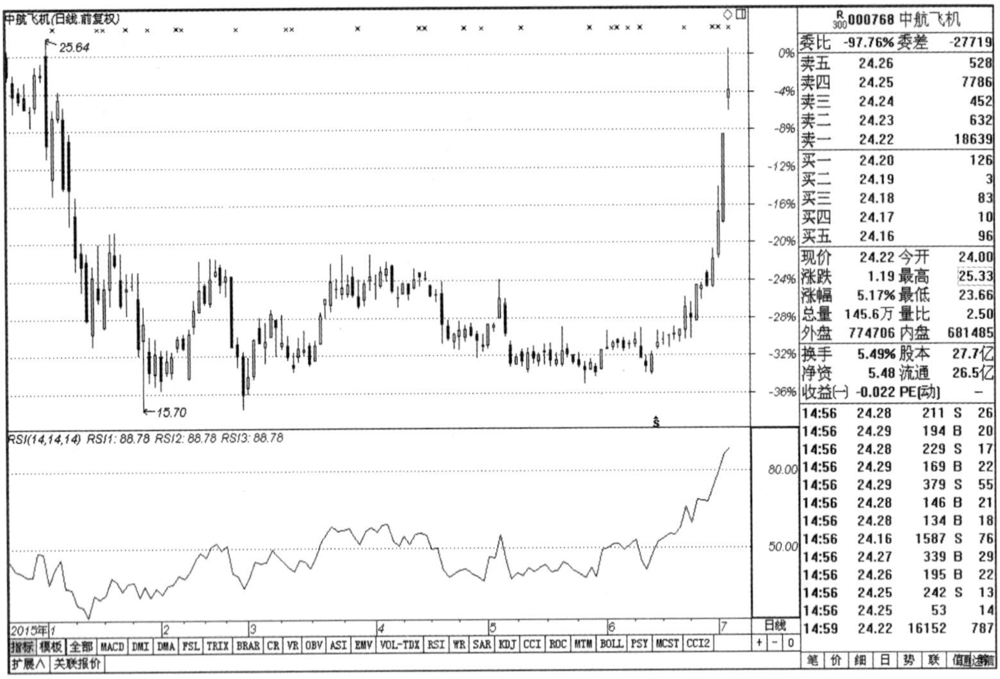

图 5-10-1 RSI 指标

（2）RSI 值升到 70% 以上时，追涨要小心，最好应卖出。

（3）RSI 值降到 20% 以下时，应调整心态，考虑适时进货。

（4）快速 RSI 向上穿越慢速 RSI，应买入；反之卖出。

（5）注意走势背离情况。价格升，RSI 弱，说明买力不强，应卖出。价格跌，RSI 强，说明买力强，可持仓。

（6）在多头市场中，如果行情回档，多头的第一道防线是 RSI（50），第二道防线是 RSI（40），第三道防线是 RSI（30）。在空头市场中，如果空头反弹，第一道防线是 RSI（50），第二道防线是 RSI（60），第三道防线是 RSI（70）。

（7）在多头市场里，RSI 每次因行情回档下跌盘整，所形成的低点密集区域，也是多头的一道防线。空头市场里，在行情处于反弹盘整期间，RSI 所出现的最高点，也是空头的一道防线。

（8）在多头市场中，RSI 最高点一般出现在 75 ~ 90，行情回档时，只要不是突发性利空消息出现导致行情暴跌，RSI 一般不会跌破 30。空头市场中，RSI 最低点一般在 30 左右，甚至 30 以下，行情反弹，只要不是突发性利好消息出现而导致行情骤升，RSI 一般不会向上突破 70，大多在 55 以下。

如图 5-10-2 所示，以海大集团（002231）为例，图中的画线预示了相对应股市当前股票的相对强度，当股价处于低谷时，股票活动强度弱，当股价处于高点时，股票活动强度强，RSI 走势和股票走势基本同步，但有反应滞后的倾向。

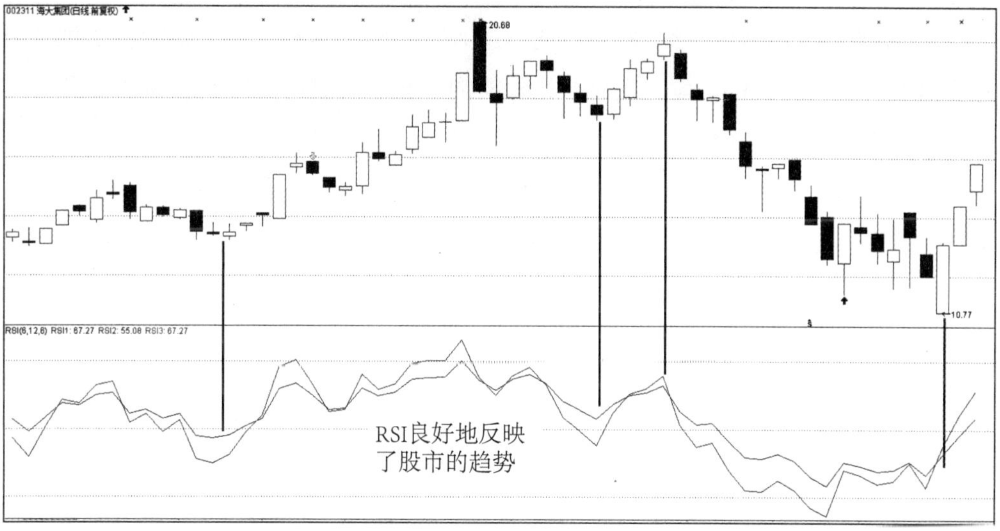

图 5-10-2 海大集团（002231）RSI 指标

二、顺势指标（CCI）

顺势指标 CCI 是由美国股市分析家唐纳德·蓝伯特所创，专门测量股价是否已超出常态分布范围。属于超买超卖类指标中较特殊的一种，波动于正无穷大和负无穷大之间。

CCI 指标对于研判非常态行情的走势具有独到的功能。它的一般分析方法主要集中在 CCI 区间的划分、CCI 区间的判断等方面。

（1）当 CCI 曲线向上突破 + 100 线而进入非常态区间时，表明股价开始进入强势状态，投资者应及时买入股票。

（2）当 CCI 曲线向上突破 + 100 线而进入非常态区间后，只要 CCI 曲线一直朝上运行，就表明股价强势依旧，投资者可一路持股待涨。

（3）当 CCI 曲线在 + 100 线以上的非常态区间，在远离 + 100 线的地方开始掉头向下时，表明股价的强势状态将难以维持，是股价比较强的转势信号。如果前期的短期涨幅过高时，更可确认。此时，投资者应及时逢高卖出股票。

（4）当 CCI 曲线在 + 100 线以上的非常态区间，在远离 + 100 线的地方处一路下跌时，表明股价的强势状态已经结束，投资者还应以逢高卖出股票为主。

（5）当 CCI 曲线向下突破 -100 线而进入另一个非常态区间时，表明股价的弱势状态已经形成，投资者应以持币观望为主。

（6）当 CCI 曲线向下突破 -100 线而进入另一个非常态区间后，只要 CCI 曲线一路朝下运行，就表明股价弱势依旧，投资者可一路观望。

（7）当 CCI 曲线向下突破 -100 线而进入另一个非常态区间，如果 CCI 曲线在超卖区运行了相当长的一段时间后开始掉头向上，表明股价的短期底部初步找到，投资者可少量建仓。CCI 曲线在超卖区运行的时间越长，越可以确认短期的底部。

（8）当 CCI 指标在 + 100 ~ -100 线的常态区间运行时，投资者则可以用 KDJ、威廉等其他超买超卖指标进行研判。

CCI 曲线出现的各种形态也是判断行情走势、决定买卖时机的一种分析方法。

（1）当 CCI 曲线在远离 + 100 线上方的高位时，如果 CCI 曲线的走势形成 M 头或三重顶等顶部反转形态，可能预示着股价由强势转为弱势，股价即将大跌，应及时卖出股票。如果股价的曲线也出现同样形态则更可确认，其跌幅可以用 M 头或三重顶等形态理论来研判。

（2）当 CCI 曲线在远离 -100 线下方的低位时，如果 CCI 曲线的走势出现 W 形底或三重底等底部反转形态，可能预示着股价由弱势转为强势，股价即将反弹向上，可以逢低少量吸纳股票。如果股价曲线也出现同样形态则更可确认，其涨幅可以用 W 形底或三重底形态理论来研判。

（3）CCI 曲线的形态中 M 头和三重顶形态的准确性要大于 W 形底和三重底。

如图 5-10-3 所示，以瑞泰科技（002066）为例，CCI 指标与当前股市行情良好地对应着，股价的涨跌也反映了股市当前的顺势指数。

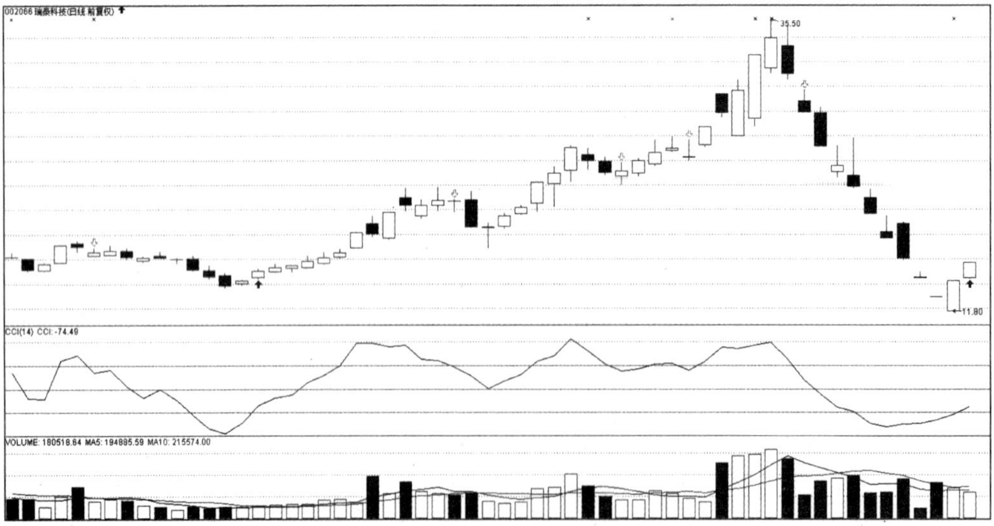

图 5-10-3 瑞泰科技（002066）CCI 指标

三、威廉指标（WMS%）

威廉指标（WMS% 或 W%R）是由拉瑞·威廉姆斯于 1973 年首创的，最初用于期货市场。WMS% 表示市场处于超买还是超卖状态，它是通过一定时期内的股价波动比率研判市场超买和超卖的指标。如图 5-10-4 所示。

WMS% 的计算公式：

WMS(N)=(N 日内最高价—第 N 日收盘价)÷(N 日内最高价—N 日内的最低价)×100%（N 的值一般为 10 或 20）

由公式可知，WMS% 有一个参数，那就是选择的日数 N。WMS% 指标表示的含义是当天的收盘价在过去一段日子的全部价格范围内所处的相对位置。如果 WMS% 的值比较大，则当天的价格处在相对较高的位置，要提防回落；如果 WMS% 的值比较小，则说明当天的价格处在相对较低的位置，要提防反弹；WMS% 取值居中，在 50%左右，则当天的价格上下的可能性都有。

可以这样来理解 WMS% 指标。一个移动的小球，在上有天花板、下有地板的空间里上下跳动。当小球向上撞到天花板，就会调头向下，小球向下撞上地板就会反弹向上。小球上下移动的外力本来是零，这样，小球将规则地上下移动，并一直

图 5-10-4 威廉指标

继续下去。但是，由于多空双方力量的不断变化，小球所受的外力不是零。多方力量大了，小球向上移动；空方力量大了，小球向下移动。但是，撞上天花板和地板后的调头始终是正确的，只不过不像没有外力时那么有规则，不是一撞就回头，可能要撞好几次才回头，这是因为有外力的原因。

WMS% 的参数选择和应用法则如下。

上面所说的天花板和地板随着时间的推移是在不断变化的，这就是参数选择的问题。在 WMS% 出现的初期，人们认为市场出现一次周期循环大约是 4 周，那么取周期的前半部分或后半部分，就一定能包含这次循环的最高值或最低点。这样，WMS% 选的参数只要是 2 周，则这 2 周之内的 Hn 或 Ln 至少有一个成为天花板或地板。这对我们应用 WMS% 进行研判行情很有帮助。

基于上述理由，WMS% 的选择参数应该是循环周期的一半。中国股市的循环周期目前还没有明确的结论，我们在应用 WMS% 时，总是多选择几个参数试试。

WMS% 的操作法则也是从两方面考虑：一是从 WMS% 取值的绝对数值；二是从 WMS% 曲线的形状。

（1）从 WMS% 的绝对取值方面考虑。公式中，WMS% 的取值介于 0% ~ 100% 之间，以 50% 为中轴，将其分为上下两个区域。

①当 WMS% 高于 80%，即处于超买状态，行情即将见顶，应当考虑卖出。

②当 WMS% 低于 20%，即处于超卖状态，行情即将见底，应当考虑买入。

这里 80% 和 20% 只是一个经验数字，不是绝对的，有些个别的股票可能要求比 80% 大，也可能比 80% 小。不同的情况产生不同的买进线和抛出线，要根据具体情况在实战中不断摸索。有一点应该说明，在 A 股市场，买进线普遍比 20% 低，卖出线普遍比 80% 高。

（2）从 WMS% 的曲线形状考虑。这里只介绍背离原则，以及撞顶和底次数的原则。

①在 WMS% 进入高位后，一般要回头，如果这时股价还继续上升，就产生顶背离，是出货的信号。

②在 WMS% 进入低位后，一般要反弹，如果这时股价还继续下降，就产生底背离，是买进的信号。

③ WMS% 连续几次撞顶（底），局部形成双重或多重（底），则是出货（进货）的信号。

四、人气指标心理线（PSY）

PSY，即人气指标心理线，它反映了一段时间内投资者趋向于买方或卖方的心理与事实，可以作为买进或卖出股票的指标。目前一般技术投资专家多以 12 日、24 日为短中期投资指标，参数选的越大，PSY 的取值范围就越集中，越平稳；参数越小，PSY 的取值范围上下波动就越大。这是在选择 PSY 的参数时应该注意的。如图 5–10–5 所示。

PSY 的计算公式异常简单，其计算公式为：

PSY（N）=A/N × 100%

式中：N 为天数，是 PSY 的参数；A 为在这 N 天之中股价上涨的天数。

例如，N = 10，10 天之中有 3 天上涨，7 天下跌，则 A = 3，PSY（10）= 30%。这里的上涨和下跌的判断是以收盘价为准。

从 RSY 的表达式中可以看出，RSY 是指近一段时间内，上涨的天数所占的比例。作为进出市场的指标，RSY 参数的选择是人为的，没有硬性规定。

图 5–10–5 PSY 指标

PSY 的应用。

（1）一般心理线指标介于 25% ~ 75% 是合理变动范围。

（2）超过 75% 或低于 25%，就有超买或超卖现象，行情下跌的概率增加，此时可准备卖出或买进。在大多头大空头市场初期，可将超买、超卖点调整至 83%、17%，直至行情尾声，再调回至 75%、25%。

（3）当一段上升行情展开前，通常超卖现象的最低点出现两次。同样地，当一段下跌行情展开前，超买现象的最高点也会出现两次。

（4）高点密集出现两次为卖出时机，低点密集出现两次为买进时机。

（5）当出现低于 10% 或高于 90% 时，是真正的超买超卖现象，行情反转的机会相对提高，此为卖出和买进时机。

趋势类指标在日线中的反应都比较慢，而在分钟线中就比较准确及时，COPPOCK 也不例外。在 30 分钟 K 线中，设定移动平均线参数为 13、77、99，当股价穿越三条移动平均线，而 COPPOCK 指标又恰好在 0 轴位金叉向上，则短线的股价有很强的上升动力，投资者可以博取短期收益。

如图 5-10-6 所示，以延华智能（002178）为例。2013 年 6 月 20 日左右，连续拉出五根小阴线，PSY 几乎双双触 0 轴，紧接着拉出 5 根阳线，但在随后又出现 2 根阴线，股民如同惊弓之鸟，PSY 迅速下跌谷底。不久，股价开始拉升，直到顶部，但随后股价又大跌大起，PSY 值同股价基本上同步。

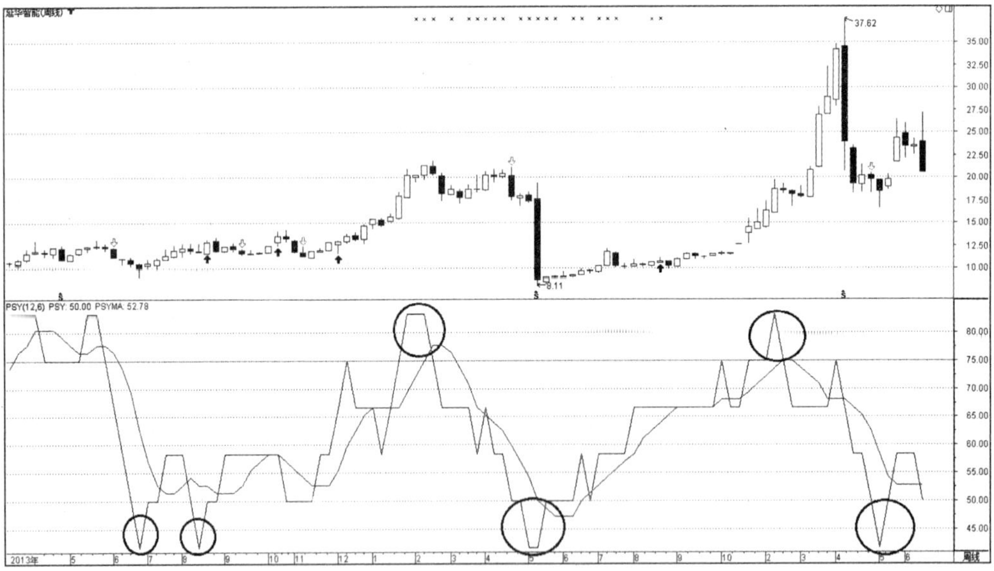

图 5-10-6 延华智能（002178）PSY 指标

五、动量指标（MTM）

动量指标（MOMENTOM INDEX）就是一种专门研究股价波动的技术分析指标，它以分析股价波动的速度为目的，研究股价在波动过程中各种加速、减速、惯性作用以及股价由静到动或由动转静的现象。动量指标的理论基础是价格和供需量的关系，股价的涨幅随着时间必须日渐缩小，变化的速度力量慢慢减缓，行情则可反转；反之，下跌亦然。动量指标就是这样通过计算股价波动的速度，测试市场的工具。

股价在波动中的动量变化可通过每日之动量点连成曲线，即动量线反映出来。在动量指数图中，水平线代表时间，垂直线代表动量范围。动量以 0 为中心线，即静速地带，中心线上部是股价上升地带，下部是股价下跌地带，动量线根据股价波动情况围绕中心线周期性往返运动，从而反映股价波动的速度。如图 5-10-7 所示。

图 5-10-7 动量指标（MTM）

1.MTM 指标的原理

MTM 是一种利用动力学原理，专门研究股价在波动过程中各种加速、惯性作用以及由静到动或由动转静的现象。动量指标的理论基础是价格与供求量的关系。它认为股价的涨跌幅度随着时间的推移会逐渐变小，股价变化的速度和能量也会慢慢减缓后，行情就可能反转。在多头行情里，随着股价的不断上升，股价上涨的能量和速度必将日渐萎缩，当上涨的能量和速度减少到一定程度时，行情将会出现大幅回档整理或见顶反转的行情；而在空头行情里，随着股价的不断下跌，股价下跌的能量和速度也将日渐萎缩，当下跌的能量和速度萎缩到一定程度时，行情也会出现大幅反弹或见底反转的行情。

因此，动量指标就是通过观察股价波动的速度，衡量股价波动的动能，从而揭示股价反转的规律，为投资者正确地买卖股票提供重要的参考。

2. 动量指标运用原则

（1）一般情况下，MTM 由上向下跌破中心线时为卖出时机，相反，MTM 由下向上突破中心线时为买进时机。

（2）设 10 日移动平均线情况下，当 MTM 在中心线以上，由上向下跌穿平均线为卖出信号；反之，当 MTM 在中心线以下，由下向上突破平均线为买入信号。

（3）股价在上涨行情中创出新高点，而 MTM 未能配合上升，出现背驰现象，意味着上涨动力减弱，此时应关注行情，慎防股价反转下跌。

（4）股价在下跌行情中走出新低点，而 MTM 未能配合下降，出现背驰，该情况意味着下跌动力减弱，此时应注意逢低承接。

（5）若股价与 MTM 在低位同步上升，显示短期将有反弹行情；若股价与 MTM 在高位同步下降，则显示短期可能出现股价回落。

图 5-10-8 重庆啤酒（600132）MTM 指标

如图 5–10–8 所示，以重庆啤酒（60132）为例，MTM 指标在高位以大乖离率下降，股价大跌，跌至相对低点时出现上扬，说明此阶段购买力增强，动力指标变大，后市有一波上涨行情，买入。

六、BRAR 指标

人气指标（AR）和意愿指标（BR）都是以分析历史股价为手段的技术指标，其中人气指标比较重视开盘价格，从而反映市场买卖的人气；意愿指标则重视收盘价格，反映的是市场买卖意愿的程度，两项指标分别从不同角度对股价波动进行分析，达到追踪股价未来动向的共同目的。如图 5–10–9 所示。

图 5–10–9 BRAR 指标

BRAR 指标的计算方法如下。

AR 指标是通过比较一段周期内的开盘价在该周期价格中的高低，从而反映市场买卖人气的技术指标。

以计算周期为日作为例子，其计算公式为：

N 日 AR=N 日内（H–O）之和 /N 日内（O–L）之和

其中，H 为当日最高价，L 为当日最低价，O 为当日收盘价，N 为设定的时间参数，一般原始参数日设定为 26 日。

BR 指标是通过比较一段周期内的收盘价在该周期价格波动中的地位，来反映市场买卖意愿程度的技术指标。

以计算周期为日作为例子，其计算公式为：

N 日 BR=N 日内（H-CY）之和 /N 日内（CY-L）之和

其中，H 为当日最高价，L 为当日最低价，CY 为前一交易日的收盘价，N 为设定的时间参数，一般原始参数日设定为 26 日。

和其他指标的计算一样，由于选用的计算周期不同，BRAR 指标也包括日 BRAR 指标、周 BRARR 指标、月 BRAR 指标、年 BRAR 指标以及分钟 BRAR 指标等各种类型。经常被用于股市研判的是日 BRAR 指标和周 BRAR 指标。虽然它们计算时的取值有所不同，但基本的计算方法一样。另外，随着股市软件分析技术的发展，投资者只需掌握 AR、BR 形成的基本原理和计算方法，无须去计算指标的数值，就可以利用 AR、BR 指标去分析、研判股票行情。

BRAR 指标的基本原则如下。

（1）AR 值以 100 为中心地带，其 ±20 之间，即 AR 值在 80 ~ 120 之间波动时，属于盘整行情，股价走势比较平稳，不会出现剧烈波动。

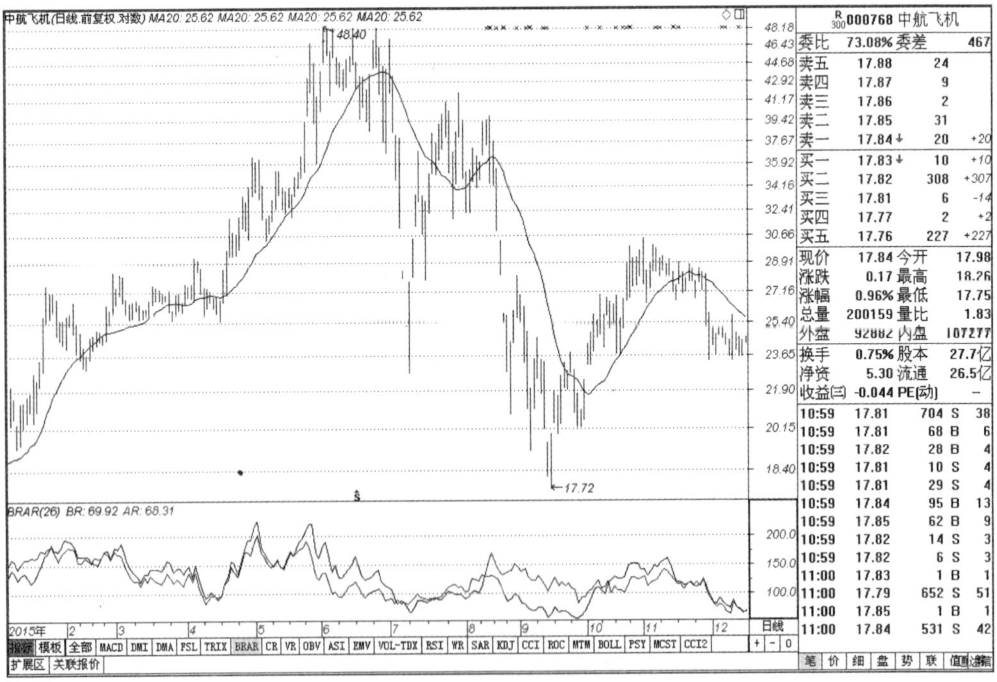

图 5-10-10 中航飞机（000768）BRAR 指标

（2）AR 值走高时，表示行情活跃，人气旺盛，过高则表示股价进入高价，应选择时机退出。AR 值的高度没有具体标准，一般情况下，AR 值上升至 150 以上时，股价随时可能回档下跌。

（3）AR 值走低时，表示人气衰退，需要充实，过低则暗示股价可能跌入低谷，可考虑伺机介入。一般 AR 值跌至 70 以下时，股价有可能随时反弹上升。

（4）从 AR 曲线可以看出一段时期的买卖气势，并具有先于股价到达顶峰或跌入谷底的功能，观图时主要凭借经验，以及与其他技术指标配合使用。

如图 5-10-10 所示，以中航飞机（000768）为例，当股价上升时，大家都积极做多，股价到达顶点，随着股价下跌，大家纷纷减仓、出局。

七、乖离率

乖离率（BIAS）是移动平均线原理派生的一种技术指标，其功能主要是通过测试股价在波动过程中与移动平均线出现的偏离程度，从而得出股价在剧烈波动时因偏离移动平均趋势而可能造成的回档和反弹，以及股价在正常范围内移动而形成继续原有趋势的可信度。当股价偏离市场平均成本太大时，都有一个回归的过程，即所谓的“物极必反”。如图 5-10-11 所示。

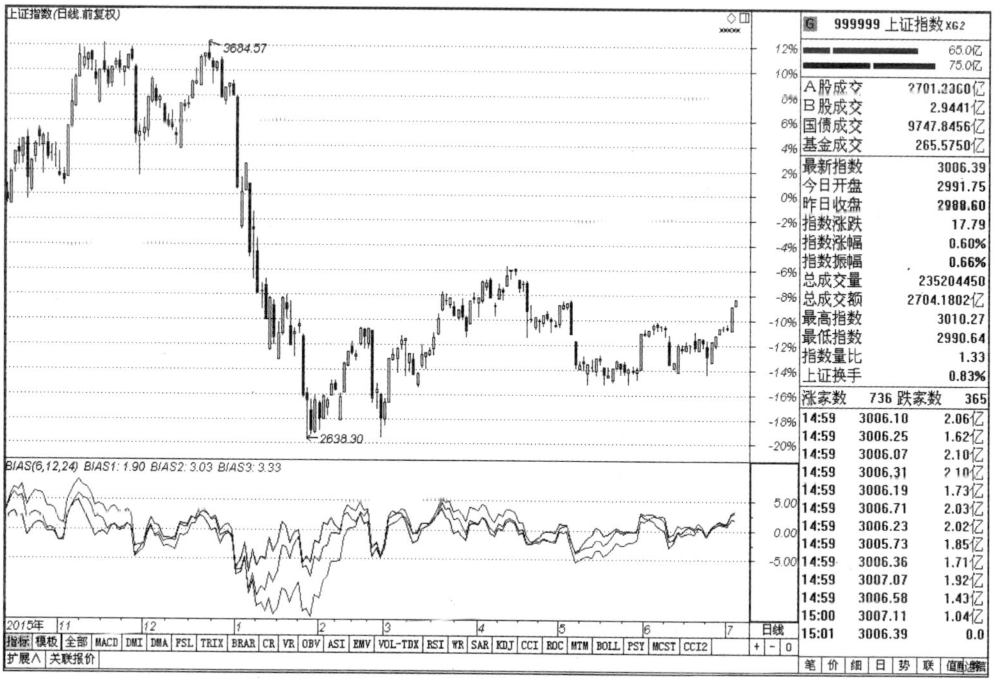

图 5-10-11 乖离率指标

乖离率的测试原理建立在如果股价偏离移动平均线太远，不管在其上还是在其下，都有可能趋向平均线这一原理上，而乖离率则表示股价偏离趋向指标的百分百比值。

计算公式：

Y 值 =（当日市场价－N 日内移动平均线收市价）÷N 日内移动平均线收市价 ×100%

其中，N 为设定参数，可根据移动平均线日数设立，分别用以研判短、中、长期走向，一般为 6 日、10 日和 60 日。

运用原则：乖离率分正乖离率和负乖离率。当股价在移动平均线之上时，乖离率为正，反之为负，当股价与移动平均线一致时，乖离率为 0。随着股价的强弱和升跌，乖离率周而复始地穿过 0 点的上方和下方，其值的高低对未来走势有一定的测市功能。

一般而言，正乖离率涨至某一百分比时，表示空头回补的可能性很大，为卖出信号；负乖离率降至某一百分比时，表示空头回补的可能性很大，为买入信号。

对于乖离率达到何种程度方为正确的买卖点，并没有统一的标准，使用者可凭观图经验对行情强弱进行判断得出综合结论。一般来说，在大势上升的市场中，如遇负乖离率，可顺着跌价买进，因为市场风险小；在大势下跌的走势中，如遇正乖离率，可以待回升高价时，出脱持股。

虽然股价相对于不同日数的移动平均线有不同的乖离率，但除去暴涨和暴跌会使乖离率瞬间达到高百分比之外，短、中、长期的乖离率一般均有规律可寻。

以下是根据不同天数移动平均线指标发出买卖信号的参考数据。

6 日乖离率：小于 –3% 是买入时机，大于 3.5% 是卖出时机；

10 日乖离率：小于 –4.5% 是买入时机，大于 5% 是卖出时机；

60 日乖离率：小于 –10% 是买入时机，大于 10% 是卖出时机。

八、慢速随机指标（SKD）

慢速随机指标，即 SLOWKD，优化了 KD 指标，通过差值平均过滤了短期的波动，使得每次买卖点的趋势反应避免了不必要的骗线。通常设 SLOWKD 参数为（36，5）。

如图 5–10–12 所示，以上证指数（999999）为例。慢速随机指标同股价基本同步，在指标 >80 时，回档几率大，此时要注意成交量等其他指标；指标 <20 时，反弹几率大，根据成交量随时可以买涨，而金叉的出现表示买入时机的出现。

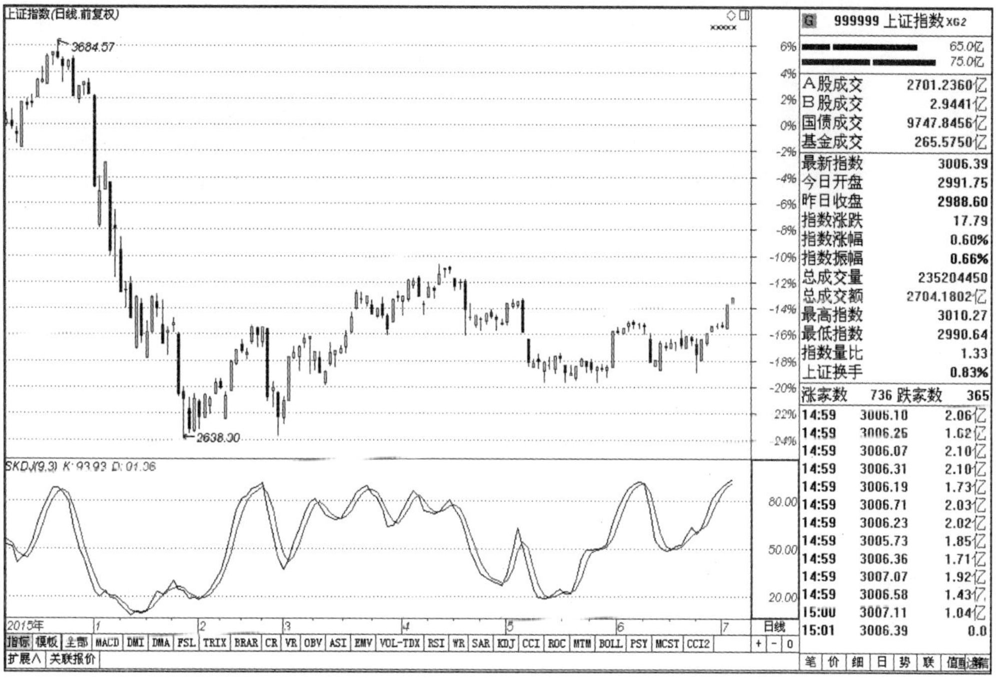

图 5-10-12 上证指数（999999）SKD 指标

（1）筑底阶段。SLOWKD 在 20 以下多次反复金叉后重新站在 20 以上，代表股票的筑底阶段完成，可以第一时间介入。注意：这些投资者能够判断底部的行情，但是总是过早地介入，从而浪费了许多时间成本。其实筑底阶段是最反复、最熬人的，也是主力大规模动荡洗盘、反复确认试盘的过程。因此，当 SKD 在 20 以下的时候大可不必过早抄底。当它重新走上 20 的时候，大胆地去操作。该种方式在其他类似的多项指标上都适用，如 MFI 从 20 以下重新走上 20 以上，代表正式的资金流介入，而从 80 以上回落，代表资金已经不再留恋了，开始流出了。

（2）指标 >80 时，回档几率大；指标 <20 时，反弹几率大。

（3）%K 在 20 左右向上交叉 %D 时，视为买进信号。

（4）%K 在 80 左右向下交叉 %D 时，视为卖出信号。

（5）SLOWKD 波动于 50 左右的任何信号，其作用不大。

注意：运用 SLOWKD 时要遵守一个原则，即 SLOWKD 死叉的时候必须先出来。

第六章

学会选股

在实际操作中，投资者炒股的核心要点就是“选股”。学会选股非常重要，选了一只好股票，就可以轻松赚取差价，获得高额利润，而一旦选错，往往就会被套牢，甚至血本无归。所以，什么时候买股票，买什么性质的股票，就成了广大新股民面临的重大难题。那么，究竟怎样才能选择一只优质的股票呢？

第一节 运用基本面选股

投资者每天都在接触基本面方面的信息和各种研究报告，也会有不少专家给你分析市场的供求关系以及宏观经济环境，但交易结果并未因此而有大的改观。为什么呢？因为投资者并不知道应该如何利用基本面来进行分析。其实，就普通投资者而言，并不清楚基本面分析有哪些特征和作用，大多数人要么盲从，要么拒绝基本面分析，这样做的话，基本面对于他们来讲自然就毫无意义了。那么，我们该如何定位基本面分析在交易中的作用呢？

一、初入股市怎样获取股票信息

初入股市怎样获取股票信息？就是利用现有 F10 中的公开信息，经过综合分析后，得出该股的动态市盈率及成长性的结果，再参考其所在行业板块的平均市盈率状况，参考现有股价，迅速得出该股估值是否合理的结论。根据估值水平，再决定是否（短线或者中长线）参与。基本面选股看似简单，却是每个投资者在选股前必做的功课之一。

打开行情软件，进入某股票软件的 F10 中。

（1）先看“公司概况”。了解该股所处的地域及注册地址、行业（确定平均估值水平）、主要业务及主要产品（确定细分行业、是否有题材及发展前景）；向下再看股票的上市时间（确定配售股、大小非的解禁时间）、发行价（其高低与净资产的多少有关，还有就是看看破发与否）；至于发行市盈率看不看无所谓，因为一般都是上市前一年的。

（2）看“财务分析”。内容包括：近三年来的净利润增长率（确定该股的成长性），销售毛利率及主营业务利润率（确定公司在行业内所处的状况，确定公司的质量如何），每股现金流量（确定公司现有的经营状况），环比分析（看看公司业绩是否有季节性）等。

（3）看“最新动态”。内容包括：总股本及流通股本（确定盘子大小，与股价是否活跃有关），每股净资产、公积金和未分配利润（确定股价是否合理的一部分，也是公司能否高送转的前提条件），最近分红扩股及未来事项（确定是否分红及时间），特别提醒（看业绩预告、年报及季报披露时间、限售股的解禁时间及数量等），最新公告（看有没有什么消息）。

做完上述功课后，你就可以初步确定该股的基本面情况，然后再参考该股所在板块的市盈率水平及最新收盘价，确定该股目前是否处于合理水平以及未来的盈利空间有多大。

综上所述，基本面选股是我们决定是否买卖股票的重要依据之一，是最基本的必修课。基本面选股从过程看比较复杂，其实等你熟练掌握之后，一般都能在很短的时间内快速确定股票的估值水平。选到了低估的股票，对投资者来说就成功了一半。

二、选择股票的重要因素

股市投资最重要的就是如何选择股票。沪深股市的股票种类繁多，各行各业都有，价格、行情、盈利、风险等因素也各不相同，所以，选好股票是一门大学问。

一般可以从以下几个因素考虑。

1. 行业选择

不管上市公司的信息多么纷杂多变，总归可以通过行业来进行划分。投资股票，首先要选择上市公司所属的行业。上市公司一般可分为工业、商业、公用事业、房地产和金融等行业或部门。通常情况下，公用事业部门和工业部门中的食品、日常生活用品等与人们生活息息相关的行业，受经济周期变化影响较小，稳健的投资者可以选择这类行业或部门的股票进行投资。

相对于汽车、钢铁、纺织、化学等工业部门来说，电子、计算机、激光、生物工程、新材料则属于新兴工业。新兴工业近年来发展迅猛，前景广阔，被称为“朝阳行业”，因而是长期投资者投资的对象。

在进行行业选择时，投资者还要看国家政策对产业或某行业的调整，政府鼓励发展的行业通常都会有许多优惠政策，如信贷、税收、进出口关税等优惠，从而促进该行业的发展；同样，如果政府限制的行业，则会不利于该行业的发展，如烟草、酒类行业，甚至化工、传统汽车行业等，政府通过高额的信贷、税收、进出口关税等手段限制该行业的发展。

另外，投资者也可以从行业龙头的角度选择投资机会，中国联通、中国石化、招商银行、上海贝岭、清华同方等个股值得关注。如果从行业景气角度看，可以关注行业强劲增长或有复苏迹象的个股，如申能股份、国电电力、华夏银行、招商银行、上海贝岭、东方明珠、海南航空等。其他的行业还有造纸、港口、电力等行业龙头上市公司，投资者也可重点关注。

2. 公司选择

同一行业中有许多上市公司，因此在投资股票时，投资者还要对公司进行选择。一个好的公司具有较强的盈利能力、偿债能力、扩展经营能力、抵抗风险能力等，认真分析企业的价值和公司发展前景，公司管理者的素质、财务状况也非常重要。通过一系列的分析，从而指导自己的投资决策，确保自己选择了一只有价值的股票。

一般来说，上市公司的财务分析主要看该公司的财务报表，它分为三个部分，即资产负债表、现金流量表和损益表（也称利润分配表），也就是我们通常所说的三大报表。

资产负债表是表示企业在一定日期（通常为各会计期末）财务状况（即资产、负债和所有者权益的状况）的一种会计报表，表示的是某一静态时点上的企业财务状况。

现金流量表是在一个固定期间内（通常是每月或每季），一家机构的现金（包含现金等价物）的增减变动情形。

损益表是反映企业在一定会计期的经营成果及其分配情况的会计报表，表示的是一段时间内企业的经营成果。

在进行财务报表分析时，分析财务指标是一个非常重要的环节，当然，前提是上市公司的财务报表不存在重大造假行为。企业的财务指标非常多，其中，企业的偿债能力与获利能力是分析的核心指标。现在简单介绍一下企业偿债能力分析中的一个财务比率——资产负债率。

资产负债率反映在总资产中有多大比例是通过借债来筹资的，也可以衡量企业在清算时保护债权人利益的程度。这个指标反映债权人所提供的资本占全部资本的比例，也被称为举债经营比率。从股东的立场来看，在全部资本利润率高于借款利息率时，负债比例越大越好，否则相反。

3. 市场属性的选择

根据市场属性，可以把股票分为以下类型。

一是热门股和冷门股。热门股就是流通性强、成交量大、股价变化范围大的股票。热门股是大户主力和散户最乐意的投资对象，因其变化大、投资机会多，但正因为热门股变动大，对炒股技术要求也更大。同时热门股也不一定是优良股，所以投资时要慎重，不要被表象迷惑。

和热门股相对的就是冷门股。冷门股流动性弱，成交量小，股价变化相对较小。一般情况下，冷门股和其内在素质有关。往往也有不错的冷门股，只不过暂时被大家忽略了，问津者甚少，所以，冷门股常常跳出一匹“黑马”也很正常。

二是投资与投机股。投资股是指股票发行公司经营有方，获利丰厚，股价增长稳定。持有这种股票，一般可获得稳定的利润，所以常常为稳健型投资者所青睐。

投机股就是在行情动荡的情况下，被主力投资者认为可操纵的股票。投机股的基本特征是股价与其实际价值相脱离，因此具有很大的风险。新股民参与投机股的炒作时一定要慎重，以先积累经验为主，千万不要把钱全部投入其中，那样是很危险的。

三、初入股市七种股票坚决不要买

1. 暴涨过的股票

“暴涨”就是在K线图上出现垂直上涨达两周，短时间上涨幅度在100% ~ 200%，且中途没有任何调整，一步到位。这种股票暴涨的原因，往往是其上市公司有特大合资、兼并、收购和重组利好消息。上涨初期在市场上没有任何消息和传言，几个星期后关于该上市公司的传说和消息逐渐流传，上涨到天价后上市公司才宣布明确的特大利好消息，此时缺少技术的散户和新股民见利好出现便纷纷蜂拥而入，庄家迅速把所有低价买进的持股抛给抢入的新股民。当天出现一根历史天量后股价就像瀑布飞流直下，何处来何处去。

暴涨后的股票往往需要大约1 ~ 2年的时间来修复后，才会有新庄家进入操作，所以当某只股票暴涨后，不要在短期内就参与，除非是短线高手。

如图6–1–1所示，以平潭发展（000592）为例，随着股价在底部暂时调整，股价大幅度连续跳空上涨，越来越多的散户进入股市哄抬股价，股价很快进入高位，但由于前期涨幅涨速过快，没有经过有效的横盘震荡和打压股价，多头力量渐渐耗尽，无力再发动新攻势，股价将大跌。如果能准确看破股市走势意图，前期将获利丰厚，但得手后要马上出局，规避风险。

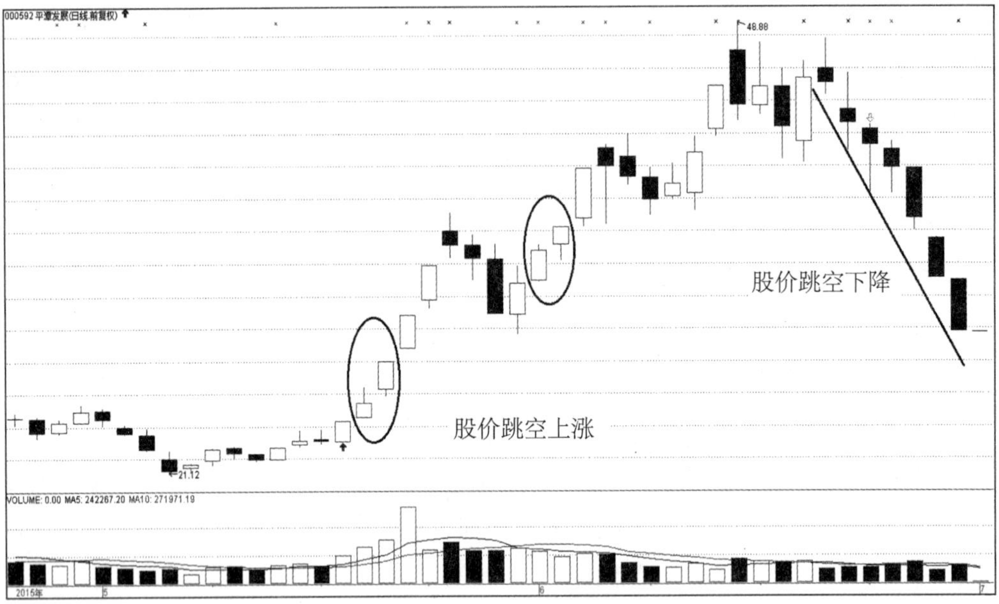

图 6-1-1 平潭发展（000592）暴涨过的股票

2. 放过天量的股票

天量往往是坐庄机构用利好消息在一天之内把所有或大部分筹码派发给听到消息的散户。有句话叫“天量见天价，见了天价回老家”，非常形象。股市高手往往都是“天不怕地不怕，就怕成交量放大”。可参考大盘 2002 年 6 月 24 日、2008 年 4 月 23 日、2008 年 9 月 22 日、2015 年 6 月 8 日走势中的天量。2002 年 6 月 24 日行情之后的走势除了跌就是跌，更可以翻开任何股票查看，每一根天量后市就是回到原来的起涨点。

有没有放了天量后市继续涨的股票？有，但不多，大约在 0.6% 左右。比较典型的有马钢股份，在 2000 年 3 月 16 日放出天量之后继续涨，这种情况的出现往往有突发的个股题材，机构突击拉高建仓，但后面的行情是非常快速地上涨，并一步到位。

如图 6-1-2 所示，以长安汽车（000625）为例，股价在底部徘徊整理一段时间后，连续涨停，随后成交量骤增，股价由最高价开始走低。这时大多数投资者意识到股价将下跌，纷纷逃命，这种股票不可进。

3. 大除权股票

大除权是大比例送配除权的股票，是中国市场特有的产物，即庄家利用除权改变价格对比现象的特种手段，如一只股票被庄家炒到 30 元，利用 10 送 10 的除权价

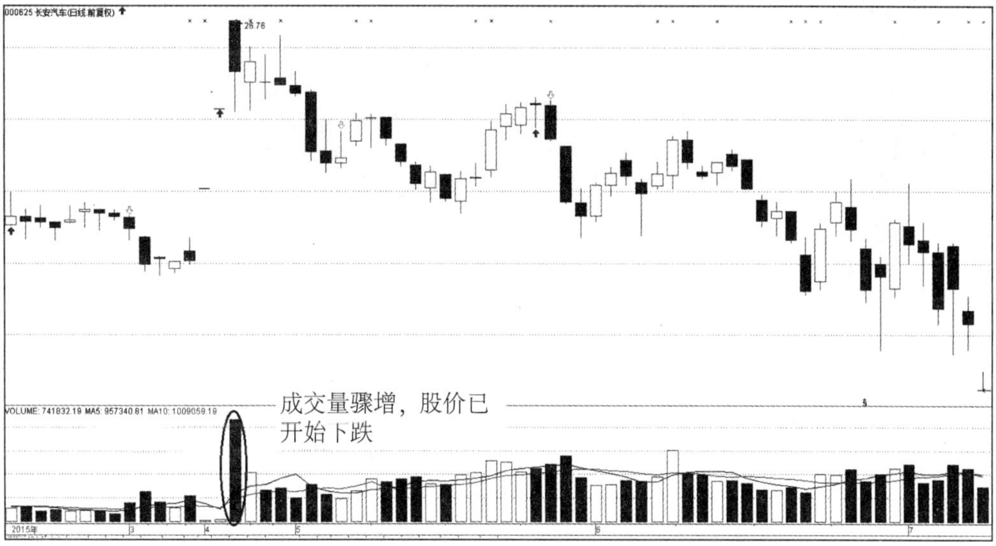

图 6-1-2 长安汽车（000625）放过天量的股票

格变成了 15 元。除权之前往往有绝对的好消息，价格低于同类股票且基本面又“好”，吸引喜欢低价又认为基本面好的新股民，为出货创造了机会。判断大除权不买的条件一般要配合除权前后 2 ~ 3 周的成交量分析，如果除权前后 3 周中出现天量，那就要遵守不买原则。

如图 6-1-3 所示，参考香港主板中联重科（01157）2008 年 6 月的除权情况。大除权放天量的股票往往需要两年的修复期，除非有连续的题材，否则短期内一般不宜参与。

4. 大问题股票

大问题股票是受证监会或相关上级执法机构处罚和制裁的股票。这种股票在受处罚的这段时间庄家不能拉升。如果问题较大，下跌期就会更长。这种股票的消息往往会在重要的证券媒体上公开刊登。

如图 6-1-4 所示，为 ST 银广夏（000557）2001 年 7 月之后的走势，下跌周期达 5 年左右，从 25.25 元暴跌到 0.5 元，根本就无法用百分比来计算。无数股民血本无归，投资者要引以为戒。

图 6-1-3 香港主板中联重科（01157）大除权股票

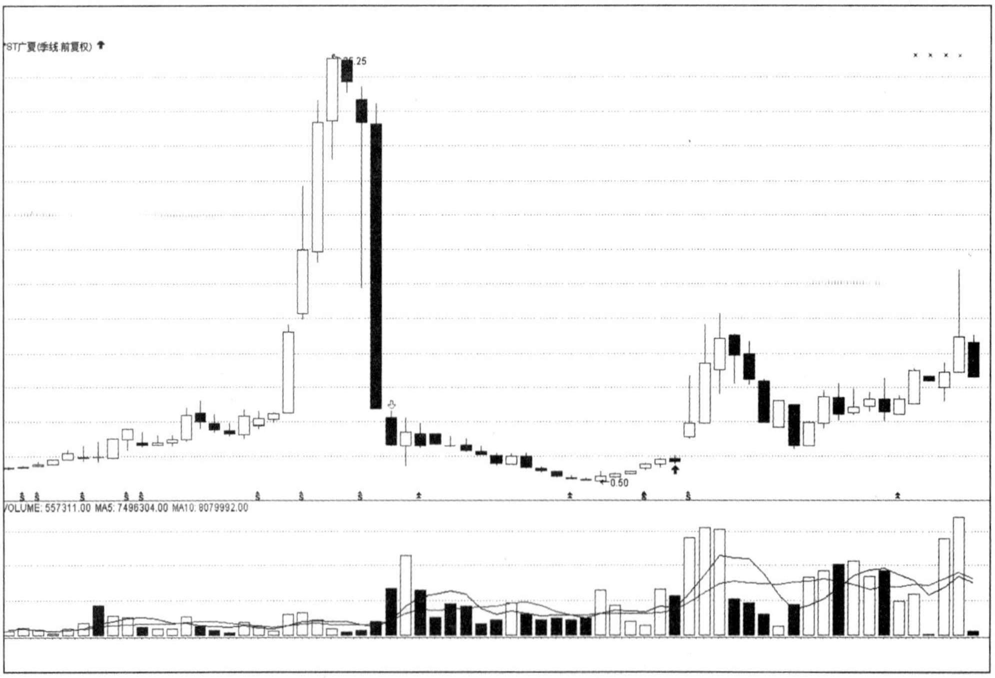

图 6-1-4 ST 银广夏（000557）大问题股票

5. 长期盘整的股票

长期盘整，不随大盘涨跌，有可能是无庄家或撤庄后的股票。这种股票往往前一阶段有放天量暴涨的情况，之后该股无人照顾，只能长期盘整。也可能是因为跟庄机构被套，一时无法出局，只能在某一区间长期盘整，有机会则猛拉一下，没机会则一泄千里。对于这类比较难对付的庄股，投资者宁可放弃，也不要冒险。

如图 6–1–5 所示，智度投资（000676）2005 年 9 月开始整理股价，一直到 2011 年，股价仍处于整理状态，漫长的盘整让人无法判断和耐心等待，而这么长的整理时间对于资金来说，本身就是一种巨大的亏损。

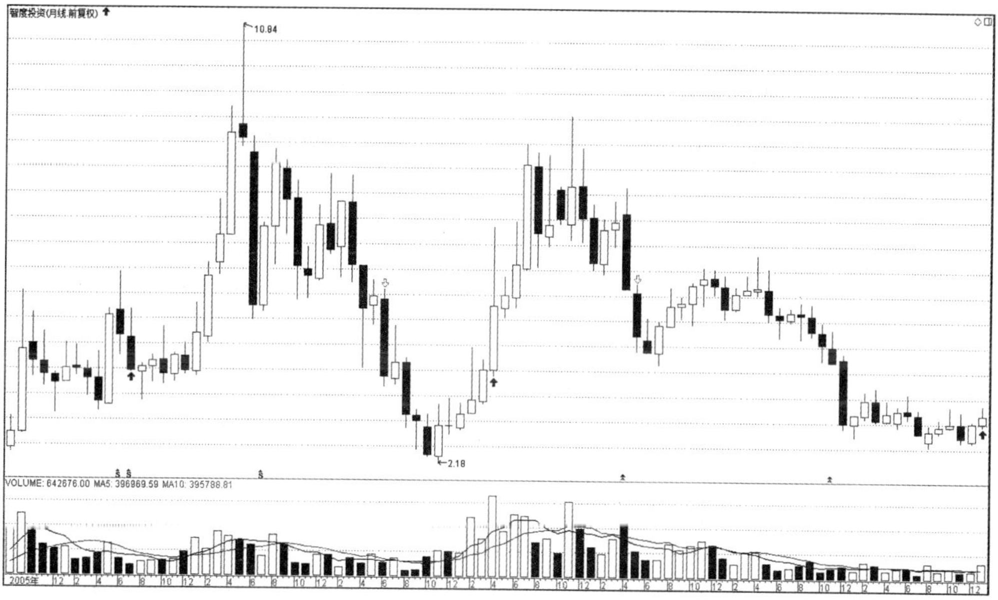

图 6–1–5 智度投资（000676）长期盘整的股票

6. 利好公开的股票

利好公开就是大盘或个股的利好公开，作为庄家的投资机构见所有散户进去，便立刻反向操作，大规模洗盘，砸到散户割肉出局为止，所以公开利好几乎没有一次使个股和大盘上涨。

如 2001 年 6 月前 B 股的利好兑现，2002 年 6 月 24 日的特大利好出现，更有 2008 年 4 月 23 日、9 月 19 日的两次利好消息，无不例外，见好就死。不管大盘还是个股，听到利好出现或传闻的利好兑现，不要犹豫不决，先退为主。

7. 基金重仓的股票

在大牛市，基金持股的数量巨大且不能轻易做差价，一直持股到最高价，造成基金巨额盈利。但也正因位如此，当大趋势改变后不能轻易出货，最后又变成了巨额亏损。不管盈利还是亏损，这都是基金公司的事情，关键在于基金公司账户的持股情况在某个时间要公布于众，意味着不能做庄家，就只能跟庄。一只好端端的股票，突然某个基金大规模介入，就会严重影响它的内在秩序，老庄就会压盘或不得已撤庄。

四、结合市盈率选股

市盈率是股价除以每股收益的数值。市盈率多大才算合理，并没有一定的准则，但以个股来说，同业的市盈率有参考比照的价值；以类股或大盘来说，历史平均市盈率有参照的价值。

市盈率对个股、类股及大盘都是很重要的参考指标。任何股票若市盈率大大超出同类股票或是大盘，都需要有充分的理由支持，而这往往离不开该公司未来盈利快速增长这一重点。一家公司享有非常高的市盈率，说明投资者普遍相信该公司未来每股盈余将快速成长，以至数年后市盈率可降至合理水平。一旦盈利增长不理想，支撑高市盈率的力量无以为继，股价往往会大幅回落。

市盈率是很具参考价值的股市指标，容易理解，且数据也容易获得，但也有不少缺点。比如，作为分母的每股盈余，是按当下通行的会计准则算出，但公司往往可视需要斟酌调整，因此理论上两家现金流量一样的公司，所公布的每股盈余可能有显著差异。另一方面，投资者亦往往不认为严格按照会计准则计算得出的盈利数字忠实反映公司在持续经营基础上的获利能力。因此，分析师往往自行对公司正式公示的净利加以调整，比如以未计利息、税项、折旧及摊销之利润取代净利来计算每股盈余。但市盈率仍不失为一个重要的选股参数。

五、结合市净率选股

市净率指的是每股股价与每股净资产的比率。一般来说，市净率较低的股票，投资价值较高，相反，则投资价值较低。但在判断投资价值时还要考虑当时的市场环境以及公司经营情况、盈利能力等因素。

诺贝尔经济学家哈里·马科维茨说过，“股票净值是股市投资最可靠的指标，投资者最应该注意的是股价与每股净值的关系。”投资界常常会在牛市推崇市盈率，到熊市则往往拿市净率说事，那么在熊市中用市净率选股真的更保险吗？

为什么熊市大家爱用市净率来选股？道理很简单，牛市中大家齐齐往上看，市盈率给市场提供了无限的想象空间，静态市盈率不行就用动态市盈率。到了熊市，大家都往底下看，市净率常常给大家充当寻底的指标。

在其他条件相同的情况下，市净率越小，表示其投资价值越高，投资者最应该买入，相反，其投资价值就越小，投资者宜早早卖出。

六、结合市销率选股

市销率简称 P/S 或 PSR，也叫股价营收比，是股票的一个估值指标。市销率是以公司市值除以上一财年的营利收入，或等价地以公司股价除以每股营利收入。

市销率是相对估值的重要指标之一，可以用于确定股票相对于过去业绩的价值。市销率也用于确定一个市场板块或整只股票市场中的相对估值。市销率越小（比如小于 1），通常被认为投资价值越高，这是因为投资者可以付出比单位营利收入更少的钱购买股票。

不同的市场板块，市销率的差别很大，所以市销率在比较同一市场板块或子板块的股票中最有用。同样，由于营利收入不像盈利那样容易操纵，因此市销率比市盈率更具业绩的指标性。但市销率并不能揭示整个经营情况，因为公司可能是亏损的。市销率经常被用于评估亏损公司的股票，因为没有市盈率可以参考。在几乎所有网络公司都亏损的时代，人们使用市销率来评价网络公司的价值。

市销率低于 1，它隐含的意思是：如果一家企业每年销售收入 1 亿元，投资家愿意对此出价 1 亿元，假设利润率能达到 5%，则隐含的市盈率是 20 倍。有的投资家之所以愿意以这个价格去买，是因为他们认为如果自己入手进行管理改善，则利润率能提升一个以上的百分点，股价就会显得便宜，如果利润率达到 10%，则原先的出价对应的市盈率就将是 10 倍，所以买卖就是划算的。

七、如何看待行情走势与个股质量的关系

股市行情和个股质量是选股时必须考虑的两个重要因素。

当市面处于全面上涨，人气高昂，各项指标向好时，股市行情大势看好，选股的目标应该放在近期有较大上涨潜力的股票上，如主力股、小盘股、弹性大的个股、

已经显示启动迹象或正在热涨的个股。以股取势，可能有些片面，但是不利用大众的热情同样也是愚蠢的。

在强势行情的调整阶段和第二次上涨阶段，应特别注意，一些涨幅小或反跌的弱势股是不宜选入的。在弱势股中可发现一些盘子不大、业绩中等而股价偏低的股票，这种股票应分析其最近几次行情的情况再决定。如果指数上升而该股最高股价却不上升或越来越低，其收盘价在指数上台阶后仍保持原水平或上升比例较小，则表明大多数投资者对该股并不看好，投资者无法盈利急于抛出，从而进入压价的恶性循环，这是一种典型的弱势股。在上升市场中，这些股票形成拖人后腿的陷阱股票。

在下跌趋势市场及上升市场的前期，选股要注重股票本身的质量。在弱市后期，股票价格都已偏低，可选股票的范围也很大，低迷的市场为选股提供了充足的时间。这时可依次按业绩、行业前景、流通盘大小、以往在市场的表现等股票特征来衡量各股票，价位标准应当从潜在的上涨幅度来考虑，不应在价位普遍偏低的情况下去计较绝对幅度多一点或少一点。立足于股票未来上涨的能力，是弱市投资的原理所在。

第二节 运用技术面选股

技术面选股是和基本面选股相对的，选股是一个复杂的工程，基本条件缺一不可，所以，在选股时把基本面和技术面综合考虑是一个不错的选择，漏掉一个，失败是必然的，即使成功也是偶然的。

一、技术图形概述

世界上任何股市中的任何股票，只要在交易，时间一长就会在走势图上形成各种不同的图形，比如我们说的“W形”“V形”“头肩形”等，这些图形就属于技术图形。

只要股指或者股价形成这种技术图形，后期走势就几乎可以确定，比如说，如果在跌势中出现了“V形”走势，那么股价反转上升的可能性将非常大，而且上涨的幅度也非常可观。投资者在出现这种图形时一定要把握机会。

一般来说，技术图形分为两种，一种是反转形态，一种是整理形态。

所谓反转形态，就是只要出现这种形态，后市股价将发生反转，股价运行的方向会发生改变，或从上升趋势转为下降趋势，或从下降趋势转为上升趋势。大家比较熟悉的反转形态有头肩形反转、W形反转、V形反转、圆形反转、岛形反转、缺口性反转等。

所谓整理形态，指的是股价在出现这种形态后，会寻求向上或向下的突破。整理形态可以分为三种情况。

（1）股价经过整理，呈上升趋势，这种形态主要有上升三角形、下降楔形、上升旗形等。

（2）股价经过整理，呈下降趋势，这种形态主要有下降三角形、上升楔形、下降旗形等。

（3）股价经过整理之后，多方和空方处于势均力敌状态，股价不涨也不跌，徘徊不前，这种图形主要有收敛三角形、矩形等。

在股市实践中，技术图形就像是良好的导航仪，如果你能看懂它，那么它将指导你在茫茫股市中前进的方向。但在技术图形的学习中，有一点要注意，那就是实践，千万不能只停留在理论阶段，或生搬硬套，或一味拿理论说事。只有理论和实践相结合，才能发挥技术图形的巨大威力，成为投资者手中所向无敌的投资利器。

二、技术图形一览

1. 头肩底

头肩底是一种反转形态，又称为倒转头肩式。形成左肩时，股价下跌，成交量相对增加，接着为成交量较小的次级上升。随后股价再次下跌，且跌破上次的最低点，成交量再次随着下跌而增加，且较左肩反弹时交投增多，形成“头部”，从“头部”最低点向上回升时，成交量有可能增加。当股价回升到上次反弹高点时，股价再次下跌，这时成交量很明显少于“左肩”和“头部”，股价跌至“左肩”的水平时便稳定了下来，形成“右肩”。最后股价正式发动一次上升，且伴随着明显的成交量增加，当其突破颈线阻力线时，成交量显著上升，这个形态便成立了。如图 6–2–1所示。

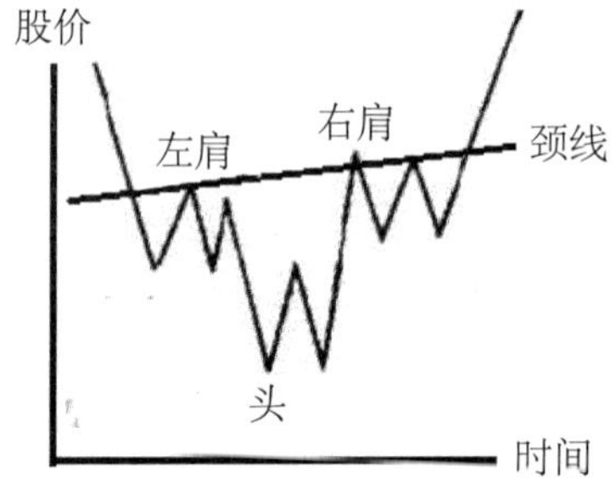

图 6–2–1 头肩底反转

头肩底向我们传达这样的信息：过去的长期性趋势已经扭转过来，股价虽然再一次下跌，但很快将掉头反弹，此时的股市中，看多的力量正在逐渐增多。一旦两次反弹高点阻力线（颈线）被打破，则表明多方已完全把空方压住，买方替代卖方将控制整个市场。头肩底是极具预测威力的形态之一，一旦获得确认，就表明最恶劣的阶段已经过去，最低的低位已经出现，即使再跌也不会跌得太大，一旦股价突破颈线阻力线，那将是一个极佳的买入信号。

2. 头肩顶

头肩顶同样是一种反转形态，它呈现三个明显的高峰，其中位于中间的高峰比两边都高，在成交量方面出现阶梯形下降。如图 6-2-2 所示。

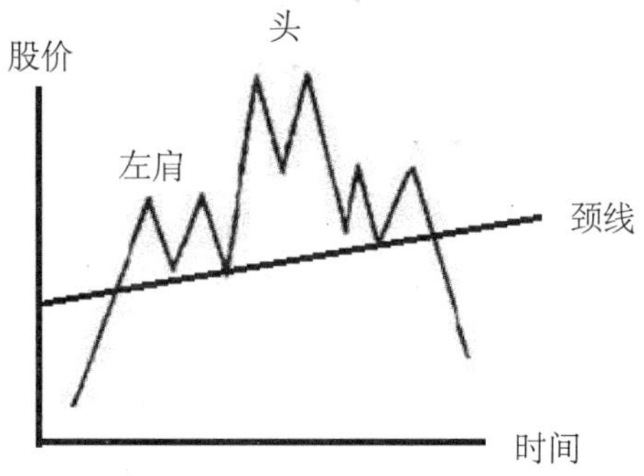

图 6-2-2 头肩顶反转

在炒股时，我们可以从这一形态中观察到多空双方激烈斗争的情况，它是观察股市不可缺少的技术性走势。

刚开始，市场投资热情高涨，股价上升，成交量放大，经过一次短期的回落调整后，那些错过上升买进的人开始买进，股价继续上升，越过上次的高点，形成最高点，头部出现。但随着多头的耗尽，成交量渐渐大不如前，买方明显减弱，对股市前景不看好的投资者纷纷卖出，于是股价再次回落。

股价的第三次上升，为那些后知后觉错过机会的投资者提供了机会，但此时的股价已不可能到达上次的高点。在这一阶段，成交量下降，股市的乐观情绪开始扭转，随着股市向下突破颈线支撑线，股价持续下跌。

这是一个周期性的趋势反转形态，通常会在牛市的尽头出现。当最近一个高点的成交量较前一个高点降低时，就暗示头肩顶可能出现。当第三次股价回升没有超过上次的高点，且成交量继续下降时，有经验的投资者就会立刻卖出离开。当股价跌破颈线支撑线，就是一个真正的卖出信号，虽然股价和最高点比较已经回落了相当的幅度，但跌势才刚刚开始，未出货的投资者应马上出局。

3. 双重底

一只股票持续下跌到某一水平后开始出现技术性反弹，但回升幅度不大，时间也不长，股价就再次下跌，当跌到上次低点时，得到支撑，股价再一次回升，这次回升成交量大于前次反弹时的成交量，并成功突破上次股价反弹时的颈线，开始大幅增长，这就是双重底，简称双底，因为股价这时的走势像一个字母 W，所以又称

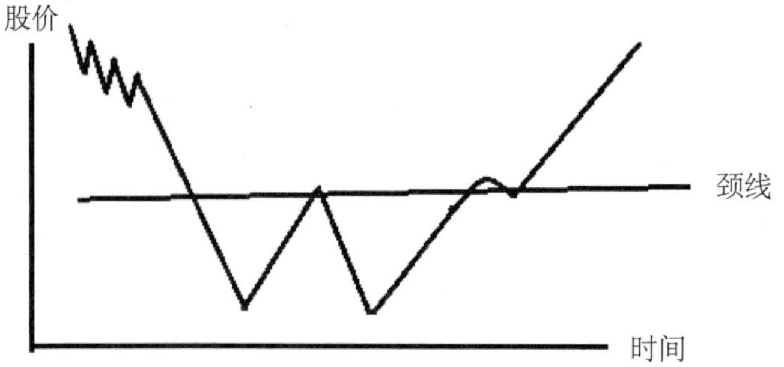

图 6-2-3 双重底

W 走势。如图 6-2-3 所示。

双重底是一个反转形态，当出现双重底时，即表示跌势告一段落。它经常出现在长期趋势的底部，所以当双重底形成的时候，我们就可以断定双重底的最低点就是该股的底部了。双重底的颈线被突破后，就是一个强烈的买入信号。

在使用双重底形态选股时要注意，并非所有的双重底都是反转信号，也不排除有可能是整理形态。如果两个低点出现的时间非常近，且它们之间只有一个次级上升，那么这样的形态大部分属于整理形态，股价将继续朝原来的方向发展。

4. 双重顶

一只股票上升到某一价格水平时，出现大成交量，股价随之下跌，成交量减少。接着股价又升至前一次价格几乎相同的顶点，成交量也随之增加，但较上一个高峰的成交量少，然后第二次下降，这就是双重顶，简称双顶，因为其股价移动轨迹就像字母 M，所以也称 M 头走势，如图 6-2-4 所示。

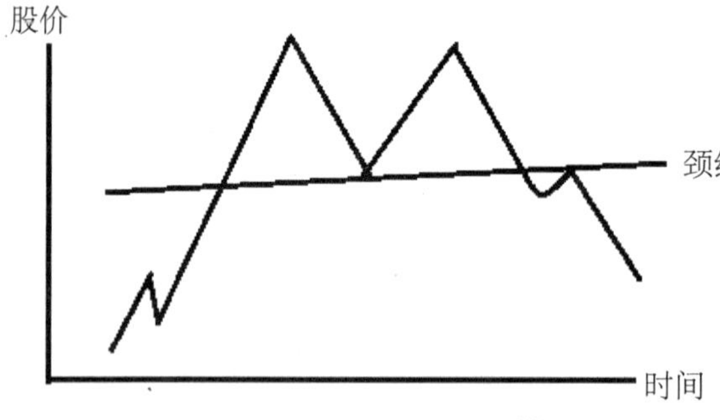

图 6-2-4 双重顶反转

双重顶是一个反转形态，当它出现时，表明股价的升势已经基本结束，所以当双重顶形成时，我们可以肯定双 重顶的最高点就是该股的顶点。双重顶跌破颈线，就是一个可靠的出货信号。

5. 圆顶

股价呈弧形上升，此时的股价虽然不断升高，但升不了太多就会回落，先是高点较前点高，后是回升点略低于前点，这样把短期高点连接起来就是一个圆弧顶，简称圆顶，是一个典型的反转形态。如图 6–2–5 所示。

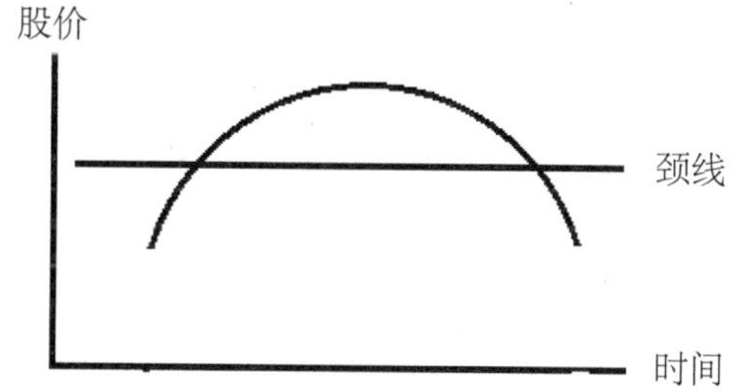

图 6–2–5 圆顶反转

经过一段时间买方力量强于卖方力量之后，买方趋势或仅能维持原来的购买力量，使得涨势缓和，而卖方力量却不断加强，最后双方力量均衡，股价保持没有上下的徘徊状态。当卖方力量超过买方，股价就会回落，说明股价进入跌势，且未来跌势转急转大，而精明的投资者会在股价处于圆顶时离开。

6. 圆底

圆形形态在股价底部和顶部会经常出现，在底部时表现为圆形下跌，初时卖方的力量不断减轻，成交量持续下降，但买入的力量仍然畏缩不前，于是股价虽然下跌，但幅度缓慢而细小，趋势曲线渐渐呈水平状态。在底部时买卖力量已达到平衡状态，因此只有极小的成交量。然而需求开始增加，价格开始上升，最后买方控制股市，价格大幅上扬，出现突破性的局面。成交量方面，初时缓慢地升到一个水平，然后继续增加，形成一个圆弧底，简称圆底，这一形态显示出一个巨大的升势即将来临。如图 6–2–6 所示。

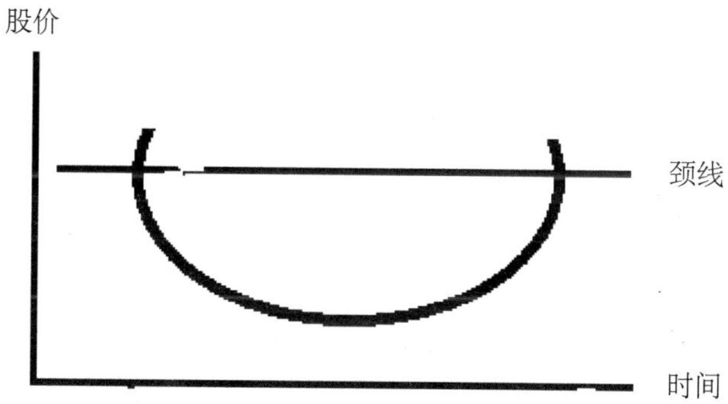

图 6–2–6 圆底反转

7.V 形

V 形是常见的力度极强的反转形态，往往出现在市场剧烈波动之时，在股价底部只出现一个低点，随后股价就改变原来的运行方向，朝相反的方向剧烈运动。如图 6-2-7 所示。

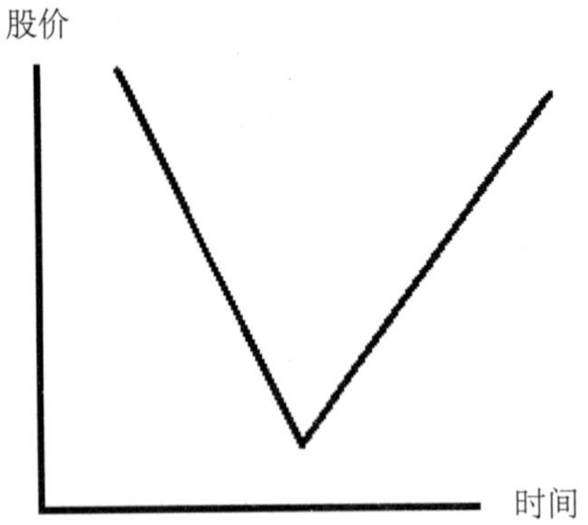

图 6-2-7 V 形反转

V 形反转是一种强烈的上涨信号，它的出现一般都在股价经过一段较长时间的下跌，空方极度发泄后，随后出现了较大的利好消息，这时股价拐头向上，而且有相当一段的持续性，因此在图中呈现一个大的“V”字。

一般来说，V 形反转出现的征兆并不明显，其出现的速度会非常快，可以说呈现的是一种失控的形态。不过形态完成后潜能相当惊人，所达到的上升或下跌幅度不可预算，且转势一旦形成，可确认性较高，具有十分重要的实战意义。

8. 倒置 V 形

倒置V形一般出现在股价上涨过程中，股价上涨的速度越来越快，突然乌云压城，出现了快速下跌，其形状就像倒置的 V 形。如图 6-2-8 所示。

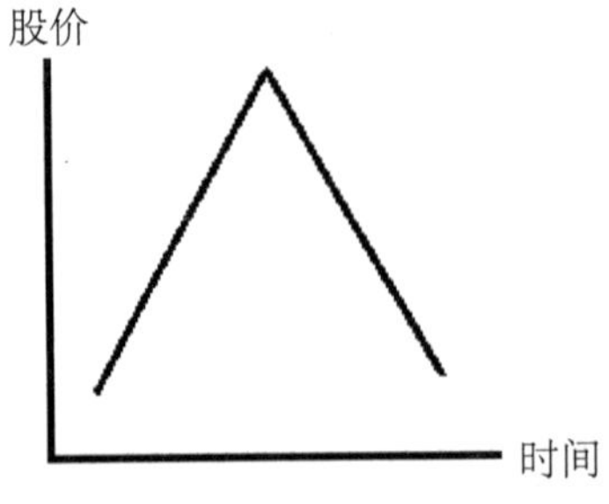

图 6-2-8 倒置 V 形反转形态

在股价上涨过程中遇见这种形态，预示着股价将暴跌，属于典型的卖出信号，投资者应马上止损离开。

9. 下降三角形

下降三角形一般出现在下跌途中，股价上涨的高点不断下移，回落的低点基本上处于同一位置，如果将上边的高点和低点分别用两条直线连在一起，则形成一个向下倾斜的三角形。下降三角形在形成过程中成交量会不断减小，上升阶段成交量较大，而下跌时成交量较小。如图 6-2-9 所示。

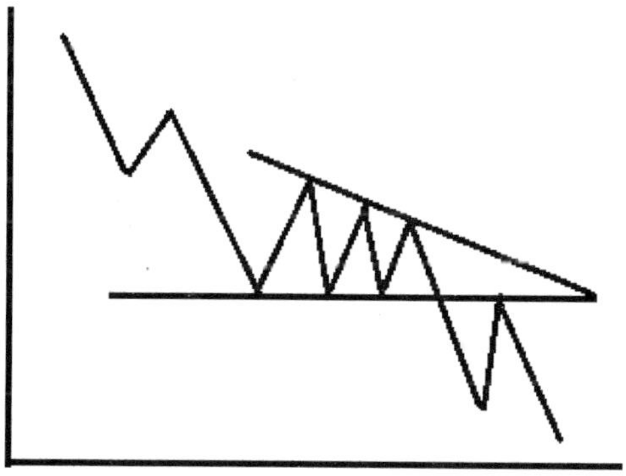

图 6-2-9 下降三角形

10. 底部三角形

底部三角形是在股价下跌过程中形成的，股价在三次探底时，几乎在相同的价位获得支撑，但股价每次探底的高点却不断上移。股价经过第三次探底后，反弹的力度加强，冲破压力线，并立于压力线的上方，在向上突破之后，还会有一次小小的回调。

这种形态出现意味着股价在筑底回升，属于典型的买进信号。在实际操作中，投资者不能盲目做空，要随时观察成交量的变化。如果成交量放大，股价突破阻力线，就可以买进。如果股价在回调之后再创新高，可以加仓。如图 6-2-10 所示。

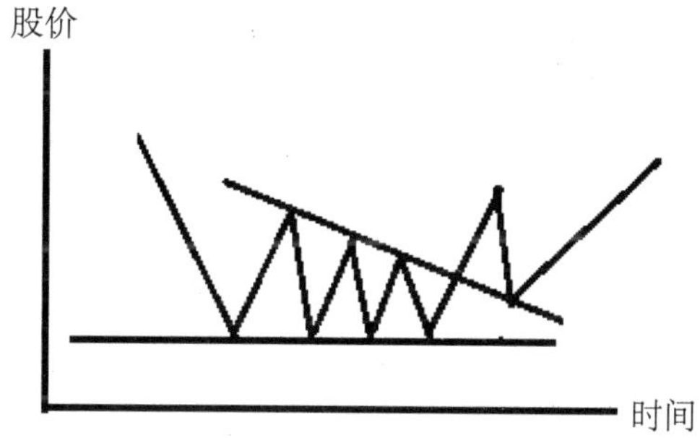

图 6-2-10 底部三角形

底部三角形到最后都会选择向上突破，越早往上突破后劲越足，那些迟迟不能突破的三角形，很可能是主力为悄悄出货设置的陷阱。一旦主力完成自己的目标，底部三角形不但不能突破，还有可能演变成双顶形态，股价下跌不可避免。

11. 扩散三角形

扩散三角形出现在涨势中，上升的高点越来越高，而下跌的低点越来越低，如将每个高点连成直线，再将两个低点连成直线，即可形成一个喇叭状的形态，这就是扩散三角形。如图 6-2-11 所示。

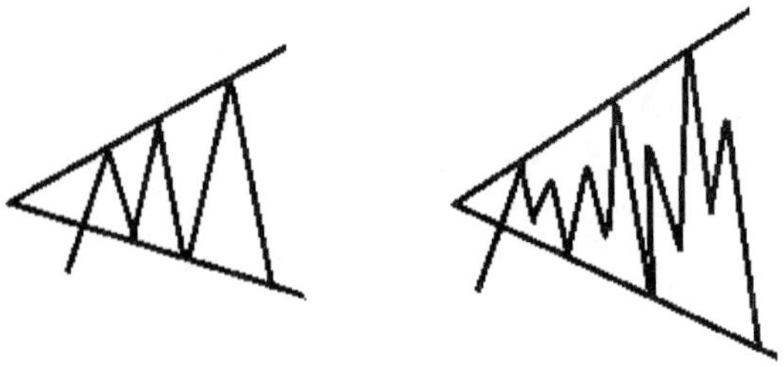

图 6-2-11 扩散三角形

扩散三角形一般出现在投机性很强的个股中。当股价上升时，投资者受到股市热烈的投机气氛或谣言感染，疯狂地追涨，成交量急剧放大；而下跌时，则盲目杀跌。因此，股价的波幅会非常大。

扩散三角形是大跌的先兆。当投资者变得毫无理智时，其蕴含的风险之大就可想而知，而扩散三角形正是投资者过度投机心理在走势图上的反映，它暗示升势已经穷尽，股价下跌一触即发。

面对扩散三角形，投资者只有一个选择——退出，因为此时投资盈利的机会很小，相反，风险却很大。一旦股价向下突破扩散三角形的下边线，将很可能引发一轮较大的跌势，不及时离开的投资者将被套牢。

处于扩散三角形形态时，很多投资者认为此时抛掉筹码不是吃亏了吗？其实这种担心是多余的。因为一般来说，扩散三角形向下突破的居多，在扩散三角形即将形成的时候卖出股票，总是对的时候多，错的时候少。另外，如果扩散三角形向上突破，事先也会有先兆。通常的表现是，在形态内第三次下跌时，成交量会出现迅速萎缩，说明市场上投资者的情绪正在发生变化，投资者的投资信心已趋于稳定，这与扩散三角形最后阶段成交量急剧扩大相反。随后股价会在这种形态上做小的停留，或者进一步小幅回调，下跌明显无力。在对这些情况确认之后，才可以说，此时的扩散三角形有可能发生转变，向上突破。

12. 收敛三角形

收敛三角形也叫对称三角形，是股市中比较常见的整理形态。

收敛三角形是由一段时期的价格变动所形成的，其在一定区域的波动幅度逐渐缩小，即每轮波动的最高价都比前次低，而最低点都比前次高，呈现出收敛压缩图形，将这些短期高点和低点用直线连接起来，就形成了一个相当对称的三角形，并且这个对称三角形的成交量随股价波幅的递增而递增，三角形的顶点区域往往是敏感的最后变盘时机。如图 6-2-12 所示。

图 6-2-12 收敛三角形

收敛三角形是因为多空双方的力量在该股价区域势均力敌，暂时达到平衡的状态所形成。股价从第一个短期性高点回落后，很快就被买方推动回升，但多方的力量对后市没有太大信心，或是对前景有所疑虑，因此股价很快回落。股价在经过空方和多方的争斗中，多方渐渐获得有利地位，股价渐渐回升，但始终是在活动范围内日渐收窄，所以形成了此形态。这种形态的最佳买点为突破三角形上下边时，其次为反抽之时。

在判断这种形态的买卖点时，要注意三角形顶端突破时的成交量。如果成交量能有所放大，说明向上突破是可靠的，如果向下突破时放量，则预示着该股票可能出现空头陷阱，往往很快就会恢复上涨行情；如果三角形顶端突破时的成交量处于萎缩状态，那么证明向下突破是真实可信的，而缩量向上突破是假突破。因此，当大盘产生破坏行情时，投资者可以根据量能的变化研判大盘最终的发展趋势。

13. 上升楔形

上升楔形常在跌势的反弹阶段出现，表示尚未跌至底部，只是一次技术性反弹，当其下线跌破后，就是卖出信号。上升楔形不仅会将上升的涨幅跌掉，还会跌得更多，因为尚未见底。如图 6-2-13 所示。

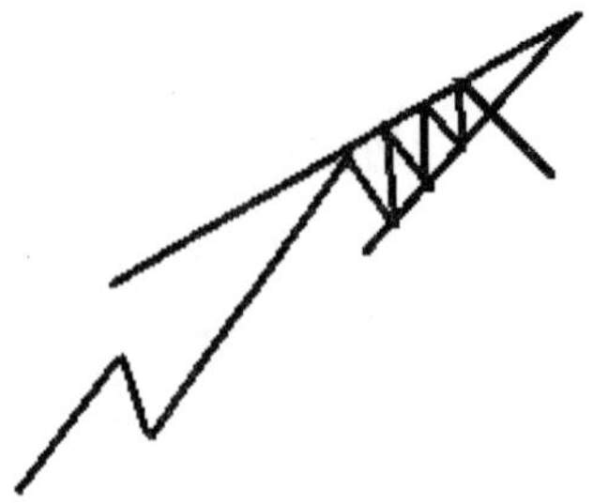

图 6-2-13 上升楔形

上升楔形的出现一般是诱多陷阱，属于卖出信号，一旦遇到这种形态，千万不要被股价的低点上移所迷惑，应以持币观望为宜；如果股价向下突破，投资者就要立即卖出，因为股价跌破支撑线后就会出现急跌。

14. 下降楔形

下降楔形通常在中长期的升势回落调整阶段出现，显示升势尚未见顶，这仅是上升后的正常调整现象。一般来说，下降楔形形态大多会向上突破，当其上限阻力突破时，就是一个买入的信号。如图 6-2-14 所示。

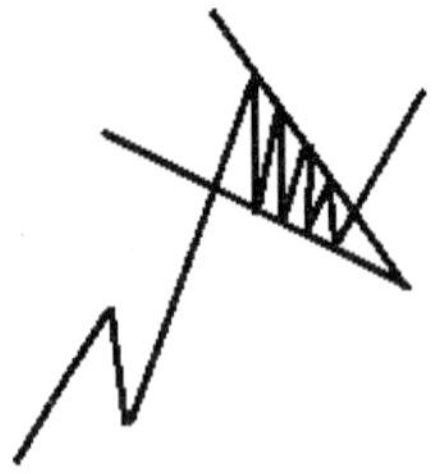

图 6-2-14 下降楔形

下降楔形的出现是诱空陷阱，属于买进信号。此时投资者不要被低点的下移所迷惑，要警惕这是市场主力的诱空行为，投资者可以静待股价向上突破时再追加筹码跟进。

15. 上升旗形

股价上升后走出一段下降行情，如果将其下跌走势中反弹的高点用直线连接起来，再将下跌走势中回落的低点用直线连接起来，就可发现其图形像一面挂在旗杆上的旗子，这种走势称为上升旗形，如图 6-2-15 所示。

无论是中国股市还是海外股市，在上升途中出现上升旗形走势都是很正常的，

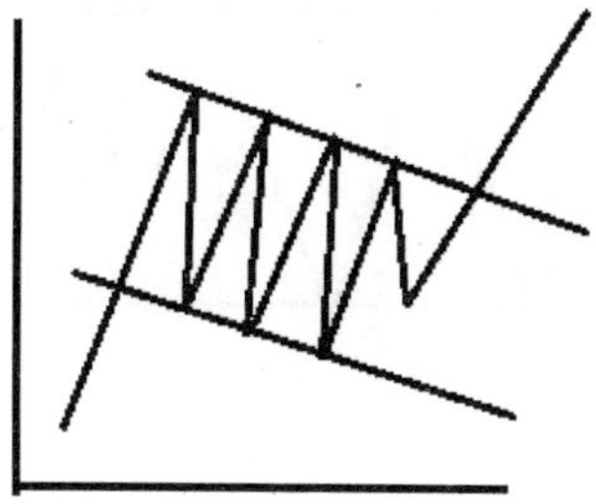

图 6-2-15 上升旗形

其道理很简单，股价上升到一定阶段，获利筹码太多，作为控盘主力，为了减轻股价上行的压力，必然会采用震荡洗盘等动作，而上升旗形正适应了主力洗盘的需要，所以投资者对此不必惊慌。

在股市历史中，一些大牛股经过上升旗形整理后，走出了令人咂舌的攀升行情，而一些中小散户不了解“上升旗形”的走势特征，股价一跌就赶紧卖出，把煮熟的鸭子弄飞了，是很可惜的。可见，了解上升旗形的特征和技术含义，对投资者操作股市和了解股市具有重要意义。

16. 下降旗形

下降旗形多在跌势中出现，虽然整理期间的指数高低点不断上移，但成交量却无法放大，从而形成量价背离，最容易出现下降旗形，如图 6-2-16 所示。

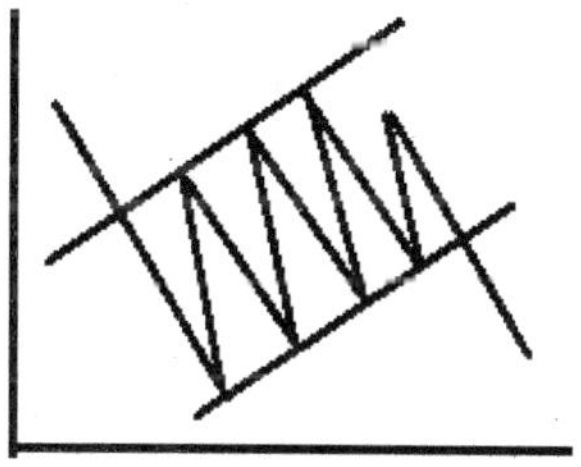

图 6-2-16 下降旗形

如果出现这种形态，投资者可以在指数跌破上升趋势支撑线时卖出。

17. 矩形

矩形又称长方形、箱体盘整。矩形的特征是：如果将股价横盘时出现的两个最高点用直线连起来，再把两个最低点也用直线连接起来，即可画出一个长方形，即矩形，如图 6-2-17 所示。

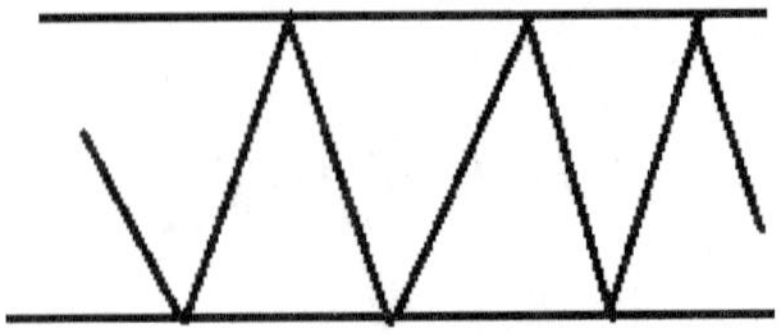

图 6-2-17 矩形

此时，股价就在矩形内上下波动，当股价上升到矩形的上边线时就往下回落，而回落到矩形下边线时就往上反弹，直到一方力量耗尽，股价就会选择向上还是向下突破。

矩形属于整理形态，整理的结果究竟是向上还是向下，要根据当时多方力量和空方力量的对比而定。它给投资者的信号是：耐心、等待、观望。

所以说，对于矩形这种整理形态而言，投资者最佳的做法就是耐心等待，以观望为主，当有一天发现股价朝某个方向放量突破后，再决定入市不迟。

三、单日 K 线形态选股

股票走势图是由许多单一的 K 线组成的，它主要是由实体部分与上下影线两部分组成，新股民可以通过分析单日 K 线实体部分的长短与上下影线的长短以及它们之间的相互关系，借以判断多空双方量能的大小、动能的多少或者买卖力度的强弱。

单日 K 线形态一般有如下几种基本的 K 线形态：大阳线（长红）、大阴线（长黑）、下影阳线、下影阴线、上影阳线、上影阴线、下十字线、倒十字线、十字星和一字线。K 线的组合形态很多，其意义也不尽相同，应依据不同价格水平及其变动趋势来分析。

单日 K 线形态的研判分析如下。

1. 看影线长短

影线代表转折信号，向一个方向的影线越长，越不利于股价向这个方向变动，即上影线越长，越不利于股价上涨，下影线越长，越不利于股价下跌。

如图 6-2-18 所示，以山推股份（000680）为例，股价在到达高位后，上升遇阻，拖出一定长度的上影线，结合股价的位置和成交量，以减仓观望为宜，规避风险。

以上影线为例，在经过一段时间多空斗争之后，多头终于晚节不保，败下阵来，一朝被蛇咬，十年怕井绳，不论 K 线是阴还是阳，上影线部分已构成下一阶段的上档阻力，股价向下调整的概率增大。同理可得，下影线预示着股价向上攻击的概率增大。单日 K 线能够清晰地描述一日内股价的变动状况，比直线图等表达的意义更

图 6-2-18 山推股份（000680）看影线长短选股

为丰富和形象。

在实战操作中，新股民可以通过分析单日K线的形态，判断多空双方量能的大小、动能的多少或者买卖力度强弱。比如我们上面提到的影线的长度，上下影线的长度往往可以透漏多方或者空方所具备的韧性，所积蓄的动能的多少，回旋的余地究竟有多大。股民可以通过对影线长短的分析来找出有利于自己的东西。但也要注意，虽然单日K线有其优势，但单日K线所揭示的信息是有限的，而且也有可能受到机构大户的操纵，形成骗线。所以，新股民在了解利用单日K线分析股价未来走势的时候，有必要结合双日的K线形态进行分析。

2. 看阴阳

阴线指开盘价高于收盘价的K线。当收盘价低于开盘价，也就是股价走势呈下降趋势时，我们称这种情况下的K线为阴线。此时，上影线的长度表示最高价和开盘价之间的价差，实体的长短代表开盘价比收盘价高出的幅度，下影线的长度则由收盘价和最低价之间的价差大小所决定。

阴线表示卖盘较强，买盘较弱。此时，由于股票的持有者急于抛出股票，致使股价下挫。同时，上影线越长，表示上档的卖压越强，即意味着股价上升时，会遇到较大的抛压；下影线越长，表示下档的承接力道越强，意味着股价下跌时，会有较多的投资者利用这一机会购进股票。

当收盘价高于开盘价，也就是股价走势呈上升趋势时，我们称这种情况下的K线为阳线，中部的实体以空白或红色表示。这时，上影线的长度表示最高价和收盘价之间的价差，实体的长短代表收盘价与开盘价之间的价差，下影线的长度则代表开盘价和最低价之间的差距。一般而言，阳线表示买盘较强，卖盘较弱，这时由于股票供不应求，会导致股价的上扬。

如图6-2-19所示，以浙江震元（000705）为例，股价在开始的吸筹时期成交量放大，频出阳线，买入。随着股价的上升，股价到达高位，当看见由一根中阳线转为一根中阴线的黄昏十字星时，后市看跌，卖出。

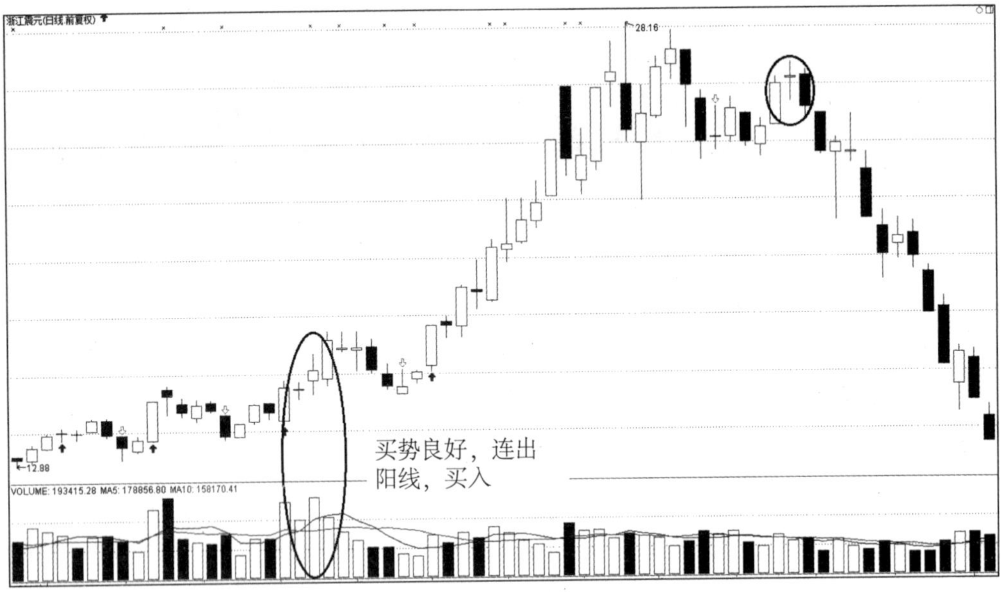

图6-2-19 浙江震元（000705）看阴阳线选股

3. 看实体大小

实体大小代表内在动力，实体越大，上涨或下跌的趋势越是明显，反之趋势则不明显。我们以大阳线和大阴线为例来说明。

（1）大阳线。

一般而言，大阳线的出现表示多方力量的强大，后市看好。但是，对于在不同情况下出现的大阳线也要区别对待。比如，在连续下跌情况下出现大阳线，则反映了多方力量的聚集，是多方的反攻，股价可能见底回升；在涨势刚刚形成时出现大阳线，表示股价可能加速上扬。但如果是在股价连续上涨的情况下拉出大阳线，则有可能是多方能量耗尽而股价见顶回落。

（2）大阴线。

大阴线虽然是多头的不祥之兆，预示着后市下跌，但在分析大阴线的时候，也要具体问题具体分析。如果在股价大幅上涨之后出现大阴线，往往表示行情已经走向尽头，股价极有可能是由上升转为下跌，这时候新股民应果断卖出手中的股票，以避免大幅下跌带来的损失；如果是在大幅下跌或连续下跌之后出现的大阴线，往往是做空能量的最后宣泄，有可能会成为多头反攻的契机，此时不必急于抛出手中的股票，可密切关注大盘的走势，一旦出现做多信号，就尽快介入。

四、周 K 线形态选股

很多股民在分析 K 线的时候多采用日 K 线分析，但日 K 线往往会有许多陷阱，这时候如果用周 K 线来分析，它的指导效果会好很多。

周 K 线的画法与日 K 线基本相同，它是以星期一的开盘价为开盘价，以星期五的收盘价为收盘价，一周中的最高价和最低价分别为周 K 线的最高点和最低点，所以它反映的是一周的交易情况，新股民通过它可以清晰地观察出大盘的走势。

在实际操作中，对于买卖时机的把握首先要分析周 K 线是否安全，然后再分析日 K 线组合的量价关系是否合理，最后才能在适当的时机选择操作方向。周 K 线不止在中长线投资中被广泛应用，在短线投资中也可以灵活应用。

1. 运用周 K 线寻找潜力股

周 K 线相对于日 K 线来说，具有很强的稳定性。因此一些中线的牛股，我们就可以在 K 线中找到。而如果你想要找一只黑马股，那么你可以在周四收盘前寻找一些周 K 线走势较佳的股票。

如图 6-2-20 所示，以北新建材（000786）为例，股价在底部突然放量，连续拉出几根阳线，多头介入，后市看涨，买入。

2. 周 K 线选强势股

在周 K 线中，中阳线的走势为强，但如果是带有短上影线的中阳线，其走势最为看好。因为中阳线的出现，就意味着买方占据优势地位，带一个短小的上影线，则又表明买方有适度让步。

这种中阳线的出现，表明主力开始洗盘，虽然这种洗盘是有限度的，却十分有效，因为主力在一周内最后一两个交易日内打压股价，这种动作将迫使短线持股者在周

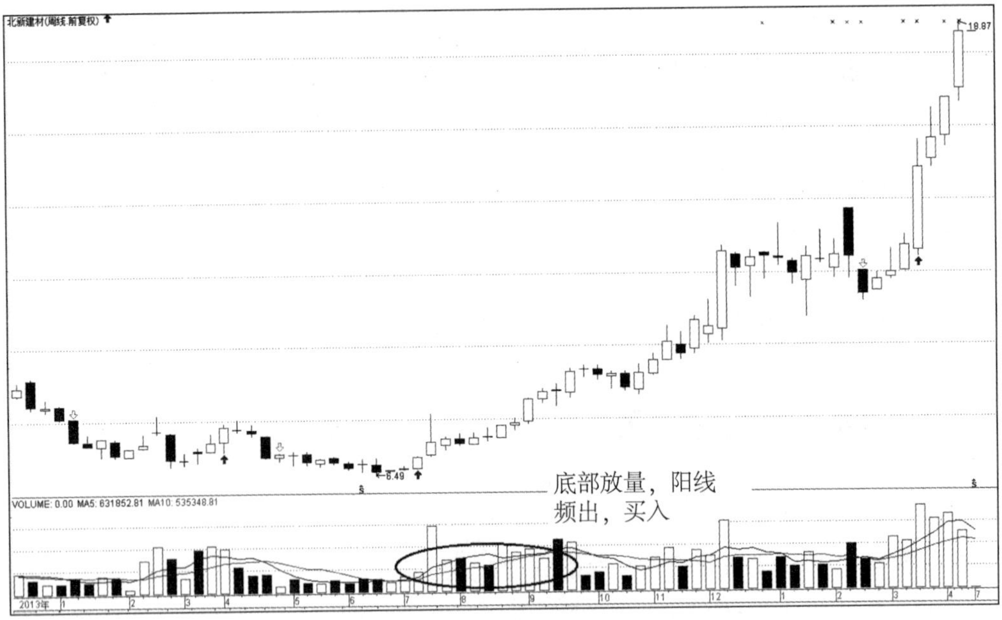

图 6-2-20 北新建材（000786）周线选股

末之前卖出该股。同时，该股由于周涨幅已经很大且在周末遭到打压，有时也会给股评造成一种误导，让人以为这只股票不被看好，然而股价却在众人犹豫之中再度上涨。

周 K 线的分析应用在一般 K 线分析的基础上，还应该注意以下几点。

（1）周 K 线在连续出现阴线而超跌时，出现两根以上的周 K 线组合，表明有止跌迹象后，一般表示其后可能会有力度较大的反弹或反转行情出现，这时买入后可不必依照日 K 线的分析过早卖出，可以适当增加持股时间。

（2）在连续下跌行情中，对周 K 线而言，要等到较长的下影线和成交量极度萎缩同时出现时才可以考虑是否介入，而不应仅靠日 K 线的分析来判断操作时机。

（3）在上涨行情中，如果周 K 线呈现出量价齐增的态势，则下一周应该还有新的高点出现。这时若周初盘中出现低点，一般不需依照日 K 线的提示考虑卖出，反而应当视为较好的短线介入时机而考虑短线买入。

（4）如果周 K 线在连续上涨后出现了较长的上影线，同时成交量也出现明显放大，表明行情即将进入调整，此时通常可以看作是卖出的信号，应当在下周初及时出局，而不一定等到日 K 线发出卖出信号时再作决定。

（5）如果行情在下跌后出现转暖迹象，在有理由认为反弹不会演变成反转的情况下，周 K 线若出现了实体较大的光头光脚大阳线，一般应该是见顶回落的信号，其后多数情况周 K 线会出现一两根阴线。因此，这种情形下周 K 线出现的大阳线，也应当作为卖出信号来对待。

由于周K线的时间跨度要远远大于日K线，在同样的K线组合出现的情况下，周K线所预示的买卖信号的可信度要远远高于日K线。

此外，如果能把对周K线的分析和其间的股价形态分析结合起来，分析的效果会更佳。

五、月K线选中长线潜力股

月K线是依据一个月的第一个交易日的开盘价，最后一个交易日的收盘价和全月最高价与全月最低价来画的K线图，月K线常用于研判中期行情。

如图6-2-21所示，以北大医药（000788）为例，股市在前一次的大行情中“加油”失败，不久多头又发动了一次进攻行情，成交量骤增，买点出现。

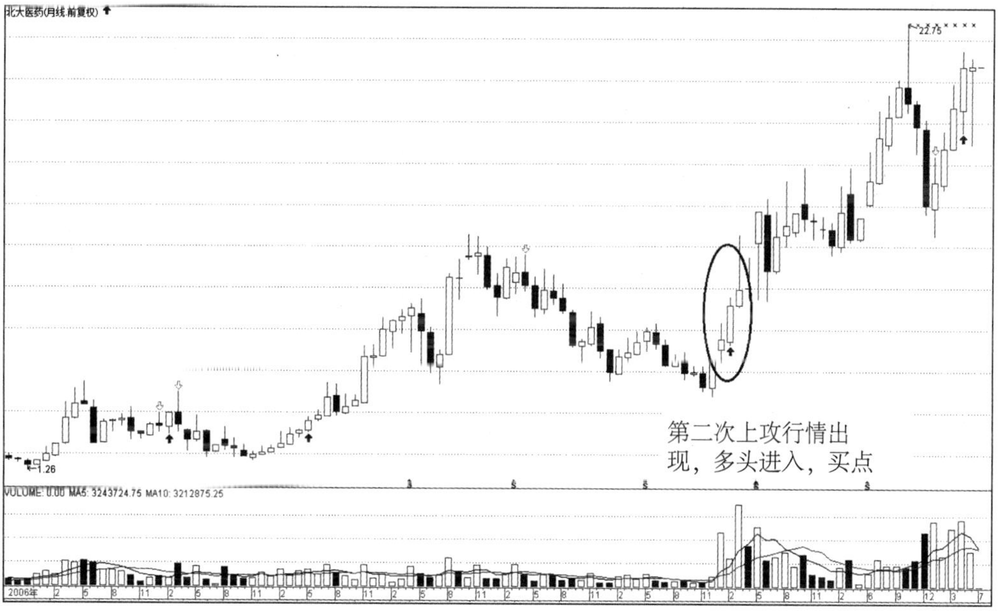

图6-2-21 北大医药（000788）月K线选股

月K线是从更长的周期来观察股价的变化，省略了许多细枝末节，所以更能看到一些大的趋势。新股民可以利用月K线来选择中长线潜力股，具体从以下几个方面分析。

（1）将3条月K线参数设定为6、12、18，当上述三条均线呈多头发散向上时，可重点关注。

（2）关注月K线形态呈矩形、圆弧底及双底形的个股。这类股票一般筑底时间较长，主力有充足的时间进行底部换手，以便能够吸引足够多的低价筹码。底部横盘时间越长，低位筹码锁定越多，中长线潜力越大。

（3）在关注个股月K线和形态的同时，也关注月K线对应的成交量的变化，月K线底部放出大的成交量，证明庄家已经在底部积极吸引筹码。

六、平均线选股

在股票分析的各项指标中，移动平均线是运用得最多、准确性也相对较好的指标之一。其把道琼斯理论细致化、数字化了，为广大股民所接受，主要用于短期、中期、中长期、长期的股票分析中。一般短期平均线有5日线、10日线，中期有30日线、60日线，长期有120日线和250日线。

（1）短期走势应以5日、10日移动平均线的研判为主。在强势市场或强势股中，股价（指数）下跌一般不会跌破5日均线，更不会跌破10日均线，若跌破5日均线，尤其是跌破10日均线，当心市道转弱。在弱势市场或弱势股中，股价（指数）反弹一般不会冲破5日均线，更不会冲破10日均线，若冲破5日均线，尤其是10日均线，有可能转强。投资者需要注意的是，这里所谓的跌破都要以跌幅超过3%，且连续3天以上为准。

如图6-2-22所示，以四川九洲（000801）为例，股价在前期价稳量平，随着5日均线和10日均线的突然拔高，成交量也骤升，买入。

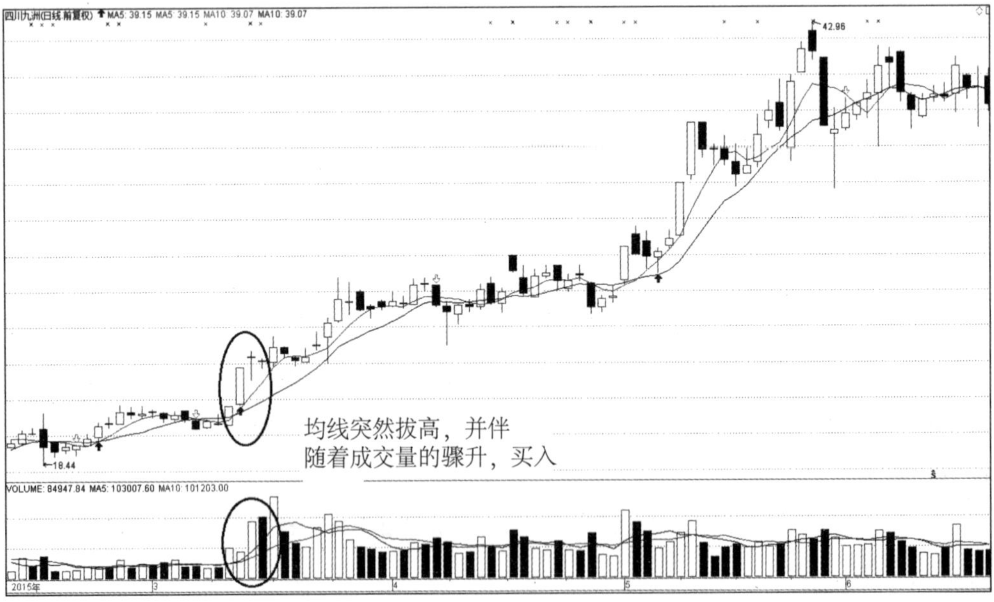

图6-2-22 四川九洲（000801）短期均线

（2）中期走势应以 30 日、60 日移动平均线的研判为主。与 5 日均线和 10 日均线不同，30 日均线是沪深大盘的中期生命线。从沪深股市几年来的走势情况看，30 日均线一直是衡量市场中期强弱的重要标志。在股价（指数）下跌时，30 日均线被有效跌穿，中期趋势看淡；在股指上升时，30 日均线被有效突破，中期趋势看好。就中期买卖信号的可靠性来看，60 日均线比 30 日均线更胜一筹（因为 60 日均线比 30 日均线骗线要少），60 日均线对中短期股价走势有明显的助涨及助跌作用，当 60 日均线走强或股价（指数）站在 60 日均线之上，则上升的趋势一目了然。有人调查过，在沪股历史上，每两次 60 日均线向上突破，都引发了一轮中级行情，相反，弱势反弹几乎没有超过 60 日均线的。因此，中线买家在决定何时买进、何时卖出时，切勿忘了 30 日均线、60 日均线的指导作用。

如图 6-2-23 所示，以北京文化（000802）为例，30 日均线和 60 日均线缓缓上升，股价在中部爆发了一波大的上涨行情，投资者纷纷买入，股价升高，买入。

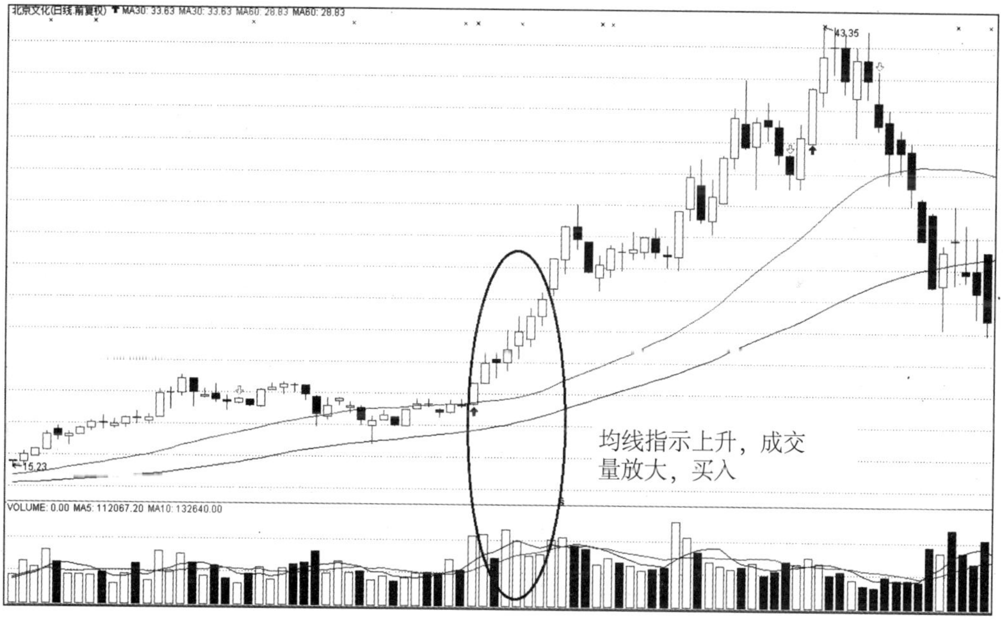

图 6-2-23 北京文化（000802）30 日、60 日中期均线

（3）中长期走势应以 120 日均线的研判为主。从沪深股市的历史上看，属于中长期移动平均线的 120 日均线在股价（指数）变动中具有特殊的意义，股价（指数）走势明显受到 120 日均线的支撑或压力。120 日均线在中国股市中应属半年线，因而在研究沪深股市中长期走势方面有着相当的准确性。当 120 日均线被有效跌穿，中长期趋势看淡时，中长线买家应该清仓离场。当 120 日均线被有效向上冲破，中

长期趋势看好，中长线买家应该追加买进。

如图 6-2-24 所示，以天山纺织（000813）为例，股价在持续的下跌震荡中突破 120 日均线，成交量突增，庄家吸筹完毕，开始拉升股价，买入。

图 6-2-24 天山纺织（000813）股价突破 120 日均线

（4）长期走势应以 250 日移动平均线的研判为主。250 日移动平均线是一年的移动平均线。250 日均线失守，意味着一年参与股市的投资者悉数被套（这是从平均持股成本上说的，其中也有少数赢的，并非个个都是输家）。250 日均线被向上有效突破，意味着人气恢复，多头终于在年均线上占据上风。因此，很多人将 250 日均线视为牛熊分界线。但是，从实际情况来看，决定股市的长期趋势是基本面而不是技术面。如果基本面趋好，250 日均线失守很可能是主力有意打压制造的一个空头陷阱；反之，基本面趋淡，250 日均线向上突破也很可能是主力拉高出货制造的一个多头陷阱。因而，投资者在分析股市的长期趋势时，250 日均线只能作为一个参考，究竟如何，只有对基本面进行全面的分析研判后才能作出正确判断。

如图 6-2-25 所示，以双汇发展（000895）为例，股价在低位整理后，突然连续跳空上涨，成交量也相应增长，买入。

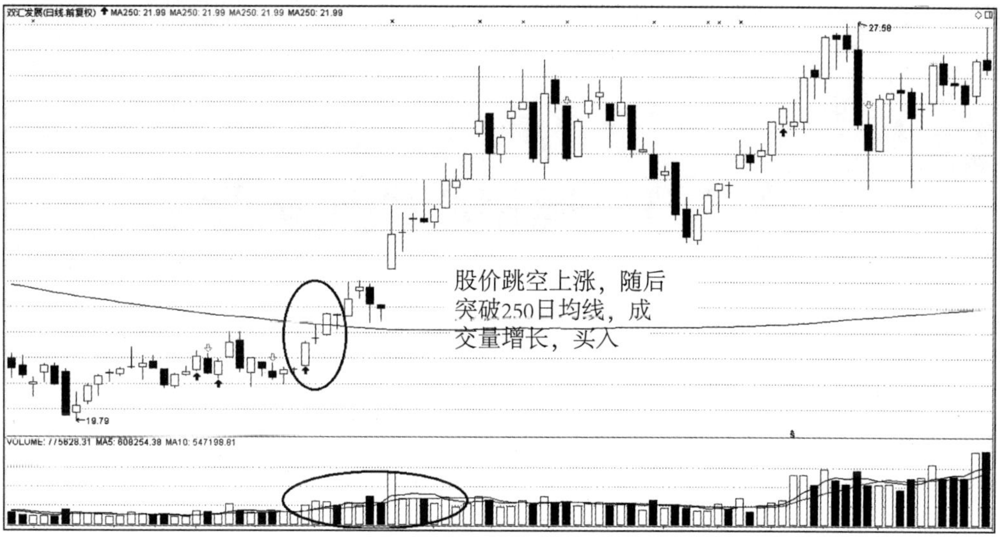

图 6-2-25 双汇发展（000895）股价突破 250 日均线

第三节　运用心理面选股

选股除了要进行基本面和技术面的分析外，还有心理面分析。心理因素对人的影响是巨大的，一个内心坚强、百折不饶的投资者，比懦弱从众、患得患失的投资者成功的机会要高得多。

一、炒股要端正心态

生活、工作、投资、交友各个方面都会涉及心态的问题，一个人的心态直接决定了他为人处世的方式，可以说，一个人的言行举止毫无保留地显露了他的主要心态。在投资领域，走什么道路，举什么旗帜，也是心态的集中反映。做价值投资的和做趋势投资的人心态是截然不同的，做长线和做短线的投资者心态千差万别。有人喜欢赚快钱，喜欢刺激，持股超过一周都难受，有人喜欢中长线持股，厌恶天天交易带来的巨大心理压力。同样的股市，在不同人眼里，横看成岭侧成峰，远近高低各不同。一句话，心态就是在一定心理素质的基础上面对生活的态度。在各种综合因素的作用下，造就了我们每个人不同的心理素质。在逆境中成长的人面对困境时就能够勇敢面对，在顺境中成长的人面对困境时就会胆怯、退缩。

炒股的人群中有一个奇怪的现象，那就是高学历、金融科班出身的专业人士炒股不一定都是赚钱的，甚至亏损累累的大有人在。按理说，学投资和金融出身的高材生，有着丰富的理论基础、财务知识、企业管理知识，可以说已经被知识武装到牙齿，为什么还不能大概率地在市场竞争中胜出呢？这里面就有一个“心态”的问题。当一个人的心态被贪婪、恐惧、幻想占据时，就失去了基本的思考能力，进而会做出一些非理性的举动。另外，股市中需要的“坚韧”“自信”“屡败屡战”等品质，不是读书多就可以炼成的，这些也是好心态的基础。

炒股虽然是高利润行业，却也是高风险行业，很多股民因为炒股失败产生强烈的焦虑与内疚，情况严重的还会患上失眠、抑郁等心理疾病，更严重的还会患上股市综合症。股市综合症中有一种是情绪紧张型。股市行情瞬息万变，使股民经常处于紧急应变的氛围中，容易产生紧张恐惧、焦虑不安、郁郁寡欢、幻觉妄想等不良心理。这种紧张、焦虑的情绪会直接降低人的免疫力，造成植物神经功能紊乱、内分泌失调，使人出现心悸胸闷、倦怠无力、失眠多梦、神经过敏等一系列症状，自然也就影响人的思考力和判断力。

在因炒股而患上的心理疾病中，还有一种是悔恨绝望型。有些股民在股市受挫，输掉了自己辛勤积攒的血汗钱，或炒空了亲朋好友参股的份子钱，往往感到无颜再见“江东父老”，从而产生悔恨心理。这种悔恨通过压抑中枢神经，使全身新陈代谢处于抑制状态，肾上腺、甲状腺等腺体分泌量减少，肌体生理功能发生紊乱。

所以，炒股一定要端正心态，用合理的眼光看待股市。股市不可能只涨不跌，也不可能只跌不涨。炒股本身只是一种投资行为，投资都是有风险的，摆正了心态，才是在股市中获利的前提。

二、炒股要有耐心

尽管巴菲特长期持有股票的故事无人不知，但人们在自己追逐财富的时候还是经常忘记“发财要有耐心”。

要想获得成功，必须培养自己的耐心。不幸的是，对大部分股民而言，这点往往不容易做到。股市就是战场，是没有硝烟的战场，其残酷的程度一点也不比实际战场差。所以炒股一定要有自己的战略。要学会耐心观察敌情，细心分析，不可乱打一气，碰运气是不能长久获胜的。

为什么说炒股要有耐心？因为在股市，几乎所有的股票都掌握在大小不同的庄家手里，庄家致胜的法宝就是在底部吸足能足够控制股价的筹码，然后再寻机拉抬股价，以获取高额利润。所以几乎所有股票都要在底部横盘一段相当长的时间，庄家有足够的资金来控制个股局面，所以它有足够的耐心在底部横盘，不到有必胜的把握，是不会轻易拉抬股价的。如果你手上有这样的股票，你就要和庄家比耐心。

股票之间的轮炒是股票市场最大的特点之一，国内外市场都是如此，如果你手持的股票长期未被炒作，那么这只股票早晚也会被市场机构挖掘出来炒作一番的，只要你有耐心，那么对你来说，赚钱只是早晚的问题。相反，如果你在不同股票之间跑来跑去，且不说割肉带来的亏损，单是这不低的交易成本也够你受的了。

股市浓缩人生，要想在这里成功，必须用心去悟，用钱去换，用时间去熬。耐心，持有股票一定要有耐心，中期、长期持有，到头来，利润要远远大于经常换股的浮躁操作。俗话说，条条道路通罗马，这里的“罗马”就是累积财富、成为股票游戏的胜利者，而“道路”就是你自己的方法。什么道路并不重要，重要的是这条道路必须符合你的个性，你走起来轻松愉快，你有信心能走远。在这个基础上你才会对自己的方法有信心，最终不断完善自己的方法，以取得最高效率。

做投资，最难的不是选到黑马股，也不是买到涨停板，最难的是你现在还拿不准该买哪只股票，那怎么办？耐心地去等，等到你看得准看得明白的时候再去买。耐心等，等的就是机会，等的过程就是一个积蓄信心的过程。

耐心是投资中最重要的心态之一，要培养耐心可不是简单的事情，其养成是一个渐进的过程，因此，良好的心态需要一点一点去培养，只有如此，我们才能具备一个良好的心理素质，才能做到笑对股市。

三、选股不能从众

人是高级群居动物，在决策时往往会受到环境因素的影响。在群体中，必定有“领头动物”领导群众和指引方向，而卓越的领头动物通常会成为效仿对象。在股市中，“荐股服务”极为常见，许多机构将自己的过往业绩吹嘘得天花乱坠，而不少投资者在支付了不菲的费用后获得了对方提供的所谓强势股，但事实证明这些个股未必真能帮你赚钱。

为什么会有那么多人对“荐股服务”趋之若鹜？羊群效应是不可忽略的因素。许多投资者只是模仿别人，跟随那些他们认为“胸有成竹”的专家：对方可能是一名经纪人，也许是“过往业绩颇佳”的网络股“专家”，又或许对方不过是“领头动物”。

很多时候，投资者之所以愿意从众，是为了获得安全感。当几乎所有人都买入某只股票，而这只股票最终却大幅亏损时，你会安慰自己既然那么多人都有同样的遭遇，那就不是自己投资决策的失误。比如昔日在上市首日最高位买入中石油的投资者，在决策前往往因为周边所有人都对这只股票极为看好，于是动了买入念头。当买入套牢之后则通过不断与其他套牢者分享悲惨经历的做法来将这种挫败归咎为市场不佳，而不愿意承认这是自己非理性判断带来的后果。就心理上而言，这样的想法无疑会更好受一些。

从众是股市中最普遍的投资心理与行为，社会心理学的研究表明，由于实际存在或头脑中想象到的压力，个体为调节自身与群体之间的冲突，增强安全感，即使简单到比较两条线的长短，多数人还是会发生从众行为。毫无疑问，从众是一种不愿承担责任以回避失败挫折感的有效方式，但是这种做法对于提高投资业绩却毫无益处。

第四节　运用市场面选股

市场因素一直是选股的一个重要因素。选择一个处于市场繁荣期、大势向好的股票，在操作时自然顺风顺水，而如果选择了一个国家政策不支持或者打压的股票，操作起来自然处处掣肘。

一、根据市场大势选股

市场上的“势”就是资金的流动。以买方为主导时，上升势得势；以卖方为主导时，则是下跌势得势。当然，上升势和下跌势也包括互相争斗的相持阶段。资金流向的强弱代表了势的强弱。势的动因是广大投资者想要赚钱，这种期待越强烈，则资金的流动越强烈，资金流动越强，势便越强。于是，人们会不知不觉地跟随这个势，这就增加了势的力度，产生了所向披靡的力量。

“势”常常会发生逆转，前一刻还是东风压倒西风，下一刻可能就是西风压倒东风，所以学会利用“势”很重要。个股无法改变，既然无法改变，那就只有适应这种“势”，上升势得势时我们就买进，下跌市得势时我们就卖出离场。如果不能适应或者把握这种“势”，一不留神，我们可能就会处于很被动的地位，甚至更惨。

选股也是一样，因为大家都想趁股价上涨时买进股票，所以股票往往会暴涨，但这时只有一部分人开始套利，原有的期望就会转移方向。持股者获了利，场外的买方持观望态度，势就会慢慢疲软，慢慢形成转势。而人们想趁股票下跌时抛出股票，股票往往大跌，卖方压力增加，这便是势。

市场的动态完全由势来支配，选股要随势而作，选择强势的股票来跟随是个不错的选择。但跟随也要见好就收，因为势总是变化的。

势的转化难以琢磨，变化无常。投资者一方面要追寻大势，一方面也要随势观察股市的各种信号，以便准确把握大势。

二、热点选股

股市每时每刻都是变化的，它是各个行业、各笔资金、各种板块互相作用的结果，一轮新的股市行情就会有新的热点产生，热点与龙头股的关联性很大，可以说是息息相关的。龙头股的出现，一般情况下都是在市场热点中产生的，市场在变化中发展，热点在市场中不断地交换。投资者必须透过现象看清本质，从而真正掌握住市场上有用的热点，并且选出市场板块中的龙头股。

热点有主流热点和一般热点之分。在大级别的反转多头行情中，所形成的热点就是主流热点，在小级别的反弹行情和箱形盘整行情中，所形成的热点就是一般热点。一般来说，主流热点板块必须是一个比较大的板块，其行业对于整个国民经济的影响较大，市场号召力强。而比较小的板块、行业独特的板块，都不可能成为发动大行情的板块，它们只能因大板块的变化而变化，随着行情的变化而变化。比如，当一轮行情兴起时，只要发现主流热点出现，就可以测算出这一轮行情的性质是反转还是反弹，是一个大行情还是一个小行情。这时就可以大胆做多，或是以长多短空为主，或买进股票后采取一路捂股的策略；反之，采取的投资策略就应该以短多长空为主，当接近上一轮高点，或在密集成交区，以及关键点位遇阻后，应果断做空离场。

要盯住热点板块中的领头羊。在热点板块中，并不是所有的个股都能够涨得很好，大出风头的首先是行情的领头羊。领头羊是主力为了使热点板块能够顺利启动，也为了号令天下而刻意塑造的一个市场形象。在行情初期，最先引起轰动效应的肯定是领头羊。热点板块的其他个股都是看领头羊的号令行动，股民们也是在领头羊的示范效应下才会改变对市场的看法，由空翻多。由于领头羊在行情中具有领头作用，主力在培植领头羊的过程中往往也不计成本，股价可以拉到惊人的高度，因为主力塑造领头羊可以带动行情的发展，随后才是挣钱的过程，所以，一旦出现热点板块，就尽快找出领头，毫不犹豫地跟进。

热点不可能是永恒不变的，任何热点都会从热向冷的方向转化，最重要的是要掌握好热点转移与衰退的时机。前面我们说过要跟着板块的领头羊买进股票，同样也要跟着板块领头羊卖出股票，否则就会错过一段重要行情，使盈利大打折扣，或使风险大大增加。因为任何一只股票都是有生命周期的，不可能一直涨，也不可能一直跌，股价大涨之后往往是大跌，所以要跟准板块领头羊的脚步，及时退市出局。

三、政策选股

政策往往指导着行业发展的方向，因为有政策的支持，那么必然是能够支撑国家经济发展的行业或者公司，而这些公司必然有非常广阔的市场前景。像1999年的“5·19”行情，即是由政策面的支持所引发。时间点近一些的“股改”大牛市，横跨了2005年和2006年，其中许多个股送股、送权证的行为都是指向性很明显的公开政策消息，如果投资者能够在第一时间进行介入，获得大幅收益是非常容易的事情。相反，对于政策打压的行业及个股，投资者要尽量避免进入。房地产行业就是典型的例子。自从2010年4月开始出台频繁的房地产调控政策后，房地产指数（399200）就由当时的1600多点跌到曾经最低的1030点，而且未来这个板块总体来看就是反弹行情，很难走出牛市行情。我们甚至可以这样说，在沪深股指二十多年的历史中，几乎每一个重要的趋势转换点及大牛大熊的拐点，都和我们能够得到的政策消息密切相关。所以，炒股必须要跟着国家政策走，这个是选股的基本前提。

四、题材与板块选股

板块的划分依据一般有三条：地域、行业、市场特征。按地域划分，如广东板块、浦东板块、福建板块、浙江板块等，差不多一个省就是一个板块；按行业划分，如科技板块、房地产板块、金融板块、汽车板块、电子板块等；按市场特征划分，有逆势板块、上涨板块、热门板块、长期板块、达标板块等。

事实上，板块的分类并无统一定论，只要是被市场认同的题材，马上就会有新的板块出现。

根据板块的联动效应，如果操作得当，将会获得不小的盈利，但板块的投资关键自然与题材分不开。不同的题材会启动不同的个股，同时题材又具有时效性，上一次的题材这一次未必管用。比如，北京概念股往往会被当做政策股，常常因国家重大政治活动而启动，然而，并不是每次重大政治活动都有主力投资概念股。

另外，选股时也要注意板块本身的变化。股票越来越多，板块自然也相应地变得越来越多，联动效应自然也大打折扣。现在已经出现了地域板块、行业板块数量过大的问题，投资板块需要更多的资金量，主力往往身心疲惫，力有不逮。

在同一地域、同一行业上市的公司，又存在着不同的业绩，有的甚至差距非常大，这使得板块间个股互相联动有些勉强和吃力，投资风险也就相应地增加。这一点投资者也要加以注意。

第七章

找准买卖点

如果说选股是炒股的第一件大事，那么找准买卖点便是炒股的第二件大事。买卖点找不好，即使选了一只牛股也赚不到钱。买卖点如果选对了，即使选了一只熊股也能赚得钵盈盆满。由此可见，找准买卖点对于炒股的重要性。

第一节 运用分时图找准买卖点

利用分时图寻找买卖点是投资者必须要掌握的投资技术。分时图不仅反应灵敏，还能清晰地把K线所反映的信息及时进行整理，呈现在投资者面前，使投资者能够客观地看清股市的当前大势。

一、分时买点

1. 分时买点的把握

当一只股票在相对低位或者上涨的过程中，突然有大成交量出现，而且在成交之后，股价偶有下跌，但随后又有大买单将股价直线拉起，这种走势在日K线上会留下长长的下影线。如果股民在股市里遇见这种情况的K线走势，那么恭喜你，这通常是庄家在压低洗盘吸引筹码，然后快速拉升出货，而对于股民来说，在股价快速下跌后，一旦出现了大买单，便是最好的买点。

永艺股份（603600）2015年5月的走势，如图7-1-1所示。图中我们可以发现，一旦股价出现下跌，就立马被大成交量拉起来，这就是典型的庄家拉升股价护盘，买入点出现。

一般来说，散户不可能在瞬间有如此大的手笔，这种形态无疑是庄家所为。从图中可以看出，股价并非位于高点，仍处于上升阶段，那么可以肯定，此时并不是庄家出货。那么情况就明朗了，这是庄家的洗盘行动。庄家故意把股价压低，赶走跟风的散户，以便容易继续拉升股价。激进型的投资者如果在实际看盘中发现这种情况，便可以果断建仓进场，这是快速套利的最好买点。但投资者也要注意，这种形态跟进的前提是股价不在高位区域。

2. 放量突破平台

整理之后的放量突破平台，往往意味着股价会上涨。这种走势说明庄家经过长时间的收集筹码后，已经达到了一定的控盘量，这时庄家会突然打破股价原本低迷

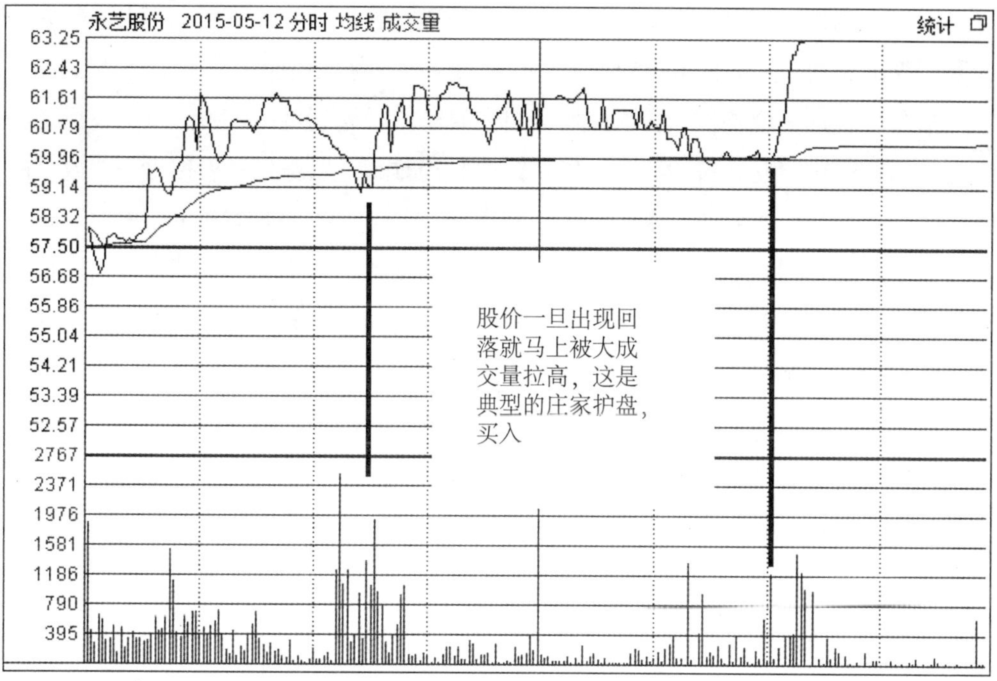

图 7-1-1 永艺股份（603600）分时买点

的状态，使股价出现放量上涨。

如图 7-1-2 所示，诺力股份（603611）2015 年 5 月 5 日经过一段时间的横盘整理，放量突破平台，股价拉升，买点出现。

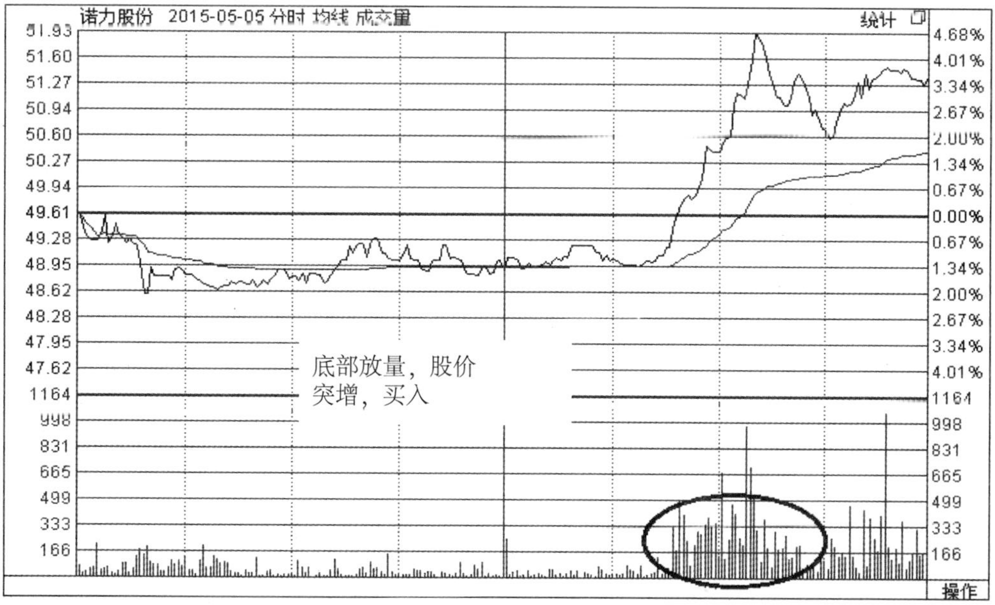

图 7-1-2 诺力股份（603611）整理之后的底部放量

从图中我们可以看出，此时的成交量很低迷，股价的波动范围也不大。随着股价长时期的波动，大部分均线趋于走平的状态，有些甚至还会黏在一起。

股价在底部区域整理一段时间后，很多股民觉得无利可图，纷纷卖出离场。就在这个时候，庄家开始拉抬股价。庄家拉抬股价时，一般是先发力拉出一根放量的大阳线，有时甚至还会进入涨幅排行榜的前列，从而引起市场对它的关注。

在实际操作中，如果遇到这种长期在底部区域震荡的个股时，就要对它进行密切的跟踪，看它何时向上放量突破。如果股价某一天出现放量上涨，投资者就要关注盘中的抛压情况。如果盘中的抛压很小，那么激进型的投资者就可以适量入场买进，稳健型的投资者可以在收盘前看能否收到一根大阳线。出大阳线的第二个交易日，如果股价出现回落的话，只要在股价回落的过程中不放量就不用担心，一旦回落后受到支撑，并且盘中买单表现很积极的话，就应该果断入市，这是一个买入的好时机。

3. 缩量涨停

缩量涨停这种走势形态一般出现在股价上涨的途中，或者是在股价经过洗盘后再次启动的时候。出现这种走势，特别是一开盘就涨停，意味着股价后期将会迎来一波大行情，尤其是出现在 ST 类的个股中。

个股经过长时间的洗盘之后，股价呈现横盘走势，或者是比较低迷的走势，这时股价突然向上发力，收出一根大阳线，第二个交易日股价承接第一个交易日的强势继续走高，并且出现缩量紧缩，或者是股价一开始就出现涨停，涨停后成交量很稀少，就形成了这种形态。

如图 7-1-3 所示，中文在线（300364）前期市场低迷，随后庄家开始大幅度地拉升股价，成交量放大。在中途股市涨停，成交量稀少，但股价依旧上扬，说明绝大多数股民依旧看好未来股市，股价继续上扬。

4. 股价上涨途中的开盘涨停

还有一种就是股价在不断盘升的中途，突然出现了开盘涨停并且成交缩量的走势，或者是开盘后股价一路走高，不久后就被封在涨停板上，这一天的交易量都很少。在这个时候出现缩量涨停，说明持股者一致看好股票的后市走势，因为在股价涨停后很少有获利盘抛售，同时也说明主力已经牢牢控盘了，只要放很少的量，就能把股价封住涨停。

无论股价是在不断盘升的过程中，还是经过整理之后出现这种走势，都预示着

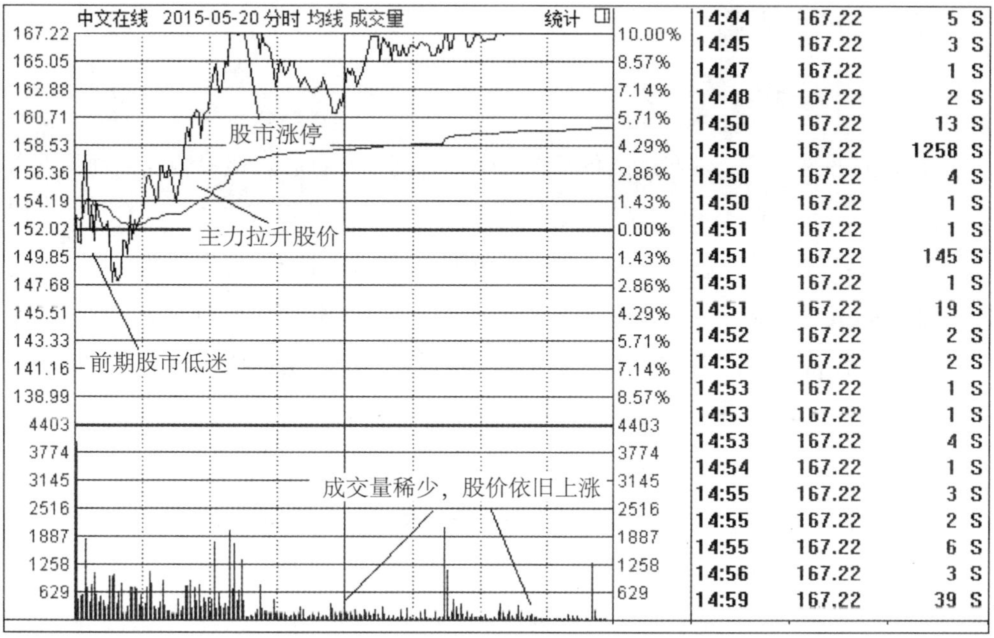

图 7-1-3 中文在线（300364）缩量涨停

股价即将迎来一波上涨行情。股民在实际操作过程中遇到这种形态的个股时，一定要高度重视，把握好投资机会。

如图 7-1-4 所示，深圳华强（000062）的股价在开盘不久后涨停，之后即使成交量稀少，庄家也能牢牢控制住股价，这预示着未来有一波较大的上涨行情，买点出现。

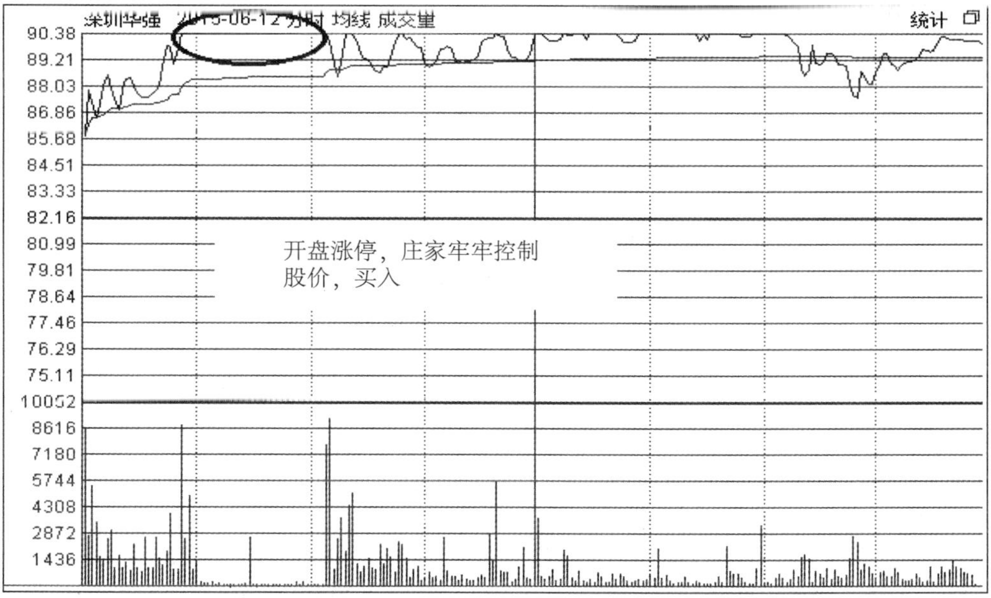

图 7-1-4 深圳华强（000062）股价上涨途中的开盘涨停

二、分时卖点

1. 早盘冲高回落

如图 7-1-5 所示，以宏达高科（002144）为例。开盘后，该股快速上冲，在分时走势图上呈现出直线式的上涨，股价远离分时线，上冲幅度在 1% 左右。从分时盘口看，股价这种上冲运动一般都是由一两手大买单吃进所导致的。但股价冲高之后很快就会出现回落，并且是快速回落，同时直接击穿分时均线的支撑，直至跌破前一天的开盘价。在这个过程中，分时均线也快速下滑。出现这种走势，一般被称为早盘冲高回落跌破均线。

这往往是主力的诱多之计，意在通过早盘的上涨来迷惑散户入场。因为很多投资者认为，股价开盘后能够冲高走强的话，就会有更大的上涨空间，因此迫不及待地买高追进，结果追进以后，股价开始回落，从而被套。

在实际操作中，如果股价运行的高位区域出现这种走势，只要股价冲高回落跌破均线后，应立刻退场出局。

如果股价在冲高过程中，或是股价在跌破分时平均线时，没有来得及卖出股票的话，那么当股价反弹到前一天收盘价附近受阻无法继续上涨，就应果断卖出。

如果投资者在上午没有卖出，那么在收盘价确认股价即将跌破 5 日均线的支撑时，就要无条件地卖出，哪怕是有所亏损也要清仓出局。

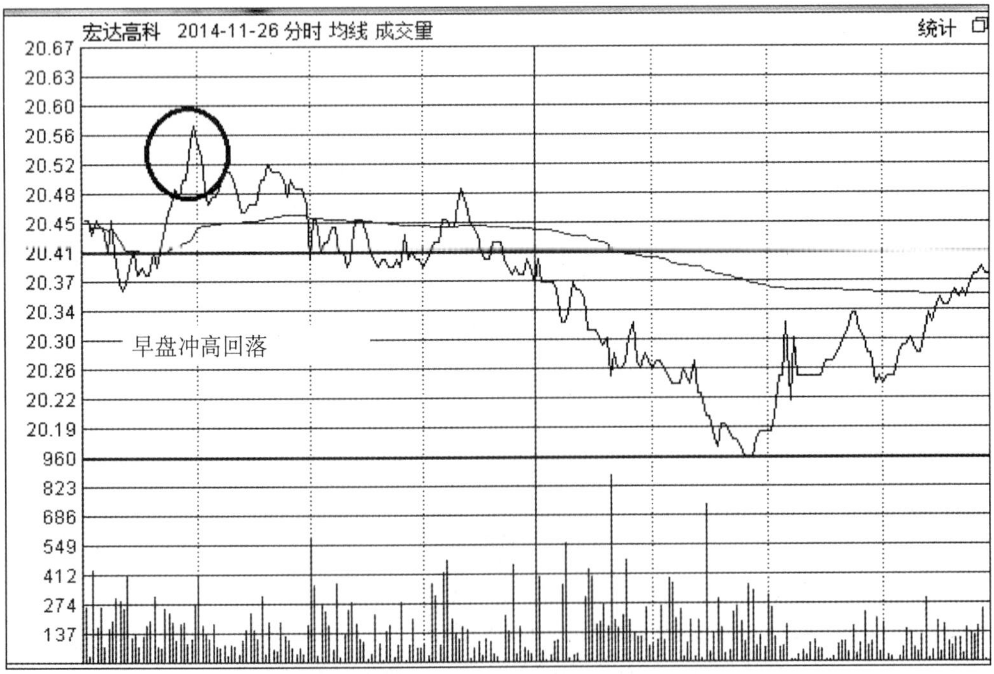

图 7-1-5 宏达高科（002144）冲高回落下跌

2. 早盘反弹遇阻下跌

股价持续走低，但不久有所回拉，在股价回升到分时均线附近时受到阻力回落，空方占据了主导权，股价又连续受阻下跌，每次反弹都比前一次弱，然后股价一直在分时均线的压制下运行。这种走势，往往预示着早盘反弹遇阻再次下跌。

如图 7-1-6 所示，长城电脑（600166）的股价在反弹中遇阻下跌，在随后的 6 次反弹中，阶段性的最高点都比前一次的最高点要低，这说明空方力量占据主导地位，股价会持续走低，这是典型的反弹遇阻，遇见这种形态可以卖出出局。

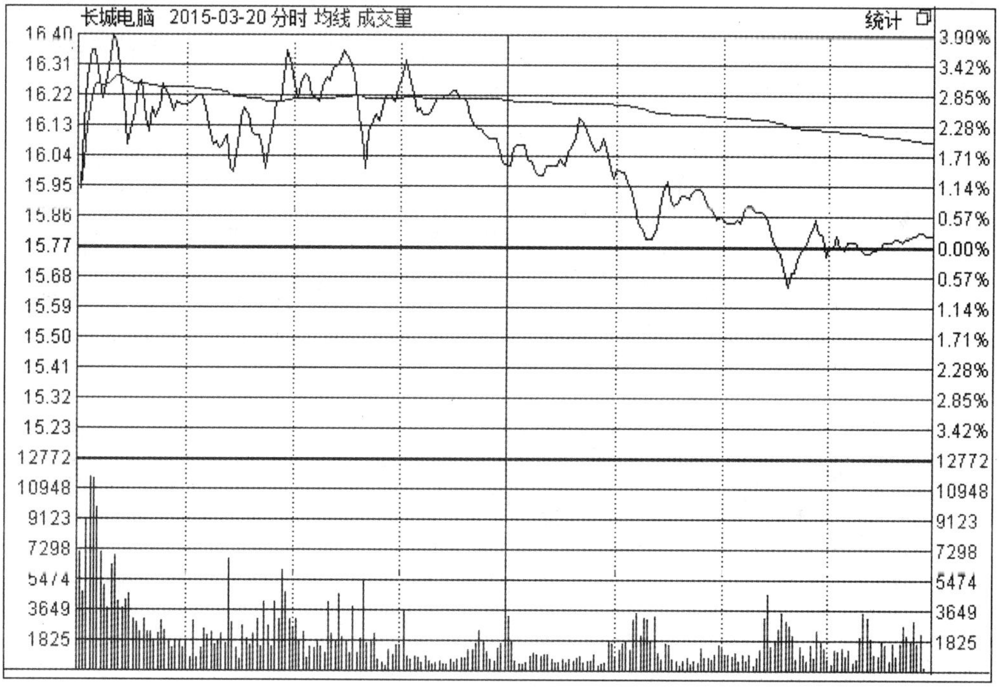

图 7-1-6 长城电脑（000066）反弹遇阻下跌

在实际操作中，如果一开盘就出现这种走势，投资者要立刻打开它的 K 线走势图进行分析，看股价是处于高位还是低位。如果股价长期处于上涨的高位，那么附近一旦出现低开后，反弹到分时均线附近受阻回落。在受到阻力的情况下，股价很有可能会结束反弹而下落，这时就应该果断卖出。

如果在快速反弹阶段，特别是当股价反弹到重要技术关口处附近，如 30 日、60 日均线或者是年线附近，出现这种走势，就预示着股价反弹力度减弱，盘整的解套盘不断涌出，这种情况投资者应先卖出离场。

3. 直线式快速冲高

开盘后股价不断上涨，一直快速冲高，股价呈现出一根坚挺向上的直线，这时股价上升的幅度一般都在3%以上。在股价快速上升过程中，一般不会出现震荡，而是一口气拉了上去，在成交明细上会出现主动性的大买单，这些大买单直接向上跳高几个价位吃进，从而导致股价迅速攀升。但在股价拉升后会有很大波动，短线投资者要把握好机会，适时买进也要适时卖出，会有不小的牟利。

股价拉升很高后，就会出现快速回落，并且在随后的走势里，出现逐步震荡下跌的态势。在股价下跌的过程中，不断有主动性的买单抛售，股价的重心逐步下移。出现这种突然袭击式的飙升后，股价一般都会随之出现回落，并且回落的幅度和冲高的幅度几乎一样大。当投资者遇到这种形态时，不要去追高，反而要在一个适当的位置把股票卖出。

如图7-1-7所示，以佛山照明（000541）为例。股价在一开始就积极上走，随后拉出一条涨幅超过3%的直线，股价拉升过程很顺利。但拉升后开始大幅波动，随后又有一条长长的涨幅超过6%的直线将股价拉起，达到阶段最高点，不久却又跌回谷底，真是“攀得越高，摔得越重”。随后又有一条大涨幅的长直线拉起股价，股市继续波动。

图7-1-7 佛山照明（000541）直线快速冲高

如果是短线的话，那么无论此时股价处在什么位置，只要股价出现快速拉高，远离分时平均线后，掉头向下，就要立即卖出。这里需要注意的是，所谓远离分时均线，一般是指股价快速上涨之后，距离分时均线在 1.5% 以上。

如果这种走势是出现在股价上涨之后的高位，那么无论是做短线还是做长线，一旦股价快速上冲分时均线后掉头向下，就要果断地清仓卖出。

4. 午后回落震荡跌破

如图 7-1-8 所示，以北纬通信（002148）为例。股价开始运行得很平稳，上下波动一般不超过 3%，成交量也比较稀少。但在午后开始出现向上拉升。在拉升的过程中，股价呈现震荡向上的走势，有时也呈现出推土机式的拉升。在股价拉升过程中，成交量出现快速放大。

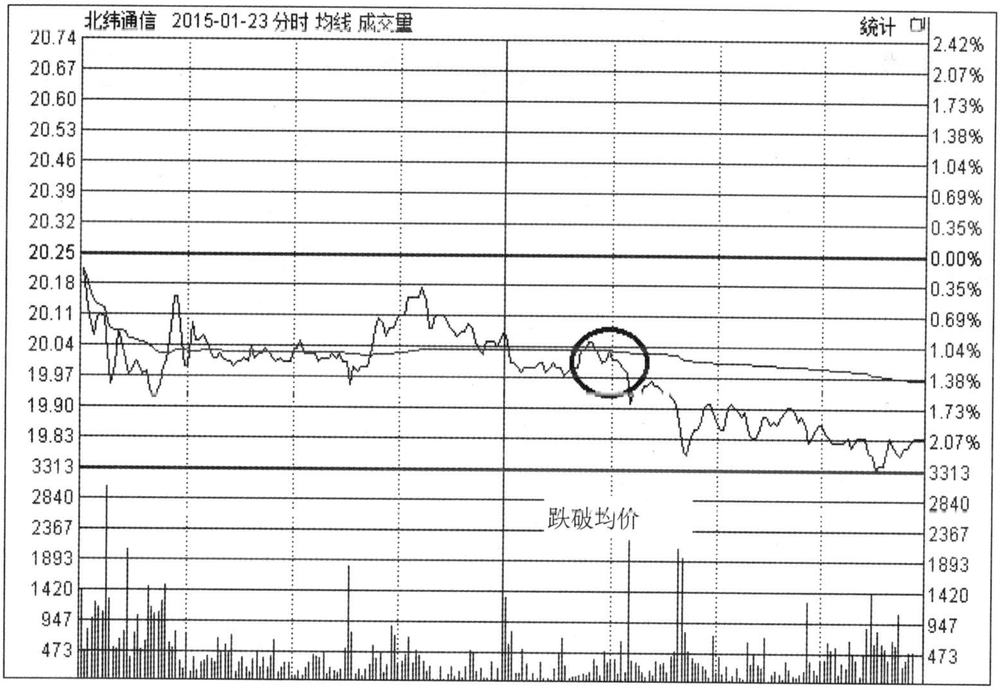

图 7-1-8 北纬通信（002148）午后回落震荡跌破

但随着股价的不断攀升，主动购买盘开始减弱，股价在冲高后出现回落，在回落的过程中买卖也不是很积极。虽然股价回落出现了反弹，但每一次反弹力度都要比前一次弱，每一次震荡回落的低点都要低于前一次的低点。股价在分时走势图上出现这种走势形态，预示着股价上涨乏力，第二天面临回落的风险。

这种走势一般出现在股价上涨的高位。股价在买盘的推动下不断上升，但是午后买盘不断地减弱，并且上档的压力也在逐步地显现，从而导致股价上涨受阻，随后就会出现震荡下行的走势。出现这种走势，预示着后市有下跌风险。

在实际操作中，当股价出现放量拉高的走势时，投资者要立刻打开该股的 K 线图进行分析，如果股价此时处在高位，就要做好随时卖出的打算。一旦股价放量冲高无力，掉头向下，就要立即卖出。

5. 尾市泄盘

如图 7–1–9 所示，以南兴装备（002757）为例。在上午的运行中，股价一直处于震荡的走势，成交量时大时小，盘中偶尔会出现快速的冲高，但很快就会出现回落。不久出现一波急跌，同时伴随着成交量的快速放大。股价跌破分时均线后，就一直处于弱势，截止收盘时依旧没有出现反弹，最终以大阴线报收。出现这种走势，就称为尾市泄盘。

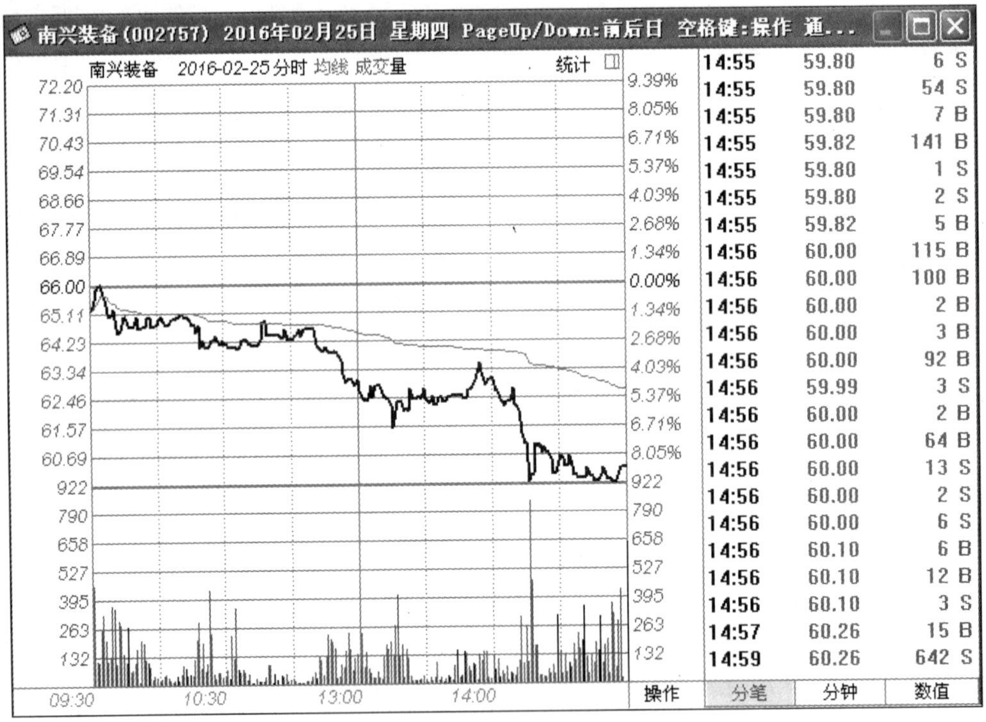

图 7–1–9 南兴装备（002757）尾市泄盘

一般在股价上涨的高位区域或高位横盘时都可能出现这种走势，它标志着盘中出现了恐慌，从而导致股价在盘尾出现非理性的下跌。无论是什么原因导致这种恐慌性的抛盘，都会影响后市的走势，至少会影响到第二天的走势，出现大幅低开。因此，在遇到这种走势时，投资者一定要注意防范风险。

在实际操作中，如果这种走势是受到突然的利空消息刺激而形成的，就要分析消息的可靠性了，从而分析出是否会影响股票的长期走势。如果确定利空消息会给股票带来影响，那么无论股价处在什么位置，都应该立即卖出。

第二节 运用切线找准买卖点

切线理论指股票投资要“顺势而为”，即跟着“势”的方向来决定买进和卖出，也就是人们通常所说的“跟着大势赚大钱”。这种势就是趋势，而趋势又分为短期趋势、中长期趋势。怎样判断和把握这些趋势的转变就成为投资者关注的核心，或者说投资者都希望在下降趋势转为上升趋势的时候买入股票，而又希望在上升趋势转为下降趋势的时候卖出股票。那么，怎样才能区分短期、中期还是长期趋势的转变呢？利用趋势线无疑是最为简单和有效的方法之一，而“一条直线闯股市”正是对趋势线的重要性和实用性的高度概括。

一、利用趋势线寻找买卖点

趋势线是被投资者广泛使用的一种图表分析工具，虽然简单，但有其实用价值。趋势线的概念是：在一个上升走势中，把两个或两个以上上升浪的“底”连成一线，加以延长，这就是上升趋势线；在一个下降走势中，把两个或两个以上下跌浪的“顶”连成一线，加以延长，这就是下降趋势线。

趋势线理论是：若股票走势轨迹仍在上升趋势线之上运行，股票仍然可以持有；若跌破上升趋势线，就视为转势，要卖出股票。反过来，若大势轨迹仍在下跌趋势线之下游离，就应该继续持币；若上升突破下降趋势线，即是买入信号。

股票市场的价格趋势，由买卖双方力量较量所决定，图表其实是一份“战况”记录。买家力量占上风，图表就是一浪高过一浪；卖家占了压倒性优势，图表就一浪低于一浪。上升趋势线以上的“走廊”，恰恰是“一浪高过一浪”的惯性运动方向；下降趋势线以下的“通道”，正好是“一浪低于一浪”的惯性运动路径。假若走势跌破了上升趋势线，说明买气已由盛转衰，“一浪高过一浪”的惯性已遭扭转，所以成为出货信号；相反，如果走势冲破了下降趋势线，证明卖出已由弱变强，“一浪低于一浪”的轨迹发生逆转，因此成为买入信号。

但是，依据趋势线的信号买或卖实在太简单，因为把两三个浪的“底”或“顶”

拉出一条上升趋势线或下降趋势线，是很浅显、很容易的事。“种瓜得瓜、种豆得豆”，太容易的东西不会有太高的回报率。

而且参考趋势线买卖的多数是初入行者，因此市场大户最喜欢把趋势线的迷信者当猎物，有意破一破线，设个图表陷阱，所以就算图表冲破了下降趋势线或跌破了上升趋势线，你也要综合当时的供求、经济、政治等因素，看看基本面分析是否真的利多或利空，这样才不容易被“假动作”骗到。

二、用黄金分割线寻找买卖点

在一个上升行情中，从某一点开始逐步盘升，又在某一价位受阻而掉头向下，那么判断这波下跌行情会到何处就显得极为重要。运用黄金分割线来进行判断这个应该下跌的价位，相对而言，可靠几率是比较大的。

如图 7-2-1 所示，以延华智能（002178）为例。随着股价的稳步增长，股价在 61.8% 附近迎来了大幅增长，成交量开始扩大。之后股价在 138.2% 附近遇阻回落，随后大成交量突破阻力位，阻力位变成支撑位，股价继续增长，在 238.2% 附近遇阻下跌，一路跌至 161.8% 附近遇见支撑，股价开始上涨。之后又一次在 238.2% 附近遇阻徘徊不前，最终大跌。

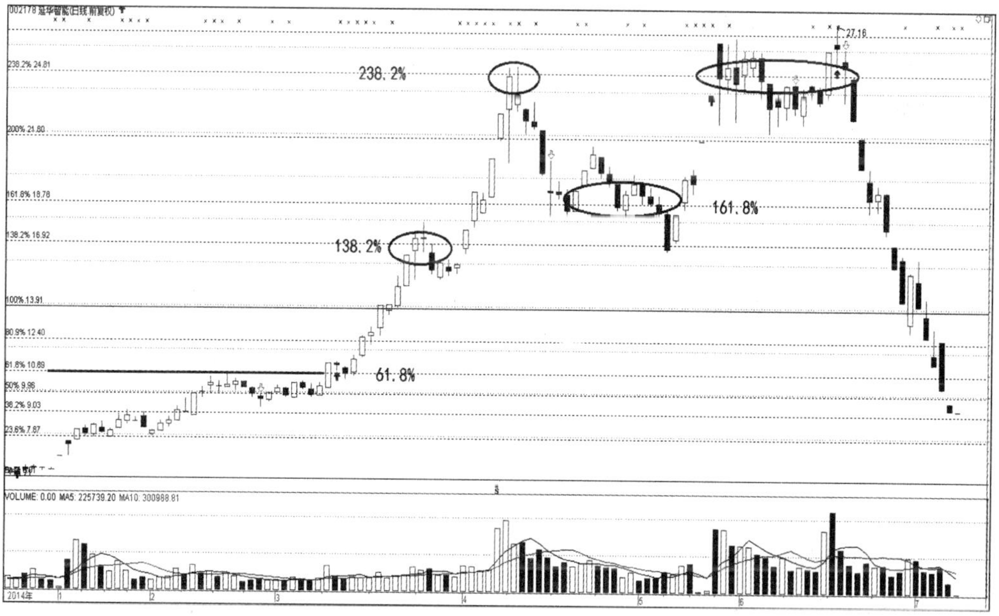

图 7-2-1 延华智能（002178）用黄金分割线找买卖点

第一步，了解黄金分割率运用的最基本方法，是将 1 分割为 0.618 和 0.382，引申出一组与黄金分割率有关的数值，即 0、0.382、0.5、0.618、1。由经过 0、0.382、0.5、0.618、1 组成的平行线叫黄金分割线。这些平行线分别被称为黄金分割线的 0 位线、0.382 位线、0.5 位线、0.618 位线和 1 位线。当股价上升时，可按黄金比率算出上升的空间价位。

一般预计股价上升能力与反转价位点的数字是：0.191、0.382、0.5、0.618、0.809 和 1、1.191、1.382、1.5、1.618、1.809 和 2。这些数字中，0.382、0.618、1.382、1.618 最为重要，股价极容易在由这四个数字产生的黄金分割线处产生支撑和压力。

接下来大家需要找到一个点。这个点是上升行情结束，调头向下的最高点，或者是下降行情结束，调头向上的最低点。当然，我们知道这里的高点和低点都是指一定的范围，是局部的。只要我们能够确认一个趋势（无论是上升还是下降）已经结束或暂时结束，则这个趋势的转折点就可以作为进行黄金分割的点，这个点一经选定，我们就可以画出黄金分割线了。

第二步，在上升行情开始调头向下时，我们极为关心将在什么位置获得支撑，利用黄金分割点算出一只股票的支撑点（也就是可能出现反弹的价位）。同理，在下降行情开始调头向上时，我们关心上涨到什么位置将遇到压力，利用黄金分割点算出一只股票的压力位（也就是可能出现下跌的价位）。

第三步，黄金分割线的五段买卖原则。

耐心持有，等待突破：在 1.191 线内买进股票最安全，在此线内的股价波动，属于盘整期，总有突破的那一天，在此价位内甚至不必做差价，耐心持有为第一位，股价一旦有效突破 1.191 线，一定会上攻到 1.382 线，此时股价很有可能出现回档，可选择抛出，若股价再次回到 1.191 线，可再选择买回来。

高抛低吸取黄金：在 1.191 ～ 1.382 之间的股价，可做差价，高抛低吸不必害怕，在此区域一般不会被套，因为大资金在此区域获利不大，并且处于上升途中，大资金往往自己也会高抛低吸降低成本，对自己熟悉的股票应该多做差价也要敢于做差价。1.382 线是强阻力位，强阻力位一般会有很长时间的盘整，但一旦有效突破 1.382 线价位，股价就很难再跌破 1.382 线。

虎口拔牙要小心：在 1.382 ～ 1.618 之间也可以做差价，不过是虎口拔牙，应加倍小心，从高位下落的股票不要在 0.809 价位抢反弹，而要在 0.618 价位，但涨 10% 必须跑掉，不要恋战。

高高在上买不宜：在 0.618 线以上的股票，意味着从低位上涨了 62%，无特别利好消息的话，不宜吃进在 1.618 线附近的股票，在该线盘整越久，庄家出货的可能性就越大。

风光无限在险峰：在 1.809 线以上的股票，就可能是无限风光了，有加倍上涨的可能，但是暴利往往伴随着高风险，这就要看投资者对股票大势的分析和掌握了。

如图 7-2-2 所示，以武汉凡谷（002194）为例。股价在底部稳步上升，在 61.8% 附近遇阻下跌，跌至 38.2% 附近遇到支撑位。股价开始上涨并突破 61.8% 阻力位，到达 100% 线附近，再次遇阻下跌，跌至 61.8% 附近。原先的阻力位成为现在的支撑位，61.8% 支撑位支撑股价继续上升，在 161.8% 附近又一次遇阻下跌，随后在 138.2% 附近被支撑位支撑突破阻力位，推动股价继续上升，股价到达 200% 附近时，再次遇阻下跌，随着股价不断被阻力位压迫，股价又开始下跌。

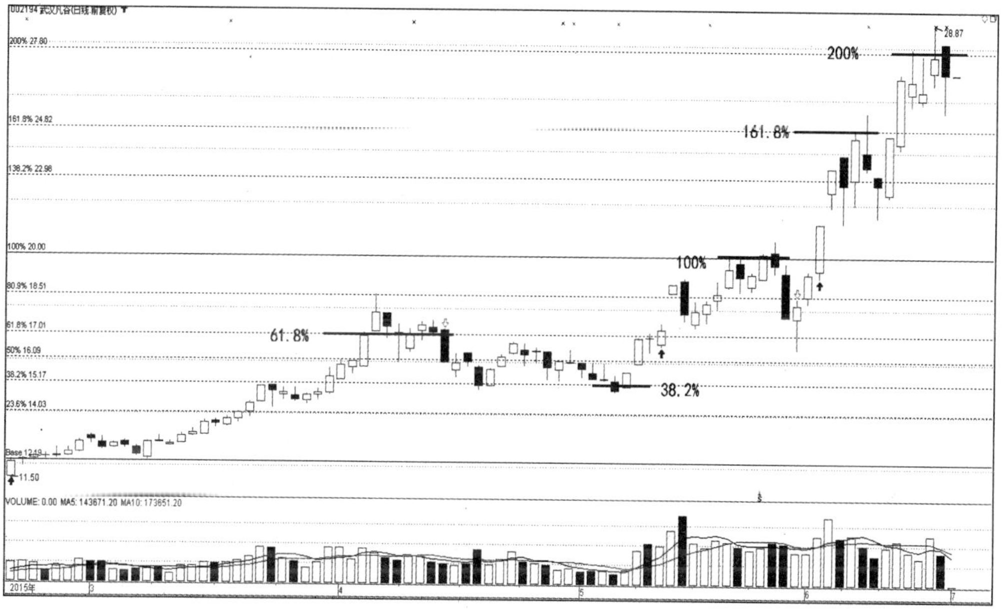

图 7-2-2 武汉凡谷（002194）用黄金分割线寻找买卖点

三、用百分比线寻找买卖点

百分比线是利用百分比率的原理进行分析，可使股价前一次的涨跌过程更加直观。百分比线是将上一次行情中重要的高点和低点之间的涨跌幅，按 1/8、2/8、1/3、3/8、4/8、5/8、2/3、6/8、7/8、8/8 的比率生成百分比线。在各比率中，4/8 最为重要，1/3、3/8、5/8、2/3 四条距离较近的比率也十分重要，往往起到重要的支撑与压力位作用。实际上，上述 5 条百分比线的位置与黄金分割线的位置基本上是相互重合或接近的。

百分比线考虑问题的出发点是人们的心理因素和一些整数的分界点。当股价持续向上，涨到一定程度，肯定会遇到压力，遇到压力后，就要向下回撤，回撤的位置很重要。黄金分割提供了几个价位，百分比线也提供了几个价位。以这次上涨开始的最低点和开始向下回撤的最高点两者之间的差，分别乘上几个特别的百分比数，就可以得到未来支撑位可能出现的位置。假设低点是10元，高点是22元，这些百分比数一共10个，它们是：0.125、0.25、0.375、0.5、0.625、0.75、0.875、1、0.33、0.67。

第三节 运用K线找准买卖点

一、K线买点

对于投资者，特别是对于短线投资者来说，如果能够及时把握住底部启动行情的话，那么在很短的时间内就会有可观的收益。对于长线投资者来说，如果把握住了底部的行情，也会有很大的收益。

股市中，比较重要的底部买入形态有W形底、V形底、圆弧底、头肩底。

1.W形底买进形态

W形底的形成，主要是股价长期下跌后，持股者惜售，成交量减少，而抄底盘和空头回补者的加入，令股价出现一次较为有力的反弹。当股价反弹到一定高度时，前期套牢盘以及短线获利盘的涌出，令股价再次下跌。但此次下跌成交量明显减少，显示主动性抛盘减少，而错过上次行情的投资者又会趁回调买入，令股价无法跌穿上次低位。伴随股价回升，越来越多的投资者加入买方阵营，最终股价在巨大成交量的配合下，突破上次高点，上升趋势已确立。

如图7-3-1所示，以中国石化（600028）为例。股票在前期的增长中就呈现W形态，短线操作如果能够低买高卖，将获利丰厚。

W形底的形态特征有三个方面：一是股价长期下跌后出现一次反弹，随后再次滑落，当下跌到上次低点附近时，成交量明显萎缩；二是伴随成交量逐步放大，股价再次上升并冲过前次高点，形成突破；三是股价突破之后往往有回抽，股价回落至第一次反弹高点附近止跌，随后上扬。

在W形底形态中，投资者经常会碰到一些陷阱，如W形底向上假突破等。

如何识别W形底的假突破陷阱？一是个股突破的幅度要超过3%，并且连续三天收盘价在颈线之上，才有可能真正有效突破。尤其是在上破颈线时成交量必须及时放大，往往一个大阳线完成突破，突破之后常常又回抽，从而确认突破有效。二

图 7-3-1 中国石化（600028）W 形底买进形态

是 W 形底形态完成时的成交量必须显著放大。同时，如果左底成交量明显大于右底，则双底形态不会真正成立。三是投资者最容易遗漏的一点，也是最关键的一点，W 形底形态是底部反转形态，理所当然地需要出现在下跌趋势后才有依据，否则就容易形成双顶形态。

2.V 形底买进形态

V 形底反转形态出现在深幅下跌后的低位区，它是指个股在短期内的一波快速下跌后，出现了连续涨停板的反转上行走势，并且期间的成交量巨幅放出。这是一种极为急势的反转形态，它的出现或与主力炒作其热点题材有关，或与个股有重大利好消息发布有关。如图 7-3-2 所示。

但无论是何种原因，巨量的买盘加速涌入，且个股连续涨停，这种走势出现在长期下跌后的低位区，它都是多空力量对比已完全转型的标志，预示着趋势的反转正展开。在实盘操作中，我们应买股入场。

对于 V 形底形态来说，由于其反转上行的速度较快，因而在实盘操作中，若不能结合个股的前期累计跌幅以及当前热点题材，在第一时间内买股入场的话，则在 V 形底正式形成之后，逢回调低点买股入场也是一个不错的选择。

一般来说，在 V 形底形态之后，由于短期内的获利抛压较重，一波深幅回调是不可避免的，但由于有主力积极护盘，且多空力量对比已然发生转变，因而其回调幅度一般不会超过之前快速上涨时的 1/2。这一点也是值得我们注意的，可以帮助

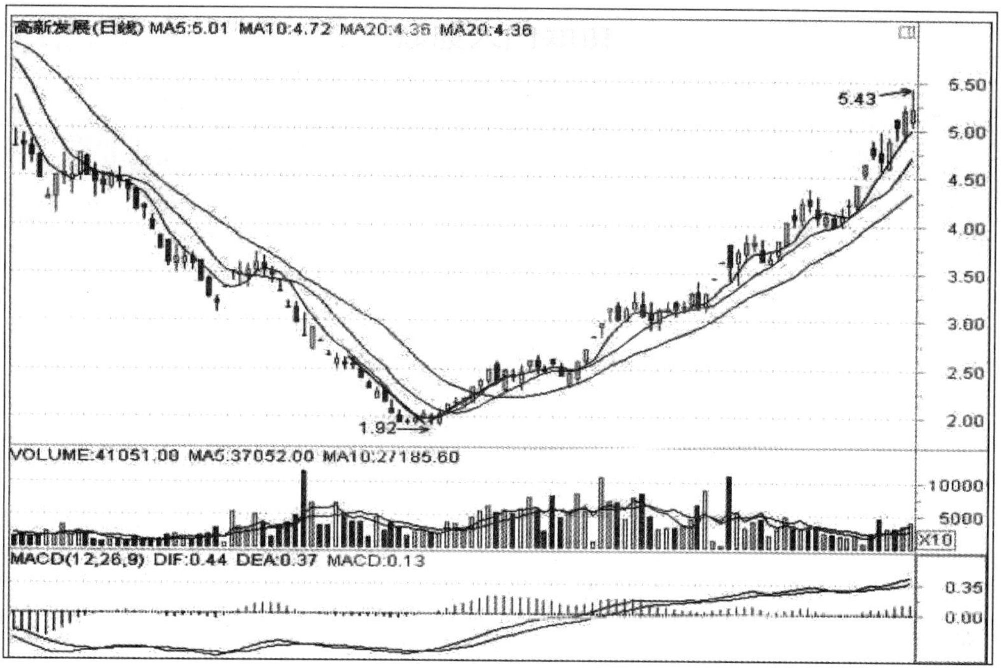

图 7–3–2 高新发展（000628）V 形底买进形态

我们把握回调后的低点买股时机。

3. 圆弧底买进形态

圆弧底是指股价或股指呈现出圆底走势，当股价到达低点之后，跌势趋缓，随后逐渐下滑，是见底图形，预示后市即将上涨。整个形态完成耗时较长，常与其他形态复合出现，市场在经过初期卖方力量略强于买方力量的进二退一式的波段下跌后，卖力减弱，而买方力量却不断加强，中期时，多空双方力量均衡，此时股价波幅很小，后期买方力量超过卖方，股价上涨，当向上突破颈线时，将出现快速上涨。

在到达圆弧底的顶点之前，股价呈弧形下跌，虽不断创出新低，但跌不了多少就反弹，只是比前一个低点稍低而已，随后下跌到顶点附近时买压加大，低点走平，出现盘局，最后是每波下跌点都略高于前点，把这些短期低点连接起来，就形成了圆弧底。在成交量方面则是逐级增加，表明卖方乏力，当突破颈线时，技术派会加码买进，成交量会稍有放大，个股出现圆弧底。

如图 7–3–3 所示，划线部分圆弧所标处是由数根实体很小的 K 线组成的圆底，其下面对应的成交量明显是地量结构，左侧 K 线由大变小，说明做空力量衰退，出现了多空平衡，右侧 K 线由小变大，说明多方力量不断增强。这只股票的走势就告诉了我们事物的发展是一个有序的渐变过程，此时投资者买入股票，会获得高额利润。

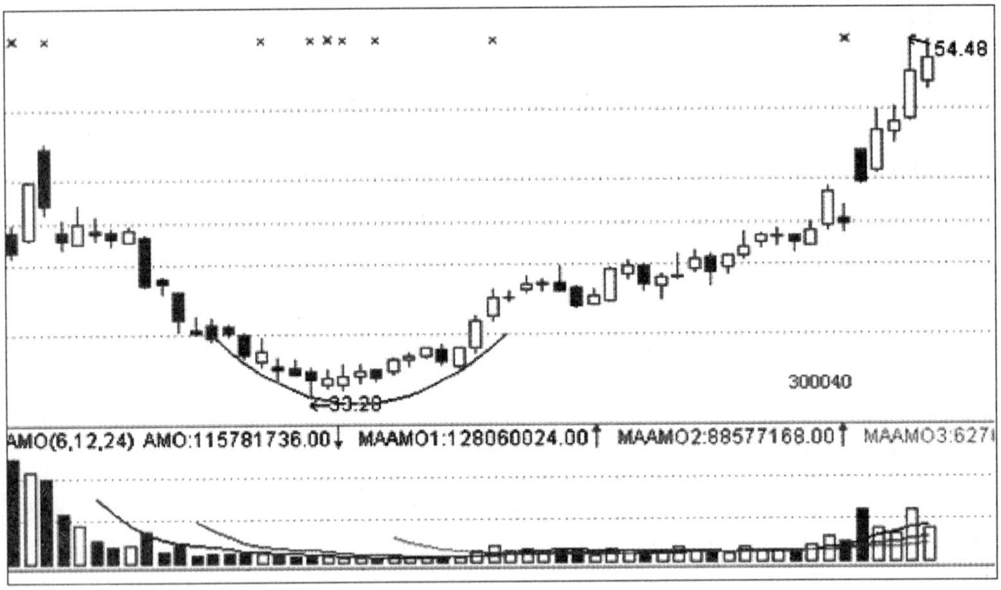

图 7-3-3 圆弧底买进形态

4. 头肩底买进形态

头肩底是较常见的 K 线形状图形，代表市场在逐步改变方向。在底部，当市场力求发起一轮牛市时，必须要有较多的成交量才行，也就是说，要有显著增强的买进推力。这就和我们手里拿着一个物体扔到地上一样，我们无需发力物体就会迅速跌落在地上，但是举起一个物体则是另外一回事，必须要使出力气才能办到。

如图 7-3-4 所示，广聚能源（000096）中出现头肩底形态，投资者如果把握肩底，在肩底买入，将会获利不菲。

头肩底能否形成，可从成交量来研判，最显著的特征是右肩量最大，并且构成的时间比较长。构成左肩部分时，在跌落的过程中成交量显著增加，在左肩最低点上升时，则有削减倾向。接着再次跌落，且跌破前次的最低点，成交量又一次跟着跌落而削减。从头部最低点上升时，成交量又增加。整个头部的成交量来说，较左肩为多。要知道头肩底形状是规范的回转 K 线形状，股价再次上升爬回颈线，并且需求放量冲过才算建立。不过，如果在打破后成交逐步增加，形状也可承认。

图 7-3-4 广聚能源（000096）头肩底

二、K 线卖点

1. 大阴盖阳

如图 7-3-5 所示，以美锦能源（000723）为例。该股股价在较长时间的上涨之后，在高位出现了一根大阴线，这根大阴线将前一日收出的阳线实体全部盖住。

当股价运行在高位区域时，出现这种覆盖走势的形态，必须引起投资者的高度注意，因为股价处在此位置时，一点点的风吹草动，盘中的获利筹码就会一拥而出，从而导致股价出现回落，甚至引发快速下跌。此时，投资者就应该先出局为宜，从而避免股价跌落带来的风险。

股价出现大幅度高涨之后，一旦盘中出现连续性的抛单，反应快的投资者可以果断卖出，这是一个比较好的卖出时机，因为此时股价回落的可能性很大，其风险远远大于收益。一旦股价运行到重要技术位置时收出一根长长的大阴线，特别是在出现放量的情况下，投资者如果没有及时在盘中止盈出局，那么就应该在收盘结束前出局。

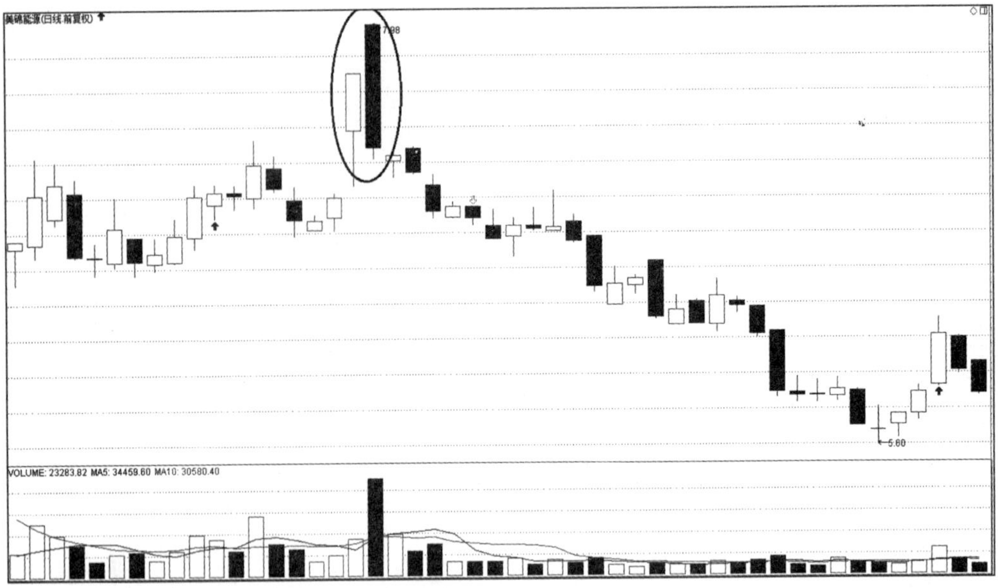

图 7-3-5 美锦能源（000723）大阴盖阳

2. 跳空下降两阴线

如图 7-3-6 所示，华东科技（000727）经过长时间的上涨之后，股价已被大幅度拉高，此时盘中积累了相当多的获利筹码，这些筹码随时有可能一拥而出。随着股价的上涨，做多动能在逐渐衰退，做空力量却在不断增加。连涨之后，该股进入下降通道，出现了连续跳空两条阴线的 K 线形态。

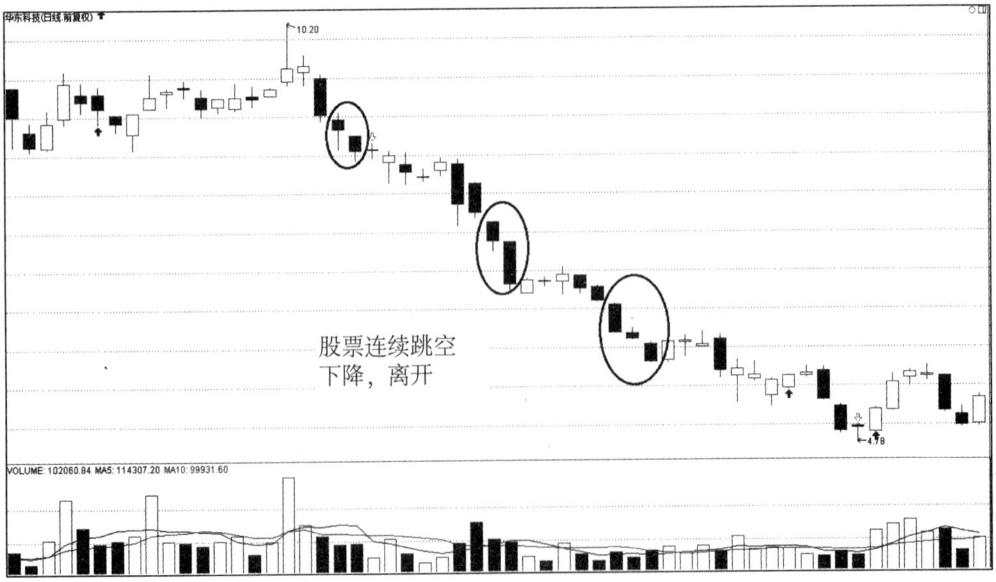

图 7-3-6 华东科技（000727）跳空下降两阴线

出现这种走势，说明场内看空的持股者越来越多，预示股价即将结束上涨行情。在高位区域出现时，还将有可能出现暴跌行情。

投资者遇到这种走势，就应该立即卖出手中筹码，离场观望。哪怕是有所亏损，也应该止损出局。

3. 看跌吞没

看跌吞没出现在上涨趋势中，由两根 K 线组成。第一根 K 线是实体较小的阳线，第二根 K 线是实体较长的阴线，且这根阴线的实体将前一根阳线的实体从上到下全部“吞没”。

如图 7-3-7 所示，中航动控（000738）的股价一路下跌，出现看跌吞没形态，一根大阴线完全盖过前一日涨起来的大阳线，后市看跌。随后股价连续拉出 4 根大阴线，在后来的股市反弹中又遇见了看跌吞没形态，说明空方力量强劲，遇见这种形态赶紧离开。

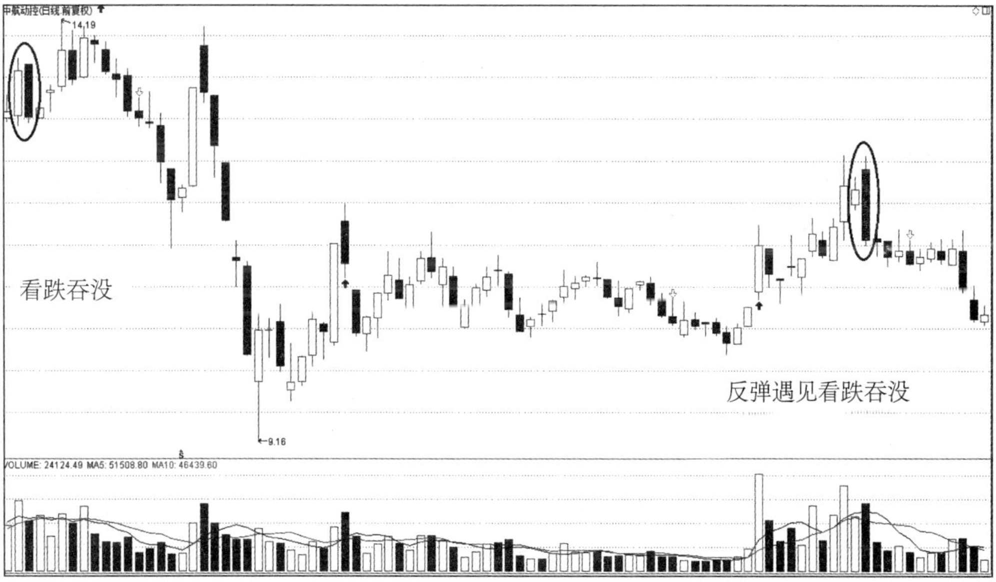

图 7-3-7 中航动控（000738）看跌吞没形态

4. 高位孕线

高位孕线出现在上涨趋势中，由两根 K 线组成。第一根 K 线实体较长，第二根 K 线实体较小，且被包括在第一根 K 线的实体之内。两根 K 线的颜色没有限制。

与低位孕线形态类似，有时候高位孕线会出现多根 K 线组合在一起的“孕育”形态，这是因为后面几根 K 线叠加在一起了。

高位孕线表明市场在高位，多空双方正在进行着激烈的交锋，多方占据优势的局面正在改变，之后股价有较大可能出现一波下跌走势。投资者见到此形态，只要后市不向上突破形态最高点，就要卖出。

如图 7-3-8 所示，以山西三维（000755）为例，股价在高位出现高位孕线，随后股价跳空下降，卖出。

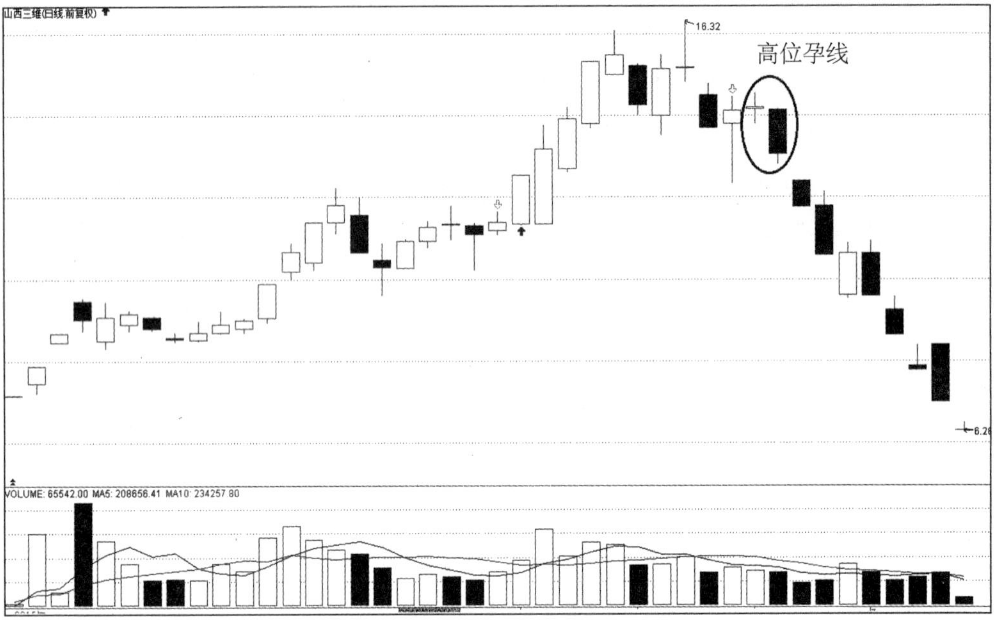

图 7-3-8 山西三维（000755）高位孕线

5. 上吊线

上吊线实际上就是上涨走势中的锤子线，它在上涨走势中一旦出现，就表明本来多方占据优势的局面有较大可能被扭转，之后股价有可能出现下跌走势。

上吊线出现，投资者就要提高警惕，后市股价下跌，就要注意短线卖出。

如图 7-3-9 所示，以中核科技（000777）为例，股价在高位连续出现上吊线，多头力量将耗尽，后市看跌，卖出。

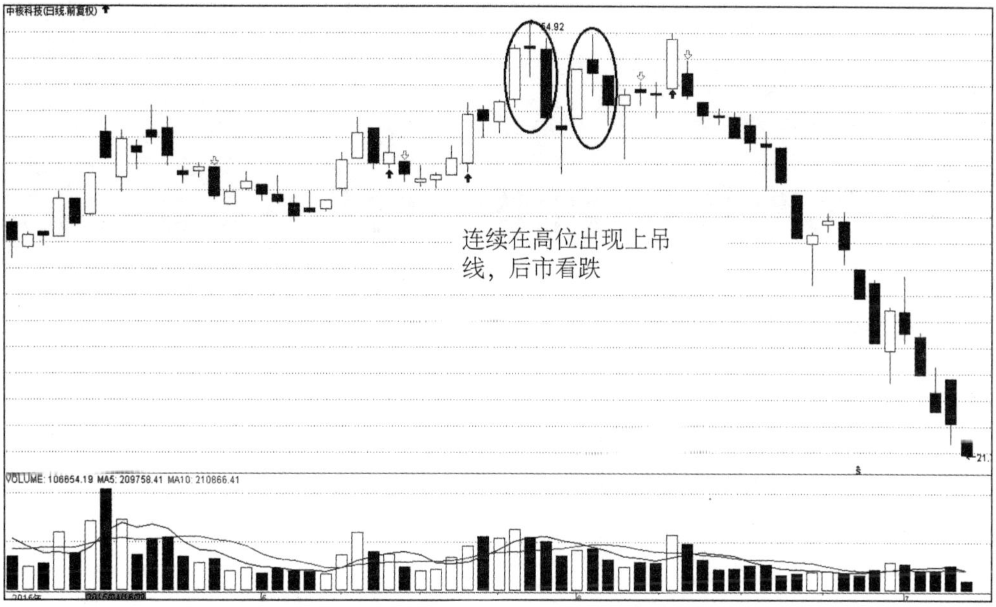

图 7-3-9 中核科技（000777）上吊线

第四节　运用均线找准买卖点

均线是投资者把握大势的重要手段和指标。在实战中，股价相当于船，而均线相当于水，当中长期均线的方向与股价方向相同的时候，进行相应方向的操作，顺水行舟，充分利用移动平均线（即水）的力量，在实战中的意义是非常大的，可帮助投资者更好地把握市场机会，规避市场风险。

一、均线买卖点

（1）上升行情初期，短期移动平均线由下向上突破中长期移动平均线，形成的交叉叫黄金交叉，预示股价将上涨。黄色的5日均线上穿紫色的10日均线形成的交叉，10日均线上穿绿色的30日均线形成的交叉，均为黄金交叉。

（2）当短期移动平均线向下跌破中长期移动平均线形成的交叉，叫做死亡交叉，预示股价将下跌。黄色的5日均线下穿紫色的10日均线形成的交叉，10日均线下穿绿色的30日均线形成的交叉，均为死亡交叉。但是，不是所有的黄金交叉和死亡交叉都是进货点和出货点，原因是庄家有时会进行骗线，尤其是在上升途中或者下跌途中，庄家可能会进行震荡洗盘或震荡出货。此时，黄金交叉和死亡交叉所指示的买卖点是非常不可靠的，这种情况下，投资者应该小心。

（3）在上升行情进入稳定期，5日、10日、30日移动平均线从上而下依次按顺序排列，向右上方移动，称为多头排列，预示股价将大幅上涨。

（4）在下跌行情中，5日、10日、30日移动平均线自下而上依次顺序排列，向右下方移动，称为空头排列，预示股价将大幅下跌。

（5）在上升行情中，股价位于移动平均线之上，呈多头排列的均线可视为多方的防线。当股价回档至移动平均线附近，各条移动平均线依次产生支撑力量，买盘入场推动股价再度上升，这就是移动平均线的助涨作用。

（6）在下跌行情中，股价在移动平均线的下方，呈空头排列的移动平均线可以视为空方的防线。当股价反弹到移动平均线附近时，便会遇到阻力，卖盘涌出，促使股价进一步下跌，这就是移动平均线的助跌作用。

（7）移动平均线由上升转为下降出现最高点，和由下降转为上升出现最低点时，是移动平均线的转折点，预示股价走势将发生反转。

（8）当移动平均线在底部出现双底形态或三重底形态，就是最佳买入时机。而当移动平均线在顶部出现双重顶形态或三重顶形态，就是最佳卖出时机。

（9）移动平均线运行一段时间后，会出现波峰和波谷，这就是转点。移动平均线的转点非常重要，它通常预示着趋势的转变。当一种移动平均线向上运行，无法再创新高，并显示波峰状，即是股价无力创新高并可能转变趋势下行的征兆，这种转点通常又称为卖点。在下跌过程中，移动平均线向下运行，曲线转平并调头时，波谷就出现了，即人们所说的买点。投资者应紧跟移动平均线，及时发现转点（波峰和波谷）来寻找买卖点。

（10）移动平均线简单实用，易于掌握，很受投资者的喜爱，但同时它也有缺点。主要是在股指、股价窄幅整理或庄家进行震荡洗盘时，短期移动平均线会过多，出现买卖信号，这类信号不易辨别，容易造成误导。另外，投资者的持仓成本对了解移动平均线也很重要。

（11）当10日移动平均线由上升移动而向右下方反转下移时，30日移动平均线却仍向右上方移动，表示此段下跌是多头市场的技术性回档，涨势并未结束。

（12）如果30日移动平均线也跟随10日移动平均线向右下方反转下跌，而60日移动平均线仍然向右上方移动，表示此波段回档较深，宜出局观望。

（13）如果60日移动平均线也跟随10日、30日移动平均线向右下方反转下跌，表示多头市场结束，空头市场来临。

（14）盘整时，5日、10日、30日移动平均线会纠缠在一起，如盘局时间延长，60日移动平均线也会与之黏合在一起。

（15）大势处于盘局时，如5日、10日移动平均线向右上方突破上升，则后市必然盘高；如5日、10日移动平均线向右下方下行，则后市必然盘跌。

（16）空头市场中，如股价向上突破5日、10日移动平均线并站稳，是股价在空头市场中反弹的征兆。

（17）空头市场中，如股价向上突破5日、10日移动平均线后又站上30日移动平均线，且10日与30日移动平均线形成黄金交叉，则反弹势必转强，后市有一定上升空间。

（18）空头市场中，如股价先后向上突破了5日、10日、30日移动平均线，又突破了60日移动平均线，则后市会有一波强力反弹的中级行情，甚至空头市场就此结束，多头市场开始。

二、均线格兰维尔法则

（1）移动平均线从下降逐渐走平且略向上方抬头，而股价从移动平均线下方向上突破，为买进信号。

（2）股价在移动平均线上方运行，回档时未跌破移动平均线再度上升，为买进时机。

（3）股价在移动平均线上方运行，回档时跌破移动平均线，但短期移动平均线继续呈上升趋势，此时为买进时机。

（4）股价在移动平均线下方运行，突然暴跌，距离移动平均线太远，极有可能向移动平均线靠近（物极必反，下跌反弹），此时为买进时机。

（5）股价在移动平均线上方运行，连续数日大涨，离移动平均线越来越远，说明买入者获利丰厚，随时都会产生获利回吐的卖压，应暂时卖出股票。

（6）移动平均线从上升逐渐走平，而股价从移动平均线上方向下跌破移动平均线时，说明卖压渐重，应卖出所持股票。

（7）股价在移动平均线下方运行，反弹时未突破移动平均线，且移动平均线跌势减缓，趋于水平后又出现下跌趋势，此时为卖出时机。

（8）股价反弹后在移动平均线上方徘徊，而移动平均线却继续下跌，宜卖出所持股票。

第五节　运用形态找准买卖点

形态是多种多样的，不同的形态代表着未来不同的行情。掌握各种形态的含义，也就掌握了获利的机会。

一、经典买入形态

K线形态反映了多空双方力量的变化，上涨形态说明多方已经或者即将占据优势，下跌形态说明空方已经或者即将占据优势，但并不代表股价的最终走势。

1. 低位锤形线

形态介绍：上涨形态。一般在下跌趋势中出现下影线较长上影线较短的K线形态，形状如一把锤子，称为低位锤形线。如图7-5-1所示。

图7-5-1 低位锤形线

买入参考位：锤形线出现次日，若能确定收盘价能够越过锤形线实体，则构成买点。

止损参考位：锤形线最低点。

2. 低位倒锤形线

形态介绍：上涨形态。一般在下跌趋势中出现下影线较短而上影线较长的 K 线形态，形状如一把倒着的锤子，称为低位倒锤形线。如图 7–5–2 所示。

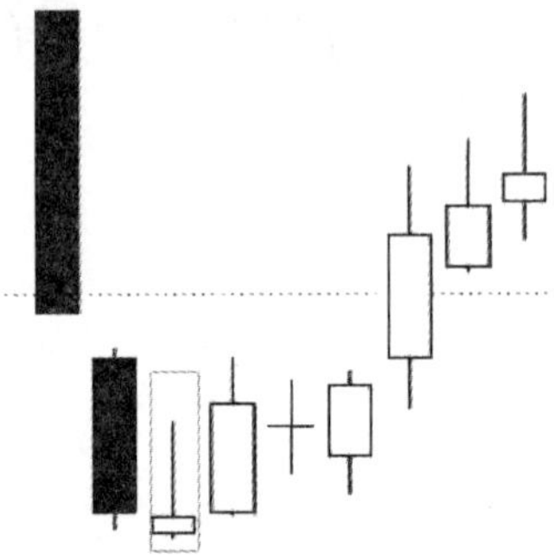

图 7–5–2 低位倒锤形线

买入参考位：倒锤形线出现次日，若能确定收盘价能够越过锤形线实体，则构成买点。

止损参考位：倒锤形线最低点。

3. 低位十字星

形态介绍：上涨形态。一般在下跌趋势中出现上影线和下影线均较长的 K 线，形状如一颗十字星，称为低位十字星。如图 7–5–3 所示。

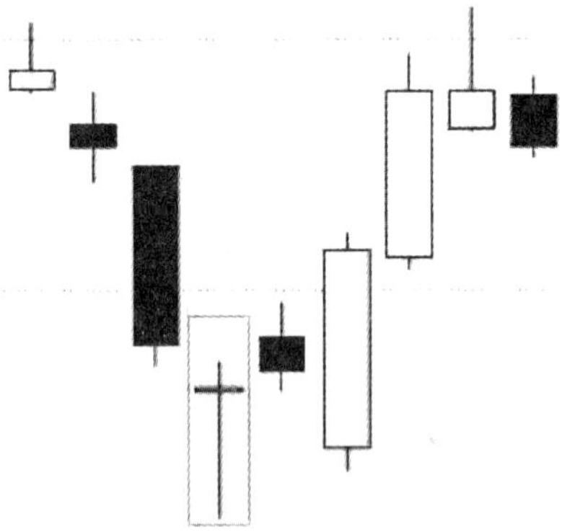

图 7–5–3 低位十字星

买入参考位：低位十字星出现次日，若股价上涨越过十字星实体，则构成买点。

止损参考位：十字星最低点。

4. 看涨捉腰带

形态介绍：上涨形态。一般在下跌趋势或盘整趋势中出现的开盘价基本处于当日最低价，没有影线或影线极短，且实体较长的 K 线形态，称为看涨捉腰带线，又称为开盘光脚阳线。如图 7–5–4 所示。

图 7–5–4 看涨捉腰带

买入参考位：看涨捉腰带线出现次日，若股价未创新低，则构成买点。

止损参考位：捉腰带线最低位。

5. 低位螺旋桨

形态介绍：上涨形态。在下跌趋势中，出现一根带有较长的上下影线小阴线或小阳线，形状如螺旋桨，称为低位螺旋桨。如图 7–5–5 所示。

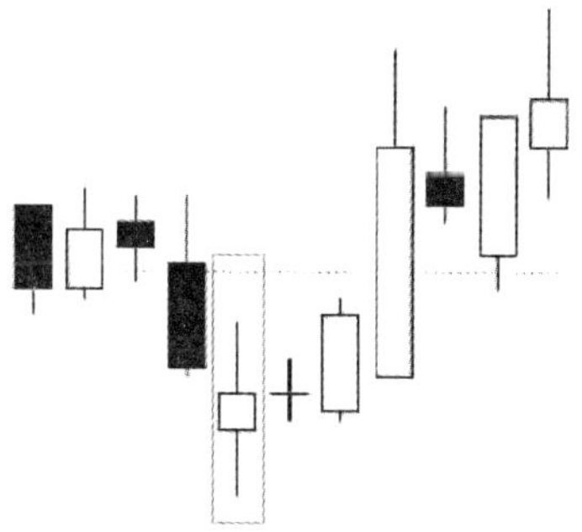

图 7–5–5 低位螺旋桨

买入参考位：低位螺旋桨线出现次日，若股价上涨越过螺旋桨实体，则构成买点。

止损参考位：螺旋桨线最低位。

6. 启明之星

形态介绍：上涨形态。在一根实体较长的阴线之后，出现一根实体向下低开的星线，之后是一根阳线，此阳线的实体上端进入第一根阴线的实体之内。这三根 K 线构成的形态，称为启明之星，或早晨之星。如图 7–5–6 所示。

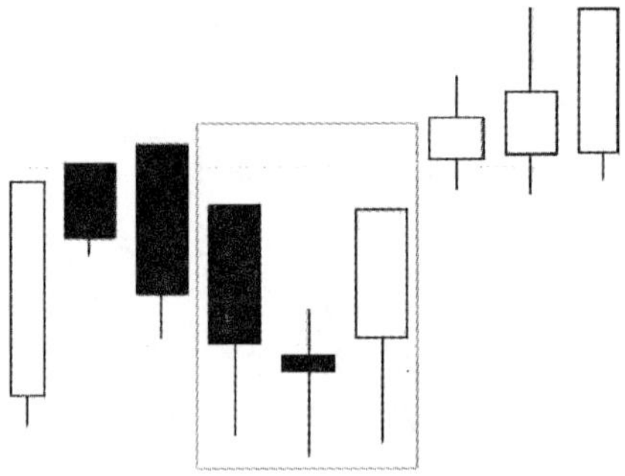

图 7–5–6 启明之星

买入参考位：星线出现次日，若股价继续上涨越过前根阳线实体，则构成买点。

止损参考位：星线最低位。

7. 看涨吞没

形态介绍：上涨形态。在下跌趋势中，出现前阴后阳的两根 K 线，第二根 K 线实体吞没了第一根 K 线的实体，完全将第一根实体包住，这两根 K 线形成的组合称为看涨吞没。如图 7–5–7 所示。

买入参考位：看涨吞没形态出现次日，若能确认股价不跌破形态最低点，则买点出现。

止损参考位：形态最低点。

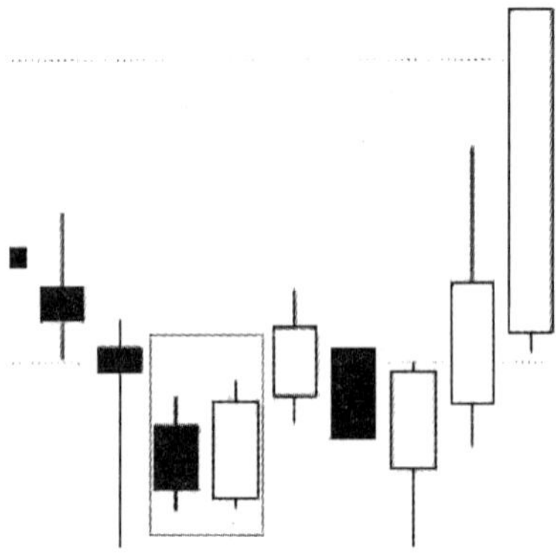

图 7–5–7 看涨吞没

8. 曙光初现

形态介绍：上涨形态。在连续下跌的行情中，在一段下跌过后收出一根大阴线，之后由一根大阳线收在阴线的二分之一处上方，意为多头发力，但并未完全占据优势，此种形态被称为曙光初现。如图 7-5-8 所示。

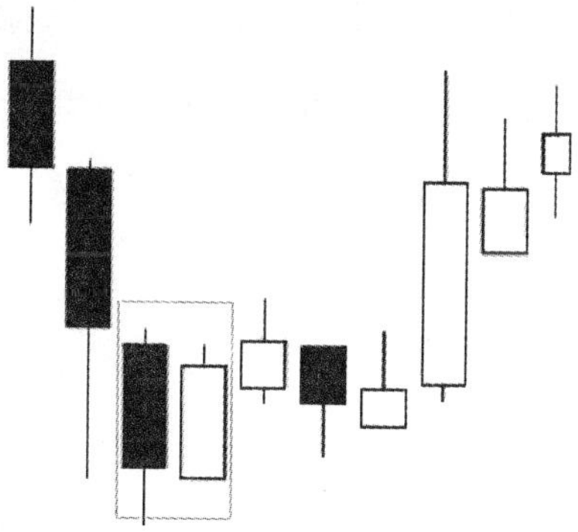

图 7-5-8 曙光初现

买入参考位：曙光初现形态出现次日，若能确认股价不跌破形态最低点，则买点出现。

止损参考位：形态最低点。

9. 平头底部

形态介绍：上涨形态。在一轮下降趋势中，两根 K 线有相同的最低价，意味着行情探低见底，股价将反转上升。此种形态称为平头底部，是较好的短线小幅加仓补仓机会。如图 7-5-9 所示。

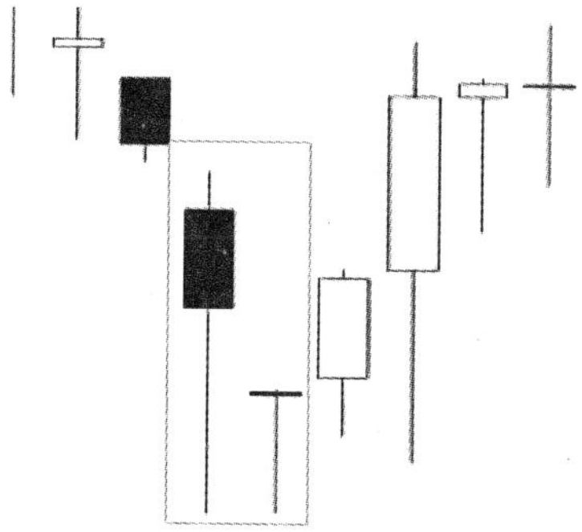

图 7-5-9 平头底部

买入参考位：平头底部形态出现次日，若股价继续上涨并越过前根 K 线的实体，则买点出现。

止损参考位：形态最低点。

10. 旭日东升

形态介绍：上涨形态。在下跌趋势中，出现一根中阴线或大阴线，紧接着出现一根高开的中阳线或大阳线，阳线的收盘价高于阴线开盘价，意味着多头力量较强，此种形态称为旭日东升。如图 7-5-10 所示。

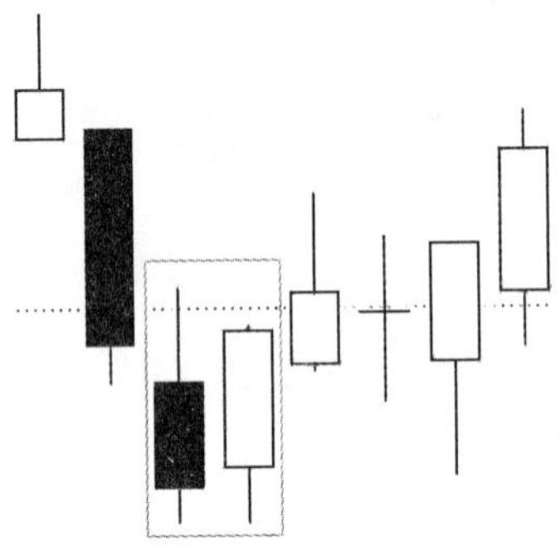

图 7-5-10 旭日东升

买入参考位：旭日东升形态出现次日，若股价继续上涨并越过前根 K 线实体，则买点出现。

止损参考位：阴线最低点。

11. 阴孕十字线

形态介绍：上涨形态。在下跌趋势中，出现一根中阴线或大阴线，紧接着出现一根包含在前一根阴线实体之内的十字星线，此种形态称为阴线孕十字线，又称为十字怀胎。如图 7-5-11 所示。

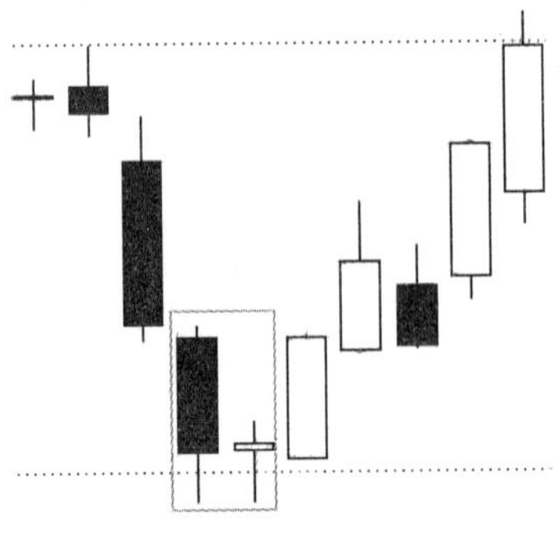

图 7-5-11 阴孕十字线

买入参考位：阴线孕十字线出现后，次日若股价继续上涨并越过十字线实体，则买点出现。

12. 多方炮

形态介绍：上涨形态。在上涨或下跌趋势中，出现一根中阳线或大阳线，紧接着出现一根实体孕育于阳线实体内的阴线，在阴线之后，又出现一根将阴线完全包住且成交量放大的阳线，这三根 K 线形成的组合称为多方炮，即两阳夹一阴。如图 7-5-12 所示。

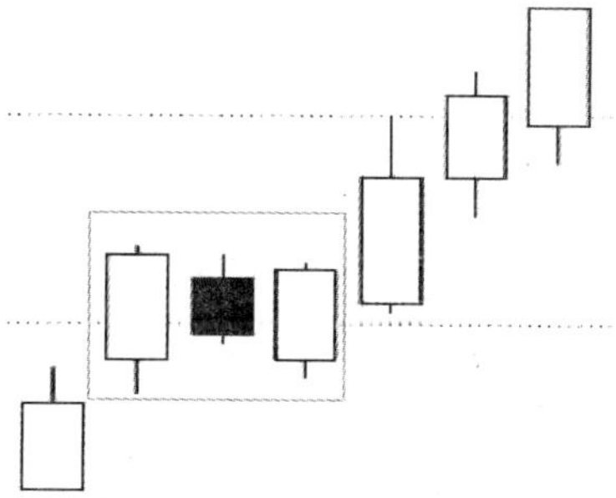

图 7-5-12 多方炮

买入参考位：多方炮形态出现后，次日股价继续上涨并越过第三根阳线实体，则买点出现。

止损参考位：第三根 K 线最低点。

13. 上升三法

形态介绍：上涨形态。上涨趋势中，放量出现一根中阳线或大阳线后，出现三根小实体 K 线，其实体位于第一根阳线实体之内，之后又出现一根高开阳线，其收盘价高于第一根阳线的收盘价。此种形态组合称为上升三法。如图 7-5-13 所示。

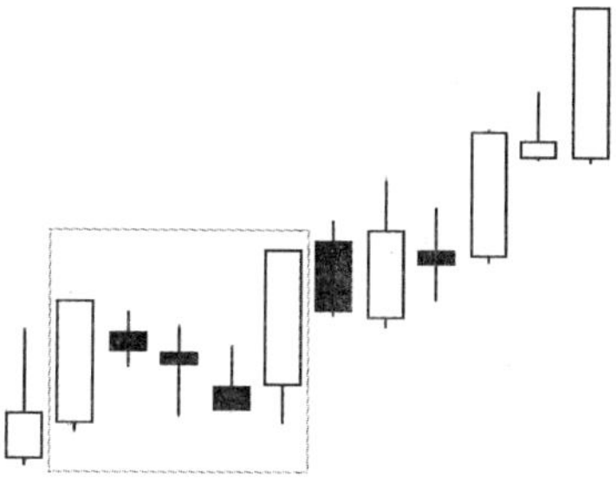

图 7-5-13 上升三法

买入参考位：上升三法形态出现后，次日股价一旦能够确认不会跌破前根 K 线最低价，则买点出现。

止损参考位：该形态的最低点。

14. 红三兵

形态介绍：上涨形态。在上涨或下跌趋势中，连续出现的三根小阳线，实体和影线均较短，且没有出现跳空高开的情况，预示着后势行情看涨，这三根 K 线的组合被形象地称为红三兵。如图 7-5-14 所示。

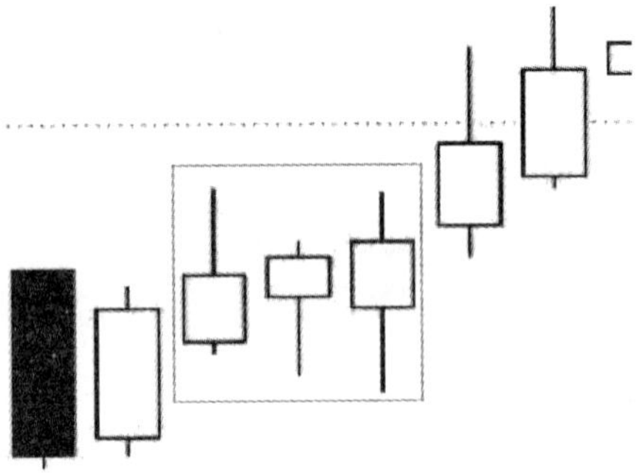

图 7-5-14 红三兵

买入参考位：红三兵形态出现次日，若股价继续上涨并越过第三根小阳线的实体，则买点出现。

止损参考位：第一根阳线的最低点。

15. 下跌尽头线

形态介绍：上涨形态。在下跌趋势中，出现一根带长下影线的阴线，紧接着出现一根小 K 线，第二根 K 线的实体及阴线完全处于前根 K 线的长下影线之内，此时意味着下跌行情可能发生反转，被称为下跌尽头线。如图 7-5-15 所示。

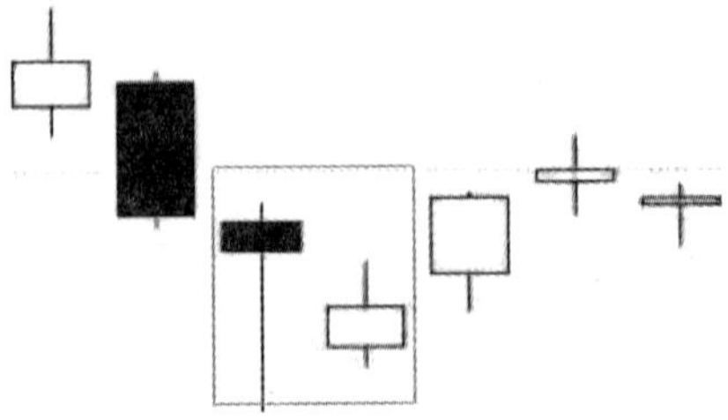

图 7-5-15 下跌尽头线

买入参考位：下跌尽头线形态出现次日，若股价继续上涨并越过前根 K 线实体，则买点出现。

止损参考位：长下影阴线的最低点。

16. 三阳开泰

形态介绍：上涨形态。通常在上涨行情初期，连续出现三根中阳线或大阳线，每一天的最高价都高于前一天的最高价，每一天的最低价都高于前一天最低价，且成交量放大，一般为加速进场的信号，此种 K 线形态称为三阳开泰。如图 7–5–16 所示。

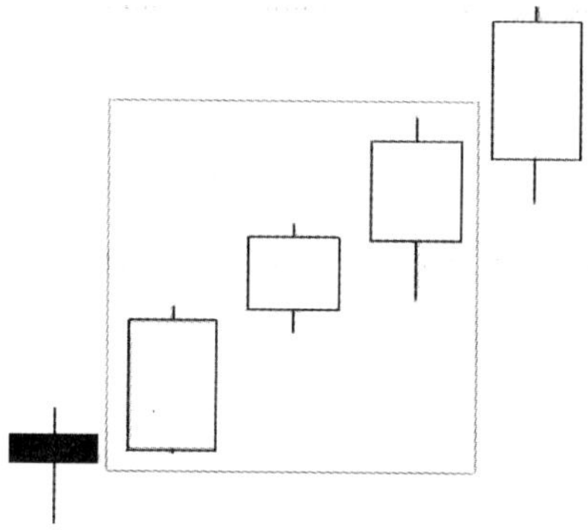

图 7–5–16 三阳开泰

买入参考位：三阳开泰形态出现次日，若股价继续上涨并越过前根 K 线实体，则买点出现。

止损参考位：第一根阳线的最低点。

二、经典卖出形态

1. 上吊线

上吊线实际上就是上涨走势中的锤子线。它在上涨走势中一旦出现，就表明本来多方占据优势的局面有较大可能被扭转，之后股价有可能出现下跌走势。

上吊线出现，投资者就要提高警惕，一旦后市股价下跌，就要注意短线卖出。

如图 7–5–17 所示，以太原刚玉（00795）为例，2013 年 1 月 24 日，在经过一波上涨走势后，在高位出现上吊线，表明下跌动能较强。第二天，股价形成一根大阴线，投资者要注意及时卖出股票。上吊线在走势图中极为常见，多与其他 K 线一起，构成 K 线看跌组合。

图 7-5-17 太原刚玉（00795）上吊线

2. 黄昏星

黄昏星形态与启明星正好相反，它出现在上涨走势途中，由三根 K 线组成，第一根是阳线，第二根是十字线，第三根是阴线，第三根 K 线实体深入到第一根 K 线实体之内。

如图 7-5-18 所示，以四川九洲（000801）为例，股价在高位出现黄昏星，表

图 7-5-18 四川九洲（000801）黄昏星

明市场下跌动能已经占据优势，后市将很有可能出现下跌，投资者要注意积极卖出。之后该股持续下跌，第二天股价继续下跌，卖出，没有卖出的投资者将损失惨重。

黄昏星形态是较为强烈的看跌信号，它表明下跌动能在经过十字线的搏斗之后已经战胜了上涨动能，后市看跌。投资者一旦发现该形态，要及时卖出。

3. 看跌吞没

看跌吞没出现在上涨趋势中，由两根 K 线组成。第一根 K 线是实体较小的阳线，第二根 K 线是实体较长的阴线，且这根阴线的实体将前阳线的实体从上到下全部“吞没”。如图 7-5-19 所示。

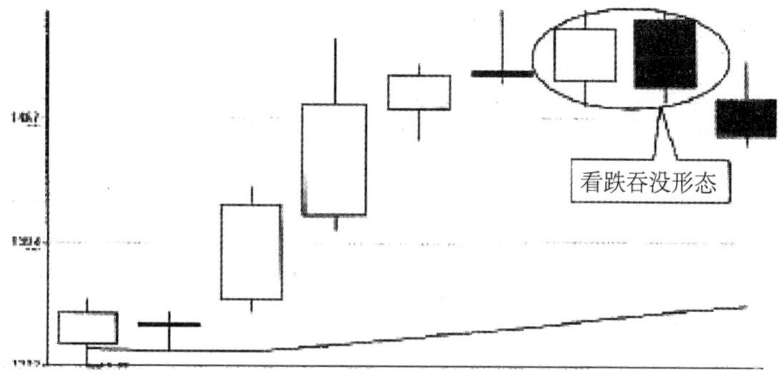

图 7-5-19 看跌吞没

看跌吞没形态是强烈的看跌信号。该形态中阴线实体完全吞没了阳线实体，说明下跌动能已经完全占据优势，股价接下来有较大可能出现一波跌势。投资者要注意把握卖出机会。

第六节　运用技术指标找准买卖点

找买卖点的方法有很多，运用技术指标找买卖点是其中重要的方法之一。通过科学合理分析后的技术指标能够准确地捕捉当前股市行情，及时发出信号，帮助投资者作出正确的决策。

一、买卖点利器周线 KDJ 指标

对于喜欢做波段行情的投资者来说，周线 KDJ 指标是一件利器。应用要点如下。

1. 充分重视周 KDJ 中的 J 线

被许多人忽视的周 KDJ 中的 J 线对股价的反应最为敏感，而且较为准确，投资者要充分重视。

（1）周 J 线在 0 值以下勾头向上且收周阳 K 线时，机会“女神”便会降临，可分批买入。股价在 60 周均线上方运行的多头市场更是如此，如图 7-6-1 所示。

图 7-6-1 天邦股份（002124）走势图

（2）股价在 60 周均线下方运行的空头市场，周 J 线经常会在 0 值下方钝化，此时，不要马上采取买入行动，而是要耐心等待周J线勾头向上且收周阳线方可买入，如图 7-6-2 所示。

图 7-6-2 爱建集团（600643）走势图

（3）周 J 线上行到 100 以上勾头向下且收周阴 K 线时，死亡之恶魔就现身了，要警惕顶部出现，应先行减仓。股价在 60 周均线下方运行的空头市场更是如此，如图 7-6-3 所示。

图 7-6-3 浙江东方（600120）走势图

（4）股价在60周均线上方运行的多头市场，周J线在100以上经常会出现钝化，此时，不要马上采取卖出行动，要耐心等待周J线勾头下行且收出周阴K线，方可采取卖出行动。

2. 周KDJ中的J线在0值下方上行与周KD线金叉

周KDJ中的J线在0值下方上行与周KD线金叉时，一波中级行情便会产生。若此时日线KDJ也金叉，要果断买入。若日线KDJ死叉，则要等日线KDJ下行调整也金叉后方可介入，以免短线套牢。周J线在0值下方上行与周KD线金叉后，周J线一般都会上行到100以上，强势市场还会在100以上钝化。期间也会有周阴K线出现，那只是上升行情中的调整。周J线这一特征，为研判沪深两市波段性顶部出现提供了量化依据。

3. 周KDJ中的J线在100上方下行与周KDJ线死叉

周KDJ中的J线在100上方下行与周KDJ线死叉后，一波中级调整便会发生。若此时日线KDJ也在高位死叉，要果断卖出。若日线KDJ金叉，也只是短线反弹，待日线KDJ也死叉时要果断卖出。周J线在100上方下行与周KD线死叉后，周J线一般都会下行到0值以下，弱势市道不会在0值下方钝化。其间也会有周阳K线出现，那只是下跌行情中的反弹。周J线这一特征，为研判沪深两市波段性底部出现提供了量化依据。这种方法主要适用于空头市场。

4. 周线KDJ中的KD两线底背驰后金叉

周线KDJ中的KD两线底背驰后金叉是绝对的买入信号。周线KD线底背驰后的上升行情比没有底背驰只是超卖后的上升力度要强。这种情况，1996年以来，沪市只发生过4次，信号可靠。应用周线KDJ时要记住：严重超卖的反弹，底部背驰才劲升。

5. 周期共振

应用周线KDJ时还要结合月线KDJ，处理好四种关系。

（1）周线、月线KDJ共振金叉是劲升的大机会，要把握住。

（2）月线KDJ金叉，周线KDJ死叉时，原则上要离场，待周线KDJ金叉时再买入。

（3）月线KDJ死叉，周线KDJ金叉时，是有力度的反弹，可适量介入。

（4）月线KDJ、周线KDJ均死叉时，要全线离场，等待新机会。

二、趋势利器 DIFF

和 KDJ 不同，MACD 是一个趋势指标，KDJ 强调的是拐点，但 MACD 在关注趋势转变的同时，也兼具了监测趋势发展的作用，可以说和 KDJ 配合起来使用，是比较经典的组合。

MACD 是对均线进行了优化的一种指标，所以要多从均线的角度对其进行理解和分析。

研究一个指标，一定要从以下几个方面来看：高位、低位、多空平衡点、背离、周期共振等。天下指标是一家。

1.0 轴，重要的多空分界线

上了 0 轴的股票说明了一个事实，那就是它已经由弱转强了，完成了趋势的扭转。事实上，MACD 上 0 轴的过程，就是股价站上均线的过程。因为大家不要忘记，MACD 的设计思路就是对均线的一个平滑优化。细心的朋友可能会发现，MACD 和 0 轴的关系与股价和 MA60 的关系大体一致。MA60 压在头顶上当然操作起来会很不爽，所以在 0 轴之上根据 MACD 进行操作，相当于在一个均线发散多头的市场中赚钱，风险将大大降低。

举例：上证指数（999999）MA60 与 MACD 关联性及趋势的多空与 0 轴的关系，如图 7-6-4 所示。

图 7-6-4 上证指数（999999）走势图

引入了 MA60 的概念，接下来的概念将不难理解。

（1）0 轴的引力与弹力。

就是在多头趋势中，经历了一波上涨之后，DIFF 线往往会有一个向 0 轴回调的过程，这个过程也可以用均线的引力来解释，对应均线的乖离过大，需要一个靠近均线的过程，所以说回调 0 轴的过程就是靠近均线的过程。

（2）0 轴上平飞。

一般能在 0 轴上平行前进，不管怎么波动一般不轻易下 0 轴的股票，都是大牛股。反映到均线上来说，就是一直在 MA60 上运作，如图 7-6-5 华谊集团（600623）所示。

图 7-6-5 华谊集团（600623）走势图

2. 中短线风向标

DIFF 具有绝佳的趋势追踪能力，能够大大增强短线持股者的持股能力。做到手中有股，心中不慌。那它到底为何这么神奇呢？又是怎么神奇的呢？谜底马上揭开：那就是 DIFF 的方向代表着短期的价格走势方向！

举例：皖新传媒（601801）在 0 轴的吸引下进行了回探之后，走出了强劲的走势，在 DIFF 线方向的指引下，短期获利 100%，如图 7-6-6 所示。

图 7-6-6 皖新传媒（601801）走势图

第七节　运用波浪理论找准买卖点

艾略特波浪理论是股票技术分析的著名理论之一。该理论认为市场走势不断重复一种模式，每一周期由5个上升浪和3个下跌浪组成。这个理论的前提是，股价随主趋势而行时依五波的顺序波动，逆主趋势而行时则依三波的顺序波动。

一、波浪理论的原理

一般来说，强势股的第一波大多是消息刺激而起，游资敢死队只是借势进场而已，也是最不稳定的一波行情，在这段行情里，股市主力尚未进入，股市的发展处于初始阶段。真正的大行情出现在敢死队洗盘后的主升浪，尤其出现在第3浪这个阶段，这时股市主力也已介入，股市发展前景较为明朗，股价涨幅巨大，涨势强劲。到第5浪时，已达到整个股市的顶端，渐渐出现形态反转的趋势，这时投资者就要慎重了，不要看见股价一路上涨还继续跟进，那样很有可能被套牢，这与艾略特的波浪理论是一脉相承的。

二、波浪理论的运用

艾略特认为完整的行情是有5浪上升、3浪下跌组成的。其中，5浪上升中，第2浪、第4浪为调整浪，如果第2浪复杂调整，则第4浪应简单调整；如果第2浪简单调整，则第4浪必定复杂调整。艾略特波浪理论认为，第3浪一般是最长的浪，是市场方向最明确的浪，第3浪往往构成一波上涨行情的最大涨幅，而第1、2浪往往是行情开始的阶段，难以形成巨大动力，并且也不适合进入，因此第3浪是我们良好的买入点和可以追涨的一个契机。如图7-7-1所示。

前面我们分析了调整形态，艾略特基本浪形结构分为八个大浪，而且循环往复，a、b、c三浪调整结束后，就是上升的五个波段。因此准确划分出三浪调整结构后可以帮助投资者捕捉黑马。事实上，上升5个波浪也能捕捉到黑马，在上升5个浪

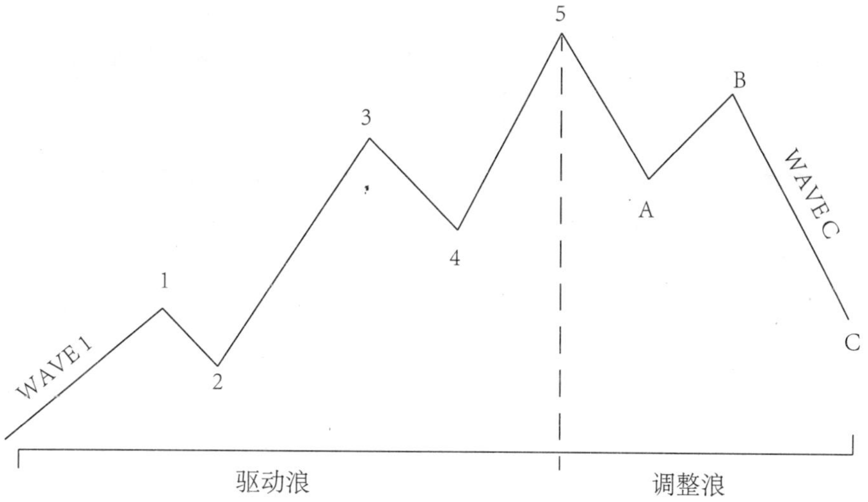

图 7-7-1 波浪理论示意图

中，1、3、5 浪是推进波，2、4 浪是修正波，要想掌握利用第 3 浪捕捉黑马的秘决，首先应熟悉 1、2、3 浪的特征。

第 1 浪的特征：据粗略估计，至少半数情况下第 1 浪都在底部运动。由于是跌市，第 1 浪呈结构性上升，成交量和幅度稍有增长。众多投资者认为整个市场下降成为定局，因此很明显有大量的短线抛盘。

第 2 浪的特征：2 浪通常回吐 1 浪的全部或大部分的上涨过程。而且正是因为 2 浪能够在 1 浪的底部企稳，才构成了许多传统的图表形态，如双重底或三重底、头肩底等。

第 3 浪的特征：3 浪通常是最长的，也是最猛烈的一浪。第 3 浪通常伴有很大的成交量，并且价格运动也常常产生一系列的延长波。第 3 浪中又出现第 3 浪，股价跳空向上，交投旺盛。第 3 浪出现时，它的市场特性为正确数浪以及捕捉黑马提供了良好的依据，因此可以在股票的第 2 浪结束时介入。结束的标志是成交量萎缩到极小，多项指标显示超卖状态。此时如果再出现一根放量的中阳线，更可以确认为买点。

如图 7-7-2 所示，以厦门港务（000905）为例。股价在最初的底部整理后，开始拉升，形成了第 1 浪，虽略有下降但仍在爬升中，随后，第 2 浪到来，回吐第 1 浪的股价，股价有所回落。在接下来相当长的一段时间里，股价进入了起起伏伏的攀爬阶段，也是股价涨幅最大的阶段。股价进入第 3 浪，此时是最稳定的买入点，成交量放大，股价攀升，股价达到阶段最高点。但随着多方力量的耗尽，空方力量的积蓄，多方无力继续抬升股价，上升势结束，股价进入下跌势。在下跌势中，虽然股价有时依旧反弹涨幅高，但随后就又下跌下去，如果投资者在进入下跌势前没有及时出局而被套，此时就是最好的逃命时机。因为反弹过后，股价将进入很大跌幅的跌势中。

图 7-7-2 厦门港务（000905）

三、波浪理论分析要点

（1）股价启动第一浪，最好有涨停板。如果此浪力度太小，第二浪很容易陷入复杂调整。

（2）在第二浪中，股价回撤整理，回踩 MA10，此时必须缩量。缩量说明是大资金在洗筹，控盘度较高。

（3）第二浪进入尾声，MA10 往上翘，与 MA20 金叉，如无金叉，说明上升力度很小，出现第三浪的概率很低。

（4）如果股价跌破 MA10，或者调整时放量，或者放量跌破 MA10，则止损出局。

第八节 运用共振找准买卖点

股市中常提到的共振，简单地说，就是5分钟图出现技术指标超卖，底背离，同时15分钟图也出现底背离，30分钟、60分钟、日线图都出现底背离，这时形成共振效应，引发的反弹会更强烈。日线图、周线图、月线图如果形成共振，效果则更强，反之，如果共振下跌，也会跌得更猛。也就是股市多种指标出现一种共同运动和振动，这种共同运动和振动建立在相同的时间、相同的价格、相同的空间、相同的成交量、相同的形态基础之上，从而让人掌握股市的涨跌趋势规律，从中套利。

于是，股市中有了“共振派”，即不求力量，不求速度，而善于捕捉能促使共振的“频率”。如“青岛海尔”启动，被主力当作试盘的对象来寻求共振的频率，在大盘创新低过程中，其作为低价绩优股的代表，倔强地向上盘升，市场从迷惑到关注，主力发现“临界点”已接近。“四川长虹”则被作为共振的频率进行调试，当其走至颈线位10元附近，已引起市场的亢奋，产生共振现象的初期症状——大盘的日成交量从地量区域的警戒线8亿回升至20亿。共振现象的中期症状即是产生有力度的攻击波，能否形成往往就看该频率是否是真的共振频率。

一、三点共振

也就是大盘的买点、板块热点、龙头股的买点，此三者同时发出买入信号，三点同时共振合一则称之为“三点共振”。使用“三点共振”法捕捉热点板块的龙头个股，可达到非常好的效果。三点共振的特点就在于抛弃了传统的以单一指标定式选股的操作方式，而主要采用板块分析的方法，辅以指标分析。由于它始终以板块分析为中心，紧紧把握住了市场的阶段热点、资金流向，因此不论是过去、现在还是将来，三点共振都在很大程度上揭示了市场的事实和本质，客观地反映了市场的阶段状态和趋势，可以说三点共振是散户战胜股市、战胜主力庄家获取利润最大化的高效、具体而简单实用的操作方法，是每个股民都应该了解的炒股技能和知识。

中国股市是一个资金推动型的市场，资金流入股市上涨，资金流出则股市下跌。

资金的流动是股市循环涨跌的直接动因，而伴随着每次阶段性的行情涨升，都会有一个炒作热点、主线，即板块热点，这是市场的主流资金——（短中长线）热钱介入的结果。另外，不论是短线或中线，大盘的每一次阶段性的反弹或启动，最先反弹或启动的热点板块及板块龙头肯定是涨幅最大的，在热点板块的领涨示范效应下，其他板块及个股也随之跟风反弹或启动上涨，但涨幅有限，呈现依次递减的现象，因此热点板块及板块龙头对大盘指数上涨的贡献度是最大的，其他跟风板块或个股则相应依次递减。而经过炒作后，随着活跃的主流资金从热点板块的逐渐退出，一波（短中长线）行情也就宣告结束。

二、周期共振的条件

（1）一般来说，好股票总是在多个周期上显示同步向上的，只有多周期同步的股票才具备向上的最大爆发力，而各周期如果相互冲突，则各周期间的力量将相互抵消。

（2）大周期决定小周期，上一级周期对下一级周期具备控制的作用。例如，周线图如果趋势向上，即使日线图趋势往下，也只是反映了打压、回调，不一定是中期下跌趋势，只有周、日线图同步向下才是中期下跌趋势。当然，使用过程中仍需要结合多种技术手段，例如均线、形态、动能、指标等。

第九节 运用背离找准买卖点

MACD 背离的一般形式：股价与黄白线（DEA/DIFF）的背离，股价与红绿柱的背离。

背离的本质是量能的衰竭。虽然价格还在上涨，但是速率或者说加速度开始放缓了，力度不如过去了。如果不看指标，只看图形，我们所要找的是趋势，而指标则给了我们除了趋势之外，价格之外的核心，那就是加速度。提醒大家，背离不能代表趋势会立即停止，它只是一个现象、一个提示、一个信号：趋势放缓，有可能会停止。一般来说，本周期的背离会引发本周期的一波反弹、回调，比如日线周期产生了底背离后，一般会产生一波日线级别的上涨；周线周期产生底背离以后，一般会产生一波周线级别的上涨，那么我们就可以在大周期上涨趋势的情况下，在小周期里面寻找股价回调时的买点（即大周期与小周期股价走势的短暂背离），这样就需要引入周期共振的概念。

根据背离的本质属性来说，当股价产生背离以后，量能衰竭到了极点，之后很容易引起相反力量的成功反击（底背离以后多方很容易拉升股价；相反，当顶背离产生以后空方也很容易打压股价），因此股价很可能扭转前期的走势，股价上 / 下行受到综合因素的影响，不可能一帆风顺，总是可能产生波段的走势，因此在大周期产生背离以后，小周期寻找买卖点就是在波段走势当中寻得，再配上类似止盈止损策略这种抓波段的指标，获利风险会大大降低。

一、价格与指标的背离

指标背离，通常分为顶背离和底背离，预示市场走势即将见顶或者见底。在几乎所有的技术指标功效中都有背离提示作用的功能，其中技术指标有 MACD、RSI 和 CCI 等，它们使投资者可以用这些指标的背离功能来预测头部的风险和底部的买入机会，但在选择的时间参数上应适当延长。

顶背离，如图 7-9-1 所示，以掌趣科技（300315）为例，便出现了指标顶背离，

MACD 指标已经走低，而股价却依旧走高，投资者如果依旧无视指标的提示而追涨，必将在不久后的大跌中损失惨重。

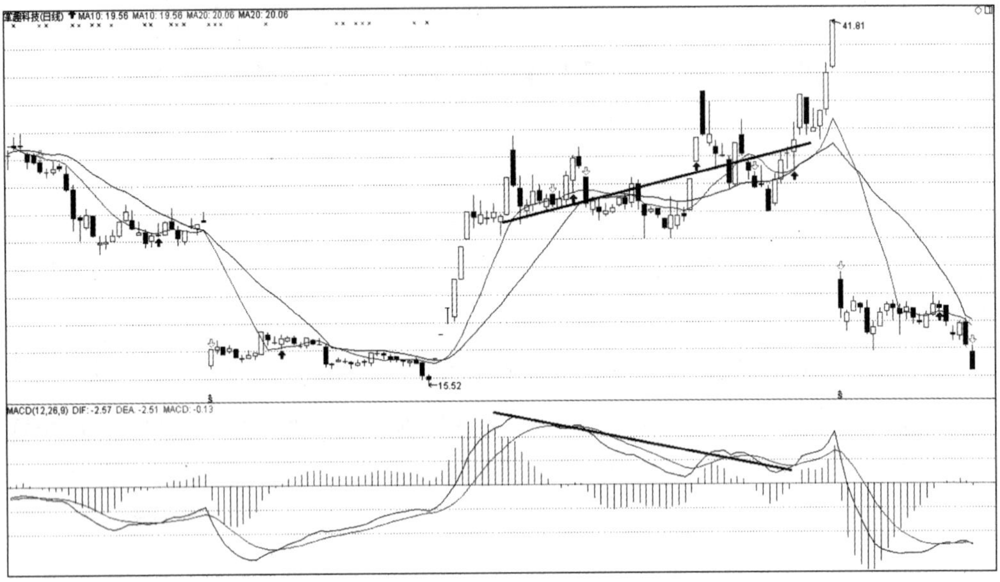

图 7-9-1 掌趣科技（300315）指标背离

底背离，如图 7-9-2 所示，以三圣特材（002742）为例，股票在 2015 年 9 月异常活跃，一反以前的颓势，然而股价仍持续下降，股价和成交发生背离，后市看涨。

图 7-9-2 三圣特材（002742）指标背离

二、红绿柱的背离

如图 7-9-3 所示，以世龙实业（002748）为例，股票在一段爬升之后，拉出了两个涨停板，第二天股价高开，收出一根带长上影线的阴线，此时的 MACD 红柱却没有继续放大，与前一波 MACD 的红柱相比，出现红柱长度的背离。

图 7-9-3 世龙实业（002748）红柱背离

三、面积的背离

顶背离，如图 7-9-4 所示，以汉鼎股份（300300）为例。在股价开始的一段行情中，成交量激增，随后股价上涨，在股价涨幅最高的区间，成交量反而非常小。随后股价开始下跌，成交量反而达到最大，出现背离。

图 7-9-4 汉鼎股份（300300）面积背离

第八章

盯盘与跟庄

盯盘是炒股的一个重要阶段，通过观察买卖盘挂单在一天内的变化，就能了解该股主力的想法，是拉升还是在底部吸筹，是震荡洗盘还是准备出货。通过盯盘尽可能地了解庄家的动态，跟随庄家的脚步，做出适合自己的调整。

第一节　分时图：看清每笔成交明细

通过分时图，可以看清每笔成交明细，成交多少笔，成交量多大，是卖出的多还是买进的多，这是炒股要观察的最基本的内容。

一、认识分时图

分时图是指大盘和个股的动态实时（即时）分时走势图，其在实战研判中的地位极其重要，是即时把握多空力量转化即市场变化的根本所在。

以下是分时图的几条常用曲线。

（1）白色曲线：表示大盘加权指数，即证交所每日公布常说的大盘实际指数。

（2）黄色曲线：大盘不含加权的指数，即不考虑股票盘子的大小，而将所有股票对指数的影响看作相同而计算出来的大盘指数。

（3）红绿柱线：在黄白两条曲线附近有红绿柱状线，是反映大盘即时所有股票的买盘与卖盘在数量上的比率。红柱线的增长缩短表示上涨买盘力量的增减，绿柱线的增长缩短表示下跌卖盘力度的强弱。

（4）黄色柱线：在红白曲线图下方，用来表示每一分钟的成交量，单位是手（每手等于100股）。

（5）委买委卖手数：代表即时所有股票买入委托下三档和卖出上三档手数相加的总和。

（6）委比数值：是委买委卖手数之差与之和的比值。当委比数值为正值的时候，表示买方力量较强，股指上涨的几率大；当委比数值为负值的时候，表示卖方的力量较强，股指下跌的几率大。

如图8-1-1所示，以铁岭新城（000809）为例，显示的是该股的成交分时图，从中可以看到详细的成交情况、成交时间、股价走势、平均线价位的位置、当前股市的买卖行情和买卖力度等重要信息，也是投资者每天关注的信息。

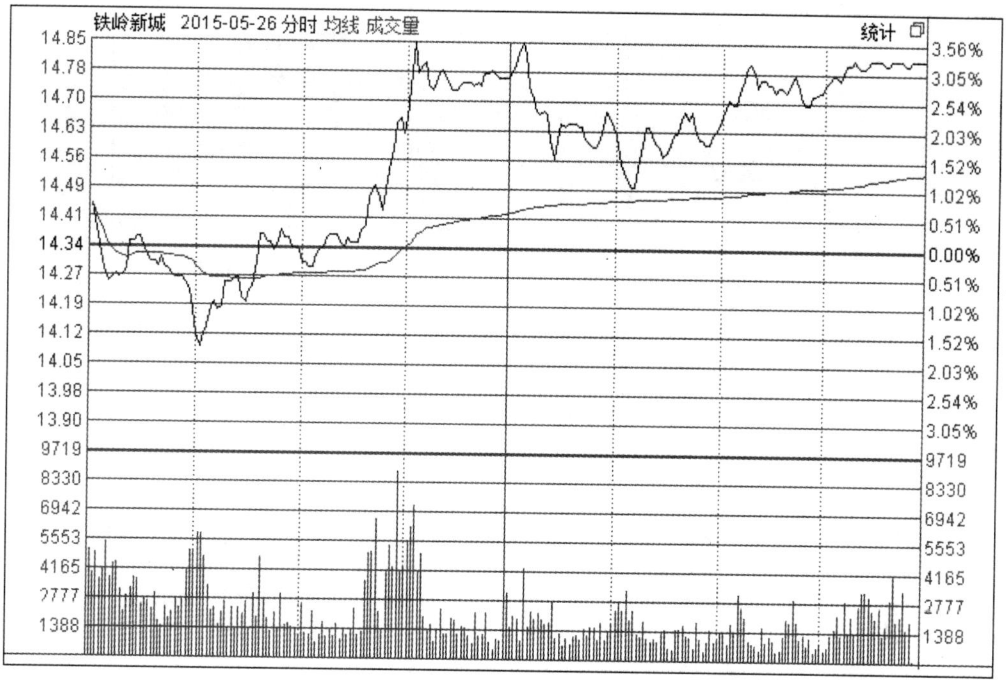

图 8-1-1 铁岭新城（000809）分时图

二、查看分时成交信息

前面大家已经认识分时图了，了解了分时图的基本曲线和数值，接下来大家要了解分时图的成交信息。了解当天的开盘价、最高价、最低价，涨幅多少、大盘总体走势、是红还是绿、买几、卖几，成交是冷淡还是火热。通过观察总体情况，再决定是买入还是卖出。

委比是金融或证券实盘操作中衡量某一时段买卖盘相对强度的指标，委比的取值自 –100% 到 +100%，+100% 表示全部的委托均是买盘，涨停的股票的委比一般是 100%，而跌停是 –100%。委比为 0，意思是买入（托单）和卖出（压单）的数量相等，即委买 : 委卖 =5:5（比值为 10 的情况下）。如图 8–1–2 所示。

三、查看盘口数据

1. 平均每笔成交量

这是庄家无法藏身的盘口数据。庄家可以利用股价走势对技术指标进行精心绘制，但由于庄家的进出量大，如以散户通常的每笔成交量操作，其进出周期过长将延误战机，从而导致坐庄失败。平均每笔成交量突然放大，肯定有庄家在行动。至

图 8-1-2 分时图成交信息

于庄家行动的方向和目的，需配合其他情况具体分析。

2. 挂单量

在买盘或卖盘中挂出巨量的买单或卖单，纯粹是庄家引导股价朝某方向走的一种方法。其目的一旦达到，挂单就撤消，这也是庄家用来引导股价的常用手法。当买盘挂出巨单时，卖方散户心理会产生压力，是否大单买进，股价还会看高一线吗？相反，当卖盘挂出巨单时，买方散户就会望而却步。

斗智斗勇在盘口，散户只须胆大心细，遇事不慌，信仰坚定，暂时跟庄。

3. 内外盘

内盘是以买盘价成交的成交量，也就是卖方的成交量。

外盘是以卖盘价成交的成交量，也就是买方的成交量。

庄家只要进出，是很难逃脱内外盘盘口的。虽然可用对敲盘暂时迷惑人，但庄家大量筹码的进出，必然会从内外盘中流露出来。

4. 隐形盘

盘口中，买卖盘面所放的挂单，往往是庄家骗人用的假象。大量的卖盘挂单俗称上盖板，大量的买盘挂单俗称下托板。庄家真正的买卖盘通常是及时成交的，隐形盘虽在买卖盘口看不到，但在成交盘中是跑不了的。因此，研究隐形盘的成交与挂单的关系，就可看清庄家的嘴脸。

5. 盘口秘诀

（1）上有盖板，而出现大量隐形外盘，股价不跌，为大幅上涨的先兆。

（2）下有托板，而出现大量隐形内盘，为庄家出货迹象。

（3）外盘大于内盘，股价不上涨，警惕庄家出货。

（4）内盘大于外盘，价跌量增，连续第二天，是明眼人最后一次出货的机会。

（5）内外盘都较小，股价轻微上涨，是庄家锁定筹码，轻轻地托着股价向上走的时候。

（6）外盘大于内盘，股价仍上升，看高一线。

（7）内盘大于外盘，股价不跌或反有微升，可能有庄家进场。

四、成交明细

股民要想看到股票的成交量和大单买卖情况的话，就必须要用到分时成交明细，可以在股票软件中找到你需要的股票，然后输入“01”后按回车键，就可以看到分时成交明细了。如图 8-1-3 所示。

股民也可以通过股票软件当中的“系统设置”来调整颜色，如可以把紫色设置为 500 手以上的大单。

分时成交明细当中有红、绿两种箭头，它们代表的意义不一样，红箭头说明是主动性买入的成交，也就是以委卖的价格成交的手数；绿箭头说明是主动性卖出的成交，也就是以委买的价格成交的手数。如果没有箭头，说明这个成交价没有委托挂单。

灰色数字。在分时成交明细中的最右边，股民会看一个灰色的数字，它的含义就是说这一个分笔成交只包含了几笔成交的数量（深市股票），比如说灰色数字是 3，说明这次成交一共有 3 笔。

B、S 标记。在通达信等一些软件当中，股民可以看到分时成交明细在分笔成交中的“B”“S”标记，这里的 B 指的是主动性买单，S 指的是主动性卖单，如果没有 B、

300218 安利股份 分时成交明细 Up/PageUp:上翻 Down/PageDown:下翻

时间	价格	现量		时间	价格	现量		时间	价格	现量	
09:25	22.61	341	39	09:33	23.00	4 B	1	09:37	22.81	9 S	1
09:30	22.61	166 B	12	09:33	22.99	9 S	1	09:37	22.81	2 S	1
09:30	22.61	94 B	9	09:33	23.00	27 B	2	09:37	22.86	22 B	2
09:30	22.61	163 S	7	09:33	23.00	11 B	2	09:37	22.86	22 B	1
09:30	22.62	5 S	1	09:33	23.00	11 B	2	09:37	22.81	3 S	1
09:30	22.61	76 S	5	09:33	23.00	10 S	2	09:37	22.81	60 S	4
09:30	22.78	17 B	2	09:34	23.00	5 S	1	09:37	22.86	245 B	2
09:30	22.57	229 S	11	09:34	23.08	9 B	1	09:38	22.87	4 S	1
09:30	22.57	12 S	1	09:34	23.00	30 S	5	09:38	22.97	5 B	2
09:30	22.61	2 B	1	09:34	23.00	25 S	1	09:38	22.88	11 S	1
09:31	22.61	16 B	1	09:34	23.03	6 B	2	09:38	22.97	8 B	2
09:31	22.61	2 B	1	09:34	23.07	6 B	2	09:38	22.88	194 S	4
09:31	22.61	2 B	1	09:34	23.08	9 B	2	09:38	22.88	21 B	1
09:31	22.61	14 B	1	09:34	23.03	10 S	2	09:38	22.88	4 B	1
09:31	22.61	2 S	1	09:34	23.08	15 B	3	09:38	22.97	100 B	2
09:31	22.78	2 B	1	09:34	23.03	25 S	2	09:38	22.81	10 S	3
09:31	22.78	8 S	1	09:34	23.03	6 S	1	09:38	22.88	5 S	1
09:31	22.78	42 S	1	09:35	23.00	100 S	2	09:38	22.88	2 S	1
09:31	22.86	275 B	9	09:35	23.03	8 B	3	09:39	22.88	93 S	1
09:32	22.90	40 B	2	09:35	23.00	13 S	2	09:39	22.88	110 B	3
09:32	22.86	61 S	2	09:35	23.00	7 B	1	09:39	22.88	12 B	1
09:32	22.86	50 S	3	09:35	22.99	10 S	1	09:39	22.81	53 S	4
09:32	22.97	4 B	1	09:35	22.98	50 S	4	09:39	22.81	103 B	2
09:32	22.97	45 B	1	09:35	22.98	37 S	2	09:39	22.81	2 B	1
09:32	22.90	10 S	1	09:35	22.99	30 B	3	09:39	22.81	10 B	1

图 8-1-3 成交明细

S 记号的单，即指系统不确定是买单还是卖单。

五、分时图分析方法

分时图是股价运行和成交量的最本质的表现方式，庄家的所有动作都必将通过分时图表现出来，绝对不可能跳过分时图，所以股票分析的基础就是分时图，K 线次之。投资者一定要掌握分时图分析方法，每一种分时形态和成交量都能表达庄家操控的含义，帮助投资者做出买卖决定。

1. 回调时间

（1）短时回调：回调时间远小于上涨时间，回调时间越短，再次上涨的力度和幅度越大。

（2）中时回调：回调时间接近上涨时间，这时要看量能是否再次充分放大。

（3）长时回调：回调时间远大于上涨时间，再上涨可能性较小，庄家可能在顺势出货，或者庄家感到抛压沉重，难以继续做高，通过震荡化解抛压。

2. 回调力度

（1）弱势回调：回调不足上涨波段的 1/3，再次突破前高点可以介入。

（2）中度回调：回调至 1/2 左右，这时要看量能能否充分放大。

（3）强势回调：回调幅度超过 1/2 或彻底回落，很难再创新高，要坚决回避。

3. 回调量能

（1） 完美形态。股价上涨，成交量呈正三角形，人们对股价上涨逐步认可，场外资金涌入。股价回落，成交量成倒三角形，人们对后市看好，抛压在高位的穷尽减弱。

（2）无量上涨和放量回调的形态要坚决回避。无量上涨中线是主力控盘，短线是庄家出货完毕，抛压减少，主力追涨意愿不强，只有散户在玩。放量回调：主动性卖盘增多，抛压逐步加强，有出货迹象。

4. 上涨中继的角度分析

先分析完回调，回调有效的情况下，下一步是分析再次上涨的角度，再次上涨的角度越陡峭，说明拉升力度越强，再次上涨的角度可以分为以下几种。

（1）强势的再次上涨角度：经回调后，再次上涨角度远大于前次，这种形态比较容易涨停。

（2）平行的再次上涨角度：经回调后，再次上涨角度与前次平行，涨幅较大。

（3）弱势的再次上涨角度：经回调后，再次上涨角度远小于前次，上涨空间有限。

5. 波长

一般分时上涨波分为三段式上涨，每一段波长之间有延续性。如果再次上涨的角度相同，则三段波具有等长性；如果再次上涨的角度陡峭，量能跟上，则再次上涨波长是前段波长的 1.318 倍或 1.618 倍；如果再次上涨的角度较缓，量能减弱，则再次上涨波长是前段波长的 0.318 倍（1/3 长）或 0.618 倍（2/3 长）。

第二节　盯盘

说到盯盘首先就要了解庄家操作有哪些步骤，庄家操作一般包括吸筹——洗盘——拉升——出货四个阶段，但也不要单纯地认为它们是一成不变的，狡猾的庄家常常通过反复打压股价、震荡洗盘的手段吸取大量低价筹码。投资者盯盘就是要了解庄家目前正处于哪一个阶段，这是非常重要的。

一、关注成交数据

市场成交量的变化反映了资金进入市场的情况，是判断市场走势的重要指标，但在国外成熟的市场，成交量主要是用于印证市场走势。

一般来说，成交量大且价格上涨的股票，趋势向好。成交量持续低迷时，一般出现在熊市或股票整理阶段，市场交易不活跃。成交量是判断股票走势的重要依据，对分析主力提供了重要依据。

如图 8-2-1 所示，以依顿电子（603328）为例，股价经过底部整理后开始拉升，

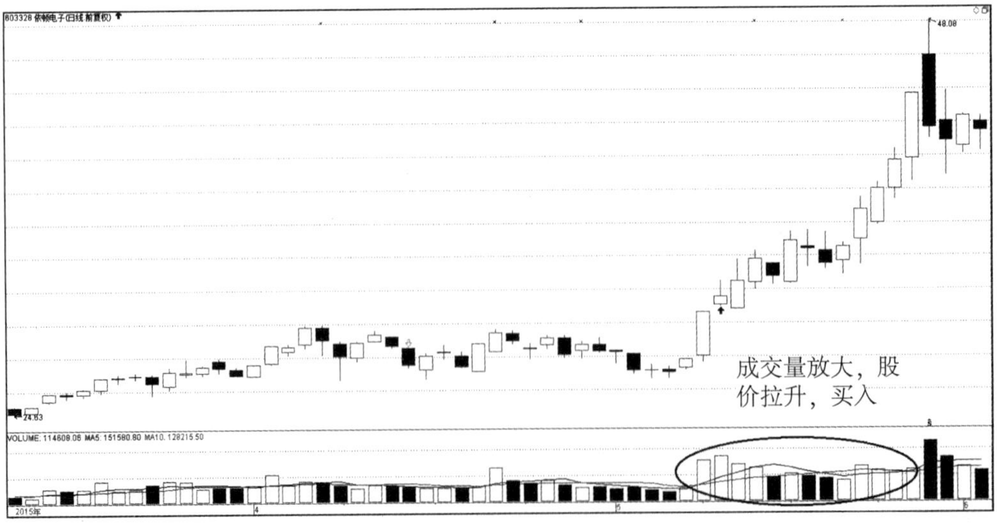

图 8-2-1 依顿电子（603328）

成交量开始放大，股价上涨，此时是最好的买入点。

（1）股价上升且成交量稳步放大时，买入。

最好的量价配合走势就是成交量逐步放大，股价上升，这时可以考虑买入股票。投资者应该经常能够见到以下两种情况。

第一种是在下跌的过程中，部分股票成交量一直保持相对稳定的状态而且无明显的萎缩，股价却呈现一路阴跌的走势且无止跌的迹象，底部也无明显的形态可言。突然某几天成交量稳步扩大，股价也由跌转升，下跌趋势的结束以股价向上突破重要下降趋势线或某均线为标识。

第二种是股价经过较长时间和较大幅度的下跌之后，在一定区域内上下波动且持续时间较长，成交量也无明显的增减变化，始终维持相对稳定的水平。待成交量稳步放大时，股价向上突破，上升行情开始。

以上两种情况，均可以在成交量稳步放大 2 ~ 3 天时择机买入，后市一般会有可观的上涨幅度。

在运用这两种方法时应注意以下两点。

①股价向上突破重要阻力位时（如月均线），成交量应明显放大。

②只要在成交量逐步放大或维持较高水平的情况下，上升趋势才可能持久，否则只能说明是下跌途中的一次反弹而已。

（2）在行情低位时突然放量，买入。

股价长期下跌使得下跌能量有足够的时间充分消耗，股价止跌走势稳定，多空能量获得暂时平衡，但上升趋势最终将打破这种平衡，低位放量正是上市趋势力量异动的最初显示。短线操作者可以在行情处于低位时突然放量，股价明显上涨时跟进。

如图 8–2–2 所示，以九州药业（603456）为例，成交量骤升，股价跳空上涨，买入。

运用这种方法时应注意以下几点。

①突然放量时股价位置必须处于相对低位，买入信号才可靠。

②获得放量前股价应该在一个时间段内获得支撑，有跌不下去之感，股价呈整理形态。此区域成交量呈现均价缩量状态，然后放量才有效。

③注意低位放量区域与前一轮行情的距离。与前期距离远，下跌趋势力量消耗越充分，上升趋势力量确认的可靠性越强。

（3）在缩量整理时买入。

当股价经过一轮上涨时，获利盘涌出，使股价继续上升受阻，需先经过一段蓄势调整才能继续上升。此时成交量逐步萎缩到一个较低的数量，股价也小幅下跌至

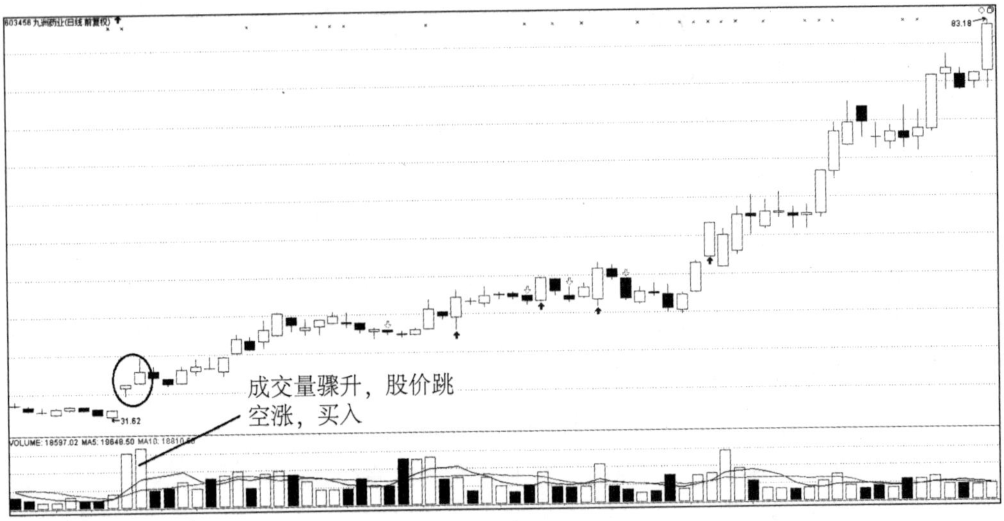

图 8-2-2 九州药业（603456）

一个相对低点，这时应是明确的买入时机。当成交量重新开始放大时，将展开又一波上涨行情。

特别是股价快速上涨后出现调整，此时成交量显著萎缩，更应大胆买入。这一般是主力震荡洗盘的表现，过不了多久，主力就会再度拉升股价。通常来说，在股价第一次快速上涨后的调整中，成交量明显萎缩时买入才可靠，再次拉升后调整量是否是买入时机，要视主力的行动和股价形态而定。

运用这种方法操作时应注意以下几点。

①正确区分上攻行情初期出现的缩量整理和第一上升浪末期出现的缩量整理。

②注意缩量整理的方式。缩量整理的方式有两种：其一为回调缩量整理，其二为小平台强势缩量整理。

③注意上升趋势中，股价上涨必须与成交量配合，回调时成交量明显缩小，这样后市才会继续上涨。如果只见放量不见上涨，或上涨无量下跌有量，或看似调整，成交量却无明显萎缩，就要小心主力出货，或多空双方的较量在向空方倾斜。

二、关注三个时间段

每天开盘后的前半小时最不适合进行买入操作，这是因为如果开盘前没有足以影响市场趋势的重大消息，开盘后前半小时的走势只不过是上一个交易日的延续，并不能反映当天的市场趋势，如果前一日股价下跌，交易量少，市场低迷，投资者一旦在这时贸然买入，则损失会很大。如果开盘前有足以影响市场趋势的重大消息，市场出现跳空高开或低开，则由于投资者无法预先知道这个消息对市场趋势的影响是暂时的，还是可以根据趋势走向买卖股票扭转原有不利趋势的，所以更需要等待趋势明朗后再行动。

每天收盘前的半小时是投资者必须密切关注的时间段。这是因为，由于投资机构与散户之间存在着信息不对等，散户永远也不知道主力的想法，也不知道当前市场处于哪个发展阶段，只能通过基本面和技术面来分析和主观判断，许多本应在当天晚上通过官方媒体正式公布的消息，已经为一部分机构大户通过内部渠道提前获知，他们往往会在这收盘前的半小时拼命买进或疯狂抛售。因而，收盘前半小时所出现的量价异动，对下一个交易日乃至未来一个阶段的走势都具有一定的指示作用。而这种情况如果出现在阶段性高位或低位时，则更应该保持高度警惕，这通常意味着随着阶段性头部或底部的出现，投资者必须尽快作出相应的反应。

闭市后仍然需要再关注香港股市。因为不管外部市场如何起伏跌宕，只要香港市场在下午，尤其是 3:00–4:00 这一小时交易时间出现突然暴跌或暴涨，当晚或次日通常都会有重大利空或利多消息出台。这是因为香港是一个完全开放的市场，这里汇聚了包括欧美金融大鳄在内的各路投资精英，不但在获取信息方面有优势，同时由于受到来自欧美市场和沪深股市的多方面影响，其在各种观点交汇碰撞、各路高手博弈下产生的市场趋势往往最具代表性，香港市场对短线投机和中线投资均具有“指南针”作用。需要指出的是，这种情况如果出现在市场横盘震荡上下两难的时候，尤其值得注意。所以看一眼香港股市，不但会使你提前感受到潜在的风险或机会，还可以让你有比较从容的思考和对策来应对当前的股市。

三、关注盘口

主力出货时，在卖盘上是不会挂大卖单的，下方的买单反而很大，显示委比相当大，造成买盘多的假象，但上方价位的卖单却有吃不完的货。还有一种情况是，成交明细中常有大卖单而买单却很小，导致价位下沉，无法上行。

主力洗盘时，会在卖盘上挂出大卖单，造成卖盘多的假象；主力对倒下挫时，投资者分不清是洗盘还是出货，但在关键价位卖盘很大，卖盘虽不多但买入成交速度很快，笔数也很多，股价不再下跌，这时多为主力洗盘。

四、培养盘感

散户投资者一般有空就喜欢盯盘，但天天看盘不见得一定有盘感，所以培养看盘技术非常重要。盘感的培养需要重点掌握以下几个因素。

一看趋势。所谓大势所趋，谁也不能改变，作为一名优秀的投资者必须正确看待趋势线的作用。关于趋势线的定义和判断，不同人有不同的方法，投资者可以结合自己的技术手段来划定，有的可以将市场最近走势的高低点连线来作为趋势线，有的也可以找到一条均线来做趋势线。趋势还分为短期、中期和长期趋势。“顺势而为”可以辩证地来看。如果大趋势和小趋势一致时，当然顺势就相对容易。而当大趋势和小趋势矛盾时，投资者就会纠结，到底顺哪个势？从市场分析角度来讲，一般大趋势指导小趋势，小趋势服从大趋势。只有在对大趋势的正确判断基础上，才能够增加自己短线操作的准确程度，从而实现风险防范。

二看热点。如何抓住热点，踩准节奏是培养盘感的重要内容。不管是牛市、熊市或者震荡市，盘面上总会出现各种不同的热点板块维持人气，即使是指数下跌行情，活跃的个股也经常会有。关注热点可以从两个角度着眼，即影响力和持续度。影响力代表该热点的板块效应。如果热点影响力强，就说明该板块力量大，号召力强，会带动市场情绪；反之就说明是个股行情，板块效应不明显，号召力差。持续度就是热点存在和延续的时间长度。有些持续度强的板块可能连涨数月，如之前的高铁、水利等板块。而影响力和持续度两者也是相关的，一般持续度强的热点板块的影响力都较大。决定这两者的最重要因素就是政策和资金。在操作上，如果是短期热点，就不必追涨，如果有政策大力支持和资金持续流入，该板块就可能会有较大机会。

三看思维。兵者，诡道也，炒股就像一场战争，利多和利空双方不断争夺地盘，散户和庄家之间不断暗中较量，各施奇谋，各破奇谋。A 股市场中各路资金很多，任何大资金都不想让自己的真实目的暴露给市场大众。因此，如果市场上最近流传一种所谓的主力动向的信息，一定要分析和鉴别，不能盲从，而且最好有逆向思维。从盘面上看，一般成交价下方买盘堆积较多的个股不一定涨，而上方有大卖盘的股票也不一定会跌。优势盘面瞬间的诱多、诱空都会被一些经验老道的投资者看破，他们凭的就是一种对盘面独特的解读思维。

当然，盘感的培养需要投资者通过天长日久的积累，有时候这种感觉很难用语言来表达。这是一种凌驾在技术面、基本面、政策面分析以外的盘面感觉，但只要沿着上述角度不断实践思考，终会有收获和长进。

第三节　如何分辨强势股和弱势股

股票有强势股和弱势股，强势股一般非常活跃，成交量大，广受人们关注。弱势股与之相反，行情冷淡，成交量小，关注度小。那么如何分辨强势股和弱势股呢？

一、强势股的几个特征

投资者在进行短线操作的时候都希望可以找到强势个股，因为只有强势个股才可以涨得更高、更快，从而给投资者带来更好的投资回报。在操作强势个股的时候，除了要对股价的 K 线形态进行分析以外，盘中分时线的形态也是至关重要的。

强势个股不仅会在 K 线形态中暴露股价的强势本质，分时图也可以体现出来。强势个股的走强是资金积极推动的结果，有了较其他个股更多的资金入场，股价的 K 线形态自然会强于其他个股。有了资金的积极入场，股价分时线的走势也会较其他个股强劲很多。

弱势的个股由于没有资金入场的积极推动，因此盘中的分时线走势会非常曲折，并且成交量的变化也是没有任何规律可言的。而强势股则不同，因为有资金积极涌入，所以强势股的分时线往往会非常顺滑并且挺拔有力，股价在盘中的上升角度也会比较大，因此投资者对于具有这样走势的个股要进行积极的操作。

强势个股的分时线往往具有以下特征。

（1）成交量有规律地放大，并且随着股价的走高而不断放大。

（2）分时线运行非常顺滑，没有曲折的迹象。

（3）股价上涨的时候，分时线的上涨角度较为陡峭。

（4）股价上涨的时候，上涨的趋势非常明确。

二、弱势股的几个特征

股指强弱直接影响市场强弱，通常情况下指数应先个股变化。有效寻找强于指数变化的个股才是抗击指数下跌的动力。那么弱势股有哪些特征呢?

（1）大盘下跌时其跌幅远大于大盘跌幅，或者大盘上涨时其涨幅远小于大盘涨幅。

（2）大盘熊市时个股持续下跌，中途几乎没有像样的反弹，均线系统呈一定角度向下运行，显示没有主力想做该股；或者股价在相对高位区域时振幅较大且每次高点形成后即出现倒“V”型走势。

（3）下跌过程中，量能一波弱于一波，显示主力不断放弃该股。

第四节　庄家与散户

庄家与散户都是证券市场上的投资主体，许多投资者认为他们是一对天敌，庄家在想尽一切办法把散户兜里的钱变到自己的手里。孙子说，“知己知彼，百战不殆”，庄家非常了解散户，了解他们的技术和思路，那么散户对庄家的了解又有多少呢？

一、什么是庄家和散户

庄家，是指能影响金融证券市场行情的大户投资者。通常占有 50% 以上的发行量，有时庄家控量不一定达到 50%，看各品种而定，一般 10% ~ 30% 即可控盘。

散户，指进行零星小额买卖的投资者，或个人投资者，与大户相对。

二、庄家与散户的区别

（1）庄家用几个亿、十几个亿做一只股票，散户用几万、几十万做十几只股票。

（2）庄家做一只股票要用一年甚至几年的时间，散户做一只股票用一周甚至几天的时间。

（3）庄家一年做一两只股票就大功告成，散户一年做几十只股票甚至更多的股票。

（4）庄家喜欢集中资金打歼灭战，散户常常买很多股票，分散投资，分散风险。

（5）庄家在做一只股票之前要对该股票的基本面、技术面做长时间的调查研究，并且制定周详的计划方才行动，散户看着电脑屏幕很短的时间内就决定了股票的买卖。

（6）庄家特别喜欢一些冷门的股票，然后将其由冷炒热赚钱，散户总喜欢找那些当前热门的个股，往往由热抱冷赔钱。

（7）庄家虽然有资金和信息优势，但是仍然不敢对技术掉以轻心，道琼斯理论、趋势理论、江恩法则早就烂熟于心，很多散户却连K线都没有掌握好就开始炒股。

（8）庄家总是非常重视散户，经常到他们中间去听散户的声音，做到知己知彼，散户却很难知道庄家的行动，只能通过指标对股市进行各方面的分析。

第五节　进庄前的准备

庄家进庄从本质上来说，和散户一样，都是投资者。但老练的庄家决不会盲目进驻某种股票，而是事先一定经过缜密详尽的策划，包括股票种类、股票性质的选择，其中，进庄时机的挑选，是最要害的决胜要素。

一、庄家进庄前的准备

1. 时机的选择

主力要进驻某只股票，事先必须经过周密细致的策划准备，而时机的选择，是最关键的决胜因素。散户应该站在主力的立场上审时度势，看看此时此地是否适宜进驻，这样才能避免盲目的错误。时机是当宏观经济运行至低谷而有启动迹象之时，此时股市已经过了漫长的下跌，风险释放殆尽，更重要的是，此时入庄意味着在日后的操控过程中能得到来自基本面的正面配合，能顺应市场大趋势的发展。从本质上来讲，主力只是大规模的投资者，他们的进庄行动也必须符合市场发展趋势的要求。主力选中某只股票、某个价位入庄，必然对它进行过全面的调查，对该公司的经营情况有全面的了解，而且大多得到了上市公司的默许或配合，同时，该股有无其他主力，是否曾被炒作，上方套牢区在什么位置，有无投资价值等，均是进庄前要考虑的内容。一般来讲，在正式炒作之前，会有一份详细的立项报告送呈机构负责人，里面仔细分析了该股票适于炒作的理由，并有完整的操作计划和投资策略。

2. 发掘炒作题材

主力为确保炒作成功，有必要为其炒作的个股发掘相应的炒作题材，以吸引散户追买，这就是市场上常常传闻的“某某概念”。事实上，题材的真假无关紧要，该题材是不是真能给上市公司带来美好前景也无关紧要，重要的是题材能否得到市场认可，有没有人追捧。

迄今为止，股市上的炒作题材形形色色，包罗万象，但究其实质，归纳起来有以下几类。

（1）运营业绩改善或有望改善。

（2）具有庞大的土地财物可望增值。

（3）国家产业政策扶持。

（4）合资合作或股权转让。

（5）增资配股或送股、分红。

（6）控股或收购。

（7）资产重组。

所有股市题材大多都逃不出上述几种类型，而庄家的使命即是发掘并夸大它们，竭力高估该题材对上市公司的效果。

3. 试盘

决议炒作某种股票以后，通常先要试盘。

所谓试盘，即是对该股票做试探性吸纳，用以测试当前盘中抛压的轻重，浮动筹码的多少，而试盘中吸纳的筹码，可以作为正式吸货前打压之用。

试盘会形成股价小幅反弹，或许 K 线图上不可思议地突然拉出一根长影线，然后股价进一步急速跌落，其实这恰是庄家为吸货做准备。

二、怎样判断庄家是否进庄

庄家进庄一般都很隐蔽，由于持股数量大，往往建仓的时间很长，庄家会通过分散建仓等手段来遮掩自己，避免被散户和投资公司发现。

判断庄家是否进庄，可以从以下技术分析来发现。

（1）股价大幅下跌后，进入横向整理的同时，股价间断性地出现宽幅震荡。当股价处于低位区域时，如果多次出现大手笔买单，而股价并未出现明显上涨。

（2）虽然近阶段股价既冲不过箱顶，又跌不破箱底，但是在分时走势图上经常出现忽上忽下的宽幅震荡，委买、委卖价格差距非常大，给人一种飘忽不定的感觉。

（3）委托卖出笔数大于成交笔数，大于委托买进笔数，且价格在上涨。

（4）近期每笔成交数已经达到或超过市场平均每笔成交股数的 1 倍以上。如，目前市场上个股平均每笔成交为 600 股左右，而该股近期每笔成交股数超过了 1200 股。

（5）小盘股中，经常出现100手以上的买盘；中盘股中，经常出现300手以上的买盘；大盘股中，经常出现500手以上的买盘；超大盘股中，经常出现1000手以上的买盘。

（6）在3～5个月内，换手率累计超过200%。近期的换手率高于前一阶段换手率80%以上，且这种换手率呈增加趋势。

（7）在原先成交极度萎缩的情况下，从某天起，成交量出现“量中平”或“量大平”的现象。股价在低位整理时出现“逐渐放量”。

（8）股价尾盘跳水，但第二天出现低开高走。股价在低位盘整时，经常出现小“十字线”或类似小十字线的K线。

（9）在5分钟走势图下经常出现一连串小阳线。日K线走势形成缩量上升走势。

（10）虽遇利空打击，但股价不跌反涨，或虽有小幅无量回调，但第二天便收出大阳线。

（11）大盘急跌它盘跌，大盘下跌它横盘，大盘横盘它微升。在大盘反弹时，该股的反弹力度明显超过大盘，且它的成交量出现明显增加。

（12）大盘二、三次探底，一个底比一个底低，该股却一个底比一个底高。股价每次回落的幅度明显小于大盘。

（13）当大盘创新高，出现价量背离情况时，该股却没有出现价量背离。股价比同类股的价格要坚挺。

如果同时出现5个信号，说明该股6成的可能性有庄家进驻了；如果同时出现8个信号，说明该股7成的可能性有庄家进驻了；如果同时出现11个信号，说明8成以上的可能性有庄家进驻了。

第六节 吸货

吸货就是庄家在底部不断吸取低价的筹码，或通过打压股价，震荡吸筹，目的是通过拉升股价后，再将筹码出手。这是庄家坐庄必经的一个阶段，散户懂得了庄家是怎样吸货的，才能在庄家打压股价时获得主动地位。

一、低位涨停板吸货

如图 8-6-1 所示，以恒顺众昇（300208）为例。低位的放量涨停板，一般是主力开始吸货的第一个标志。该股主力就是在涨停板之后开始构筑缓慢的上升吸货通道，之后增幅更大。

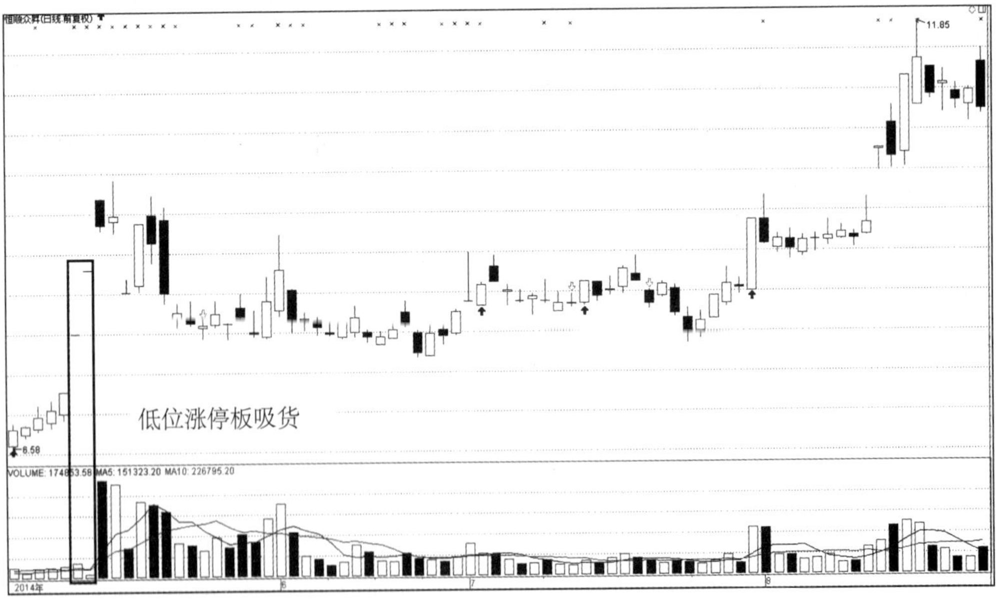

图 8-6-1 恒顺众昇（300208）低位涨停板吸货

如图 8-6-2 所示，以万达信息（300168）为例。该股低位“一字线”涨停板吸货，之后涨时放量，跌时缩量，是明显的吸货特征。收阳 K 线放量，收阴 K 线缩量，这样才能保证收集来的筹码不丢失。买进大过卖出，才能一点点地吸到筹码。底部反反复复地震荡横盘吸货，小阴小阳 K 线居多，偶尔会出现中阴 K 线洗盘，但很快会被主力修复好图形，这就是主力低位吸货的特征。

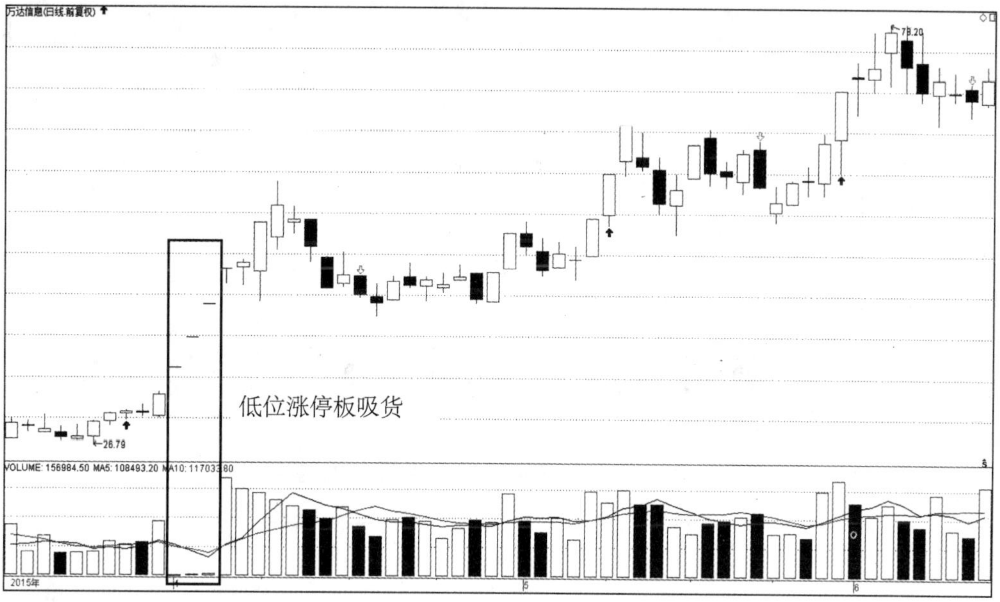

图 8-6-2 万达信息（300168）低位涨停板吸货

二、低位第一次放量吸货

低位第一次放量中阳 K 线也可以是吸货的标志，关键是看第一次低位放量后的走势，如图 8-6-3 中画线处，该股放量中阳之后，不断地出现小阴小阳 K 线，这是很明显的吸货特征。

如图中所示，迪威视讯（300167）的股价一开始在底部就放量吸货，成交量突增，吸货明显，买入。

三、低位横盘震荡吸货

股票做了长期的横盘平台震荡吸货，再加上不错的基本面，时机成熟之后，自然而然地就启动一波行情。不过，类似这样进行长期横盘平台震荡的中长线牛股，通常都是慢牛股，投资者需要有很大的耐心才行，否则很容易中途被甩下马来。

如图 8-6-4 所示，以中粮地产（000031）为例，股价在低位横盘震荡吸货，随后庄家拉高股价。

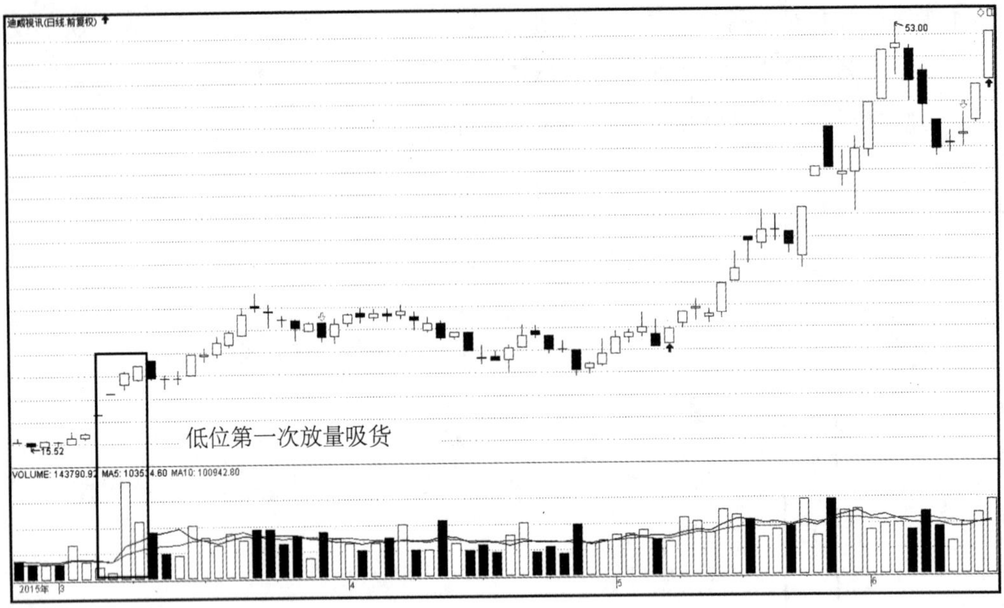

图 8-6-3 迪威视讯（300167）低位第一次放量吸货

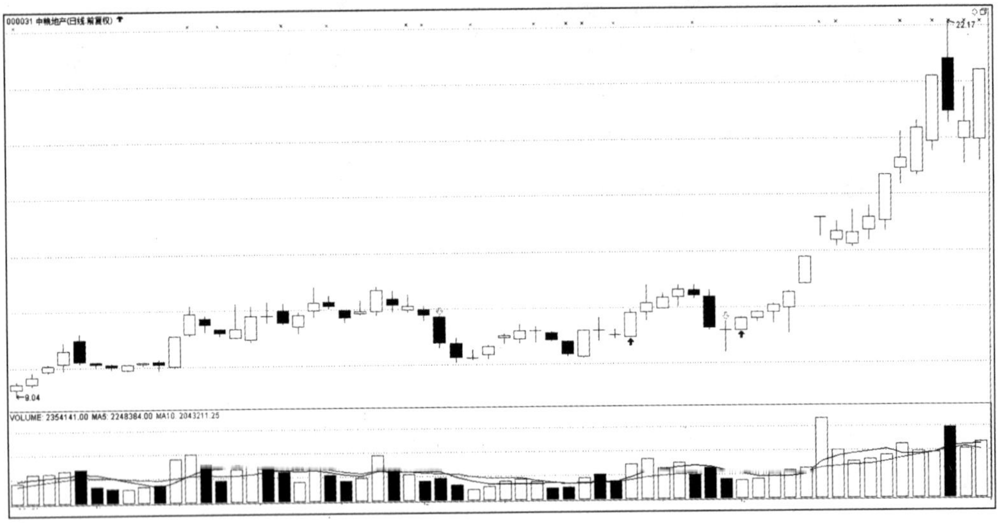

图 8-6-4 中粮地产（000031）低位横盘震荡吸货

低位的横盘震荡吸货，是主力的吸货方法之一，投资者要认真研究把握，同时关注一下这只股票的基本面、业绩以及公司的经营管理、财务、市场产品等信息。主力做中长线庄，不是随便选择一只垃圾股来做的，而是对基本面经过长期的调查、研究和分析之后决定的。

如图 8-6-5 所示，以中兴通讯（000063）为例，股价仍然是在低位横盘整理，甩掉信心不坚定的散户和其他投资者，然后拉升股价。

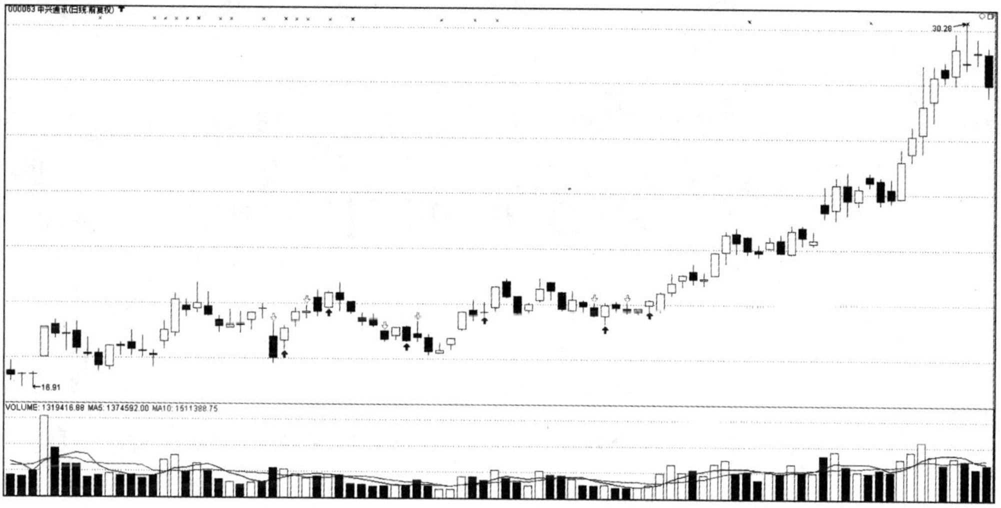

图 8-6-5 中兴通讯（000063）低位横盘震荡吸货

第七节　洗盘

庄家通过打压股价、震荡吸筹等手段，把一些意志不坚定的散户或短、中线投资者洗出局，从而获得大量低价筹码或资金。洗盘是庄家经常使用的手段，投资者弄清庄家是洗盘还是出货，需要仔细地观察和准确判断。

一、庄家洗盘的目的

一般来说，庄家的资金量是非常大的，如果中途不慎被套，损失将会很惨重。所以，庄家为了减少自己的损失，都要进行震仓洗盘。只有经过充分地调整，浮动筹码才能基本洗清，庄家拉升股价才能得心应手。

归纳庄家洗盘的目的主要有如下几点。

（1）吸引新的投资者跟风入市。洗盘，其实也是股票的一种换手。庄家需要不断地有投资者跟风入市接盘，从而提高市场的平均持仓成本，以增强新入市筹码的稳定性，减少股价继续上行的压力。

（2）清洗跟风的短线客户。在庄家吸筹阶段，一些精明的投资者可能对庄家的动向有所察觉而及时跟进，这是庄家所不能容忍的。庄家只能让这些短线投资者有小利可图，不允许他们在自己费力拉升股价后坐享其成。因此，必须通过洗盘，赶走短线投资者，把短线投资者的股票洗出来。

（3）清洗底部的获利盘。如果庄家在吸筹之后一味拉高股价，必然会遭受沉重的获利抛压，增加了股票以后拉高派发的难度，因此，庄家必须通过洗盘，将盘中一些不坚定的投资者的底部筹码震出来，以减轻上行压力。

（4）使庄家有差价可做。通过高抛低吸获取一笔可观的收益差价，从而降低持仓成本，也增加了新的套牢一族，使浮筹在散户手中具有相对稳定性。这样，既增加了以后拉升股价的信心和勇气，也扩大了获利空间，又让市场弄不清庄家的持仓成本，辨不清庄家今后的出仓位置。

二、根据成交量识别庄家是否洗盘

在技术分析中，量价关系是很多股民都看重的指标，但有时候，根据量价关系买卖股票，常常会出现失误，尤其是根据成交量判断主力是否洗盘和出货的错误率更高，不是错把洗盘当成出货，过早卖出，从而错失获利良机，就是把出货当成了洗盘，错失卖出股票的良机，从而损失惨重。

如何根据成交量的变化正确地判断主力的进出方向，是每一个投资者都应弄清楚的问题。通常来说，当主力尚未准备抬高股价时，股价的表现往往很沉闷，成交量的变化也非常小，此时不能判断主力意图。但一旦主力放量拉升，其行踪就会暴露，研究成交量的变化就非常有意义。此时如果能够准确把握到主力洗盘的迹象，并果断介入，往往能在较短的时间内获得不菲的收益。

实践证明，根据成交量变化的以下特征可以加强对庄股的主力是不是洗盘作出较为准确的判断。

（1）由于主力的积极介入，原本沉闷的股价在成交量明显放大的推动下变得活跃起来，出现了价升量增的态势。然后，主力为了给以后股价拉升扫除障碍，不得不先将短线获利筹码洗去，这一洗盘行为在K线图上为阴阳相间的横盘震荡。

（2）洗盘时股价快速走低，但下跌的成交量无法持续放大，在重要支撑位会缩量盘稳，表明下方获得支撑；由于盘中浮筹越来越少，股价的回升不一定有成交量的配合。

（3）在主力洗盘时，作为研判成交量的主要指标能量潮（OBV）、均量线也会出现一些明显的特征，主要表现为，出现巨量大阴时，股价的5日、10日均量线保持向上运行态势，这说明主力一直在增仓，股票交易活跃，后市看好。另外，成交量的量化指标OBV在股价高位震荡期间，始终保持向上，即使瞬间回落，也会迅速拉起，并能创出近期新高，这说明单从量能的角度看，股价已具备大幅上涨的条件。

判断是否洗盘，还要关注基本面的因素和股价的潜质。公司基本面良好，资金雄厚，股票价格有一定的支撑，大幅下跌的可能性小，由此可以判断主力是否在洗盘。

三、庄家洗盘的特征

庄家洗盘是为了吓走短线投资者或信心不足的散户，所以一定会想尽办法制造出盘面疲软的假象，但在关键的技术位，庄家往往会护盘。因为庄家在洗出一部分人的同时，还要让另外一批看好后市的人进来，以达到垫高平均持股成本的目的。

具体来说，庄家洗盘时有如下几种盘口现象。

（1）在整个洗盘过程中不会出现利好消息，散户持股者心态不稳。

（2）大幅震荡，阴线阳线夹杂出现，股价飘忽不定，成交量较无规则，但有逐渐缩小的趋势。

（3）股价下跌时，庄家多会与大势或技术面配合，比如空头陷阱，跌破重要支撑位，但破位后跌势并不持续。

（4）股价一般维持在10日平均线上，常常在即将破位的时候获得支撑。

（5）股价下跌时成交量无法继续放大，在重要的支撑位会缩量求稳，上升途中成交量会缓慢放大。

（6）当盘面浮筹越来越少，最终向上突破，放出大的成交量，表明洗盘完成，新的升势开始。

（7）有控盘要求的庄家，多有复合洗盘动作，或者诱空充分吃货动作，洗盘的盘口现象越不同，如果时间充足，越可能在日K线上产生不同形态。

（8）洗盘之初都做出一种顶部的假象。

（9）洗盘末期都有缩量和庄家惜售现象。

（10）洗盘之初涨幅不大，洗盘中跌幅也不深，而且常常出现带上下影线的十字星，股价一般维持在庄家持股成本的区域之上。

四、洗盘结束的标识

洗盘的基本目的是为了清理市场上多余的浮动筹码，抬高市场整体持仓成本。庄家为达到炒作目的，必须于途中让低价买进、意志不坚定的散户或短线投资者出局，以减轻后市股价上行的压力，同时让持股者的平均价位升高，以达到谋取暴利的目的。

洗盘是坐庄过程中的必经环节，能够识别主力意图的散户完全可以在主力洗盘时趋利避害，那么，怎样判断主力洗盘结束了呢?

1. 缩量之后再放量

部分主力洗盘时会将股价控制在相对狭窄的区域内，反复震荡整理，主力放任股价随波逐流，成交量跟前期相比明显萎缩。某天成交量突然重新放大，表明主力已经放量，此时可以跟进。

2. 在股价下跌的后期成交量大幅萎缩

这是洗盘即将结束的明显信号。出现这种信号表明抛盘枯竭，获利盘、套牢盘、斩仓盘、场外盘全部出局，浮动筹码基本清洗干净，留下的都是意志坚定的持股者。他们不会被股市的震荡所吓倒，也不会被蝇头小利所诱骗。无奈，庄家只好放量股票，股价上升。

3. 回落后构建小平台

均线由持续下行变为平走，再慢慢转为向上。

洗盘表现为股价向下调整，导致技术形态转坏，均线系统发出卖的信号，但股价跌至一定位置后受到明显支撑，每天收盘都在相近的位置，洗盘结束时股价有抬头的迹象。

4. 下降通道扭转

有些主力洗盘时采用小幅盘跌的方式，在大盘创新高的过程中该股却不断收阴，构筑一条平缓的下降通道，股价在通道内慢慢下滑。某天出现一根阳线，股价下滑的势头被扭转，慢慢站稳脚跟，表明洗盘已接近尾声。

如图 8-7-1 所示，以华数传媒（000156）为例，股价经过了洗盘整理，得到更多闲散的资金和筹码。洗盘结束，成交量骤然上涨，股价涨幅很快。

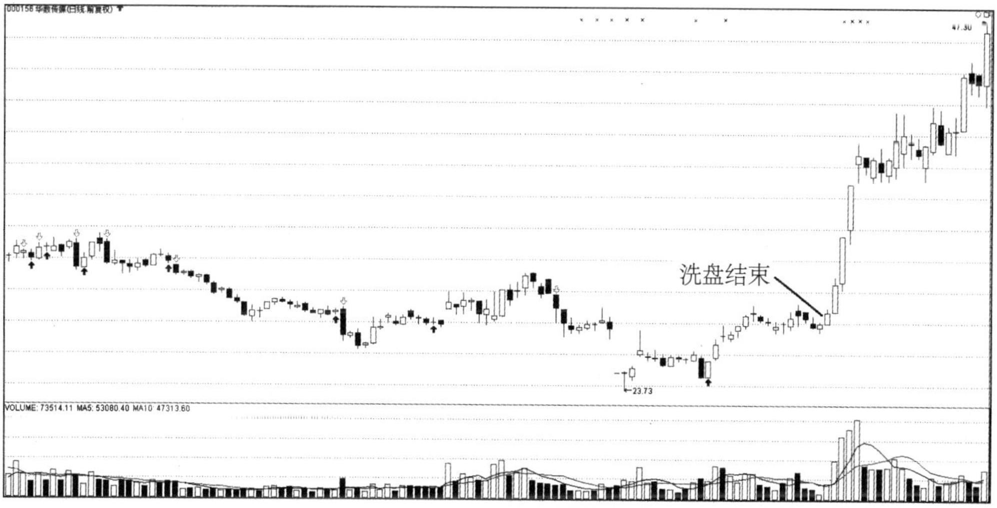

图 8-7-1 华数传媒（000156）洗盘结束

第八节　拉升

主力通过前两个阶段的处理后，筹码已经锁定良好，自己已经获得了大量的底部筹码，并已经实现控盘。经过洗盘处理后，市场的整体持仓成本已经被抬高，所以主力比市场多数持仓者的持仓成本具备明显优势。而此时往往拉升的资金也已经到位，所以下一个目标就是拉升。一般来说，拉升的时机选择非常关键，如果主力选择的时机合适，技巧得法，就可以事半功倍，无需花太多的资金就可以将股价拉抬上去。如果时机不当，可能费了九牛二虎之力，拉升的效果也未必好，甚至可能导致意外吃进大量高价筹码，从而导致坐庄失败。所以聪明的主力懂得顺势而为，借势推势，在合适的时机展开拉升，有时往往能起到四两拨千斤的效果。对于散户而言，能及时跟入此类个股往往能有巨大斩获。

一、跟短线庄的技巧

如图 8-8-1 所示，以中信海直（000099）为例，股价在经过一轮上涨行情后，

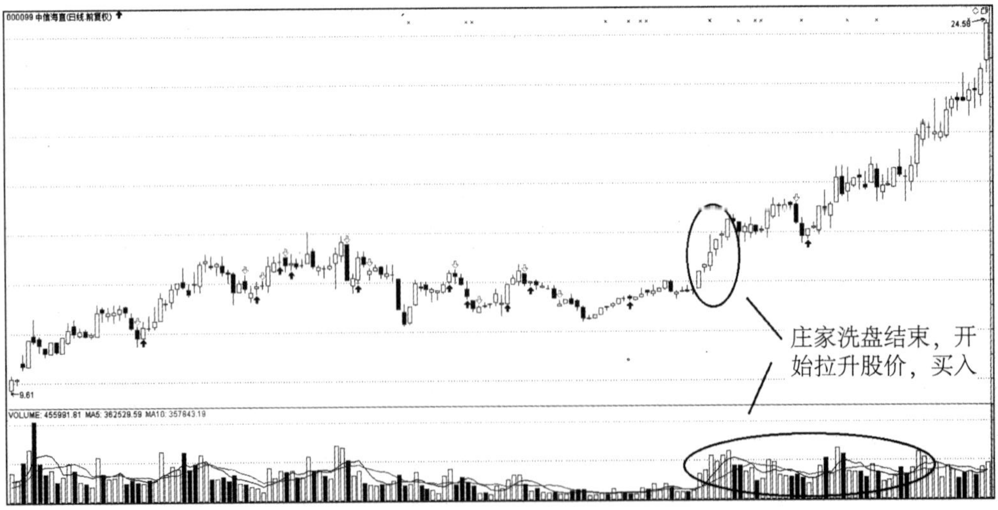

图 8-8-1 中信海直（000099）拉升股价

庄家为减轻股价上行压力，不得不洗盘，洗走享受抬轿的投资者，从而获得更多闲散筹码和资金，为继续拉升股价做准备。

跟短庄能够较快地获利，但风险非常大，短线股市波动很大，需要股民有较高的操作技巧、理性的思考和敏锐的盘感。

散户在应对庄家时主要有以下策略。

（1）设立止损点。再精明的投资者也难免有亏损的时候，所以设立止损点是一个合格的炒股人必须做的，尤其对散户特别重要，一般在 10% 左右。

（2）资金投入要集中。股票最多不能超过两种，集中投入，一般在 90% ~ 100%，这样才能有利于跟踪观察，才可能获取较高回报。

（3）注意热点转移。强势市场有一个热点轮转的特征，短线投资者必须紧扣市场脉搏，仔细观察下一个板块启动的迹象，把握战机。

（4）低位突然放量时应突然跟进。散户跟庄突出一个“快”字，没有必要做基本面分析，只要有量就行。

（5）上涨 20% 就卖出，千万不要贪剩下的巨大涨势，因为短线股的股价变化几乎是瞬间的，它不是大的走势，没有代表性和参考性，只要获利套现即可。

二、跟中线庄的技巧

跟中线庄家就要采用中长期的策略，具体有以下几个方面。

（1）研判中期走势。一般来说，决定股市中线走势的关键在于政策面的指导，因为经济都必须服从政治的需要。所以，领会政策导向，把握中线行情愈显重要。当政府大力鼓励大家投资时，股市绝对不会坏；当市场投机气氛较浓，大力强调提高风险意识时，股市也基本到顶。

（2）研判供求关系的变化。一般情况下，一定的时间内供大于求时，股价就会下跌；而求大于供时，股价就会上涨。因此，把握好资金面增减情况与新股扩容的矛盾所产生的变化，是预测中期走势的一个重要因素。

（3）股价在高价区跌破 60 日均线，则为中级行情的终结。所谓高价区，是指股价在主力成本的相当升幅以上，特别是 100% 以上。在这个区域，如果股价有效跌破 60 日均线，一般都已经过一段较长时间的横盘震荡，主力的货也出得差不多了。所以，股价在高价区经过一段时间横盘而跌破 60 日均线，不管是短线还是中线，都不要有幻想，及时出货能帮你回避即将到来的暴风雨。

三、跟长线庄的技巧

散户跟长线庄就必须评估股市长期的发展趋势，中长线跟庄炒作必须紧跟仓位已经较重的大庄和强庄，一旦发现买入的是短线小庄股，应及时了结，不应中长线持有。

1. 根据换手率判断中长线潜力庄股

在低位成交活跃，换手率较高，股价涨幅不大且震荡剧烈的个股，往往有庄家在吸货。期间换手率越大，表明主力吸筹越充分，如 2015 年 9 月以后大盘下跌，但上海普天不跌反涨，且换手率较大，在以后的交易日中不断强劲上扬，攻势凌厉，如图 8-8-2 所示。

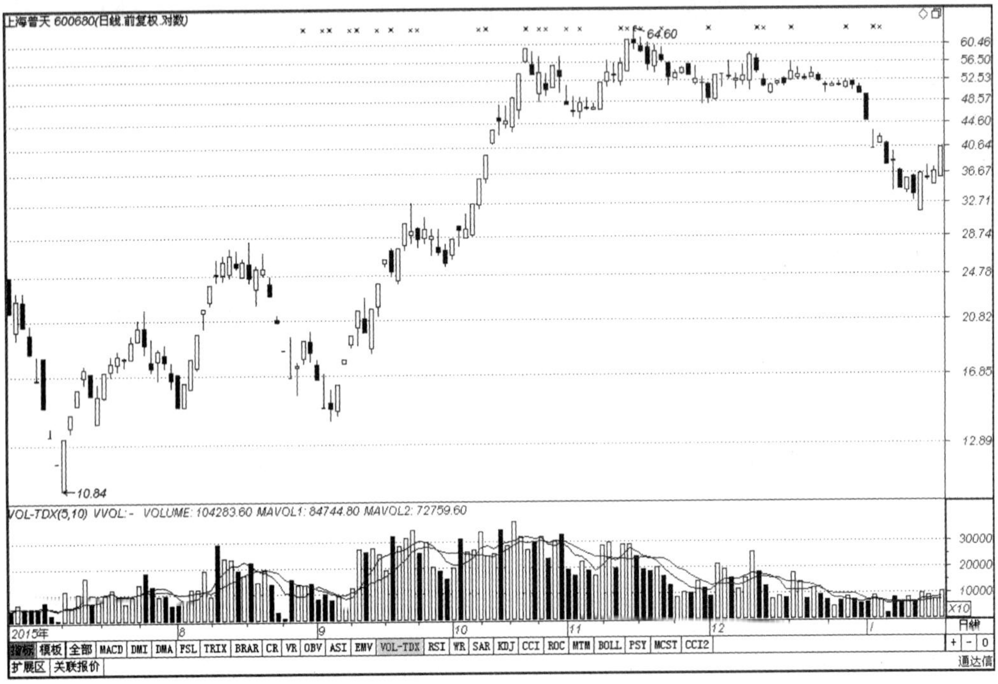

图 8-8-2 上海普天（600680）与大盘逆势而行

2. 根据成交量判断

有大行情的中长线庄股的成交量，对判断庄家仓位轻重也有很大帮助，如个股在吸筹建仓期成交量很大，或股价在箱体内整理时成交量仍不减少，或是在一波行情中个股成交始终活跃，意味着庄家在大成交量交易的过程中已吸取了大量筹码，持有的仓位一定很重，对因利空消息或大盘大跌时缩量阴跌的持仓较重的庄股，可以预期其将来必定仍有一波拉升自救的中级以上的大行情。

3. 根据大盘整理或下跌期的表现确定庄股

有些庄股在吸货时并不明显，这种情况有可能是庄家卷土重来，也有可能是庄家边拉边吸隐蔽建仓，难以区分吸货期。中长线投资者如发现某些个股在大盘整理或下跌时极其抗跌，甚至不跌反涨，就说明庄家要么在建仓，要么在护盘，期间还在不断增仓，尤其是在大盘暴跌或持续阴跌时某些庄股仍能逆势上涨，说明庄家看好该股，没有出货意图，也表明庄家持仓很重。

4. 根据拉升中量能判断大庄股

一般而言，随着股价的上扬，成交量总是跟着同步放大，价涨量升是个股后市继续上扬的基础，传统理论总是认为，量价同步可继续持股，量价背离则应注意减磅，但在实战中，却常常见到一些庄股随着股价的上涨，成交量反而缩小，股价一涨再涨，丝毫没有回落的迹象。其实量价不同步却能不断上涨，是由于庄家已完全控盘所致。庄家只要控制了大量筹码，不需花费太大的能量就能轻而易举地使股价上升。对这类个股，在操作上可采取只重势不重量、不重价的策略。

5. 根据尾盘打压确认庄股

庄家往往利用开盘集合竞价的机会吸纳筹码，因此他们往往在前一个交易日的尾盘突然打压股价，然后在下一个交易日用大买单在集合竞价时吸筹，且开盘价高于前收盘价，这是庄家有意在前一交易日压低收盘价，为次日集合竞价吸纳不知情者在恐慌中抛出的低价筹码。

6. 考虑股市周期性的影响

股市周期与经济周期虽相差不大，但有一个滞后性。所以，做长线跟庄，在介入一个市场前，应对目前的市场周期有所考虑。如果该股的投资周期超过了自己预想的时间，也可以放弃，毕竟除了讲究收益外也要讲究时间。

第九节 出货

出货是庄家操盘的最后一个环节，庄家往往选择市场异常繁荣的时候出货，既能掩饰自己出货的行为，又可以赚取高额差价，获得暴利。投资者一定要注意区分洗盘和出货的区别。

一、庄家出货的目的

主力坐庄的最终目的是为了盈利，而盈利就必须要将底部筹码在高位出掉才能最终形成。所以出货是最重要的，也是主力最难把握好的环节，因为这个环节技术性很强，尤其对于控盘过大的主力而言，要想全身而退，实非易事。当主力将股价拉高以后，如果不能将手中的筹码兑现成现金，无论账面上显示盈利有多么丰厚，都是虚的，并不是真正的盈利。因此，主力会通过打涨、打压等手段，将手中的筹码顺利派发出去，实现出货套现的最终目的。

二、庄家出货的时机

庄家要坐庄成功，出货将是最后一个重要环节，不论前面的建仓、吸筹、洗盘、拉升等一系列环节操作得多么好，如果在出货这个最后的环节上出了纰漏或是不慎被套，都将功亏一篑，无法达到投资的目的。所以，出货作为主力坐庄的最后一步，庄家是非常慎而又慎的，会等待最佳时机来完成出货，那么，怎样的出货时机才是最佳时机呢？

人气最旺的时候派发出货。

（1）难得利好消息出现，引来大量买盘。

（2）股价已经达到庄家满意的价位。

（3）上市公司基本面达到了最好水平，是庄家全身而退的最佳时机。

（4）大盘的人气已经达到顶点，买盘汹涌，是大规模套现的最好时机。

庄家被迫套现。

（1）上市公司基本面恶化，出现经济等巨大问题，必须套现。

（2）丑闻曝光，引来无数抛盘，股价发生崩盘。

（3）政策打压，必须顺应。

（4）行业利空政策突然出台，不得不改变初期思想，紧急出货。

（5）庄家团队发生内讧，有人提前出逃，剩余庄家被迫卖出。

（6）大盘转势，庄家也无能为力。

（7）庄家资金出现问题，必须不计成本套现。

三、庄家出货前的征兆

及时跟庄只是买进了未来有上升潜力的股票，并不代表一定会盈利。尽管你的账面收入不错，但如果不及时把利润变现，一旦局势出现崩塌，你反而会被套，甚至手中股票变得一文不值。所以散户要了解庄家出货前的征兆，在庄家出货前获利了结。那么，庄家出货前都有哪些征兆呢？我们可以从以下几个方面来分析。

（1）正面消息增多。就是指报刊上、电视上、广播上都传播着利多的消息，这时候散户就要非常小心了。股价在上涨过程中，媒体一般见不到多少利多消息，如果正面宣传开始增加，利好不断，说明庄家已经萌生退意，要出货了。

（2）放量不涨。不管在什么情况下，只要是放量不涨，就基本上可以确定是庄家在出货。

（3）股价该涨不涨。在形态、技术、基本面都向好的时候，股价却不涨，这就是庄家要出货的前兆。如果有了这些征兆，一旦出现股价跌破关键位的时候，不管成交量是不是放大，都应该考虑卖出股票出逃。因为对于庄家来说，出货的早期是不需要成交量的。

如图 8-9-1 所示，以东方市场（000301）为例，股价在经过庄家拉升后很快就达到高位，此时市场交易繁荣，成交量多，到处都是利好的消息，还有很多投资者不断买进，此时就是庄家出货的最好时机。

四、庄家出货的方式

当股价达到庄家满意的价位后，能够顺利出货套现，才算投资成功，而完成出货，需要诸多条件。首先是大盘的走势，只有大盘行情火爆，成交活跃的时候，才能顺

图 8-9-1 东方市场（000301）

利出货；其次是上市公司消息的配合，包括业绩、送股、重组和其他一些利好因素；最后就是庄家操盘水平了。这是出货关键的一环，但不是唯一。庄家出货时千方百计地吸引买盘，吸引买盘首先是吸引注意力，在最后出货之前必须有很大的涨幅，争取天天都出现在活跃股的排行榜上；其次就是盘中快速震荡，和震仓时差不多；再次就是做大成交量，成交量本身就容易吸引投资者的注意，大量的成交量可以掩盖庄家的出货操作，也可以吸引短线资金进入。

庄家完成出货过程主要有以下六种方式。

1. 快速打压出货

庄家已经将股价拉到高位了，为了出货，会通过横线的 K 线上影线拉高股价，随时准备出货，只要盘口只有买盘，就对准买盘果断地进行打压出脱筹码。打压出货更适合用于绩差类个股。由于此类个股的参与者绝大多数都抱着投机的心态，在股价快速上涨过程中，都奢望卖个更高的价格，极少有人出售。但由于这类个股的基本面较差，如果采用高位震荡手段出货，鉴于散户资金较小，比较灵活，反而造成主力派发困难。因此，主力采用快人一步，趁投机散户美梦未醒时，抢先抛售的策略，套住高位的跟风盘，再一路抛售，将敢于抢反弹者一网打尽。这种反手做空，往往令众多散户猝不及防。

2. 利用反弹出货

庄家在完成了一段中级出货后，巨大的坐庄利润已经兑现，不会再有未套现时的巨大经济压力。庄家会利用手中最后的筹码迅速往下打压股价，凿穿 30 日移动平均线的重要技术支撑位，在高位套牢跟风盘，同时由于股价快速下跌，乖离率巨大，庄家就顺势在低位补进筹码，做反弹行情，获取最后的利润，彻底完成出货任务。

3. 利用除权出货

庄股被主力控盘后，经过长期炒作，大部分股筹都已被锁定，成交量十分稀少，很难吸引散户跟风，正所谓高处不胜寒，要完成出货绝非易事，但股价一旦经过除权之后，就会回到一个相对低位。事实上，有时候，股票即使除权之后也仍处于高位，许多散户不明真相，以为股价是刚从底部启动，盲目跟风，很容易成为主力拉高出货的牺牲品。

4. 题材出货法

题材是股市永恒的主题，总是花样翻新，不断变化。股市中的一大题材就是资产重组，一些亏损股、低价绩差股尤其喜欢借题发挥。股市中打着重组题材炒作的公司有很多，重组的方向大多向科技类、网络、生物制药发展。这些题材，往往都是主力庄家炒作时必不可少的佐料。

题材炒作的规律一般是题材朦胧时股价疯涨，题材清晰时股价出现震荡，题材出台后报刊大肆宣传，股价却开始下跌。题材始终贯穿炒作主线，经久不衰，同时也反映出市场的投机气氛。投资者对题材炒作应谨慎对待。当然，市场中也有真正进行实质性重组的公司，对重组公司，市场主力决不会放弃这一好时机。此时股价理所当然会上一个台阶，即使重组失败，有信息优先权的主力庄家也会先行出局，获利了结。

5. 不断震荡出货

庄家通过反复洗盘拉抬股价造势，使所有抛出股票者后悔，而回调进场和持股不动的股民都赚钱。这样，当所有人对此都深信不疑，持股者不愿抛，拿钱者纷纷进场，把出货当洗盘回调时，庄家就找到了出货良机。

庄家的高明之处在于对大众情绪的调控，并与自己的炒股手段巧妙地协调起来。在吸货阶段，让散户看空，主要利用传媒唱空，以便吸引廉价筹码。在抬升股价初期，让散户对升势半信半疑，每次洗盘结束后都向上突破。到中后期，散户多头心态越来越强烈，升不愿跑，跌则当成吸纳的良好时机，此时庄家出货，套现成功。

6. 设置多头陷阱出货

股民一般都知道，重要阻力关口一破即变为支撑，所以冲破阻力位就成为众多相信技术分析的股民的操盘准则，于是庄家就会利用这种假突破，引诱散户进场，庄家趁机出货。主力采用这种出货方式时，还会充分利用涨停机会，通过对股价的快速拉升，使场外观望的投资者禁不住股价上涨的诱惑，已获利股民也因股价的上涨产生惜售心理。主力通常在这个时候以巨量的买单将股价封至涨停，从而使多头买进行情达到高潮，更多跟风者纷纷涌入。

由于国内的交易规则采用的是时间优先和价格优先的原则成交，那么在涨停的挂单上是一致的，无法比出高低，而时间上仍有先后之分，首先是时间上排在前列的巨量买单，排在后面的是散户和跟风盘。这样主力通过暗暗撤出前面的巨量买单，然后将这些买单跟在散户的后面。所以，实际上涨停板上买单数量并没有变化，甚至还有增多。主力可以通过小批量的卖单，逐步将手中的筹码卖给排在第一时间段内的散户。这种涨停出货的手段既能卖上一个好价格，又不会引起一般投资者的注意，是市场中最常见的一种出货方式。

第十节 庄股实例剖析

下面我们用实例剖析来了解庄家在股市中是如何具体操作的，通过学习和了解庄家的操作手法，观察并分析庄家从建仓—吸货—洗盘—拉升—出货的全过程，为我们的实盘操作提供经验和帮助。

一、神州高铁（000008）

如图 8-10-1 所示，神州高铁（000008）是一个典型的庄家操作股。股票在 1995 年时正处于由高位跌到谷底的形态，因为扛不住股价的巨大跌幅，部分散户、小机构投资者被甩了出去。庄家大量持有低价股票，经过几年的底部充分吸筹，已具备操控股价和冲高的条件。

接着，庄家开始大量买进股票，股票整体大势为之一转，股价出现长期低迷下跌后的涨势，这是一个非常明显的信号，此阶段还持有股票的都是信心坚定的股东，不会因为前期的股市下跌而放弃持有。在看到庄家开始大力拉升股价后，散户们也纷纷建仓，大量持有股票，坐等上涨。之后股价飞涨，成交量不断扩大，股市活跃，庄家继续拉升股价，更多的散户纷纷加入，形势一片大好。庄家经过前面几次拉升股价后，多方力量消耗很多，在股价达到满意的高度后，开始暗中启动投资中最重要的一个环节——出货。此时股市依然异常热闹，这是出货的最好时机。一日，股票出现了一根长长的大阴线，但股价还在上涨，部分机警的股民意识到庄家开始出货，少部分人开始减仓。庄家继续出货，股价达到顶点，少数股民纷纷斩仓，股价大跌，庄家出货完毕。一些还来不及减仓、出局的投资者或者还期望股价继续回暖的投资者，损失惨重，开始被套牢。股价继续下跌，有些人还在继续观望，有些人则挥泪斩仓止损。股价持续下跌，快要达到新低了，接着就是股价长时期的低迷，根本看不到一点上涨的迹象，很多人继续抛出股票，庄家暗暗完成第二次吸筹，股价已有上升的苗头。

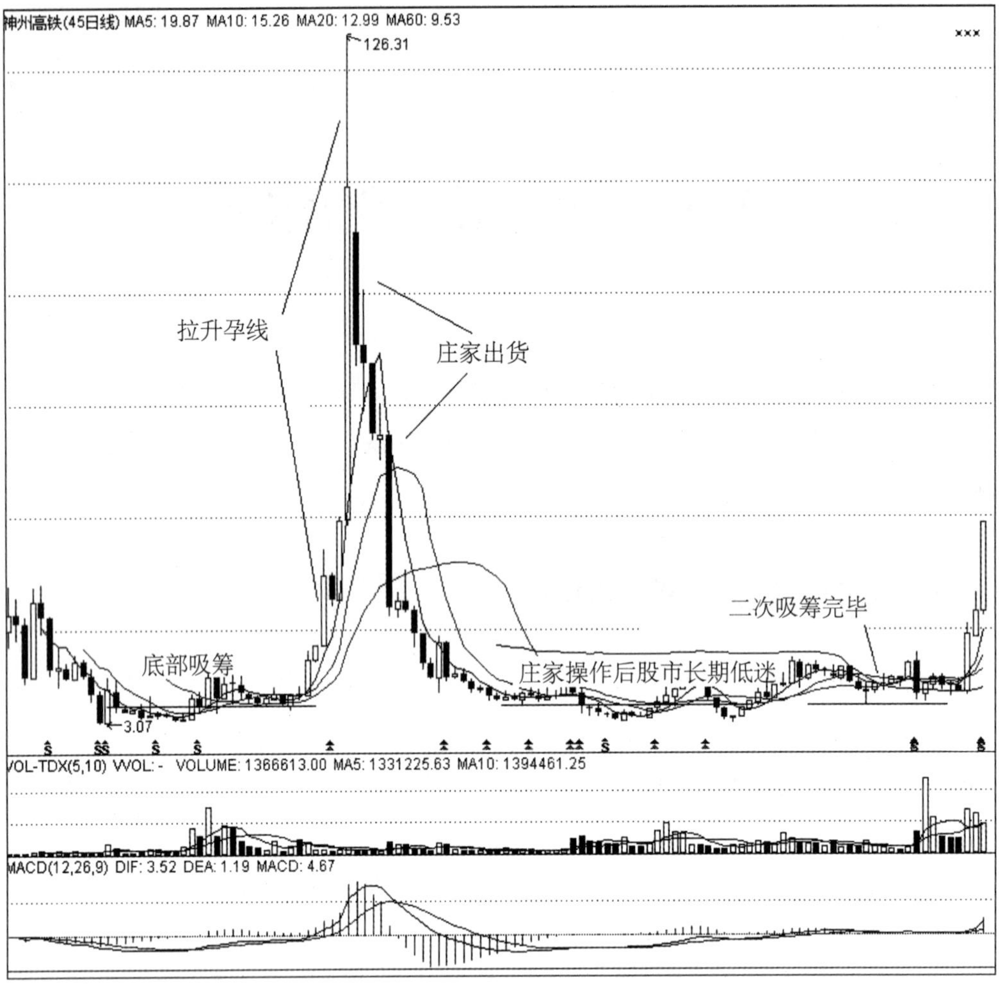

图 8-10-1 神州高铁（000008）案例剖析

二、徐工机械（000425）

如图 8-10-2 所示，徐工机械（000425）在 2013 年 7 月以来，股价持续整理，直到 2014 年 7 月，股价整理长达 1 年多的时间，随后出现小幅震荡拉升，股价上涨，一些短线操作的投资者往往有不菲的获利，但一些中长期的投资者误以为是庄家吸筹完毕，开始大力拉升股票，但随后股价开始狂跌，部分投资者不得不抛出，另一部分只好继续持有被套。不久股价又大幅度拉升，短线操作的投资者仍可获利，很多投资者分不清庄家是吸筹完毕拉升股价还是股市的短期震荡，一些投资者也加入追涨潮流中，但随后股票出现了典型的震荡卖点，精明的投资者会发现，股价虽然偶有上涨，但每一次的最高点都低于前一次的最高点，这是典型的卖出形态。股价仍不断下跌，一直期望股价回暖而继续持有的股民被套。庄家继续吸筹，在股价出现阶段性新低后，再一次回暖，不少股民纷纷买入，但随后股票继续下跌，让人崩溃，股价达到最低点。随后，庄家故伎重演，股价上涨，一些不看好股票的股民，趁此机会果断卖出，减少部分损失。庄家通过不断震荡股市，甩出很多散户和信心不坚定的投资者，完成洗盘。之后继续吸筹，庄家拥有了绝对的多方力量，吸筹完毕。股价开始拉升，成交量不断扩大，股价不断创新高，行情一转以前的震荡颓势，股价稳步增长，在前期震荡吸筹中的很多散户也纷纷加入，在股价达到庄家满意的程度后，开始出货。

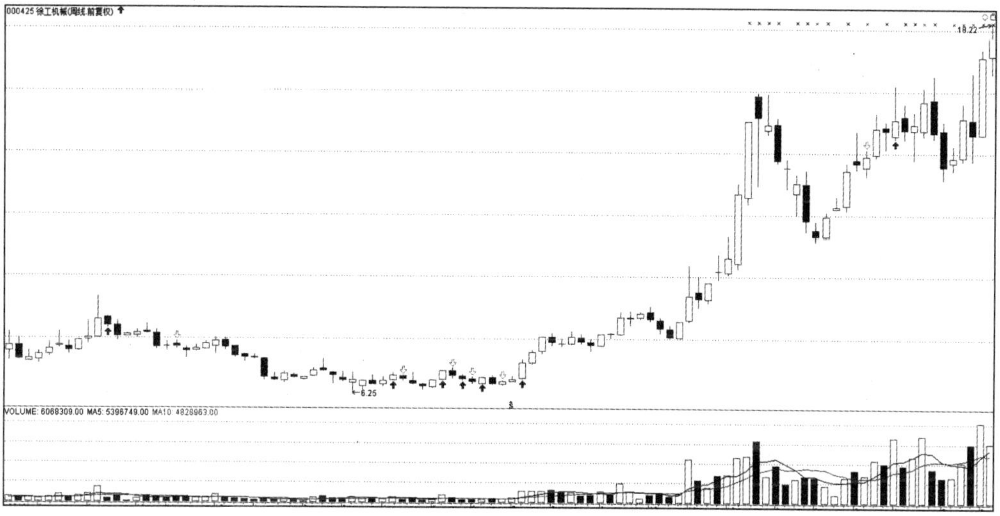

图 8-10-2 徐工机械（000425）案例剖析

第九章

投资创业板

创业板作为多层次资本市场体系的重要组成部分，主要目的是促进自主创新企业及其他成长型创业企业的发展，是落实自主创新国家战略及支持处于成长期的创业企业的重要平台。具体来讲，创业板上市公司应具备一定的盈利基础，拥有一定的资产规模，且需存续一定期限，是具有较高成长性的企业。

第一节 认识创业板

2009年10月23日，经国务院同意，证监会批准深圳证券交易所设立创业板，并于2009年10月30日正式上市交易。

创业板是为了适应创业和创新的需要设立的新市场。与主板市场只接纳成熟的、已经形成足够规模的企业上市不同，创业板以成长型创业企业为服务对象，重点支持具有自主创新能力的企业上市，具有上市门槛低、信息披露监管严格、风险高的特点。

一、什么是创业板

创业板又称二板市场，即第二股票交易市场，是与主板市场相对的一类证券市场，专为暂时无法在主板上市的创业型企业、中小企业和高科技产业企业等需要进行融资和发展的企业提供融资途径和成长空间，是对主板市场的重要补充，在资本市场具有重要的地位。

创业板以美国NASDAQ市场为代表，在中国特指深圳创业板。创业板在上市门槛、监管制度、信息披露、交易者条件、投资风险等方面和主板市场有较大区别。2012年4月20日，深交所正式发布《深圳证券交易所创业板股票上市规则》，并于5月1日起正式实施，将创业板退市制度方案内容落实到上市规则之中。

二、创业板的特点

创业板是与主板相对的概念，与主板股票相比，创业板有以下特点。

1. 上市条件更加宽松

创业板对上市公司资质的要求比主板宽松。例如主板市场要求申请上市公司发行前股本额不少于3000万元，发行后不少于5000万元。创业板要求申请上市公司发行前净资产不少于2000万元，发行后的股本总额不少于3000万元。主板市场要求申请上市公司主营业务3年内没有重大变化；创业板市场要求申请上市公司主营业务2年内没有重大变化。

2. 遵循买者自负的原则

买者自负原则就是对自己的投资行为负责。对风险较大的创业板，监管机构仍然坚持和主板一样的自负原则，无论机构还是个人，在买卖股票前都应该自行做出判断。买入股票后收益归自己，风险也由自己承担。

3. 实行保荐人制度

保荐人相当于上市推荐人。一家企业要想通过创业板上市，必须有保荐人的推荐。保荐人的主要职责是协助申请上市公司进行上市申请，负责对申请公司的有关文件作出仔细的审核、披露，并承担相应的责任。保荐人制度可以确保上市公司信息的充分、真实、准确、及时披露，使投资者从量和质上关注、把握公司信息，进而对股票的价值和风险状况做出更加准确的判断。

4. 有特殊的交易规则

创业板交易规则与深圳主板市场几乎完全相同，包括T+1交易制度、每天10%的涨跌停板制度、集合竞价确定开盘价和收盘价、正常交易时间内连续竞价等。创业板股票与主板股票唯一不同的是上市首日有停盘制度限制。具体如下。

（1）较当日开盘价首次跌涨20%时，临时停盘30分钟。

（2）较当日开盘价首次跌涨50%时，临时停盘30分钟。

（3）较当日开盘价首次跌涨80%时，临时停盘至14:57。

5. 实行更加严格的退市制度

创业板实行比主板更加严格的退市制度。2011年11月30日，深交所公布了《关于完善创业板退市制度的方案（征求意见稿）》。该方案主要从以下方面对创业板退市制度进行了完善。

（1）在创业板现有连续亏损、净资产为负、注册会计师出具否定意见或无法表示意见的审计报告等11项退市条件的基础上，增加连续收到交易所公开谴责和股票成交价格连续低于面值两个退市条件。

（2）完善上市的审核批准，以扣除经常性损益前后的净利润孰低作为盈利判断标准，同时不支持暂停上市的公司通过借壳实现恢复上市。

（3）对资不抵债的上市公司加速退市速度，缩短退市时间。

（4）设立“退市整理板”。公司终止上市前，给予一定的“退市整理期”，在此期间，将其股票移入“退市整理板”进行另板交易。

（5）改进创业板退市风险提示方式，调整“*ST”制度，通过强化上市公司退市风险信息披露以及深化创业板投资者适当性管理的方式充分揭示退市风险。

三、创业板上市条件

1. 发行人申请首次公开发行股票的条件

（1）发行人是依法设立且持续经营三年以上的股份有限公司。有限责任公司按原账面净资产值折股整体变更为股份有限公司的，持续经营时间可以从有限责任公司成立之日起计算。

（2）最近两年连续盈利，最近两年净利润累计不少于1000万元；或者最近一年盈利，最近一年净利润不少于500万元，最近一年营业收入不少于5000万元，最近两年营业收入增长率均不低于30%。净利润以扣除非经常性损益前后孰低者为计算依据。

（3）最近一期末净资产不少于2000万元，且不存在未弥补亏损。

（4）发行后股本总额不少于3000万元。

2. 发行人注册资本、经营业务

（1）发行人的注册资本已足额缴纳，发起人或者股东用作出资的资产的财产权转移手续已办理完毕。发行人的主要资产不存在重大权属纠纷。

（2）发行人应当主要经营一种业务，其生产经营活动符合法律、行政法规和公司章程的规定，符合国家产业政策及环境保护政策。

（3）发行人最近两年内主营业务和董事、高级管理人员均没有发生重大变化，实际控制人没有发生变更。

3. 发行人应当具有持续盈利能力，不存在下列情形

（1）发行人的经营模式、产品或服务的品种结构已经或者将要发生重大变化，并对发行人的持续盈利能力构成重大不利影响。

（2）发行人的行业地位或发行人所处行业的经营环境已经或者将要发生重大变化，并对发行人的持续盈利能力构成重大不利影响。

（3）发行人在用的商标、专利、专有技术、特许经营权等重要资产或者技术的取得、使用，存在重大不利变化的风险。

（4）发行人最近一年的营业收入或净利润对关联方或者有重大不确定性的客户存在重大依赖。

（5）发行人最近一年的净利润主要来自合并财务报表范围以外的投资收益。

（6）其他可能对发行人持续盈利能力构成重大不利影响的情形。

4. 发行人纳税、股权、治理结构

（1）发行人依法纳税，享受的各项税收优惠符合相关法律法规的规定。发行人的经营成果对税收优惠不存在严重依赖。

（2）发行人不存在重大偿债风险，不存在影响持续经营的担保、诉讼以及仲裁等重大或有事项。

（3）发行人的股权清晰，控股股东和受控股股东、实际控制人支配的股东所持发行人的股份不存在重大权属纠纷。

（4）发行人资产完整，业务及人员、财务、机构独立，具有完整的业务体系和直接面向市场独立经营的能力。与控股股东、实际控制人及其控制的其他企业间不存在同业竞争，以及严重影响公司独立性或者显失公允的关联交易。

（5）发行人具有完善的公司治理结构，依法建立健全股东大会、董事会、监事会以及独立董事、董事会秘书、审计委员会制度，相关机构和人员能够依法履行职责。

（6）发行人会计基础工作规范，财务报表的编制符合企业会计准则和相关会计制度的规定，在所有重大方面公允地反映了发行人的财务状况、经营成果和现金流量，并由注册会计师出具无保留意见的审计报告。

（7）发行人内部控制制度健全且被有效执行，能够合理保证公司财务报告的可靠性、生产经营的合法性、营运的效率与效果，并由注册会计师出具无保留结论的内部控制鉴证报告。

（8）发行人具有严格的资金管理制度，不存在资金被控股股东、实际控制人及其控制的其他企业以借款、代偿债务、代垫款项或者其他方式占用的情形。

（9）发行人的公司章程已明确对外担保的审批权限和审议程序，不存在为控股股东、实际控制人及其控制的其他企业进行违规担保的情形。

（10）发行人的董事、监事和高级管理人员了解股票发行上市相关法律法规，知悉上市公司及其董事、监事和高级管理人员的法定义务和责任。

5. 对发行人的要求

发行人的董事、监事和高级管理人员应当忠实、勤勉，具备法律、行政法规和规章规定的资格，且不存在下列情形。

（1）被中国证监会采取证券市场禁入措施尚在禁入期的。

（2）最近三年内受到中国证监会行政处罚，或者最近一年内受到证券交易所公开谴责的。

（3）因涉嫌犯罪被司法机关立案侦查或者涉嫌违法违规被中国证监会立案调查，尚未有明确结论意见的。

（4）发行人及其控股股东、实际控制人最近三年内不存在损害投资者合法权益和社会公共利益的重大违法行为。

（5）发行人及其控股股东、实际控制人最近三年内不存在未经法定机关核准，擅自公开或者变相公开发行证券，或者有关违法行为虽然发生在三年前，但目前仍处于持续状态的情形。

（6）发行人募集资金应当用于主营业务，并有明确的用途。募集资金数额和投资项目应当与发行人现有生产经营规模、财务状况、技术水平和管理能力等相适应。发行人应当建立募集资金专项存管制度，募集资金应当存放于董事会决定的专项账户。

四、创业板的交易规则

创业板股票交易规则基本与主板一致，除了上市首日交易风险控制制度以外。创业板首次公开发行股票上市首日，实施盘中股价异常波动临时停牌制度。

1. 创业板开户条件

并不是所有的投资者都能参与创业板交易，一般交易满两年的投资者才能申请开通创业板交易权限，交易年限是从首笔交易开始计算，而不是从开户开始计算。首笔交易时间可以从中国登记结算公司网站查询，或者咨询开户的证券公司。

2. 上市首日停牌制度

当创业板股票上市首日盘中成交价格较当日开盘价首次上涨或下跌达到或超过

20%时，深圳证券交易所可对其实施临时停牌30分钟；首次上涨或下跌达到或超过50%时，深圳证券交易所可对其实施临时停牌30分钟；首次上涨或下跌达到或超过80%时，深圳证券交易所可对其实施临时停牌至14:57。股票临时停牌或跨越至14:57的，深圳证券交易所于14:57将其复牌并对停牌期间已接受的申报进行复牌集合竞价，然后按照复牌前的价格，按照时间优先的原则定价撮合。临时停牌期间，投资者可以继续申报，也可以撤销申报。

3. 买卖规则

通过竞价交易买入创业板股票的，申报数量应当为100股或其整数倍。卖出创业板股票时，申报数量应当为100股或其整数倍，余额不足100股的部分，应当一次性申报卖出。

证券的报价单位为“每股（份）价格”，最小变动单位为0.01元。

创业板股票实行价格涨跌幅限制，涨跌幅限制与主板相同，涨跌幅限制比例为10%。

4. 创业板股票交易时间

创业板市场交易日为每周一至周五。每交易日上午9:00–9:25为集合竞价时间；上午9:30–11:30、下午1:00–3:00为连续竞价时间。遇国家法定节假日及证券交易所公告的休市时间，创业板市场休市。

5. 创业板股票实行T+1流转制度

创业板股票与主板相同，实行股票T+1流转制度，当天买入的股票当天无法卖出，第二个交易日才能卖出。

五、投资创业板的风险

从投资者的角度看，与主板市场相比，创业板市场除了存在所有股市存在的一般风险以外，还存在五个方面比较突出的风险。

1. 股票摘牌风险

主板市场的股票也有摘牌风险，但是创业板市场的股票被摘牌的概率大于主板市场，因为创业板股票的特点是上市公司规模较小，且处于创业阶段。从现实情况看，中小企业的寿命一般比较短。中小企业寿命短的主要原因是其产品的市场占有率比大企业低得多，自身抵御经营风险的能力比较低。当然也不排除创业板中有的上市公司逐渐成长壮大，或者被其他公司重组买壳。

2. 股市投机风险

股市投机是指预期股价有上涨机会或者预谋创造股价上涨机会，在股价尚未涨到目标位前投入资金买进股票，待股价涨到目标位时将股票卖出获利的行为。股市投机风险是指投资者由于自己投机失误或他人过度投机而给自己的投资造成损失的可能性。主板市场也有投机风险，但是创业板的投机风险程度大大超过主板市场，因为创业板股票规模小，容易操纵，价格涨得快跌得也快，涨得高跌得也深。

3. 上市公司“荒地风险”

“荒地”是指上市公司无人认真经营的状态。上市公司荒地风险是指持有上市公司股票的投资者因上市公司处于无人经营状态而造成投资损失的可能性。导致“荒地”的原因主要有：有的创业者办企业的目的就是“倒卖企业”，即通过运作后使公司股票在股票市场成功发行和上市，从股市筹措巨额资金，再想办法把资金转移出去，然后把持有的该公司股票出售，再一次获取暴利，之后再注册或收购另一家企业，再运作上市，如此循环。

按照《深圳证券交易所创业板股票上市规则》的规定，“发行人向本所提出其首次公开发行的股票上市申请时，控股股东和实际控制人应当承诺：自发行人股票上市之日起三十六个月内，不得转让或者委托他人管理其直接或者间接持有的发行人公开发行股票前已发行的股份。”也就是说36个月以后就可以售股脱身。

由于创业者无心长期经营企业，而是醉心于资本运作，所以企业实际上会处于无人进行实质性经营的状态，特别是当创业者把所持有的股份全部卖掉后，上市公司的经营就更处在“荒地”状态了。在股票全流通后，主板市场也存在“荒地风险”，但是创业板上市公司因其操作相对容易而比主板市场有更大风险。

4. 股票市场萧条风险

股市萧条风险是指投资者买入股票后，因股市长期萧条、股价长期或永远在买入价之下甚至股票退市而给投资者造成投资损失的可能性。从其他国家或地区的创业板市场看，创业板成功的例子并不多见。

最成功的创业板市场是美国的纳斯达克市场。美国的纳斯达克市场之所以成功，一是因为它面向全球，投资者众多；二是因为它有微软、英特尔、戴尔、思科等一大批真正的成长型高科技企业，这些企业从小到大不断发展，对投资者构成较大的吸引力；三是有可行有效的市场制度和运行机制，比如说市场分级制度（分为纳斯达克全球精选市场、纳斯达克全球市场和纳斯达克资本市场）、合理的做市商制度等。但多数国家和地区的创业板市场对投资者没有多大的吸引力，成交量比较少，一片萧条景象。

创业板市场萧条的主要原因是缺乏长期存续、效益优良的上市公司，股票价格波动太大，因而投资风险大，对投资者缺乏吸引力。即使是纳斯达克市场也有较大的投资风险，也有萧条的时候。例如 2000 年 3 月 10 日达到 5048.62 点，2002 年 10 月 10 日跌到 1108 点。如果在高点买入股票，此后创业板进入长期萧条期，投资者就会陷入长期的套牢状态，甚至可能永无翻身之日。

5. 上市公司变脸风险

上市公司变脸风险是指投资者因上市公司在发行股票后由优质公司变为劣质公司而造成投资损失的可能性。主板市场的上市公司也会变脸，但是创业板市场的上市公司变脸具有短期性和普遍性的特点。其原因很多，主要有：一是公司规模小，经营不稳定；二是小公司的财务信息与大公司相比规范性差，极易造假，外界较难掌握其真实信息；三是创业板的上市公司灵活性强，存在向中介机构行贿以更改财务信息的可能；四是小公司监管难度较大；五是各地方政府对本地中小企业到创业板市场发行股票并上市的积极性非常高，可能会存在把关不严的问题。另外，创业板上市公司中创业型企业多，而创业本身就存在较大风险。

第二节　创业板与主板的区别

主板市场也称为一板市场，指传统意义上的证券市场（通常指股票市场），是一个国家或地区证券发行、上市及交易的主要场所。中国大陆主板市场的公司在上交所和深交所两个市场上市。主板市场是资本市场中最重要的组成部分，很大程度上能够反映一国经济的发展状况，有国民经济“晴雨表”之称。

创业板即第二股票交易市场，是与主板市场不同的一类证券市场，专为暂时无法在主板上市的创业型企业、中小企业和高科技产业企业等需要进行融资和发展的企业提供融资途径和成长空间。

一般而言，创业板的公司大多盘子较小，业绩不是特别好，公司上市大多只为融资，且监管严格，竞争激烈。如果公司经营不善而倒闭，那么买入的股票就一分钱也不值了。主板一般不会出现这种情况，因为主板公司都是成熟的上市公司。

一、上市条件的区别

创业板要求最近两年净利润累计不少于1000万元，且持续增长；或者最近一年盈利，且净利润不少于500万元，最近一年营业收入不少于5000万元，最近两年营业收入增长率均不低于30%，发行前净资产不少于2000万元，并且IPO后总股本不得少于3000万元。

主板要求最近三个会计年度净利润均为正且累计超过人民币3000万元，最近三个会计年度经营活动产生的现金流量净额累计超过人民币5000万元；或者最近三个会计年度营业收入累计超过人民币3亿元。最近一期末无形资产占净资产的比例不高于20%，不存在未弥补亏损。发行前股本总额不少于人民币3000万元，发行后股本总额不少于人民币5000万元。

二、企业类型的区别

成立创业板市场就是为那些处于成长型的、创业期的、科技含量比较高的中小企业提供一个利用资本市场发展壮大的平台，因此《首次公开发行股票并在创业板上市管理暂行办法》第1条开宗明义其立法宗旨之一是“促进自主创新企业及其他成长型创业企业的发展”。虽然《创业板上市管理暂行办法》没有对自主创新企业、成长性企业、创业企业界定一个明确的范围，但证监会创业板发审部门负责人非正式表示，创业板将侧重两类企业，一是新能源、新材料、生物医药、电子信息、环保节能、现代服务等领域的企业，以及其他领域中成长性特别突出的企业；二是在技术业务模式上创新性比较强的企业，行业排名靠前、市场占有率比较高的企业。

主板对拟上市企业的所属行业及类型方面没有任何限制，任何企业只要符合规定的标准都可以申请上市。

三、企业规模不同

在多层次的资本市场中，主板市场规模最大，中小板次之，创业板最小。截止到2016年3月5日，创业板的上市公司共计有498家。

创业板的特点是企业规模小，筹资额也小。以一家企业募集一个亿计算，即使一年上市100家，也就是100多亿，还顶不上一个大盘股筹资额大。

四、资产要求不同

与实物资产和资金相比，无形资产价值具有明显的不确定性和主观性。为了防止发行人出现资本不实的情况，主板对发行人无形资产的比重作出了限制，要求发行人最近一期末无形资产（扣除土地使用权、水面养殖权和采矿权等后）占净资产的比例不高于20%。

创业板市场主要面向创新型企业，这类企业的利润来源主要为自主知识产权。如果采取与主板同样的无形资产比例要求，显然与创业板的市场定位不符。因此，《创业板首发办法》仅要求最近一期末净资产不少于2000万元，对无形资产的比例没有限制。这样创业板上市的企业可以依照《公司法》的规定，无形资产最高可以达到注册资本的70%。

第三节　开通创业板

一、查询股龄

创业板的风险较主板要大，所以开通创业板的条件中明确规定，投资者必须有两年（含两年）以上的股龄才可申请。这一规定是为了防止刚入股市或对股市还不太熟悉的股民贸然进入，由此带来重大投资损失。

股龄可以通过证券公司进行认定，也可通过中国证券登记结算公司网站对本人证券账户的首次股票交易日期进行参考性查询，查询方式见中国证券登记结算公司网站上的查询指南。

二、到证券公司申请

投资者要想进行创业板交易，需要单独开通创业板交易功能。申请参与创业板市场的流程大致分为四步。

1. 衡量自己的资质

目前对开通创业板交易的硬性规定中，最主要的一点是必须具有两年以上（含两年）股票交易经验。

除了满足硬性规定外，投资者还应尽可能地了解创业板的特点、风险、收益，之后客观评估自身的风险承受能力，谨慎决定是否申请开通创业板市场交易。

2. 提出开通申请

决定开通创业板交易后，投资者可以通过网上或到证券公司营业场所提出开通创业板市场交易的申请。

在提出开通申请时，证券公司要对投资者的风险承受能力进行测评，帮助投资者判断其对风险的承受能力和认识能力，提示其中存在的风险。此外，证券公司一般还会要求申请人在办理时留下个人资料。

如果风险测评结果显示投资者的风险承受能力较弱，不适合参与创业板交易，投资者应该谨慎考虑是直接参与创业板交易，还是通过购买投资基金等方式间接参与。

3. 签署风险揭示书

资料审核完成后，投资者需要到证券公司签署一些文件。

如果投资者符合《深圳证券交易所创业板市场投资者适当性管理实施办法》规定的基本要求，可与证券公司签署《创业板市场投资风险揭示书》。文件签署两个交易日后，证券公司经过相关审核程序，就会为投资者开通创业板市场交易。

如果投资者暂不符合基本要求，但投资者坚持直接参与创业板市场，在现存签署风险揭示书的同时，投资者还应就自己愿意承担市场风险抄录一段“特别声明”。在上述文件签署第五个交易日后，证券公司完成相关核查程序，并经过营业部负责人签字核准后，投资者可以开通创业板市场交易。

4. 确定开通成功

要想知道创业板交易是否开通成功，投资者可以通过中国证券登记结算公司网站自行查询，也可以通过所属证券公司查询。

第四节　创业板投资注意事项

一、分析创业板公司的公告信息

如何用好创业板公司信息公告，对投资者进行创业板投资获利有很大的帮助，投资者一定要好好对待。

应该关注那些可能对公司资产、负债、权益和经营成果，甚至对股价产生较大影响的公告，比如公司的重大投资、合作、资产重组等信息，同时进行利好、利空判断。

对信息公告细节进行分析：公告说明事项的具体情况及其背景；事项的进展情况；对公司的影响；对未来会有什么影响；存在哪些风险；对澄清传闻有哪些帮助。

对上市公司进行全面了解。投资者可以查阅上市公司最近的年报、半年报、季报，了解上市公司的经营业绩、分红方案、业绩预告等信息，并对其进行分析总结。

二、创业板解套技巧

（1）看大盘脸色。主板的趋势至关重要。当年中小板开板之时，许多股票连续跌停，皆因 2015 年下半年正处于大熊市之中。

（2）看比价。将创业板新股与主板同一地域公司、同一行业公司、同一市场题材公司、业绩相近公司、相同流通股本规模及类似股本结构的公司进行对比。

（3）看成长性。其中重点是业绩分析，盈利能力强的公司对资金的吸引力较强。

（4）题材是否有“底气”。新股是否有更强的股本扩张潜力，主要看其滚存利润、公积金和净资产这三个因素。

（5）看大股东实力。流通股本过大或过小都不利于市场炒作，还要看大股东间持股的比例如何。

（6）概念好不好。注意公司的经营范围、所处行业、在建项目和募集资金用途，从中发现市场容易感兴趣的题材。

（7）切莫随波逐流。如果是短线炒作，应尽量避免参与大家都看好的“红人”，正所谓人弃我取。

（8）把握好时段。判断新股是否有短线机会，最重要的一点是换手是否充分。

（9）看主力成本。单日成交量最为集中时的均价线，可以看成是主力的成本区，在成本区上下浮动10%的区间，具有相当的介入价值。

（10）关注开盘大涨股。真正会大涨的新股，往往出乎市场大部分人的预期。

三、经营风险

由于创业板上市公司自身的经营特征，创业板市场注定是一个高风险市场：上市公司大多是处于发展阶段中的高新技术企业，由于技术的不确定性和竞争因素，公司需要面对巨大的技术风险；由于处于初创期，其经营的稳健性和管理成熟度都要低于主板市场的上市公司，这必然带来巨大的经营风险；初创期高速发展需要的高投入和高融资需求带来的高负债率也必然会产生较高的财务风险。

除此之外，我国资本市场特有的市场环境决定了创业板还具有特有的风险，首先是创业板的退市风险远大于主板市场。这一点将在下文详细介绍。

尤其是内幕交易和市场操纵行为，加剧了创业板的投资风险。创业板高科技上市公司由于概念新颖，流通盘规模较小，经营的不确定因素较多，客观上为操纵市场行为提供了便利空间。

我国监管机构近年来一直对内幕交易和市场操纵等违法行为采取高压态势，也取得了相当的成效。然而由于多方面的因素，内幕交易和操纵市场行为仍将在我国证券市场中长期存在。很多研究机构都断言，创业板初期一定会出现暴涨暴跌，如果不慎在高位追入，损失将会非常惨重。

四、退市风险

什么是创业板公司的退市风险？

创业板市场主要服务于自主创新和成长型企业，在降低对企业规模和财务状况要求的同时，针对创业企业的发展特点和风险特征，对上市公司信息披露和退出机制的规定往往更为严格。相对主板市场，创业板公司的退市比例更高，海外创业板市场对退市条件的规定也十分严格。

质量不合格的商品应当撤柜，同样，不符合标准的上市公司也应当退市。我国创业板市场实行比主板更为严格的退市制度，目的是维护证券市场优胜劣汰的竞争秩序，充分保护投资者的合法权益。投资者在参与创业板市场股票投资时，可能会面临更大的退市风险。上市公司如果被强制退市，其股票的流动性和价值都将急剧降低甚至归零，这一风险应当引起投资者的高度重视。

创业板市场的具体退市标准包括以下方面。

（1）连续亏损或追溯调整导致连续亏损被暂停上市，在法定期限内披露的首个年度报告显示公司仍然亏损。

（2）未在规定期限内改正财务会计报告重大会计差错或虚假记载被停牌，在规定期限内仍未披露经改正的财务报告。

（3）未在法定期限内披露年度报告或中期报告。

（4）公司因故解散。

（5）公司被法院宣告破产。

（6）股权分布不符合上市条件，在规定期限内仍未消除（解决）的。

此外，除了上述沿用规定外，创业板市场较主板新增了三项退市标准。

（1）增加了审计意见方面的退市情形。

（2）增加了净资产方面的退市情形。

（3）增加了市场指标方面的退市情形。

投资者应充分关注创业板市场的多元化退市标准，阅读和熟悉有关规则条款，警惕退市风险。

创业板实行“直接退市”制度。创业板公司终止上市后，不再像主板市场那样，可以进入代办股份转让系统进行交易，而是直接退市。

如果退市的公司符合代办股份转让系统的条件，可以自行委托主办券商向中国证券业协会提出在代办股份转让系统进行股份转让的申请。如果公司不提出申请或申请未被批准，则公司直接退市。

一般情况下，公司退市后，相较于上市公司，其股份的转让比较困难，股票价值也将降低，广大投资者应当对此引起足够的重视。

第十章

了解股指期货

2010 年 2 月 20 日，证监会正式批复中国金融期货交易所沪深 300 股指期货合约和业务规则，并正式接受投资者开户申请。沪深 300 股指期货合约自 2010 年 4 月 16 日起正式上市交易。自此开始，经过较长时间模拟运行的股指期货正式推出，投资者又多了一种投资方式。我国股市一直没有做空的工具，只有股市上涨，投资者才能赚钱。股指期货的推出改变了这种现状，通过股指期货，投资者可以做空，在股市下跌时也能够赚钱，达到对冲股市风险的目的。

第一节　股指期货基础知识

作为新兴市场，我国股票市场的波动幅度、频率要明显大于成熟市场，这意味着市场在提供更多收益机会的同时，也蕴含着更多、更大的风险。在成熟的证券市场上，机构投资者（包括投资基金）是市场的主力军，投资者通过种种基金间接参与证券市场，养老、保险基金等也把证券市场作为投资组合的重要部分，机构投资者的大量参与，使证券市场容量和流动性更大，市场更稳定有序。为了保护长线投资者利益，减轻股票市场卖压，树立正确的投资理念，保持股票市场的稳定性，在中国资本市场上建立股指期货就显得很重要了。

一、期货的概念

所谓期货，一般指期货合约，就是由期货交易所统一制定的，规定在将来某一特定的时间和地点交割一定数量标的物的标准化合约。这个标的物，又叫基础资产，是期货合约对应的现货，这种现货可以是某种商品，如铜或原油，也可以是某个金融工具，如外汇、债券，还可以是某个金融指标，如三个月同业拆借利率或股票指数。

二、什么是股指期货

股指期货（Share Price Index Futures），英文简称 SPIF，全称是股票价格指数期货，也可称为股价指数期货、期指，是指以股价指数为标的物的标准化期货合约。合约双方约定在未来的某个特定日期，可以按照事先确定的股价指数的大小进行标的指数的买卖，到期后通过现金结算差价来进行交割。作为期货交易的一种类型，股指期货交易与普通商品期货交易具有基本相同的特征和流程。

三、股指期货如何盈利

究竟股指期货怎么做才能获得盈利呢？

第一，当个人投资者预测股市将上升时，可买入股票现货增加持仓，也可以买入股票指数期货合约。这两种方式在预测准确时都可盈利。相比之下，买卖股票指数期货的交易手续费比较便宜。

第二，当个人投资者预测股市将下跌时，可卖出已有的股票现货，也可卖出股指期货合约。卖出现货是将以前的账面盈利变成实际盈利，是平仓行为。而卖出股指期货合约，是从对将来的正确预测中获利，是开仓行为。由于有了卖空机制，当股市下跌时，即使手中没有股票，也能通过卖出股指期货合约获得盈利。

第三，对持有股票的长期投资者，或者出于某种原因不能抛出股票的投资者，在对短期市场前景看淡的时候，可以通过在股指期货市场出售股票指数期货，在现货市场继续持仓的办法锁定利润，控制风险。

四、股指期货的特点

从期货特性上讲，股指期货同商品期货的主要区别在于到期日的结算方法不同。商品期货合约持有到期时必须进行实物交割，一方给付货款，另一方交付货物。由于股指“现货”——股票指数的特殊性，世界各国推出的股指期货均是采用现金交割的方式。一般的做法是以最后交易日收盘前一段时间指数现货价格的加权作为未平仓指数期货合约的结算价格。

从股票特征上看，由于影响股指现货与商品现货的因素不一样，两种期货的研究方法也有很大的差异。为了分析商品期货的走势，投资者需要对影响商品现货走势的供求状况进行深入的调查。而对股指期货来说，投资者需要更多地关注宏观经济、行业动态以及对股指现货走势有较大影响的权重股的走势。

股指期货还有其他一些特点。

（1）股指期货采用保证金交易制度。

保证金交易制度具有一定的杠杆性，投资者不需要支付合约价值的全额资金，只需要支付一定比例的保证金就可以交易。保证金制度的杠杆效应在放大收益的同时，也成倍地放大风险。在发生极端行情时，投资者的亏损额甚至有可能超过所投入的本金。

（2）股指期货采用当日无负债结算制度。

在当日无负债结算制度下，期货公司在每交易日收市后，都要对投资者的交易及持仓情况按当日结算价进行结算，计算盈亏及相关费用，并实际进行划转。当日结算后保证金不足的投资者，必须及时采取相关措施以达到保证金要求，避免被强行平仓。

（3）股指期货合约有到期日。

每个股指期货合约都有到期日，不能无限期持有。投资者要么在合约到期前平仓，要么在合约到期时现金交割。

（4）股指期货的交易对象是标准化的期货合约。

股指期货交易的对象不是股票价格指数，而是（以股票价格指数为基础资产的）标准化的股指期货合约。在标准化的股指期货合约中，除了合约价格以外，包括标的资产、合约月份、交易时间等其他要素，都是事先由交易所固定好的。需要提醒的是，合约价格是该合约到期日的远期价格，而非交易时点的即期价格。

第二节　股指期货开户流程

所谓开户，是指在期货公司开立专门用于期货交易的交易账户。投资者准备开设股指期货账户之前，可先对所在城市的期货公司进行考察，选择合适的期货公司进行开户操作。

一、开户条件

股指期货开户，即投资者开设股指期货账户和资金账户的行为。通俗来说，也就是投资者到期货公司开立期货账户进行股指期货交易的行为。

股指期货开户需要以下条件。

（1）除期货公司要求携带的基本材料外，股指期货开户还要求个人期货账户可用资金在50万元以上。

（2）客户本人通过股指期货知识测试。

（3）交易经历：具有股指期货仿真交易累计10个交易日、20笔以上成交记录或具有3年以内10笔以上商品期货交易经历。

（4）不存在严重不良诚信记录；不存在法律、行政法规、规章和交易所业务规则禁止或者限制从事股指期货交易的情形。

（5）期货公司会员除按上述标准对投资者进行审核外，还应当按照交易所制定的投资者适当性制度操作指引，对投资者的基本情况、相关投资经历、财务状况和诚信状况等进行综合评估，不得为综合评估得分低于规定标准的投资者申请开立股指期货交易编码。

股指期货开户需要提供以下资料。

（1）银行卡复印件或者扫描件1份。

（2）身份证扫描件（电子版）。

（3）个人数码大头照（500万以上像素，整体上身尺寸占整个照片比例的60%），签定合同时的正面照。

二、期货交易风险说明

进行期货交易风险相当大，可能发生巨额损失，损失的总额可能超过存放在期货经纪公司的全部初始保证金以及追加保证金。因此，投资者必须认真考虑自己的经济承受能力是否适合进行期货交易。

考虑是否进行期货交易时，应当明确以下几点。

（1）投资者在期货市场进行交易，假如市场走势对投资者不利时，期货经纪公司会按照期货经纪合同约定的时间和方式通知投资者追加保证金，以使投资者能继续持有未平仓合约。如投资者未于规定时间内存入所需保证金，投资者持有的未平仓合约将可能在亏损的情况下被迫平仓，投资者必须承担由此导致的一切损失。

（2）投资者必须认真阅读并遵守期货交易所和期货经纪公司的业务规则。如果投资者无法满足期货交易所和期货经纪公司的业务规则，投资者所持有的未平仓合约将可能根据有关规则被强行平仓，投资者必须承担由此产生的后果。

（3）在某些市场情况下，投资者可能会难以或无法将持有的未平仓合约平仓，这种情况可能在市场达到涨跌停板时出现。出现这类情况，投资者的所有保证金有可能无法弥补全部损失，投资者必须承担由此导致的全部损失。

（4）由于国家法律、法规、政策的变化，期货交易所交易规则的修改，紧急措施的出台等原因，投资者持有的未平仓合约可能无法继续持有，投资者必须承担由此导致的损失。

（5）由于非期货交易所或者期货经纪公司所能控制的原因，例如地震、水灾、火灾等不可抗力因素或者计算机系统、通讯系统故障等，可能造成投资者的指令无法成交或者无法全部成交，投资者必须承担由此导致的损失。

（6）在国内期货交易中，期货交易所无法做到即时确认，所有的交易结果须以闭市之后交易所的书面确认为依据。如果投资者利用口头确认的交易结果作进一步的交易，投资者可能会承担额外的风险。

（7）套期保值交易同单纯的投机交易一样，同样面临价格波动引起的风险。

（8）如果投资者未遵守中国证监会关于期货保证金安全存管的规定，将可能影响投资者期货保证金的安全性。

（9）利用互联网进行期货交易时存在（但不限于）以下风险，投资者需承担由此导致的损失。

①由于无法控制和不可预测的系统故障、设备故障、通讯故障、电力故障、网络故障及其他因素，可能导致交易系统非正常运行甚至瘫痪，使交易指令出现延迟、

中断、数据错误等情况。

②由于网上交易系统存在被网络黑客和计算机病毒攻击的可能性，由此可能导致交易系统故障，使交易无法进行，或者行情信息出现错误和延迟。

③互联网上的数据传输可能因通信繁忙等原因出现延迟、中断、数据错误或不完全，从而使网上交易出现延迟、中断。

④如果投资者缺乏网上交易经验，可能因操作不当造成交易失败或交易失误。

⑤如果投资者的计算机和手机终端感染计算机木马或病毒，可能导致密码失密或者被他人盗用。

三、选择交易方式

股指期货主要为投资者提供三种交易方式：投机、套期保值和套利。这三种模式主要参与群体不尽相同。一般而言，直接买卖股指期货进行投机的交易者，主要是一些风险承受能力强、追求高风险高收益的个人投资者及部分私募基金，他们也是市场上最活跃的分子。进行套保和套利交易的投资者，多为机构投资者。

1. 利用市场涨跌进行投机交易

所谓投机，是指根据对市场的判断，把握机会，利用市场出现的价差进行买卖，从中获得利润的交易行为。股指期货的投机交易则是指直接通过股指期货价格的变动进行获利。该交易是单边持仓投机。

从国际市场股指期货运行情况来看，单边投机交易在各国股指期货交易中占有50%~70% 不等的份额，既是主要的投资方式，也是市场流动性的重要来源。当投资者对市场后市趋势有明显的上涨和下跌的判断时，就可以利用股指期货进行单边投机交易。如果投资者预测后市将上涨时，可买进股指期货合约；预测后市将下跌时，可卖出股指期货合约。前者称为多头投机，后者称为空头投机。

相反，投资者认为股指未来会下跌，可以卖出某一月份的股指期货合约，股指下跌后在低位买入平仓并获得差价。可见，利用股指期货保证金、双边交易等制度，投资者可以以小博大，在短期内获得高额收益。

需要提醒投资者：单边投机交易是一把“双刃剑”。虽然杠杆作用能显著提高资金利用率和收益率，但如果投资者误判市场，也会遭遇杠杆作用带来的巨大风险。

2. 利用套期保值对冲市场风险

股指期货因高杠杆和 T+0 的交易规则，往往被市场认为是投机工具。事实上，期货产生的根源来自于套期保值，套期保值交易也是股指期货最根本的交易模式之一。

套期保值就是通过使用股指期货交易与一定规模的股票现货组合进行对冲，从而规避现货市场的价格风险。如果期货头寸能够较好地与现货匹配，套期保值交易能够消除现货市场的大部分系统性风险。

套期保值可分为6个流程：套保目标设定，择时套保，建仓合约的选择，动态调整期货头寸，展期策略，结束套期保值。为了更精确地套期保值，投资者需要根据组合的 β 值来调整套期保值买入合约的数量。

3. 利用期价差实现套利

所谓套利，就是利用股指期货定价偏差，通过买入股指期货标的指数成份股并同时卖出股指期货，或者卖空股指期货标的指数成份股并同时买入股指期货，来获得无风险收益。

就目前中国资本市场现状而言，股指期货上市后可行的套利策略包括期现套利、跨期套利和结算套利。其中，期现套利是股指期货推出初期最受欢迎的策略。

简单来说，股指期货期现套利的流程可以分为如下几步。

第一，确定期货定价模型，根据自身资金规模、成本确定套利上下边界；第二，根据指数历史走势和自身风险承受能力确定业务的最大仓位；第三，确定现货部分的构造方法与交易模式；第四，确定期间止盈止损条件；第五，随时关注期现组合风险敞口，对现货异常情况进行调整。其中，最基本的是要计算套利区间上下边界，以确定能否套利。

随着计算机技术的进步，期货经纪公司在提供上述交易形式之外，目前又增加了以下电子化交易形式。

（1）热自助委托交易。客户在交易现场，通过电脑（该电脑通过期货经纪公司的服务器与交易所交易主机相连接）进行交易。

（2）电话语音委托交易。客户通过电话键盘将交易指令转化为计算机命令，再由计算机送入交易所主机。因为其操作过程非常繁琐，必须按照提示语音分步骤完成，每个步骤之间还必须等待，所以，即使有一些期货经纪公司推出了这种交易形式，实际使用的人并不多。

（3）网上交易。利用互联网进行交易。因为网上交易不受地域限制，具有成交及回报快、准确性高、成本低等优点，故深受交易者和期货经纪公司的欢迎，也是目前推广速度最快的一种交易形式。

但是，新的交易形式因为主要采用电脑进行，可能会因计算机系统或通讯传输系统出现一些额外的风险，所以，客户如果选择电子化交易形式，期货经纪公司会要求客户在签署《期货经纪合同书》的同时，签署《电脑自助委托交易补充协议》《网上期货交易风险揭示书》《网上期货交易补充协议》等相应的协议。

四、申请交易编码及确认资金账号

期货公司会员只能为符合标准的一般法人投资者申请开立股指期货交易编码。

期货公司向客户出具《风险揭示声明书》和《期货交易规则》，向客户说明期货交易的风险和期货交易的基本规则。在准确理解《风险揭示声明书》和《期货交易规则》的基础上，由客户在《风险揭示声明书》上签字、盖章。填写客户资信情况登记表，确定交易手续费。

期货经纪机构与客户双方共同签署《客户经纪合同书》，明确双方权利义务关系，正式形成合作关系。

期货经纪机构为客户提供专门账户，供客户从事期货交易的资金往来，该账户与期货经纪机构的自有资金账户必须分开。客户必须在其账户上存入足额保证金后，方可下单交易。

第三节　股指期货分析方法

股指期货分析方法主要包括股指期货基本面分析方法和股指期货技术分析方法。股指期货基本面分析方法涉及的方面比较广，除了需要对国际形势和国内政策进行分析外，还需要相关的基本面统计数据。股指期货技术分析方法相对比较简单，只要利用市场交易数据进行统计分析便可以进行，因此，股指期货投资者大部分选用股指期货技术分析方法来进行股指期货交易。

一、基本面分析

股指期货基本面分析主要包括经济、政策、供求三个方面。经济是股市的基础，经济增长会引起股指上涨，经济下滑会引起股指下跌，经济出现拐点，股指走势也会出现拐点。

股市上涨幅度过大，政府会出台利空政策，抑制股市上涨，股市一般会见顶，进入下跌周期。股市下跌幅度过大，政府会出台利好政策，股市一般会出现较大的反弹行情。

资金或股票的供应量也是影响股指走势的重要因素。资金供应量增加，市场的购买力增强，会形成供不应求的局面，引起股指上涨；资金供应量减少，市场的购买力下降，会引起股指下跌。同样的，股票供应增加，形成供大于求的局面，会引起股指下跌；股票供应减少，形成供不应求的局面，会引起股指上涨。

基本面的变动，是股指走势变化的重要基础。

二、技术分析

股指期货技术分析主要是利用市场价格统计来分析。

1. 趋势指标 MACD

MACD 是一项利用短期（常用为 12 日）移动平均线与长期（常用为 26 日）移动平均线之间的聚合与分离状况，对买进、卖出时机作出研判的技术指标。MACD 还有一个辅助指标——柱状线（BAR）。MACD 是从双移动平均线发展而来的，但比移动平均线使用起来更为方便和有效。

2. 均线系统

美国人葛南维教授所创的移动平均线八项法则，历来被平均线使用者视为至宝。而移动平均线也因为它，才能淋漓尽致地发挥道氏理论的精髓。八项法则中四条用来研判买进时机，四条研判卖出时机，在运用过程中应灵活使用，不可死记硬背，生搬硬套。

均线系统中，有长期均线（120 日、250 日等）、中期均线（60 日均线等）和短期均线（5 日、10 日等）。这些均线有时同向运行，有时交错背离。当长短期均线同向运行时，价格一般处于明显的趋势中，但要警惕当价格与中长期均线出现明显偏离时，有可能出现阶段性的技术性修复行情，即短期反向波动。当然此时趋势仍未改变，但有时这个技术性修正的波动由于杠杆作用，有可能使投资者“前功尽弃”，甚至被“扫地出门”。

第四节　股指期货投资技巧

对股指期货有了一定的了解后，接下来就可以进行股指期货的交易操作了。本节首先简单介绍股指期货的交易过程、结算方式、交易规则，然后再介绍一些股指期货的投资技巧。

一、股指期货的交易过程

一个完整的股指期货交易流程，包括开户、交易、下单、结算、平仓或交割四个环节。

1. 开户

投资者需要与符合规定的期货公司签署风险说明书和期货经纪合同，并开立期货账户。

客户在办齐一切手续之后，将按规定缴纳开户保证金。客户资金到账后，即可进行期货交易。当客户保证金不足时，要及时追加保证金，否则将被强制平仓。

2. 交易

股指期货的交易原则与证券一样，按照价格优先、时间优先的原则进行计算机集中竞价。交易指令也与证券一样，有市价、限价和取消三种指令。与证券不同之处在于，股指期货是期货合约，买卖方向非常重要，买卖方向也是很多股票投资者第一次做期货交易时经常弄错的。期货具有多头和空头两种头寸，交易上可以开仓和平仓，平仓还分为平当日头寸和平往日头寸。

交易中还需要注意合约期限。一般来说，股指期货合约在半年之内有四个合约，即当月现货月合约，后一个月的合约与随后的两个季度月合约。随着每个月的交割，进行一次合约的滚动推进。比如在九月份，就有九月、十月、十二月和次年三月四个合约进行交易，在十月底需要对十月合约进行交割。

3. 下单

下单指投资者在每笔交易前向期货公司下达交易指令，说明拟买卖合约的种类、方向、数量、价格等的行为。

结算是指根据交易结果和中金所有关规定，对会员、投资者的交易保证金、盈亏、手续费及其他有关款项进行计算、划拨的业务活动。

4. 平仓或交割

平仓是指投资者通过买入或者卖出与其所持有的股指期货合约的品种、数量相同但交易方向相反的合约，以此了结交易的行为。交割是指投资者在合约到期时，通过现金结算方式了结交易的行为。

股指期货的交割与股票不同，一般股票投资者习惯了现货买卖，容易忽视股指期货合约到期需要以当日的合约交割价进行现金结算，所以想要持有头寸，就需要持有非现货月合约。

二、股指期货的结算

股指期货实行每日无负债结算制度，也称为“逐日盯市”制度。简单来说，就是股指期货交易所根据每日市场的价格波动对投资者持有的合约计算盈亏，并划转保证金账户中相应的资金。

股指期货交易实行分级结算，交易所首先对其结算会员进行结算，结算会员再对非结算会员及其客户进行结算。交易所在每日交易结束后，按当日结算价格结算所有未平仓合约的盈亏、交易保证金及手续费、税金等费用，对应收应付的款项同时划转，相应增加或减少会员的结算准备金。

交易所将结算结果通知结算会员后，结算会员再根据交易所的结算结果对非结算会员及客户进行结算，并将结算结果及时通知非结算会员及客户。若经结算会员的保证金不足，交易所会立即向会员发出追加保证金通知，会员应在规定时间内向交易所追加保证金。若客户的保证金不足，期货公司会立即向客户发出追加保证金通知，客户应在规定时间内追加保证金。投资者可在每日交易结束后上网查询账户盈亏，确定是否需要追加保证金或转出盈利。

结算价是交易双方交割时计算盈亏的基准，同时作为第二天涨停跌开始计算的价位。股指期货结算价格有当日结算价与最后交易日交割结算价两种。

当日结算价为期货合约最后一小时成交价格按成交量的加权平均价。合约最后一小时无成交的，以前一小时成交价格按成交量的加权平均价作为当日结算价。该时段仍无成交的，则再往前推一小时。以此类推。合约当日最后一笔成交距开盘时间不足一小时的，则取全天成交量的加权平均价作为当日结算价。采用上述方法仍无法确定当日结算价或者计算出的结算价明显不合理的，交易所有权决定当日结算价。

最后交割日的结算价为最后交易日标的指数（现货）最后 2 小时的算术平均价，计算结果保留至小数点后两位。交易所有权根据市场情况对股指期货的最后交割日结算价进行调整。

三、股指期货交易规则

1. 交易时间

《沪深 300 股指期货合约》规定，交易时间为上午 9:15–11:30，下午 13:00–15:15，最后交易日时间为上午 9:15–11:30，下午 13:00–15:00。也就是说，除了最后交易日外，沪深 300 股指期货开盘较股票市场早 15 分钟，收盘较股票市场晚 15 分钟。这一设计更有利于期货市场反映股票市场信息，便于投资者利用股指期货管理风险。

2. 涨跌停板规定

《沪深 300 股指期货合约》规定，每日价格最大波动限制为上一个交易日结算价的 ±10%。这一涨跌停幅度与现货市场保持一致。

3. 交割日

《沪深 300 股指期货合约》规定，最后交易日与交割日为“合约到期月份的第三个周五，遇国家法定假日顺延”。根据计算，每月的第三个周五基本都在当月中旬，有时甚至会在当月的 14 号、15 号就进行交割。这与国外股指期货通常在月末交割有所不同。

4. 竞价交易

股指期货连续竞价交易按照“价格优先、时间优先”的原则进行，这一点与 A 股市场类似。但在遇到涨跌停板的极端行情时，以涨跌停板价格申报的指令，按照“平仓优先、时间优先”的原则进行。这是因为股指期货采用双向交易，投资者既可以开多仓，也可以开空仓。

5. 持仓限额

为加强风险控制，防止价格操纵，中金所将会视市场情况调整非套保交易的单个股指期货交易账户持仓限额。以持仓限额 100 手为例，若以 3300 点点位计算，每手合约面值大概为 100 万元。保证金比例按 15% 计算，单个交易账户的限仓金额约在 1500 万元左右。

四、沪深 300 股指期货标准合约

沪深 300 股指期货标准合约，如表 10-4-1 所示。

表 10-4-1 沪深 300 股指期货标准合约

合约标的	沪深 300 指数
合约乘数	每点 300 元
报价单位	指数点
最小变动价位	0.2 点
合约月份	当月、下月及随后的两个季月
交易时间	上午：9:15-11:30，下午：13:00-15:15
每日价格最大波动限制	上一个交易日的 ±10%
最低交易保证金	合约价值的 12%
最后交易日	合约到期月份的第三个周五，遇国家法定节假日顺延
交割日期	同最后交易日
交割方式	现金交割
交易代码	IF
上市交易所	中国金融期货交易所

沪深 300 股指期货合约细则如下。

（1）合约标的。

沪深 300 指数。该指数采用调整股本加权、分级靠档、样本调整缓冲区等先进技术。发布以来，该指数与上证综指的相关性在 97% 以上，具有较好的市场代表性。

（2）合约乘数。

每点 300 元。合约乘数实际上就是将以“点”为计价单位的股价指数转化为以货币为计价单位的金融资产的乘数。沪深 300 期指的合约乘数为 300，就表示指数每一点的价值为 300 元，合约价值则等于合约指数报价乘合约乘数。假设沪深 300 指数位于 3000 点，则合约价值为 90 万元（3000 点 ×300 元 / 点 =900000 元），合约价值随着指数的变化而变化。

（3）报价单位。

股指期货交易以股指期货合约指数点报价，股指期货交易单位为“手”，1 手等于 1 张合约。期货交易须以交易单位的整数倍进行。

（4）最小变动价位。

0.2 点的变动价位，即最小波动价位为人民币 60 元。投资者报出的指数必须是最小变动价位的整数倍。如沪深 300 期指只有报 3230.2 或 3230.6 进行交易才有效，3230.5 的报价是无效的。

（5）合约月份。

交易当月、下月及随后的两个季月，共四个月份合约同时交易。季月是指 3、6、9、12 月。举例，如果现在为 2017 年 4 月（不超过第 3 个星期五），则四个合约是：IF1704，IF1705，IF1706，IF1709。

（6）交易时间。

股指期货的交易时间为交易日 9:15–11:30（第一节）和 13:00–15:15（第二节），最后交易日交易时间为 9:15–11:30（第一节）和 13:00–15:00（第二节）。

（7）每日价格最大波动限制。

股指期货合约的涨跌停板为上一交易日结算价的 ±10%，季月合约上市首日涨跌停板幅度为挂盘基准价的 ±20%。最后交易日的涨跌停板幅度为上一交易日结算价的 ±20%。

（8）最低交易保证金。

中金所规定股指期货合约最低交易保证金标准为 12%，但在实际交易中，各期货公司所收的保证金会根据各种情况加收几个点数。期货交易过程中，出现单边市及交易所认为市场风险明显变化时，交易所可以调整保证金标准。

（9）最后交易日。

合约到期月份的第三个星期五，最后交易日为法定节假日或者因不可抗力未交易的，以下一交易日为最后交易日和交割日。到期合约交割日的下一交易日，新的月份合约开始交易。

（10）交割方式。

股指期货的交割方式是以现金方式交割，交割日与最后交易日相同。

（11）交易代码。

沪深 300 股指期货交易代码为 IF，合约表示方式为 IF1707、IF1708、IF1709、IF1712。其中 17 表示 2017 年，07 表示 7 月份合约。

五、股指期现套利

股指期现套利是利用股指期货合约到期时向现货指数价位收敛的特点，当期货市场与现货市场在价格上出现差距，则利用两个市场的价格差距，买入低估一方，卖出高估一方，等到不合理的价差恢复到正常合理的状态后平仓，从中赚取价差收益，期现套利是一种对冲交易行为。

1. 期现套利的风险

期货交易中，交易行为可分为套期保值、投机和套利交易。套利的风险是较低的，理论上甚至通常将套利行为和获取无风险利润相匹配。但具体到实际操作层面，严格的假设条件在市场中并不能完全满足，因此套利交易中也存在一定风险。

（1）冲击成本风险。

在构建股票现货组合时，可能产生一定的冲击成本，即成交价高于（买多时）或低于（卖空时）计算套利时的股价，从而使指数产生一定偏差，影响套利收益。事实上，套利者往往会对冲击成本形成一定的预估，以拓宽无套利区间。然而冲击成本的预估精确度与套利决策仍高度相关，体现为错失一些套利机会或者套利后收益为负。

（2）跟踪误差风险。

构建的股票组合通常不能完全同指数构成相匹配。首先，由于沪深 300 指数样本较大，构建相应的股票组合需要大量的资金。其次，按照权重匹配的原则，在构建时通常会出现不满一手（100 股）的股数。此外，套利者正向套利时，如遇到某权重股涨停或停牌，构建股票组合需进行调整。因此构建的股票组合通常并不能和指数构成相吻合，从而形成一定的跟踪误差。

（3）强行平仓风险。

考察期货市场时，建立股指期货头寸所产生的风险也不可忽视。由于期货交易的杠杆机制和强行平仓制度，极有可能使套利者面临被强行平仓的风险。例如，套利者进行正向套利（买现货卖期货）后，指数向上收敛。此时，现货头寸盈利，期货头寸亏损。尽管总和为盈利，但是套利者的期货头寸处于不利地位。如果指数持续上涨，套利者需要追加足额保证金，否则就有可能被强行平仓。

（4）基差风险。

基差是指现货价格与期货价格间的价差，基差的变动反映了现货价格和期货价格的相对走势。基差的变动会对套期保值效果产生一定影响，通常称之为基差风险。套利者需要具有基差风险意识，在成本可控的前提下，尽量提高股票组合同沪深300指数的拟合度，做好期货头寸的资金管理，真正使股指期货期现套利交易成为“无风险”的获利途径。

2. 套利策略

套利是指利用同一资产（或相关资产）在价格上的差异，低买高卖并获取利润的投资行为。与股指期货有关的套利方式主要有四种，分别是期现套利、跨期套利、结算日套利和阿尔法套利。

（1）期现套利。

期现套利就是指利用股指现货价格和期货价格于到期交割日收敛的特性，买入低价资产、卖出高价资产，在到期日平仓的一种无风险收益策略。

因为市场上尚无100%跟踪沪深300指数的产品，所以采用何种方式构建现货头寸来复制沪深300指数，就是期现套利的关键。一种方式是利用市面上已有的指数基金，通过加权组合的方式复制指数；另一种方式是选取一篮子股票来复制沪深300指数。

（2）跨期套利。

股指期货的跨期套利是指在同一交易所交易的同一指数、但不同交割月份的股指期货合约间的套利交易活动。一般而言，不同合约间价差一旦偏离，均衡价差过大，就有可能产生跨期套利机会。跨期套利是针对不同股指期货合约间价差进行的套利交易，考虑到价差运行的不确定性，投资者需要对不同到期日的股指期货合约价差及价差的运行做出预测，因而不是无风险套利。

结合当前证券市场大部分股票只能做多的交易规则，跨期套利应以买入套利为主，即买入近期合约的同时卖出相同金额的远期合约。

（3）结算日套利。

根据沪深300指数期货的结算制度，股指期货的交割结算价是沪深300指数现货最后两个小时的算术平均价，如果沪深300指数现货最后两个小时，尤其是最后一个小时大幅下跌，投资者可采取买入沪深300指数现货，卖出股指期货的方式实现套利。因为结算日套利持有的时间非常短，现货头寸部位的跟踪误差相应也会比较小，只要冲击成本和交易成本计算精确，结算日套利的风险是非常小的。

（4）阿尔法套利。

阿尔法套利是指指数期货与具有阿尔法值的证券产品之间进行反向对冲套利。也就是做多具有阿尔法值的证券产品，做空指数期货，实现回避系统性风险下的超越市场指数的阿尔法收益。

为实现阿尔法套利，选择或构建证券产品是关键。首先，兼具折价率与超额收益阿尔法的证券产品是进行阿尔法套利交易的首选，包括具有折价率，并能超越市场指数的认购权证、封闭式基金等。其次，具有超额收益阿尔法的证券产品是进行阿尔法套利交易的次选，主要包括开放式股票基金、股票、行业指数产品。